[U]

大学、思想与社会

寻找下一个硅谷

美国的知识之城

〔美〕玛格丽特·奥马拉 著

邓磊 译

Cities of Knowledge: Cold War Science and the Search for the Next Silicon Valley

Margaret Pugh O'Mara

译丛总序

时序兴废，学府常存，万象变幻，大学恒在。巴黎和博洛尼亚的微光，如星辰闪耀，璀璨夜空，与日月同辉，普照天下。大学，作为欧洲中世纪的机构，如今已蔚为全球的制度。

大学，作为教育文凭和学位的垄断者，曾是少数人的特权之所，如今已成为多数人成长过程的必经之地，是人类重要的生活和生存方式之一。大学，是个人、群体、国家和社会不可或缺的存在，是可持续发展的本基。

大学，在教权与王权的夹缝中诞生，如今不仅赢得了独立自由的地位，更为全人类提供最有价值的公共产品，是人才、思想、知识和科技的渊薮，是社会的轴心，是各国进行国际竞争的利器和法宝。

大学，冲决了信仰对心智的桎梏，放飞心灵，高扬理性，以思想自由引领时代，成为人类创新和社会开放的原动力，带来了人的解放和社会的进步，大学的发展也因为学术自由而生生不息。

大学给社会以深刻的影响，也时刻受到社会的浸润。大学与社会的关系并不总是一帆风顺的，两者始终在不断地相互试探和调适。今天，大学与社会深度纠缠、广泛交融，大学的社会功能、核心使命和公共信任、发展前景面临多重危机和挑战。要理解和应对这些危机和挑战，需要在大学的历史中探寻未来。

大学与社会重大变革的每一次相遇，总是围绕着生存与发展、保守与革新、价值与功用生发出激烈的争论，并表达了新的信念、观念和理念，而时代精神和社会思潮则像幽灵一样附体于大学理念。正是人文主义、启蒙思想、浪漫主义、实用主义、后现代主义等划分了大学思想演进的段落。

大学已成为众多学科研究的对象，高等教育学、社会学、经济学、历史学、地理学、城市学、政策学等学科的著述汗牛充栋。在国际学术界，“批判大学研究”（Critical University Studies）已提上日程，“大学学”呼之欲出。

中国有悠久昌隆的教育传统，但大学是一种欧洲制度，今天中国大学正向世界一流迈进，我们需要更为深入地认识和理解大学，认识大学与社会的关系，理解大学的思想。因此，我们与商务印书馆策划和编译了“大学、思想与社会”译丛。

这套译丛试图突破学科界限，汇聚史学、社会学、教育学等不同学科的学者对大学、思想与社会关系的思考，从多个维度帮助我们认识大学与国家、社会的关系的演变，了解当代大学面临的挑战，思考大学未来的发展之道。译丛分为四个专题：一、大学的历史与基本理论；二、不同时期的大学、国家与社会关系的演变；三、“二战”以来的大学与社会；四、当代大学之思与大学的未来。译丛所选之书均为相关论题的经典之作，兼顾学术性、思想性与可读性，期冀对当代大学发展有所启示，也诚望学界和出版界同仁给予指导和批评。

北京大学　沈文钦

清华大学　叶赋桂

北京师范大学　王　晨

2022年9月

译者序
“知识之城”何以生成

“知识之城”（或“知识城市”）可能是 20 世纪美国创造出的最成功的概念之一。这个概念至少包含了三个层面的含义：一是将知识创新和高科技产业作为发展之动力，二是将大学，尤其是研究型大学作为城市之核心，三是将人才，尤其是顶尖的创新人才作为社会之根本。半个多世纪以来，以硅谷为代表的知识型城市理念彻底改变了传统的城市发展观，将教育、科技与人才融为一体，纳入整体的区域规划和产业建设当中。归根结底，知识之城及其建设理念的出现源于生产力的进步及其带来的生产关系的变化，而变化的根源在于高等教育的蓬勃发展及其带来的科技创新。

正如本书作者所言，知识之城是科学创新的原动力，是高科技产业的聚集地，也是科学工作者及其家人的乐园；研究型大学位于中央，是知识之城的心脏。20 世纪中期，从加州的硅谷到波士顿的 128 号公路高科技带，从费城到旧金山半岛，全美从东到西、从南到北全面兴起一场轰轰烈烈的知识之城建造运动。这场运动的缘起有些难以追溯，似乎一下子在全美各地就全面爆发了；发起者和执行者的身份也极为多元，从联邦政府到地方当局，从政界精英到企业高层，从知识分子到平民百姓，似乎都在迫不及待地张开双臂迎接这种全新的城市生活。尽管理念大受欢迎，但要想成长为真正的知识之城却绝非易事。严格来说，知识之城的建构并非哪一个地区或城市的独家专属，而是一种经过精心策划徐徐发展而成的特殊社区，一种特定历史时期政治与文化的物理表现形式。

首先，知识之城是冷战时期的特有产物，“由 20 世纪末期的美国政府与市民社会联手打造而成”。冷战爆发后，苏联先是成功研发原子弹，然后将人类第一颗人造卫星发射到太空，这全面触动了美国政府的危机意识，也激发了美国朝野上下的科技创新热情。在此情形下，从联邦政府到地方当局，从资本巨鳄到普通百姓，都将高科技研究创新当作领导西方世界对抗苏联阵营的关键。为了鼓励研究型大学进行科学研发，联邦政府做了大量国防宣传，拨付巨额科研经费。不仅如此，在美国一贯的政治传统下，地方政府和研究机构在如何申请国家资金的问题上拥有较大的裁量权，地方资本对于科研成果的转化也有着极强的参与感，这就让以精英研究型大学为中心的科学研发热潮发展成一场孕育高科技产业的盛宴。

其次，知识之城还是郊区化时代的产物。20 世纪中期，随着城市化进程的不断推进和汽车工业的迅猛发展，美国的中心城市已经因为过于密集的人口、过度拥挤的交通和不断加深的种族矛盾而走向衰败，“枯萎病”困扰着东西海岸的几乎所有大型城市。在此情形下，再加上苏联核打击的威胁，联邦政府决定开展一场全国范围内的“去中心化”运动，即将人口（尤其是中产阶级）和产业（主要是国防产业和新兴的高科技产业）疏散到风景优美、交通便利的郊区地带。为推动去中心化，联邦政府为迁往郊区的人口和企业提供了极为优厚的免税政策和公共补贴。新兴的郊区成了科研园的天然落脚点，而原本就坐落在郊区地带的大学更是成了最大的受益者。

一言以蔽之，“冷战让科学家成为时代精英，郊区化运动则重新规划了都市空间……知识之城就是上述两种因素交互作用的结果”。换句话说，必须同时满足以上两种因素，知识之城才能巍然矗立，否则即便付出再大的努力，最后的结果也不敢保证。

以上可以说是创建知识之城的“硬件”，除此之外，相应的“软件”也必不可少。作者认为，知识之城的创建源于美国政治制度的内在张力。知识之城是典型的美国特产，是在联邦制与私有制相结合的政治体制下科技产业得以充分发展的自然结果。更准确地说，知识之城源于美国政治制度的内在张力，尤其是冷战时期国家建设战略的内在张力。冷战的爆发给予联邦政府足够的动力和信任度来强势资助科学研究和科技产业，但美国政治传统又强调政府在具体的治理过程中保持弱势，面对历史传统与现实需求之间的矛盾，联邦政府找到了一条中间道路，那就是向研究型大学和科研型企业赋权，使之成为政府代理人与合作者。而这一切的结果，就是以研究型大学为中心，由地方执政者、大学管理层以及当地资本家共同商议，在特定区域打造全新的科研园，这就是知识之城蓬勃生长的奥秘。

这本著作翻译过程较为漫长，由于琐事缠身，多是利用碎片化时间来翻译，难免有疏漏之处，希望读者不吝赐教，以更好地完善译著。最后，感谢我的研究生邱小倍、王红琴、迪丽胡玛尔·艾海提、谭青、黎乐、宋宇轩、范玲莉、何芮劼，作为第一批试读读者，他们在课余时间通读了整本译稿，并且逐字逐句进行全文校对，从读者的角度提出了诸多建设性意见。他们将阅读过程中遇到的困惑与不解之处一一记录，并反馈其阅读感受和修改建议。此外，我的研究生们还帮忙修订、调整译著的格式、参考文献、索引等诸多细节之处，在此感谢各位同学！

邓　磊

2024 年 1 月

目 录

第二部分　执行

第三部分　传承

致　谢

我的第一段学术生涯开始于华盛顿特区。在那里，我有幸参加了一场成功的总统竞选活动，并因此在不到一年之后赴白宫就职。在权力中枢工作着实令人兴奋，这段经历迅速改变了我对政治和政府的认知，但与此同时，“速成班”式的观念更迭也常常带来撕裂般的痛苦。在白宫的工作经历让我认识到，政府的确发挥着无与伦比的重要作用，但作为社会和经济改革机制的公共政策也存在诸多局限与缺憾。我还了解到公共部门如何辗转腾挪于各种政策缝隙之间，在避开政治视野的前提下发挥自身的影响力。这种情形长期存在，但其深远影响一直未受到充分重视，即便是在政治新闻 24 小时充斥电视荧屏的时代。从政生涯还让我体会到联邦政策实施过程中的地区差异，很多地区对政策的执行甚至完全偏离了制定者的初衷。在多数情况下，政策制定的程序通常是一个模仿的过程，制定 xi

者一般都会通过许下美好承诺、制定可行方案、创设管理机制等手段来保证自己循规蹈矩的政策议程能够顺利通过，然而，各个地区和部门千差万别的禀赋条件却很难保障政策、意图的圆满完成。之后我继续从事美国公共政策发展史的研究和教学工作，并逐渐发现了更多的确凿证据来印证我的上述观察和直觉。20世纪90年代兴起的“新联邦主义”运动，在很大程度上依旧是美国公共政策既定套路的延续。一直以来，美国公共政策的制定都分为两个阶段，国家层面的决议只是一个开始，对于各州而言，通过非官方渠道说服私营部门才是执行联邦政策的常用策略。这种“公私合作”的政策实施模式并非20世纪末政策制定者的草率之举，而是美国自建国以来就一以贯之的国家治理特征。

以上经历构成了本书的写作基础，得益于诸多优秀学者的指导与鼓励，我才能将其转化为一本学术专著。首先要致敬的是我的博士论文指导教师迈克尔·卡茨（Michael Katz），本书正是在论文的基础上完成的。迈克尔是那种研究生梦寐以求的导师，对学生永远和蔼可亲、循循善诱，在生活和工作上也是不可多得的良师益友。汤姆·萨格鲁（Tom Sugrue）也给予我充满启迪的学业指导和温暖心扉的友情支持，正是与他一次次的深入交流，让我越来越清晰地认识到政治活动、政策制定与社会发展之间的交互作用，进而形成了本书的研究范式。不仅如此，汤姆随后还在写作过程中提供了一系列的评论和观点，从而丰富了本书的内容。戴维·肯尼迪（David Kennedy）和理查德·怀特（Richard White）也为本书的撰写提供了诸多帮助，尽管他们都简牍缠身，但是仍然拨冗批阅了全部书稿并提出了富有批判性的建议。衷心感谢理查德、戴维，以及所有来自斯坦福大学历史系的同事们，他们不仅为我准备了温暖 xii
的工作环境，还提供了大量的时间和资源帮助我完成这项工作。作为本书编辑，朱利安·泽利泽（Julian Zelizer）对全书的撰写和编辑都做出了卓越贡献。

还要感谢那些关注本书初稿的读者，他们的评论帮助作者让书稿的语言更流畅、观点更清晰。两位来自普林斯顿大学出版社的匿名读者在阅读作者手稿后提出了尤为重要的修改建议。十分感激布鲁斯·舒尔曼（Bruce Schulman），他富有洞察力的批评和无比热忱的帮助让作者受益匪浅。感谢敦促作者精益求精的英格丽德·罗珀（Ingrid Roper），感谢对本书各章节进行评阅的罗恩·贝约尔（Ron Bayor）、里奇·库姆斯（Rich Combes）和布鲁斯·库克里克（Bruce Kuklick）。还要感谢那些在论坛和会议上给予作者灵感的发言人，包括纽伯瑞图书馆组织的技术、政治与文化研讨会，斯坦福大学的社会科学史工作坊、政策史论坛、米勒中心基金会论坛、伯克利全球化与信息技术中心论坛，以及宾夕法尼亚大学历史与城市发展研究系列讲座。与同行学者的交流也是帮助作者完善学术成果的最佳方式之一，在这方面特别感谢布赖恩·巴洛格（Brian Balogh）、戴维·霍林格（David Hollinger）、迈克尔·卡亨（Michael Kahan）、米歇尔·拉盖尔（Michel Laguerre）、林恩·利斯（Lynn Lees）、蒂姆·勒努瓦（Tim Lenoir）、艾丽斯·奥康纳（Alice O'Connor）、彼得·西斯金德（Peter Siskind）、安妮·斯派恩（Anne Spirn）、克拉伦斯·斯通（Clarence Stone）、拉里·萨默斯（Larry

Summers)、迈克尔·泰茨(Michael Teitz)、洛林·托马斯(Lorrin Thomas)、弗雷德·特纳(Fred Turner)和玛格丽特·韦尔(Margaret Weir)。感谢上述学者，也许你们并不完全知晓自己对本书的贡献，但你们给出的批评指正的确令作者受益匪浅。

在本书的调研和撰写期间，笔者很荣幸地获得了一系列慷慨资助，其中包括斯坦福大学提供的北美西部研究博士后奖学金，还有弗吉尼亚大学米勒公共事务研究中心提供的研究基金、宾夕法尼亚大学凯洛格基金会(Kellogg Foundation)提供的“非营利机构、大学、社区与中小学校研究项目”资助的研究生奖学金。衷心感谢以上机构以及相关基金的创建者和工作者，感谢你们提供的宝贵机会让本研究获得了基本保障。为了顺利完成研究工作，笔者曾奔赴多地展开调研，在我拜访过的机构当中，斯坦福大学、宾夕法尼亚大学和佐治亚理工学院的馆藏中都有极为丰富的档案资料，这为本研究的完成提供了至关重要的文献基础。在此对上述机构的档案管理人员一一表示感谢，尤其感谢玛吉·金博尔(Maggie Kimball)，正是在她的无私帮助下，笔者不仅收集到本书的丰富资料，而且还获得了笔者主持的另一项与本研究相关的斯坦福大学的特别馆藏和大学档案基金项目的主要文献。

在此还要感谢我曾在克林顿政府一起共事的同仁，他们是谢里尔·卡欣(Sheryll Cashin)、彼得·埃德尔曼(Peter Edelman)、戴夫·加里森(Dave Garrison)、库米基·吉布森(Kumiki Gibson)、奥利维亚·戈尔登(Olivia Golden)、约翰·莫纳汉(John Monahan)、唐纳·沙拉拉(Donna Shalala)和吉恩·斯伯林(Gene Sperling)，从他们身上我受益良多。约翰·莫纳汉为我提供的帮助尤为重要，xiii他对政策与政治两者的微妙关系有着极为精当的理解，而且成功劝说我放弃了法学院的学业申请，笔者非常珍惜我们之间的友谊。布鲁斯·卡茨（Bruce Katz）也让我心怀敬意，他善于促进学术研究者与政策制定者之间的友好交流，正是在他的努力下，我才获得了前往布鲁金斯城镇政策研究中心从事政策分析和学术研究的机会。

我还要把满腔的谢意送给普林斯顿大学出版社的编辑和工作人员们，与你们的合作过程令人心旷神怡。尤其是布里吉塔·冯·莱因贝格（Brigitta van Rheinberg），在其帮助下笔者进一步厘清了本研究的核心观点，而且萌发出一些新的创意，从而完善了本书对技术提升、政治进步与都市变革三因素发展史的协同整合。

没有哪个作者能在缺乏家人支持和朋友帮助的环境中完成一部作品，在这方面我感到自己特别幸运。感谢我的父母乔尔·皮尤（Joel Pugh）和卡罗琳·皮尤（Caroline Pugh），无论是我的职业生涯还是学术研究都得到了他们始终不渝的支持，在他们身上我始终能够发现作家、教师和公共演说家的卓越才能，这为我提供了终生可以汲取的灵感。在人生的每一个阶段，在曾经安居过的每一个住所，都有许许多多的朋友给予我关心和支持，正因如此，我才能完成本书的撰写工作，同时也收获了一个个灵光乍现的美好时刻。朋友们的音容如繁星璀璨，虽不胜枚举但每一个都在我的脑海里熠熠生辉。最后，也是最隆重的致谢，要献给杰夫·奥玛拉（Jeff O'Mara）。大概很少有作者像我一样幸运，在自己的家里拥有一位优秀的编辑和细心的读者，而且他还是一位目光敏锐的批评者和孜孜不倦的支持者。杰夫总在我受困于无关紧要的细枝末节和纷繁复杂的线索事件时帮助我恢复清醒和理智，甚至本研究最具洞见的一些观点也是在他的启迪下迸发出来的。他是我人生中最美妙、最重要的人，如果没有他，我无法想象如何完成这项工程。

序言

探索知识之城 1

20 世纪下半叶，一种新型社区在美利坚合众国的土地上出现，随即成为美国社区之典范，这就是知识之城。新生的知识之城是科学生产的原动力，是高科技产业的聚集地，也是科学工作者及其家人的家园，研究型大学是其核心。伟大的科学发明和技术创新改变了人们的工作方式和生活方式，知识之城正是这些发明创新的发源地；不仅如此，知识之城还是高新企业的家园，并时不时地创造出令人瞠目结舌的财富神话。在 20 世纪，知识之城的兴起使其所在都市圈在经济上取得了更辉煌的成就；至 21 世纪，这种趋势仍然有希望延续。事实上，知识之城是后工业时代城市的终极形态，它们有着磁铁一样的吸引力，让高水平技术人员和高效益产业机构纷纷前来投靠。

很多人对知识之城都有所耳闻，但一般情况下大家并不这么称呼它。在公共生活中，知识之城更为人所知的称呼是“高科技中心”或者“科学城”，其典型代表是加州的硅谷或者波士顿的128号公路高科技带[1]。全美乃至全球的商业领袖都希望发展知识之城，或者复制知识之城在经济上所取得的巨大成功。哪怕是在经济衰退期，发展高科技产业的热潮也从未消退。由于互联网泡沫的破灭，西方世界已经经历了漫长而痛苦的经济衰退，高科技领域也因此萎靡不振；但即便如此，从华盛顿到奥尔巴尼（Albany，纽约州首府）再到中国上海，从企业高层到政界精英，全都仍旧孜孜不倦地打造下一个高科技产业可能集中爆发的都市圈。[2]在过去的半个多世纪

1 我从卡尔根（Robert Kargon）、莱斯利（Stuart W. Leslie）和舍恩伯格（Erica Schoenberger）的“Far Beyond Big Science: Science Regions and the Organization of Research and Development”一文中提取了“科学区域”（Science Region）这一概念。文章出自 *Big Science: The Growth of Large-Scale Research*, ed. Peter Galison and Bruce Hevly (Stanford, Calif.: Stanford University Press, 1992), 339，又见 Ann Markusen, Peter Hall, and Amy Glasmeier, *High Tech America: The What, How, Where, and Why of the Sunrise Industries* (Boston, Mass.: Allen and Unwin, 1986); Peter Hall and Ann Markusen, *Silicon Landscapes* (Boston, Mass.: Allen and Unwin, 1985)。对这些文献和技术、经济发展之间动态关系的有用回顾和分析，可参见 Edward J. Malecki, *Technology and Economic Development: The Dynamics of Local, Regional, and National Change* (Essex, England: Longman Scientific and Technical Publishers, 1991)。

2 例如，波托马克会议（Potomac Conference）是由大华盛顿贸易委员会成立的一个商业领袖和政治领导人会谈组织，它在2003年6月召开了一次会议，讨论鼓励和发展地区企业、大学和联邦实验室之间开展技术合作的必要因素。（“Governors Warner, Ehrlich, Mayor Williams, Top Business, Academic Leaders Develop Strategy to Increase Technology Commercialization, Transform DC Region into Number One Tech Center in U.S.—Potomac Conference Convenes Region's Leaders to Develop Coordinated Plan,” Press Release, http://www.bot.org/html/news/press/

里，全世界诸多城市领导者一直延续着这样的传统。冷战促使美国采取一系列国防综合措施，由此带来了科研机构以及高精尖技术的迅速发展，从而导致各种领域、各座城市乃至各州和各地区都争先恐后地追随硅谷和128号公路高科技带的发展经验，尽管上述两者的成功颇为偶然。事实证明，后来者的模仿鲜有成功。[1]

为何硅谷和128号公路能够成为高新技术集结处，其成功经验却又为何如此难以复制？要想真正弄清这个问题，就需要对上述两个地区的演变进行历史和地理的双重分析。带着这样的眼光，我们就会清晰地看出，上述两地并不只是因为资本与企业家的偶然联合而造就的高新技术区。事实上，它们是真正意义上的知识之城，是精心策划的特殊社区，是特定历史时期政治与文化的物理表征，

［接上页］press_060302PotomacConference.asp，［2003年9月4日访问］）共和党州长乔治·帕塔基（George Pataki）提出的2003—2004年纽约州预算提案将20多亿美元的经济发展资金中的很大一部分用于高科技项目，其中1.6亿美元用于支持一个新的计算机芯片研发机构。"Governor Unveils High-Tech Economic Development Plan," Press Release, New York State Office of Science, Technology, and Academic Research, http://www.nystar.state.ny.us/pr/devplan.htm（2003年9月4日访问）。亦可参见 Mike Clenindin, "Shanghai Aims to Become China's Silicon Valley," *Electrical Engineering Times*, online edition (www.eetimes.com)（2001年8月10日）。

1 "研究密集型科技产业""以科学为基础的产业""高技术"和"高科技"在本书中将交替使用。虽然"高科技"一词在冷战初期并不常见，但这本书使用了这个词，因为它对21世纪的读者来说很熟悉。这些术语沿用了美国电子协会2002年对"高科技产业"的定义，包括四十五个SIC分类，分为三大类：高科技制造、通信服务以及软件和计算机相关服务。见 www.aeanet.org/Publications/IDMK_definition.asp（2002年10月16日）。我也用"先进科技产业"这个词来指代这一领域，这在20世纪50年代和60年代更为常见。

由 20 世纪末期的美国政府与市民社会联手打造而成。知识之城是
2 冷战时期特有的产物，这个特殊年代的政策导向和经费预算改变了大学的形态，创造了生机勃勃的新兴科技产业，并将理论科学家变成太空时代家喻户晓的名人。不仅如此，知识之城还是郊区化时代的产物，这一时期美国经济格局的重新调整、人群结构的显著变化以及公共补贴的支配方式共同塑造了新的工作生活方式和经济发展机遇。郊区化运动的发展为科学技术的繁荣创造了理想的环境，同时也为大学、产业与科学家提供了空间，使其可以在远离城市的地方建立新的创业模式和生产网络，摆脱扰人耳目、混乱不堪的工业城市生活。冷战让科学家成为时代精英，郊区化运动则重新规划了都市空间，搭建出精英人才的孵化温床，知识之城就是上述两种因素交互作用的结果。换言之，知识之城不是在所有地方都能形成的，它只会出现在经济富裕、幅员辽阔的战后郊区地带。

研究型大学在战后美国的社会发展进程中发挥了核心作用，它们是经济发展的引擎，是城市版图的擘画者，也是政治行动的参与者。大学及其管理者是设计和创建知识之城的关键要素，科研共同体的成功集结也常常有赖于其付出的努力，因为大学不仅有能力开展广泛的科学研究，而且还可以在联邦和地方的政治权力组织结构中发挥积极作用。在冷战这一政治背景下，政府与大学亲密互动，这不仅影响了后者的内部格局，比如管理体制和研究重点，而且彻底改变了其外部环境，尤其是周边社区的土地使用和经济发展。政府与大学的合作是双向互动的，一方面，联邦计划能够左右大学的

决策，另一方面，大学机构及其治理传统也会对公共政策的制定和实施有重要影响[1]。

政策制定与区域规划的交互协同在冷战时期体现得淋漓尽致，在此过程中，大学发挥了核心作用，直到 21 世纪初，这种情形在高科技产业区布局计划中依旧清晰可见。换言之，无论是蓬勃发展还是暂时萧条，高科技产业一直持续的是政策与区域的互动模式。纵观 20 世纪的大部分时间，郊区都是高科技从业者最向往的驻地，

---

1 关于冷战时期研究型大学转型的其他主要研究都集中在“内部博弈”上。这些作者就科学家和其他专家在战后美国政治中的作用展开了更广泛的学术讨论。他们往往会对这一过程中的作用和影响得出不同的结论：一些人强调联邦政策如何对大学科学强加了新的、全面的变革，而大学管理者别无选择，只能接受；另一些人则反驳说，大学管理者是如何急于利用有利可图的机会，并据此重新构思和重组其机构的。以大学为中心的研究包括：Rebecca Lowen, *Creating the Cold War University: The Transformation of Stanford* (Berkeley and Los Angeles: University of California Press, 1997); Roger L. Geiger, *Research and Relevant Knowledge: American Research Universities since World War II* (New York: Oxford University Press, 1993); Stuart W. Leslie, *The Cold War and American Science: The Military-Industrial-Academic Complex at MIT and Stanford* (New York: Columbia University Press, 1993); Richard M. Freeland, *Academia's Golden Age: Universities in Massachusetts, 1945—1970* (New York: Oxford University Press, 1992)。有关科学专家崛起的著作包括：Jessica Wang, *American Science in an Age of Anxiety: Scientists, Anticommunism, and the Cold War* (Chapel Hill: University of North Carolina Press, 1999); Daniel J. Kevles, *The Physicists: The History of a Scientific Community in Modern America* (Cambridge, Mass.: Harvard University Press, 1995); Brian Balogh, *Chain Reaction: Expert Debate and Public Participation in American Commercial Nuclear Power, 1945–1975* (New York: Cambridge University Press, 1991)。关于辩论的有用的评论可以参见 Balogh, *Chain Reaction*, 1–20。

这里的外观、居住体验和地理位置都有着足够的吸引力。[1]高新技术的成长离不开区域环境的支持，高度聚集的办公园区、四通八达的高速网络、近在咫尺的住宅小区，这些都是高科技产业必不可少的配套设施。与传统意义的车间工厂大不相同，也完全有别于高楼林立的都市中心，高科技科研园看上去与大学校园更为相似。以上过程并非城郊地区的肆意蔓延，而是高新技术产业不约而同地集聚。这种高科技产业的集中现象在硅谷尤为明显，某位曾来此参观的评论员曾将此地形象地比喻为“产业创新的顶级培养皿”[2]。

---

1 在城市形态不断变化的时代，“城市”和“郊区”很难明确加以区分。本研究（虽然最终主张重新考虑关于这两种定居类型的常见假设和定义）是根据 2000 年美国人口普查局对“城市化地区中心”的定义——“一个都市圈内人口最多的建制地或人口普查指定地”来定义美国“城市”的。（U.S. Department of Commerce, Bureau of the Census, *Census 2000 Geographic Terms and Concepts* [Washington, D.C.: U.S. Government Printing Office, 2002], A-23.）郊区是指城市地区的一个居住区，在经济上和文化上依赖于（或在其发展过程中曾经依赖于）核心城市。虽然郊区通常位于城市的政治边界之外，但它也可以指城市范围内与郊区具有相同空间和人口特征的社区。哥伦比亚百科全书中有一个有用的定义：“一个城市外围地区的社区，或者更常见的是附近的一个政治上独立的市镇，与中心城市有社会和经济联系。”（New York: Columbia University Press, 2001）长期以来，郊区有多种类型。我认为，作为高科技产业主要家园的“富裕郊区”可被定义为：1. 人均收入高于城市地区的平均水平；2. 以白领为主；3. 几乎全是白种人；4. 在高科技产业到来之前以住宅为主。

2 John Seely-Brown, Foreword, *Understanding Silicon Valley: The Anatomy of an Entrepreneurial Region*, ed. Martin Kenney (Stanford, Calif.: Stanford University Press, 2000), xii. 也看参见 John Seely Brown and Paul Duguid, “Mysteries of the Region: Knowledge Dynamics in Silicon Valley,” 载于 *The Silicon Valley Edge: A Habitat for Innovation and Entrepreneurship*, ed. Chong-Moon Lee, William F. Miller, Marguerite Gong Hancock, and Henry S. Rowen (Stanford, Calif.: Stanford University Press,

高新企业的选址十分看重高学历从业者的居住偏好，由此产生
的后果就是高科技产业往往都出现在全国最富裕、经济最均衡的地 4
区。为何高新企业的郊区化发展趋势在 20 世纪末极为罕见地出现例外，根本原因就是财富创造方式与高科技产业发展模式的内在联系，此时距离冷战时期的郊区化运动已过去数十年，流向郊区的物质财富和中产居民又向某些城市回流。曼哈顿硅巷（Silicon Alley）和旧金山市场南街（South of Market district）这样的多媒体产业中心——在 20 世纪 90 年代互联网产业爆发期崛起，又在随后的经济衰退中大幅萎缩——只有在这些城市社区对高学历从业者具有巨大的吸引力之后才会出现。不过，都市圈的经济发展周期并非决定性因素，高新产业与郊区的结合有着十分牢固的基础。无论是在国内还是在国际，未来可能出现的硅谷仍会遵循既有高科技中心的发展模式，在城市边缘（或者边缘之外）的富裕地区打造高科技工业聚集地。[1]

［接上页］2000), 16–45; David P. Angel, "High-Technology Agglomeration and the Labor Market: The Case of Silicon Valley," Stephen S. Cohen and Gary Fields, "Social Capital and Capital Gains: An Examination of Social Capital in Silicon Valley," 均载于 Kenney, *Understanding Silicon Valley*; AnnaLee Saxenian, *Regional Advantage: Culture and Competition in Silicon Valley and Route 128* (Cambridge, Mass.: Harvard University Press, 1994); Markusen, Hall, and Glasmeier, *High Tech America*; Hall and Markusen, *Silicon Landscapes*。

1 这些地区的名字中经常有"硅"一词，从亚利桑那州凤凰城外的"硅沙漠"到新泽西州郊区和康涅狄格州郊区的"硅公园大道"。相关地名汇编（从公认的地名到口语化的地名）以及起源，可见"Techvenue.com: Geographical 'Pet' Names," http://techvenue.com/siliconia.htm#top (2003 年 6 月 9 日)。国际范例包括印度政府于 1991 年提出的软件科研园倡议，该倡议在班加罗尔和海得拉巴周边地区的高技术产业发展中发挥了核心作用（见"Infrastructure Special:

表 1.1 部分高新技术产业主要集中区的分散度、密度和收入水平

地区	1950 年此地区与中央商业区之距离*	人口密度，2000 年人口普查（高新技术县与 1950 年中央商务区）	1999 年家庭收入中位数（高新技术县与州平均水平）	位于此地区的顶尖研究型大学	1968 年本地大学获得的最高联邦研发经费（全国排名）
硅谷：加州旧金山–圣何塞的圣马特奥县和圣克拉拉县	32 英里	1,439.2 人 / 平方英里（旧金山市：16,526.2）	$72,577（加州：$47,493）	斯坦福大学	$4,110 万（2）
128 号公路高科技带：马萨诸塞州波士顿	10 英里	1,703.6 人 / 平方英里（波士顿市：12,172.3）	$62,127（马萨诸塞州：$50,502）	麻省理工学院（MIT）、哈佛大学	MIT$7,980 万（1）、哈佛大学 $3,920 万（3）
西雅图东区：华盛顿州西雅图–塔科马的金县	16 英里	817.0 人 / 平方英里（西雅图：6,714.8）**	$53,157（华盛顿州：$45,776）	华盛顿大学	$2,790 万（10）
硅山：得克萨斯州威廉姆森县奥斯汀市	18 英里	222.6 人 / 平方英里（奥斯汀市：2,610.6）	$60，642（得克萨斯州：$39,927）	得克萨斯大学奥斯汀分校	$1,030 万（40）

（接上页）Karnataka," *India Business Insight*, 2003 年 4 月 28 日）。也包括都柏林以南、特拉维夫以北以及俄罗斯大草原城市外围的技术中心（"Siberia's Silicon Valley," *Business 2.0*, April 2001; Eric Hellweg, "New Power Centers," *Business 2.0*, January 2000)。

表 1.1 数据来源：1950 年，从中央商务区到高科技产业所在城镇的距离，即各大都市的中心区域到以下小城镇的车程：旧金山到帕洛阿尔托，波士顿到沃尔瑟姆，西雅图到雷德蒙德，奥斯汀到朗德罗克。人口密度数据来源于美国商务部人口普查局的报告：《2000 年县市数据手册（华盛顿特区：政府印刷局，2002 年）》。家庭收入中位数来源于美国商务部人口普查局的《市县概况》，网址是 quickfacts.census.gov（2003 年 9 月 8 日登陆访问）。联邦资助的数据来源于国家科学基金会，《联邦对大学、学院以及部分非营利机构的研发工作的支持，1963 年度财政》，NSF 69-33（华盛顿特区：政府印刷局，1968 年），15-17.

* 根据 1950 年美国人口普查，中央商业区是该地区人口最多的城市。

** 西雅图是金县的一部分。

美国的科学研发活动集中于一些特定的科研综合体，这些综合体几乎在同一时期出现在不同的地区，它们在功能上具有多样性，但在社会经济结构中发挥的作用又具有同质性。科学生产社区既是工作场所也是生活区域，从业者在这里从事一系列相关而互补的生产活动，同时也可以在此享受丰富而便利的文化资源和服务设施。科技产业区的出现改变了美国城市的整体面貌。一直到 20 世纪中期，中心城市都是区域经济的掌控者，科技产业和经济活动聚集在这里，科技产业区的崛起唤醒了沉睡已久的农业地带和仅供休憩的郊区地段，促使其变成具有国际影响力的科技产业基地和商业资本中心。只要将科技产业的发展历程放在战后城市发展与工业变革的历史大背景下进行审视，就可以追溯其制度起源和政治渊薮，明晰其在地理学和社会经济学意义上颇具内在矛盾性的基本特征，进而理解其为何具有如此重要的经济地位。通过上述探究我们还会发现，美国科技产业的发展史事实上也是城市建设的变革史。20世纪末，美国科技产业的郊区化带动了郊区地带的城市化，从经济活动的多样性和自足性来看，日益科技化的郊区地带已经越来越接近传统意义上的城市了。[1]到了21世纪，围绕中心城市发展起来的科技产业区已经不再是前者的附属物，它们已经成长为一种颇具影响力的新型城市。一言以蔽之，21世纪的科技产业区不再是定位模糊不清的“区域”，而是货真价实的知识型城市。

若想探索知识之城的内涵，就要综合考量国家层面和地方层
5 面各不相同的利益诉求，明确分析公共部门与私人企业错综复杂的互动关系，并从地理维度清晰界定高新产业的发展历程。关于知识

1 马克斯·韦伯在其具有开创性的论文《城市的本质》(“The Nature of the City”, 1905)中认为，多元化和自主市场经济是定义城市的基本特征之一 (Weber, *The City*, trans. and ed. by Don Martindale and Gertrud Neuwirth [Glencoe, Ill.: Free Press, 1958], 65–89)。关于城市历史的最新研究成果表明，战后的郊区比流行的刻板印象更工业化，也更多样化，而那些经常被嘲笑为未经规划的“郊区蔓延”景观，实际上是经过深思熟虑的规划后的产物。特别见 Robert O. Self, *American Babylon: Race and the Struggle for Postwar Oakland* (Princeton, N.J.: Princeton University Press, 2003), Greg Hise, *Magnetic Los Angeles: Planning the Twentieth-Century Metropolis* (Baltimore, Md.: Johns Hopkins University Press, 1997)。亦可参见 *Journal of Urban History* (27:3 [2001])。有关21世纪“新”城市和郊区的进一步讨论，请参见 *Redefining Urban and Suburban America: Evidence from the 2000 Census,* ed. Bruce J. Katz and Robert E. Lang (Washington, D.C.: Brookings Institution Press, 2003)。高科技区域通常也是罗伯特·兰(Robert E. Lang)所说的“无边界城市”的典范——在大都市地区边缘的无界办公空间群 (Lang, *Edgeless Cities: Exploring the Elusive Metropolis* [Washington, D.C.: Brookings Institution Press, 2003])。

之城的演进路径，研究者一度认为无迹可寻，因为与之相关的决策不只出自华盛顿，而且还涉及地方层面的政治博弈。不仅如此，政策手段在此过程中究竟发挥了多少作用也有些让人难以捉摸，因为它涉及的抉择都不是出自雷厉风行的行政命令，而是不动声色的鼓励和默许。本研究以 20 世纪 40 年代末冷战政策初现之时为起点，首先追溯知识之城的起源和实施，继而关注 20 世纪 60 年代地方政府为发展经济做出的贡献，然后着重分析都市经济圈与研究型大学协同创新三种大相径庭的发展经验。[1]研究发现：

知识之城是冷战支出模式的典型产物。冷战时期的国防体系催生出一个崭新的政治决策体系，同时也造就了一个巨大无比的新兴

1 在这个过程中，本研究试图为越来越多的关于冷战对国内影响的文献做出补充，并为国防开支与经济政策之间的关系提供新的历史视角。经济和政治问题在国家安全战略中的作用已经引起政治学家的大量分析，包括最近的 David M. Hart, *Forged Consensus: Science, Technology, and Economic Policy in the United States, 1921–1953* (Princeton, N.J.: Princeton University Press, 1998)。也可参见 *The Political Economy of Military Spending in the United States*, ed. Alex Mintz (London: Routledge, 1992)。明茨（Mintz）的引言包含了对 1992 年（1—14）之前的文献的一个有用的简短回顾。历史学家也对理解冷战防御复合体的经济、政治做出了重要贡献，特别是布鲁斯·舒尔曼（Bruce Schulman）的 *From Cotton Belt to Sunbelt: Federal Policy, Economic Development, and the Transformation of the South, 1938–1980* (New York: Oxford University Press, 1991)。关于冷战对美国国内影响的历史专著越来越多，其中也包括对民防政策的深入研究，例如：Laura McEnamey, *Civil Defense Begins at Home: Militarization Meets Everyday Life in the Fifties*（Princeton, N.J.: Princeton University Press, 2000）；Andrew D. Grossman, *Neither Dead Nor Red: Civil Defense and American Political Development During the Early Cold War*（New York: Routledge, 2001）。对冷战政策对民权等政治运动的影响的考察，可以参看 Mary Dudziak, *Cold War Civil Rights: Race and the Image of American Democracy* (Princeton, N.J.: Princeton University Press, 2000)。

资本渊源。上述两种现象都附带地域条件，由此导致各地各部门展开了如火如荼的经费竞争。冷战时期的地缘经济学催生出新的政治科技焦点，不仅包括如何制造更具威慑力的军事武器，而且涉及与之相关的基础学术研究。如此一来，科学工作者和大学管理层开始频繁在华盛顿亮相，甚至成为美国政治舞台的新宠，史无前例的巨额经费也纷纷流入研究型大学和科学实验室。通过将大学学术与产业技术整合成产学研一体化的“大科学”（big science），冷战政治成功改变了大学的内在形态，使其从传统的精英教育机构和独立科学部门转变成日益公共化和行政化的社会组织。在得到政府部门慷慨资助的同时，大学也越来越多地受到政治决策的影响。不仅如此，冷战政治还进一步固化了高等院校的学术等级，将绝大部分科研经费都拨给了少数精英高校。在采用分肥模式的政治拨款体制下，国防科技研发经费被打包分配到特定地区，从而进一步加剧了高等教育的马太效应。总而言之，基于国家策略与经济发展的双重考量，通过一系列精心策划或偶然出现的方案，冷战政治体系挑选出一些特定的地区和机构，赋予它们一系列优惠和特权，从而大大提升了该地区成为高科技产业经济中心的概率。[1]

---

1 军费开支的地区性偏好，参见 Schulman, *From Cotton Belt to Sunbelt;* Roger Lotchin, *Fortress California 1910–1961: From Warfare to Welfare* (Urbana: University of Illinois Press, 1992)。关于其经济后果，见 Ann Markusen, Peter Hall, Scott Campbell, and Sabrina District, *The Rise of the Gunbelt: The Military Remapping of Industrial America* (New York: Oxford University Press, 1991); Anthony DiFilippo, *From Industry to Arms: The Political Economy of High Technology* (New York: Greenwood Press, 1990)。科恩（Cohen）和菲尔兹（Fields）在“Social Capital and Capital Gains”一文

对于熟悉冷战历史的学者而言，这一时期少数机构和特定地区能够获得政策倾斜是一个公开的事实，但政策倾斜如何影响科技产业在都市圈的地理布局，这个问题鲜有人知。事实上，这两者之间存在极为重要的联系。国防拨款模式将大部分投资输送到了美国的某些地区，由此产生了将科学活动转移到郊区的附带效应。大部分国防经费都流入了几个特定地区，而切到最大一块蛋糕的阳光州（Sunbelt states）当时正在发生大规模、高速率且毫无阻碍的郊区化运动。因此，这种定向委托的国防拨款模式就产生了一个附带效果，那就是促进科技活动的郊区化。作为高科技产业迅速勃发的“种子资金”，联邦国防经费对那些支持高新技术郊区化的地方政府和管理者最为青睐，因此也就获得了最大收益。除此之外，冷战时期的民防政策也在另一个层面将国防开支 6
与高科技产业郊区化运动紧密联系起来。联邦政府担心中央商务区在核战争爆发后成为被敌方集中摧毁的主要目标，因此在联邦国防合同政策中加入了一些强有力的激励措施，其中最重要的措施之一就是利用优惠政策来鼓励承包商避开大都市核心区，转而在周边地区兴办相关工业设施，这就是所谓的“工业分散”计划。

（接上页）中讨论了制度影响。Christophe Lecuyer, “Making Silicon Valley: Engineering Culture, Innovation, and Industrial Growth, 1930–1970,” Ph.D. diss., Stanford University, 1999; Robert Preer, *The Emergence of Technopolis: Knowledge-Intensive Technologies and Regional Development* (New York: Praeger Publishers, 1992). 罗杰 · 洛钦（Roger W. Lotchin）在《加利福尼亚要塞》（*Fortress California*）以及《军事大都市：战争与和平中的美国城市》（*The Martial Metropolis:U.S. Cities in War and Peace*）中使用了“大都市–军事综合体”这一术语 (New York: Praeger Publishers, 1984)。

工业分散的实施基础是一系列税收优惠和私企扶植制度，此类政策体系与其他间接促进战后社会去中心化的联邦政策机制颇具异曲同工之妙。[1]在此情况下，财政津贴非常明确地直接拨给了在联邦政府扶植下不断扩张的研究型产业。随着时间的推移，虽然民防工程在促进高科技产业分散扩张上的政治影响力和战略重要性有所下降，但国防经费的流向仍在持续推动高科技产业的郊区化和去中心化，从而有助于形成经久不变的地理分布模式。总而言之，冷战的爆发让科研机构获得了前所未有的经费和影响力，从而助其打造出蓬勃发展的高科技经济机构；而冷战国防体系科研拨款制度的产业和地域偏好，进一步导致高科技产业的诞生地更倾向于郊区而非都市。

知识之城是大学中心型经济发展政策的产物。随着冷战研发经费投入的持续增加，地方政府的经济发展政策越来越倾向于吸引那些以科技研发为核心竞争力的清洁、高效的成长型企业。科技研发是研究型大学与生俱来的能力，联邦政府的国防拨款又为其带来了新的经费收入，因此，这一时期的研究型大学就像磁铁一样，吸引着来自四面八方的高科技产业和高素质人才，进而成为推动经济增长的引擎。为了在一定程度上纠正冷战科研规划所造成的经济地

1 美国的税收政策一直是此类政策体系的关键“说服者”，参见 Christopher Howard, *The Hidden Welfare State: Tax Expenditures and Social Policy in the United States* (Princeton, N.J.: Princeton University Press, 1997); Thomas Hanchett, “U.S. Tax Policy and the Shopping-Center Boom of the 1950s and 1960s,” *The American Historical Review* 101: 4 (October 1996), 1082–110。

理格局的扭曲，至20世纪60年代初，联邦政府制定了新的公共补贴政策，鼓励研究型大学扩大校园面积以及加强与政府、产业的合作。在联邦政府带动下，各州和各地政府也纷纷出台更加具体的激励措施。无论是中央还是地方，其行动计划的关注焦点都是赋予大学更大的社会权力和资源供给，并以此帮助它们打造一种前所未有的高科技产业创新区，即所谓的科研园（research park）。通过严格制定建筑标准、大面积进行景观美化、精心遴选入住客户等一系列行动，科研园兼收并蓄了美国大学校园和白领阶层郊宅的美学设计风格与人口结构特征。[1]

虽然以大学为中心的经济发展战略通常意在挽回城市中心的发展颓势和支持贫困乡村的经济振兴，而且许多杰出大学事实上本就坐落在中心城市，但大学参与经济发展仍然对高科技产业的地域分布起到了至关重要的塑造作用，使其表现出显著的高度排他性和 7
分散集群性。上述举措实质上宣扬了一种与城郊环境高度配套的产业模式，而且附和了更具影响力、更能吸引巨额公共资助的去中心化产业发展大潮。从联邦到州再到地方，各级政府纷纷为所有类型的企业提供税收减免、基建补贴以及其他各种形式的劝诱机制。在此激励下，各种各样的新型建筑如雨后春笋般在城市郊区拔地而

1 此类分析可见于 *The Architecture of Science*, ed. Peter Galison and Emily Thompson (Cambridge, Mass.: MIT Press, 1999)。文章探讨了科学文化对现代主义建筑的影响以及科学功能决定形式的方式。该体系结构的示例和讨论可见于 Goodwin Steinberg, *From the Ground Up: Building Silicon Valley* (Stanford, Calif.: Stanford University Press, 2002)。

起，为高科技产业的孵化提供了温床。[1]

上述政策可以证明，无论冷战时期的国防开支和以科学为基础的经济发展政策是否存在地域偏见，科研活动都有可能在一定程度上实现郊区化。然而，郊区化的程度以及相关企业和机构在富裕地区的聚集，揭示了科技产业发展运动的影响力以及大学在此进程中的参与程度。通过将大学定位成发展高科技产业的战略核心，政策制定者能够将这种古老的机构——虽然它们往往都坐落在城市当中——从长期偏爱低楼层、高密度的传统校园中解放出来，进而以其为中心创造一种新型经济增长模式。与此同时，通过将大学这种本质上保守且排外的古老机构转化成社会发展与经济变革的策源地，美国政府的公共政策着重强调了一个理念，即科研社区应该是高技能、高学历人才的专属栖居场所。

知识之城的出现还与地方政府的行动方案息息相关。联邦政策为知识之城的兴起搭建了框架，但如何将这一框架转化为真正的经

1 Thomas J. Sugrue, *Origins of the Urban Crisis: Race and Inequality in Postwar Detroit* (Princeton, N.J.: Princeton University Press, 1993); Douglas S. Massey and Nancy A. Denton, *American Apartheid: Segregation and the Making of the Underclass* (Cambridge, Mass.: Harvard University Press, 1993); *Urban Policy in Twentieth-Century America,* ed. Arnold R. Hirsch and Raymond A. Mohl (New Brunswick, N.J.: Rutgers University Press, 1993); Jon C. Teaford, *The Rough Road to Renaissance: Urban Revitalization in America, 1940–1985* (Baltimore, Md.: Johns Hopkins University Press, 1990); Carl Abbott, *The New Urban America: Growth and Politics in Sunbelt Cities,* rev. ed. (Chapel Hill: University of North Carolina Press, 1987); Kenneth T. Jackson, *The Crabgrass Frontier: The Suburbanization of the United States* (New York: Oxford University Press, 1985).

济成就，取决于地方政府的执行情况。各地在冷战爆发前的社会背景，以及联邦政策中的地理和机构偏好都在很大程度上决定着能否赢得高科技产业开发的竞技游戏。已经拥有大型国防工业的地区，更有意愿也有能力发展现代科研园的地区，以及人居环境更加理想的地区——譬如西部和南部的城郊地区，从一开始就有巨大的竞争优势。与之相反，那些国防投入比较有限的地区，或者产业结构相对陈旧、基础设施日益老化的地区——譬如东北部和中西部的大型老工业中心城市，在发展高新技术产业时会面临巨大障碍。不过，地理环境并不扮演决定性因素。研究型大学才是高科技产业发展计划的核心要素，因此，哪个地区拥有一所财务状况良好、创业精神浓厚以及政治嗅觉敏锐的研究大学，哪里就会真正拥有先天优势。但是，许多地区的设计者和执行者都没有认真考虑上述问题。相当一部分政策制定者都不约而同地采取了模仿策略，他们似乎理所当 8
然地认为所有大学都在促进经济发展上拥有大致相同的推动力，同时也觉得所有城市和郊区都对高科技产业和高素质从业者有着大致相似的吸引力。本书的后半部分，笔者将介绍三个大都市群及其顶尖科研机构的发展历程，集中而细致地描述地方政治环境和经济结构对于发展高科技产业的重要意义，并着重指出模仿型经济发展战略的主要缺陷。

以大学为中心促进高科技产业发展，斯坦福大学在这方面率先走出了一条成功之路，诸多后来者对其顶礼膜拜、亦步亦趋，全然不顾一个基本事实——斯坦福的成功在很大程度上得益于其得天独厚的先决条件。斯坦福大学拥有大片经济价值极高且尚未开发的捐赠土地和颇具创新精神的管理团队、毗邻重大国防机构的绝佳位置和被全国经济增长最迅速的富裕郊区所环绕的有利环境，因此，它在校园附近成功创建了一个科研园。斯坦福大学的成功操作，逐渐成为诸多地方官员和大学校长心目中发展高科技产业的黄金法则，不仅让后来者严格遵守其标准，努力设计完美融入富裕城郊地区的建筑风格和景观环境，而且还为科研园的理念注入了加州以及西部地区的景观美学特色，让其模仿者在远离西部的地区移植这种外观和感觉。位于费城的宾夕法尼亚大学走的是另一条科技创新之路，当地政府和大学管理层充分利用市政改造基金和其他渠道的公共支出，努力让城市中那些经济生态正在恶化的多种族混合社区重焕新生，进而成为科研产业和相关从业者的栖居之所。在此类通过城市社区改造来发展科学社区的计划中，阶级和种族往往被并为一谈，因为居住在这里的穷人往往大部分都是非裔美国人。宾夕法尼亚大学的案例充分证明，城市社区的种族冲突和阶级政治往往比基础设施和地理环境更能制造出难以破除的阻碍，事实上，这也正是铁锈带难以克服的内在缺陷，导致其在高科技产业孵化和高素质人员竞争上难以和阳光地带相抗衡。位于亚特兰大的佐治亚理工学院，其高科技产业发展历程则显示出另一番光景。在这里，虽然大学具有国防支出方面的显著优势，地方政府对在郊区创办高科技产业也拥有足够的兴趣，却缺乏一个政治上有影响力、经济上有参与度的研究机构。

重述斯坦福大学、宾夕法尼亚大学以及佐治亚理工学院的发展历程并非只是为了进行个案研究，事实上，地方层面的推进过程

构成了知识之城发展和美国高科技产业地理分布的关键性的第二
阶段。繁荣兴旺的西部国防基地、挣扎求存的东北部工业城市、快
速发展却深陷种族分裂的南部大都市，这三种类型的成长路径生动 9
展示了高科技产业发展竞赛不同赛道的平坦与崎岖，同时也充分展
示了冷战政治在为部分地区打开快速上升之门的同时也关闭了另
一些地区的经济发展之窗。[1]

将以上三所大学作为典型案例进行深度探究，这意味着笔者将忽略对其他知识之城的描述，其中就包括以哈佛和麻省理工为倚仗并在 128 号公路沿线郊区创造出东海岸高科技产业带的波士顿。纵观 20 世纪 50、60 年代的波士顿，其在诸多方面展示了知识之城产生与发展的重要进程：先是高等学府因为获得了冷战期间的巨量国防投入而变得实力更加雄厚，然后科研园沿着都市圈的边缘如雨后春笋般破土而出，再接着科研人员和科技公司在名校光环和顶级设备的召唤下蜂拥而至。但不得不说，波士顿的情况从诸多方面来看都是一个例外，因此并不适合在本研究中作为一个具有代表性的典型案例拿来讨论。在本研究选取的三个案例中，斯坦福大学不仅成功发展为顶级国家科研中心，而且创建出了高科技经济；宾夕法尼亚和佐治亚理工虽然也同样坚定不移地为

1 参见赫希（Arnold Hirsch）的 *Making the Second Ghetto: Race and Housing in Chicago, 1940–1960* (New York: Cambridge University Press, 1983)，该书探讨了白人商业利益集团和高等教育机构（尤其是芝加哥大学）如何在以黑人和贫民为主的南部各州进行城市改造。虽然赫希记录了这所大学及其盟友如何利用城市更新来试图阻止贫困黑人社区的蔓延，但这些案例表明当地参与者不仅可以阻止社会和经济变革，而且也在创造一种新的定居方式。

此而努力，但结果并不尽如人意，将这两者与斯坦福做对比显得更有意思，更能揭示地点和空间的重要意义。除此之外，哈佛与麻省理工也未能像斯坦福那样如此广泛且深远地影响各地高科技产业园的建筑风格、设计理念以及以大学为中心的土地开发模式。波士顿的几所大学在冷战期间的科技产业竞争中拥有得天独厚的优势，因此，适用于其他知识之城（以及潜在的知识之城）的经济发展和经济竞争规则并不适用于它们，我们将专门对其进行深入探讨。[1]

有关知识之城的系列往事，为我们透视 20 世纪美国政府与美国社会的互动关系打开了一扇窗户。"二战"结束后，美国决策者决定促进学术组织与企业伙伴以及其他利益相关集团形成一种松散联合、周边分布的产业网络，以此来促进高科技产业的发展，而不是借助国家权力进行整合。政府如此抉择，与当时美国为打造战后福利社会而在经济上实施积极的国家干预政策是一致的，这与其他工业国家形成了鲜明对比。虽然在这里进行独立的比较分析是不可行的，但必须指出的是，日本和德国这两个在 20 世纪后期一直与美国在技术创新方面分庭抗礼（甚至时时有所超越）的国家，都拥有更为明显和更为集中的科学政策结构。不过，在日本、德国以及其他所有国家，都没有出现像硅谷那样集中的科研活动地理发

1 关于 128 号公路和硅谷的比较研究，最为深入的分析参见 Saxenian, *Regional Advantage*。

源地。时至今日，其他国家也有了类似的科研集群，但基本上都是对美国模式的刻意模仿，而非本国政策结构的有机产物。由此可见，强势政府或许能够制定有力的国家产业政策，却无法孕育知 10
识之城。[1]

知识之城是典型的美国特产，是在联邦制与私有制相结合的政治体制下，科技产业充分发展的自然结果。更准确地说，知识之城源于美国政治制度的内在张力，特别是冷战时期的国家建设政策框架。冷战需要一个强有力的中央政权，而美国政治传统一向强调政府需要保持弱势。联邦政府找到了一个中和之道，那就是向研究型大学和科研产业赋权，使之成为政府代理人与合作者。如此一来，全国各地的政策执行者便可自由行动，采取一系列新措施来促进政治改革和经济进步。不仅如此，上述举措还在合作者内部产生了异常激烈的竞争，反过来又刺激了科研机构和科技企业的创业精神和创新意识，敦促创业者做出更好的策略方案，从而在激烈的竞争中获得经济上的领先优势和政治上的有利地位。政府的参与在一定程度上催生了高科技行业的创业人群，但这并不是决定性因素；在很大程度上，国家建立的充满活力的竞争格局才是战后高科技部门和

1 关于20世纪末不同国家科技政策结构的研究，参见 Daniel Lee Kleinman, *Politics on the Endless Frontier: Postwar Research Policy in the United States* (Durham, N.C.: Duke University Press, 1995), 158–71。更广泛的福利国家的比较，见 Gösta Esping-Andersen, *The Three Worlds of Welfare Capitalism* (Princeton, N.J.: Princeton University Press, 1990), 221–29。

研究型大学开拓进取的原动力。[1]

通过考察冷战时期的政治局势和经济动向，我们可以获得一个新视角，从而更加深刻地理解冷战时期的美国如何在避免走向“驻军国家”的前提下，实施一系列影响深远、以国防驱动的政策议程。[2]正是因为采取了政治权术和商业运作相结合的模式，冷战时期的科学综合体建设成为一个多主体协同共进的过程。此过程综合体现了联邦决策者、大学管理者与科学家以及产业研究领导者的多方意志。这样的权力结构和政策网络能够让联邦政府悄无声息地大大增强自己的控制力和影响力，与此同时，还能一如既往地继续谴责“大政府”观念是危险的共产主义思潮。[3]

---

1 以市场为导向的企业家创业故事，往往是美国高科技产业的主流叙事模式。以企业家为中心的高科技神话认为，是市场，而非政府，决定了行业的位置。例如 Michael Lewis, *The New New Thing* (New York: W.W. Norton, 2000); David A. Kaplan, *The Silicon Boys and Their Valley of Dreams* (New York: William Morrow and Company, 1999) ; Michael Malone, *The Big Score: The Billion-Dollar Story of Silicon Valley* (Garden City, N.Y.: Doubleday and Co., 1985)。尽管许多通俗读物和报刊文章在报道硅谷企业家和美国高科技公司的崛起，但这些商业记者和通俗编年史作者很少甚至根本没有注意到这样一个事实，即当时的企业家及其公司所在地几乎都是郊区。这些地方的低密度、分散化和经济同质化景观只是作为描述性细节被顺带一提，而非调查分析的主题。

2 泽利泽极为精准地将战后几十年描述为史无前例的国家建设时代 (*Taxing America: Wilbur D. Mills, Congress, and the State,1945–1975* [New York: Cambridge University Press,1998])。

3 本讨论中追溯的多种公共利益和私人利益的复杂互动是一个不断变化的多边政策形成过程，它超越了沙特施耐德（E. E. Schattschneider ）著名的行政部门、立法部门和利益集团“铁三角”理论。相反，它是休·赫克洛（Hugh Heclo）关于政策形成的另一种概念的一个很好的例子，即“问题网络云在曾经稳定的政治参这种政治结构涉及强调隔离性和排他性的规划传统的机构和行业，在科学活动与低密度的郊区工作环境之间建立了牢固的联系，并有助于将这种联系嵌入联邦公共政策的设计和实施中。在此过程中，冷战时期的研究和经济发展政策也被列入了其他公共项目的行列，在经济上激励那些政府资金的资助对象（无论是州、城市、企业还是房主）以特定的方式发展，从而吸引人们到郊区工作。虽然消费者的偏好和市场趋势已经有利于城市的分散化，而且，即使没有这种公共干预，也可能会产生一些分散化的效果，但政府的激励措施加速并扩大了这一进程，使依赖汽车出行的郊区成为家庭和 11
雇主在经济上更合理的选择。这种以激励为基础的政策和市场影响模式，同样也是冷战时期科学综合体及其组成机构的特征，特别是那些研究型大学，它们将成为高科技生产高度集中的核心所在。公私合作的结果是郊区成为构成冷战科学综合体的绝大多数科研机构和产业的所在地。

冷战时期的联邦政府政策形成了新的政治秩序，大大提升了科

（接上页）照点上叠加了新的力量，这些力量使计算复杂化，降低了可预测性，并对那些负责政府领导的人造成了相当大的压力”（“Issue Networks and the Executive Establishment,” 载于 Anthony King, ed., *The New American Political System* [1st ed.][Washington, D.C.: American Enterprise Institute, 1978]）。 保罗·伯斯坦（Paul Burstein）对政治学文献进行了重要的回顾和分析：“Policy Domains: Organization, Culture, and Policy Outcomes,” *Annual Review of Sociology* 17 (1991), 327–50。这项研究不仅沿袭了赫克洛的观点，认为政策制定是多方参与者之间复杂的来回往复的过程，而且还研究了城市空间结构与冷战时期支出模式之间的交集，强化了伯斯坦的观点，即“公共政策也受到文化的重要影响，事实上，文化创造并赋予其意义”(346)。

研机构的影响力，与此同时，还建构出新的制度框架，让某些科研中心成为最具经济活力和人才吸引力的中心地带。在此过程中，科研机构获得了更大的权力，研究中心被赋予更多的功能，科研目标的重心再次被调整，高等学府前所未有地深度参与公共事务和商业活动。在不到二十年的时间里，美国顶级研究型大学从与联邦政府几乎没有经济、政治联系的机构，摇身一变成为联邦国防体系的核心机构以及各州经济发展体系和地方经济竞争策略的关键部门。联邦、各州以及地方政府共同打造出面目一新的区域定位和经济格局，这个过程并不是通过大规模、集中式的公共项目来完成的，而是掩藏在政治活动之下，通过不那么引人关注的劝诫协商机制来贯彻落实的。

长期以来，关于美国福利制度的政治讨论一直聚焦于联邦政府尚未为自己的公民提供的社会福利（譬如全民健康保险、工资补贴以及诸如儿童看护之类的家庭服务）。随着"社会福利"这一概念的定义逐渐扩大，越来越多的项目进入人们的视野——既包括经济状况调查项目，也包括非经济状况调查项目；既包括公共资金来源，也包括私人赞助。新的学术研究表明，美国福利制度的影响要深远得多，也复杂得多。[1]知识之城的建造计划可以表明，联邦

1 20世纪末的政治辩论集中于关于"福利"问题的传统而狭隘的定义上，常将其限定在经济状况调查，而新的学术研究则从埃斯平-安德森（Esping-Andersen）所说的"更广阔的视角"来看待福利。在此视角下，"就业、工资和整体宏观经济指导等问题被认为是福利国家复杂体系中不可或缺的组成部分"（*The Three Worlds of Welfare Capitalism 2*）。这本书希望以这些重新思考为基础往前推进一步。此外还包括Jennifer Klein, *For All These Rights: Business, Labor, and the Shaping of America's Public-Private Welfare State* (Princeton, N.J.: Princeton University Press, 2003)；Jacob Hacker, *The Divided Welfare State:*

政府切切实实地履行了自己关于福利的承诺；此外，由此还可以得知，部分福利政策的实施并不那么直接和明显，人们有时甚至根本没有察觉到发生了什么但事实上已经从中受益。在这种“拥有强大影响力的弱势政府”的政策框架下，基础研究资助政策、经济发展激励计划以及税收减免制度和基础建设补贴都实实在在地发挥了积极作用，让地方层面的执行者得以自主设计发展计划，从容调整公共资金。也正因如此，联邦政策的执行才会出现或然性。有些地方成功地激发了科技经济的爆发式增长，另外一些地方却只能草草收场。一个地区要想实现社区升级、机构增长以及产业发展，国家层面的政策支持与地方政府的执行能力同等重要。冷战时期的美国政策议程成功将一个强有力的中央权力结构伪装成弱势政府，与此
同时，还给地方执行的灵活性、机构创业的自主性以及改革创新的 12
迸发性留出了余地。上述措施的执行让美国高科技部门一步步成为世界科技进步的领头羊，然而，奇怪的是，当人们讨论这件事情的时候却像集体失忆一般闭口不提联邦政府所扮演的重要角色。

崛起于郊区的知识之城，当我们揭开其神秘面纱时就会发现，政府抉择在高科技产业发展史上扮演的角色远远超出人们的认知，同时也证明，地方政府的政策执行能力对于一个地区的发展至关重要。回溯知识之城的发展史还可以解释高科技产业为何常常出现在

（接上页）*The Battle Over Public and Private Benefits in the United States* (New York: Cambridge University Press, 2002); Michael B. Katz, *The Price of Citizenship: Redefining the American Welfare State* (New York: Metropolitan Books, *2001*); Howard, *The Hidden Welfare State*。

郊区，高科技产业的地理分布又如何深入影响了技术发展以及美国城市的历史。一言以蔽之，知识之城的影响力远远超出高新科技领域。在冷战初期，绝大部分居住在美国主要大都市的人们都无法想象，在不久之后的2000年，越来越多的美国人会迁至郊区，而不再生活在城市中心。今天，美国千百万人生活在都市边缘风景优美的办公园区或佳木葱茏的“大学校园”，人们对于这种产业格局和生活方式已经习以为常，似乎都已经忘记就在不久之前，大都市的核心地带还是大家的心之所向。要想理解这个故事的内核，就必须仔细梳理知识之城发展历程中潜藏的美国历史动态与地理变迁。这个故事展示了高科技产业郊区化是政策、经济与文化三重因素交互作用的结果，与此同时，我们还会看到，这个过程不仅远比人们通常所认为的更加复杂，而且更有计划性。知识之城是战后城市发展的又一例证，虽然位于城郊，而且密度不高，但绝非毫无规划地肆意“蔓延”。恰恰相反，知识之城正是充分考虑人居环境和产业发展两个要素之后做出的精心设计。除此之外，知识之城的发展还从另一个角度显示了阳光地带和西海岸的城市规划模式在20世纪城市发展史上的深远影响，同时还能证明战后美国最具影响力的城市规划理念是在西部而非东部，是后者模仿前者而非前者学习后者。[1]

1973年，丹尼尔·贝尔在《后工业社会的到来》一书中这样写道：“如果说过去几百年中工业社会的主角是企业家、商人和行

1 参见 Hise, *Magnetic Los Angeles*; Self, *American Babylon*; 讨论西部对战后城市景观的影响时可参见 John M. Findlay, *Magic Lands: Western Cityscapes and American Culture After 1940* (Berkeley and Los Angeles: University of California Press, 1992)。

业高管”，“那么在新时代的舞台上熠熠生辉的角色已经变成科研人员、数学家、经济学家以及新智能技术行业的工程师了”[1]。这本书讲述了这些“新主角”的崛起历程，不仅可以反映美国城市景观的变迁，而且能够揭示联邦公共决策如何影响高新技术的快速发展以及高科技产业的分散布局。虽然贝尔也承认企业家的创造力在美国高科技产业发展中扮演了重要角色，但其著作在这方面吝于着墨。恰恰相反，贝尔反复强调的是政府行为和政治活动，在他看来， 13
这才是高科技产业不断进化的动力和缘由。由高科技研究机构和高新科技产业构成的高技术社区基本上都分布在郊区，这种地理分布并非机缘巧合，也不是市场经济自然生长的产物，而是源于公共部门与私人机构之间的复杂互动，由此产生了一系列制度框架和激励机制，促使增长势头最为迅猛的高科技产业纷纷迁往人口密度较低但富裕程度更高的城郊地区，同时也重新定义了后工业信息时代的美国城市。

1 Daniel Bell, *The Coming of Post-Industrial Society: A Venture in Social Forecasting* (New York: Basic Books, 1973), 344. 见 *The Work of Nations: Preparing Ourselves for Twenty-First-Century Capitalism* (New York: Knopf, 1992)。罗伯特 · 赖克(Robert B. Reich) 将这些训练有素的管理和技术专业人员称为“符号分析者”。

第一部分

意图

第一章 17

冷战政治

要想建造一座城市，资金和赋权必不可少，此外还要有合适的地址。知识之城的崛起也离不开以上几个必不可少的基本要素，其归根结底源于冷战时期的美国科研行动。在行动过程中，联邦政府围绕高科技学术研究和产业发展拨付了难以估量的专项经费。长期以来，美国一直将科学技术视为推动工业生产、促进理性生活的密钥，冷战的爆发让科学在人们心中的价值更上层楼。在此期间，科学不仅被赋予更丰富的内涵，而且重心也有所调整，涵盖了与国家安全和经济福祉密切相关的研究：从物理、化学到数学、工程学，参与科技生产的学科越来越多；从以晶体管为代表的高端消费品到以战斗机为代表的先进武器，再到半导体、计算机这样的专业装备，高科技研发涉足的产业版图也越来越广。出于增强军事实力的需要，基于提升教育质量的考虑，更为了大力促进经济发展，科研人员及其所在的机构和产业被赋予前所未有的特权。

知识之城之所以出现，是因为冷战为研究型大学以及与之相关的校内外专业科研人员提供了千载难逢的契机。说到如何选择知识之城的创建地址，这个问题涉及的因素相当复杂。首先，冷战时期的战略规划必然要慎重考虑经济成本；其次，这还涉及不同部门和地区之间的权力博弈和资金筹措；最后，冷战时期的国防体系发展还要放在更宏观的社会和经济环境中进行考量。冷战政治不是凭空产生的，当科研人员和研究机构的地位水涨船高，甚至被标榜为美国文化精英的杰出代表，城市格局必然发生根本性改变。郊区开始走向繁荣，中心城市辉煌不再；南方和西部更加繁华，东北都市圈与中西部地区却停滞不前甚至日渐衰落。毋庸置疑，上述变化与冷战初期的国家政策密切相关，科研机构和高科技产业被赋予诸多特权，地域经济的发展格局也因此改变，那些更具活力和竞争力的地区在竞争中脱颖而出，其他地区唯有走向沉寂。

18 政策架构（1945—1950）

科学政治

冷战期间，“研究与发展”（R&D）是一个内涵丰富的宏大概念，涉及一系列政府行动，而且其基本定义也一再发生变化。这一时期的科学研究同时发生在不同的场所，大学实验室、政府机构以及企业研究所都在从事科研事业。绝大部分的科研工作都是根据具体的军事或商业目标而进行的短周期应用型技术研究，在冷战初期这种趋势尤为明显。余下的部分便是基础研究，即纯粹为了科学进步而开展的学问探究。基础研究项目获得了联邦研发经费的大力支持，受资助领域涉及医学、物理科学和社会科学等多个学科大类。基础研究一般都由研究型大学来主导，而应用研究则常常由政府研究机构和企业研发部门来发起。除了上述研究活动之外，冷战期间真正占据政府科研预算大头的是军事设备的制造和采购，此举创造了一个拥有强大影响力的国防承包商群体，并以数十亿美元的联邦资金支出改变了地区经济格局。上述举措共同造就了一个由政府资金养大的庞然巨物，德怀特·D. 艾森豪威尔总统在 1961 年卸任时为其起了一个广为人知但又颇为不祥的名字——军工复合体（“military-industrial complex”）。[1]

虽然基础研究从财政拨款的视角来看占比较小，但其发挥的作用却不容小觑，正是通过将基础研究资助项目运作成联邦政府在冷战时期的政策要务，大学及其管理者才迈出了参与战后政治事务和公共生活的重要一步。如果将时针拨回到 20 世纪 20 年代和 30 年代，人们根本无法想象“二战”以后学术、工业和政府将会形成深度结合、广泛参与的联盟。一直以来，高等院校（尤其是私立高校）以及生活在其中的科学工作者都对联邦政府参与大学内部事务极

1 “Farewell Radio and Television Address to the American People,” 17 January 1961, 见 *Dwight D. Eisenhower, Containing the Public Messages, Speeches, and Statements of the President, 1953–61* (Washington, D.C.: U.S. Government Printing Office, 1961)。

其不信任。与20世纪后半叶联邦资助科研团体主持美国学术研究的局面形成鲜明对比，战前最具影响力的代表性科研机构是国家研究委员会(National Research Council)，一个由“大学科学人才、工业研究骨干和基金会精英”组成的私立非政府实体机构。[1]部分高校教师和大学管理者坚持认为，“过度的”外部干涉将会败坏学术研究之风。学术项目受到的非学术利益因素影响越小，学术研究的质量就越高。[2]

19 战前学术界在知识领域的崖岸自高和财政事务上的高度独立掩盖了一个基本事实，那就是大学及其学者事实上已经被各种私立或公立的投资机构所把持。美国政府对大学科研活动的财政拨款源远流长，其历史可以追溯到美国研究型大学诞生的那一刻。1862年《莫里尔法案》(Morrill Act)的出台开启了美国以农工人才教育和技术研发为核心的赠地学院建设之路，联邦政府为促进科学发展、鼓励技术革新以及培养科研人才投入了巨量的经费支出。[3]诸多公立大学的实验室都是主要通过公共支出建立的，并在政府的持续资助下取得了令

---

1 Roger Geiger, *To Advance Knowledge: The Growth of American Research Universities,1900–1940* (New York: Oxford University Press, 1986), 256. 关于国家研究委员会的起源和联邦参与战前科学的进一步讨论，见第94—100页、第255—264页。

2 Freeland, *Academia's Golden Age*, 84; 亦可见 Lowen, *Creating the Cold War University*。

3 关于第二次世界大战前联邦参与科学的讨论，见 Geiger, *To Advance Knowledge*; Kevles, *The Physicists*; Walter A. McDougall, *The Heavens and the Earth: A Political History of the Space Age* (Baltimore, Md.: Johns Hopkins University Press, 1985); A. Hunter Dupree, *Science in the Federal Government: A History of Policies and Activities to 1940* (New York: Harper and Row, 1957)。

人瞩目的学术成就。不过，私立大学的确对政府经费的依赖程度相对较小，它们更倾向于争取美国企业以及慈善基金的资助。[1]

战前大学对企业赞助的依赖反映了一个现象，那就是从美国研究型大学诞生到“二战”爆发的数十年中，致力于科学研发和技术革新的核心机构是私营企业而非美国政府。虽然联邦拨款和财政补贴也是悄无声息地撑起美国高等教育体系的一大支柱，但直接应用于科学研发的支持却只能说聊胜于无。相对而言，美国企业从 19 世纪起就开始直接资助工业研究，至 20 世纪它们已经拥有一系列当时世界最具创新精神的实验室和科学家。[2]正因为没有看到政府支持产生的作用，美国顶级私立大学的管理者在战前才会

---

1 美国大学与美国工业之间的合作由来已久，而且早于其他国家。不仅许多重要研究机构（例如约翰·霍普金斯大学、芝加哥大学）是在 19 世纪工业家的慷慨捐助下建立的，而且在这一时期已经建立的大学中，科学学科的扩展也是为了满足工业资本主义的需求。有关战前科学与资本主义之间的互动以及“专家”知识的制度性增长的进一步讨论，见 Olivier Zunz, *Why the American Century?* (Chicago: University of Chicago Press, 1998)。

2 讨论战前的联邦研究政策，参见 Hart, *Forged Consensus*, 30–116。工业研究是钱德勒（Alfred E. Chandler）在“managerial capitalism”探讨的一个要素（见 *The Visible Hand: The Managerial Revolution in American Business* [Cambridge, Mass.: Harvard University Press, 1977]）。继钱德勒之后，其他研究也深入探讨了工业研究的作用以及科学对美国商业的重要性，包括：David A. Hounshell and John Kenly Smith, Jr., *Science and Corporate Strategy: DuPont R&D, 1902–1980* (New York: Cambridge University Press, 1988); Leonard S. Reich, *The Making of American Industrial Research: Science and Business at GE and Bell, 1876–1926* (New York: Cambridge University Press, 1986); David Mowery, “The Emergence and Growth of Industrial Research in American Manufacturing, 1899–1945,” Ph.D. diss., Stanford University, 1981。

以学术自由为借口来抵制政府对大学科研事务的介入，与此同时却对私人企业敞开大门，这样的做法颇具讽刺意味，但他们却浑然不觉。[1]

第二次世界大战彻底改变了原先的格局。战争爆发后，全社会都急切盼望新军事技术迅速开花结果。罗斯福政府和军方领导层吹响集结号，通过一系列科研拨款和合同，将美国研究型大学及其最卓越的科学家群体迅速动员起来。为了协调战时研究行动，政府创建了一个新的服务机构，即科学研究与发展办公室（Office of Scientific Research and Development，简称 OSRD）。这个办公室在战争期间策划资助了数百个军事科研项目，其中许多项目都是在保密措施下悄悄实施的。科学研究与发展办公室的创建运行是科学团体与联邦政府悄然携手的标志性事件。[2]随着庞大的战时研究项目的开展，美国的顶级科学家开始直接为政府服务，而且有时候甚至还会骤然成为政治事件的公众焦点。

---

1 Lowen, *Creating the Cold War University*, 18–26. 有关战前大学研究实践的更多信息，见 Kevles, *The Physicists*; Galison and Hevly, *Big Science*。相关案例可参考 Richard S. Combes and William J. Todd, "From Henry Grady to the Georgia Research Alliance: A Case Study of Science-Based Development in Georgia," 见 *Science-Based Economic Development: Case Studies Around the World*, ed. Susan U. Raymond, *Annals of the New York Academy of Sciences* 798 (1996), 59–77。

2 在战争期间，科学研究与发展办公室 (OSRD) 将资助"大约两百件未公开的武器研发和对军事装备的秘密改进"（Henry Gemmill, "Secret Weapons: Finding and Financing Them a $135 Million Job of Government OSRD," *Wall Street Journal*, 17 July 1945），科学研究与发展办公室短暂的前身是美国国防研究委员会，它也履行了类似的职责。

因卷入“二战”而最负盛名（或恶名昭彰）的科学家，当数曼哈顿计划中的原子弹制造者。譬如，J. 罗伯特·奥本海默（J. 20
Robert Oppenheimer）——他原本是一超然世外的学者，长期心无旁骛地致力于自己的学术工作，在 1936 年之前都无暇关注选举，直到 1945 年落在广岛和长崎的两颗原子弹结束了这场战争后才突然发现自己成为举国关注的人物。[1] 为了让美国人民关注和支持联邦政府对学术研究、军事发展以及其他相关事务的资助政策，大众媒体常常以激动人心的手法来报道科学家的丰功伟绩。“科学家在我们的社会中被赋予了像古玛雅文明中数学家–天文学家–祭司一样的超然身份，”约瑟夫（Joseph）、斯图尔特·阿尔索普（Stewart Alsop）两位记者如是说，“作为四季运转之谜的知晓者、日星运转规律的掌控者，他们令人仰之弥高又望而生畏。”[2] 并不是所有科学家都愿意成为备受关注的社会名流。自身的科学才能被用来制造恐怖至极的杀人武器，大多数科学家对此都在道德上深感不安。然而，军方提供的科研资源实在太过诱人，以至于常常能压倒心中的道德忧虑。[3] 军事研发不仅能够提供巨额科研经费，而且能够充分发挥研究者的创造力。艾森豪威尔总统曾在一份名为“作为军事资

1 Robert C.Wood, “Scientists and Politics: The Rise of an Apolitical Elite,” 见 *Scientists and National Policy-Making*, ed. by Robert Gilpin and Christopher Wright (New York: Columbia University Press, 1964), 41–72。

2 Alsop and Alsop, *We Accuse! The Story of the Miscarriage of American Justice in the Case of J. Robert Oppenheimer* (New York: Simon and Schuster, 1954), 6.

3 *American Science in an Age of Anxiety* 探讨了科学界的政治分歧，以及关于冷战努力的有效性和道德性的广泛科学观点。

产的科技资源”的备忘录中这样写道：“必须在最大限度上给予科学家和实业家进行研发的自由……（他们）受到的限制越少，就越有可能做出前所未有、超乎想象的贡献。”[1]

鉴于战争期间大学学者在政府号召下做出的巨大贡献，杜鲁门总统和诸多国会议员一致认为联邦政府应当在和平年代继续资助学者们的科研事业。哪怕战争结束后已经没有必要继续大规模生产战斗机和常规武器，也不需要快马加鞭地研发军事技术来对付敌军的先进武器了，保持本国科技实力的领先地位仍是美国的重大利益所在。投降后的德国和日本已经不再构成威胁，但苏联成了更强大的潜在祸患。20 世纪 40 年代后期，随着美苏之间的紧张气氛持续升温，政府官员大都意识到应当继续支持研发工作以应对未来可能出现的冲突。甚至在太平洋战争结束之前，杜鲁门政府和民主党议员就在努力推动一项新的立法，以创建一个永久性政府机构对和平时代的科研工作进行资助，就像战争期间的科学研究与发展办公室那样。“如果不能全面发展科学与技术，任何一个国家都无法在今日世界保持领导地位，”在美国的原子弹投放到广岛和长崎整整一个月后，杜鲁门总统在国会演讲致辞中说了这样一番话，
21 “甚至，如果一个政府不能全力以赴、机制灵活地支持和激励本国大学产业及其实验室开展科学研究，它根本无法真正尽到自己应

1 参见艾森豪威尔给陆军总参谋部和特别参谋部，以及司令部主要指挥官的备忘录，1946 年 4 月 30 日，FF6, Box 44, ELBP。

尽的职责。”[1]

科学家身处联邦科研资助战略的舞台中心，他们需要起草相关政策计划、向国会证明计划可行以及通过发表论文著作来建立公众对政府科学的支持。[2]为支持政府的科研计划，美国大学除了让自己的学者做贡献，还展开了一系列体制改革。大学管理者已认识到，扩大联邦支出不仅是出于政治利益的考量，更有利于提升大学的经济条件和科研产出。战争期间承担军事研发项目的经历让大学自然而然地在战后继续拥抱科研资助计划，而且此举还有了更加务实的理由。在过去的十年中，经济衰退和世界大战接踵而至，这意味着大学招生规模的缩减、私人资助的下降以及战时动员活动的极大损耗。劫难过后，就连筹资能力最强的大学也对扩大经费来源有着久旱逢甘霖般的殷切期盼。1944 年《退伍军人法案》（GI Bill）通过后，美国大学的资金缺口变得更加严重，因为政府以资助求学的方式对退伍军人进行安置，而骤然增加的大批新生需要高校为其提供新的宿舍、教室和服务。此时的大学规模更加庞大，它

1 1945 年 9 月 6 日，杜鲁门对国会的讲话，引自 *Appendix to Report from the Subcommittee on War Mobilization to the Committee on Military Affairs, United States Senate Pursuant to S. Res. 107 (78th Congress) and S. Res. 146 (79th Congress) Authorizing a Study of the Possibilities of Better Mobilizing the National Resources of the United States* (Washington, D.C.:U.S. Government Printing Office, December 1945), 1。

2 艾伦·内德尔（Allan Needell）将这种新型科学家称为“科学政治家”（“science-statesman”）。另请参见 Wang, *American Science in an Age of Anxiety*; Kevles, *The Physicists*; Balogh, *Chain Reaction*。

们急需更多的办学经费，而联邦政府是唯一有能力也有意愿的资助者。[1]

在推动联邦政府资助大学的政策实施进程中，物理学家万尼瓦尔·布什（Vannevar Bush）厥功至伟。他担任过麻省理工学院副校长，当时正在执掌卡内基研究所，曾长期为联邦政府服务并取得了令人瞩目的成就。在"一战"已经结束，"二战"尚未开启的这段时间里，美国只有一个值得关注的国立研究机构实体，即国家航空咨询委员会（National Advisory Committee on Aeronautics，简称 NACA），万尼瓦尔·布什就曾主管过这个机构，继而又在"二战"期间担任科学研究与发展办公室的负责人。经过多年努力，万尼瓦尔·布什成为一位真正意义上的科学界名流，并在 1944 年以"物理学统帅"之名登上《时代》周刊。[2] 1945 年，杜鲁门邀请布什起草一份文件，其主要内容就是从政治考量的角度创建一个永久性的科学服务专门机构，并阐述其结构与功能。应总统之邀，布什于同年 7 月完成了一份名为《科学：无尽的前沿》（*Science, The Endless Frontier*）的报告，全面分析了政府部门为学院科学提供助力的远大前景。布什的报告以雄辩的姿态告诉美国人，科学创新是战后世界政治

1 若要进一步讨论，可参见 Keith W. Olson, "The G.I. Bill and Higher Education: Success and Surprise," *American Quarterly* 25:5 (December 1973), 596–610。

2 除了在政治舞台上取得的许多成就，布什还被技术专家誉为"the father of hypertext"，因为他在 1945 年发表了一篇有先见之明的文章，提出了"Memex"这一概念，这是一种可轻松连接并在逻辑上相互关联的电子文件系统的设备 (Bush, "As We May Think," *Atlantic Monthly*, July 1945)。

发展和经济增长的关键要素，并郑重建议联邦政府创立国家科学基金会（National Science Foundation，简称 NSF），以资助美国大学进行科学教育和基础研究。此处值得注意的是，布什在报告里对新机构所用的概念是“基金会”（foundation），而非此前常见的“服务机构”（agency），其用意就是希望创建一个由科学界的专业人士负责运行的独立实体，而非新添一个政府主导的官僚机构，因为其核心使命是促进基础理论研究的发展。

布什借鉴二十年前美国前总统胡佛曾经用过的一个隐喻，即
（科学）“前沿”这个富有煽动力又颇具感情色彩的词语，同时也 22
明确显示出对胡佛社团主义观点的支持。[1]“开拓精神依旧活跃在美国人的心中，”布什在报告中写道，“科学的领地还存在无比宽广的未知领域，等待那些拥有研究工具的拓荒者前去探索。一旦有了探索成果，不仅对个人是一种奖励，对国家也有着极大的裨益。科学发展不仅是保障国家安全的一个关键要素，也是增进国民健康、促进良好就业、提升生活品质以及实现文化进步的核心要

1 胡佛对大萧条的反应——他拒绝继任者富兰克林·罗斯福后来采取的干预主义刺激措施和公共工程策略——使他经常被描述得比他实际上更保守。虽然胡佛不是自由主义者，但他也不是自由市场方面的保守主义者；相反，他提倡联合主义策略，即政府机构为私营企业提供建议和信息，并给予激励。见 David M. Kennedy, *Freedom from Fear: The American People in Depression and War, 1929–1945* (New York: Oxford University Press, 1999), esp. 11–12, 43–50。也可见 Ellis W. Hawley, “Herbert Hoover, the Commerce Secretariat, and the Vision of an ‘Associative State,’ 1921–1928,” *Journal of American History* 61 (1974), 116–40。

义。”[1]报告指出，国家科学基金会的创建不仅要促进军事研究，而且还要对医学研究和大学科学教育进行资助。布什报告的中心思想的另一个标志性特征，也是潜藏在其文字意思之下的强烈暗示，是一种最典型的精英主义态度。在当时的美国社会，笃信贤能统治、鄙弃家族出身的人，绝不只是布什一个，但其与众不同在于，他特别强调科学家才是精英群体的典型代表。正如一位为布什立传的作家所言："布什把工程师排在公民序列首位，认为他们应当获得超国民待遇，因为他们几乎拥有维持现代社会正常运转所需要的一切技能。"[2]1946 年，在一次面向麻省理工学院校友的演讲致辞中，布

---

1 Bush, *Science, The Endless Frontier* (Washington, D.C.: U.S. Government Printing Office, 1945), vi. 在提出这一论点时，布什不仅吸取了胡佛的经验教训，而且借鉴了历史学家弗雷德里克·杰克逊·特纳最著名的"frontier"这一有力修辞（"The Significance of the Frontier in American History"，转引自 *The Frontier in American History* [New York: Henry Holt and Co., 1921] 1893）。特纳认为，西部边疆是塑造美国文明的主要力量；在西部的蛮荒之地反复创造新文化的过程，对于形成美国人特有的个性——个人主义、强健有力和创业精神——至关重要。特纳的这一论断后来不断被修改，被攻击，被修订，但"边疆"这一概念与创造某种集体文化身份之间的联系在美国大众文化中却经久不衰。将文化形成的前沿与西部联系起来，使得布什对这个习语的使用具有了先见之明，因为对科学创新前沿的探索大多发生在西部各州，尤其是加州。参见 Martin Ridge, "The American West: From Frontier to Region," 载于 Walter Nugent and Martin Ridge, eds., *The American West: The Reader* (Bloomington: Indiana University Press, 1999), 29。

2 G. Paschal Zachary, *Endless Frontier: Vannevar Bush, Engineer of the American Century*（New York: Free Press, 1997）, 33. 布什再次接受了早期广泛流传的理念。经济学家索尔斯坦·维布伦（Thorstein Veblen）因创造了"有闲阶级"和"炫耀性消费"等术语而闻名于世，他曾在 1921 年预言"工程师总有一天会统治美国经济"。（维布伦转述自 Lewis, *The New New Thing*, 30）。布什所表达的唯才是举的精英主义思想越来越多地融入美国教育机构的设计和功能中。大学招

什再次强调，科学家拥有最专业的知识和技能，这让他们天然负有指导政策制定的社会责任。“人民治理国家的核心要义就是让那些不辞劳苦地积极参与公共事务并能引领公共舆论的人民占据主导地位……专业技能人士应当明确自己背负的特殊责任”，“物理学家……不同于一般学者，更要主动承担专业技能人才的社会职责”。[1]

布什之所以在报告中舌绽莲花，大力呼吁创建一个由科学家主持、为科学家服务的实体组织，其核心诉求在于左右目前围绕科学政策的立法辩论。在“二战”期间，西弗吉尼亚州民主党参议员、军事委员会战时动员分委员会主席哈利·基尔戈（Harley Kilgore）曾策划了一系列议案，其主要目的就是设法将政府的科研资助功能集中到一个常设服务机构中。由于紧密追随富兰克林·罗斯福，基尔戈于1940年当选了参议员。上任后，他立刻提出成立国家科研事务管理机构的设想，以解决联邦政府在科研组织方面多头并进、协同不足的状况，同时也希望在政府主导下集中愿意听从指令的精英大学和承包商之力来促进科技发展。以1942年《技术动员法案》（Technology Mobilization Act）的出台为标志，基尔戈开始倾力

（接上页）生的标准化考试（表面上看，是根据成绩而不是根据财富、种族或民族来接受申请的）就是这种趋势的一种表现。参见 Nicholas Lemann, *The Big Test: The Secret History of the American Meritocracy* (New York: Farrar, Straus, and Giroux, 1999)。

1 万尼瓦尔·布什，“科学、力量和稳定性”（“Science, Strength, and Stability”），在麻省理工学院国际和平技术校友日研讨会上的演讲，1946年6月8日，5, Box 129, Vannevar Bush Papers, Library of Congress (henceforth VBP)。

打造一个中央统辖的专门机构，来资助应用研究以及促进技术创新，由此创造的专利完全归政府所有。

对于基尔戈提出的国家出面资助和规划科学研究的改革愿景，军方官员和服务于科学研究与发展办公室的科研工作者都以沉默表达了深深的疑惑和不安。科学应该掌握在科学家手中，而非官僚机构，这是科学界的基本态度。私立机构与科学界也同声相和，对政府控制科学研究的潜在风险表达了深刻的忧虑。贝尔
23 实验室的弗兰克·朱伊特（Frank Jewett）直言不讳地对基尔戈的议案进行谴责，用他的话说，该议案“将会导致国家生活的统治权完全掌握在一小撮联邦官员和官僚机构手中”[1]。将目光转向争论的另一方，政府官员也直截了当地拒绝将新创建的科研资助机构直接交给来自科技产业的科研人员管理，因为“这群人同时还受雇于私人团体或研究机构”。[2]

关于谁是政府资助下的科研活动的管控者，独立学者、公务人员还是企业代表都无法获得一致认可，这是基尔戈的科研资助议案

1 有关基尔戈在立法方面所做的努力的详细讨论，以及对支持基尔戈和布什提出的建议的两种非常不同的政治意识形态的分析，参见 Kleinman, *Politics on the Endless Frontier*, 74–99。弗兰克·朱伊特的评述被引用在第 82 页。另外参见 Geiger, *Research and Relevant Knowedge*, 13–29。

2 *Preliminary Report on Science Legislation from the Subcommittee on War Mobilization to the Committee on Military Affairs, United States Senate Pursuant to S. Res. 107 (78th Congress) and S. Res. 146 (79th Congress) Authorizing a Study of the Possibilities of Better Mobilizing the National Resources of the United States* (Washington, D.C.: U.S. Government Printing Office, 1945), 3–4.

以及后续相关立法陷入困境的原因之一。此外还有一个因素，那就是民主党人内部政见的分歧。由于保守的南方派系和相对温和的自由主义者在涉及种族问题的民权议案上争执不下，国会讨论常常陷入唇枪舌剑的论战之中，同时也将白宫推向与南方议员敌对的位置，而后者在国会的关键位置上拥有强大的控制力，由此导致立法陷入僵局。[1]不仅如此，日益高涨的反共气氛——这是一种跨越地域和党派的情绪，这种情绪在参议员约瑟夫·麦卡锡（Joseph McCarthy）策划的那场臭名昭著的国会听证会上达到高潮——进一步加剧了立法困局。在反共情绪肆意蔓延的紧张气氛下，基尔戈式的大规模、集权化政府科研机构的议案显得与当时的政治局势格格不入，此类计划甚至看上去颇有社会主义倾向之嫌。但作为争论的另一方，科学家也面临更严格的政治审查，那些别有用心之人努力试图从他们的过往和现状当中觅出蛛丝马迹。在这方面最为人熟知的受害者就是奥本海默，他因为涉嫌同情共产主义而没有通过安全审查，从而不得不黯然退出公共生活。[2]1947—1949年，美国国会参众两院的权柄都转移到共和党手中，但这并不能促进实质性改变，立法和行政（杜鲁门将其称为“无所作为”国会）两大阵营的党争持续发酵，从而进一步降低了为政府科研政策设计一个双方皆

1 若要进一步讨论和分析这些政治斗争，参见 Gilbert C. Fite, *Richard B. Russell: Senator from Georgia* (Chapel Hill: University of North Carolina Press, 1991), 224–42; Robert Caro, *The Years of Lyndon Johnson: Master of the Senate* (New York: Alfred A. Knopf, 2002), 203–22。

2 参见 Richard Fried, *Nightmare in Red: The McCarthy Era in Perspective* (New York: Oxford University Press, 1990)。

能接受的制度框架的可能性。[1]

虽然创建国家科学基金会的议案在国会层面依旧停滞不前，但在政府层面行政部门已经开始尝试将科研人员和科学政策提升到国家议程。1946 年，在白宫日常政策讨论会上，呼吁科学工作者进一步发挥重要作用的请愿运动日渐高涨，杜鲁门乘势建立了总统科研理事会（President's Scientific Research Board，PSRB），由其白宫助理约翰·斯蒂尔曼（John Steelman）掌管。该组织成立后发布了一份政府科研政策报告，不仅回应了国会层面一直悬而不决的关于政府部门如何持续资助基础研究的议案争论，而且重申了科研工作者应当担负的公共职责。“美国社会一贯珍视的民主理念促
24 进了科学的发展，使其走向当前这种万众瞩目的地位，”斯蒂尔曼的报告如是说，“反过来，科学家也要履行自己的义务，主动为美国社会体系的顺利运行做出应有的贡献。”[2]

鉴于不同利益群体的不同诉求，关于政府资助科研究竟如何

1 若要进一步讨论和分析这些政治斗争，参见 Neil Smith, *American Empire: Roosevelt's Geographer and the Prelude to Globalization* (Berkeley and Los Angeles: University of California Press, 2003), 427–35。

2 John Steelman, *Science and Public Policy: A Report to the president* (Washington, D.C.: U.S. Government Printing Office, 1947)，27. 美国科学促进会——也许是最著名的科学家专业协会，在其 1944 年的会议记录中也发出了类似的声音，呼吁“科学政治家”精神（引自 L. K. Frank, “Research After the War: National Policy,” *Science* 101［27 April 1945］, 433–34)。1946 年底，协会正式批准建立国家科学基金会的想法 (*AAAS Resolution: Inter-Society Committee for a National Science Foundation*, December 29, 1946, http://archives.aaas.org/docs/resolutions.php?doc_id=231, August 18, 2003)。

从政策层面执行，这个议案在早期阶段一直存在争议，但有一个基本共识很少受到质疑，那就是联邦政府必须成为科学研究的主要资助者。在那个全球局势空前紧张、科技发展日新月异的时代，制定强有力的科研资助政策完全符合国家利益。国会为此举行了一系列汇集各方意见的听证会，会上来自工商界联盟、工会、行业协会以及各类研究型大学的代表济济一堂，共同表达对创建国家科学基金会议案的热烈支持。“出于增进社会福祉和进步的考虑，必须有组织地持续支持科研项目，（国家）应当向着无尽的科学前沿整装待发，不是为了与他国竞争，而是为了促进本国社会各界的团结协作，乃至最终实现全球各国的协同发展。”美国劳工联合会（AFL）成员刘易斯·海因斯（Lewis Hines）发出了这样的声音。[1]哈佛大学校长詹姆斯·科南特（James B. Conant）描述了对未来的预测：“如果你们眼前的这份议案能够顺利通过形成立法，国会也愿意按计划拨付资金，那么我们定会看到科学之树在美利坚的土地上盛放出这个世界从未见过的花朵。”[2]不过议案支持者也发出预警，就是绝不能粗暴干涉科学研究的独立性。宝丽来相机的研发者埃德温·兰德（Edwin Land）提醒立法人员：“纯粹科学领域的伟大发现通常不可预测，这是一个水到渠成的自然结果。它创造于科学家的头脑中，但通常不会发生在有组织的项目研发过程中。”正因如此，兰德呼吁政府应当“教导和培养一大批优秀科学家，然后为他们提供经济

1 *Appendix to Report from the Subcommittee on War Mobilization*, 2.

2 Ibid., 12.

支持，给予他们主动探究的自由空间”[1]。

综上所述，在一项科学立法通过之前，政府官员、科研工作者、学术管理者以及工业盟友就已经在这方面奠定了坚实的论证基础，他们对于如何处理公共部门与私立机构、科学探究与经济发展的关系都进行了充分的讨论和假设，这对后来科研政策的计划与实施产生了持续影响，进而也影响了科技研发的场所布局。尽管政府资助科研议案的支持者强调科学家有责任为更大的利益共同体服务，也赞成向曾经以私人资助为主要经费来源的科研领域提供大规模公共投资，但科研专家对国家在这一过程中的作用的看法与新政推进过程中激进的再分配模式截然不同。科学家和科研机构应当成为政府的代理人而非被抚养者。正如布什和斯蒂尔曼的报告所指出的，美国大学已经开始执行各种重大科研项目，政府拨付科研资助的目的，就是进一步承认和支持上述研究行动，并进一步从战略角度和经济层面助其为国家做出更大贡献。在冷战初期关于科研政策的大
25 讨论中，科学界锲而不舍地警示人们学术研究必须免遭行政部门的直接干涉。这些争论始终强调个体研究者或精英团队的成就是实现集体利益目标的手段。

由政府资助但去中心化的、由专家主导的科研模式，与“二

1 埃德温·兰德的声明。*Hearings Before the Committee on Interstate and Foreign Commerce, House of Representatives, Eightieth Congress, First Session, on H.R.942, H.R. 1815, H R. 1830, H.R. 1834, and H. R. 2027, Bills Relating to the National Science Foundation, 6 and 7 March 1947* (Washington, D.C: U.S. Government Printing Office,1947),143.

战”结束后美国政府实施的经济政策有异曲同工之妙。20 世纪 40 年代末，美国人民刚在数年前走出大萧条的梦魇，对未来的经济形势仍然有着深刻的担忧。1945 年 10 月进行的盖洛普民意调查显示，42% 的受访者认为就业危机是美国下一年将会面对的头号问题。只有 2% 的人提到核战危机。1946 年 8 月，盖洛普民意调查显示 60% 的受访者认为未来十年内美国社会还将迎来一场严重的经济衰退。[1]政府官员同样为此深感不安。在此情形下，1949 年的轻微衰退就让杜鲁门总统及其经济顾问惊慌失措，立即深切关注如何维持生产效率和提高生活标准。虽然经济衰退问题迅速得到化解，1950 年的总统经济报告仍旧建议动用政府支出——其中最大的开支投入在了国防事务上——来阻止未来可能出现的经济不景气。[2]

不过，单纯依靠增大产能并不能保障经济健康运行，生产效率同样至关重要。“弥补战争期间经济损失的唯一路径就是开发新的财富来源”，早在 1942 年就有一位独立分析人士提出过这样的建议，“研发新的产品并进行制造和销售，这就是新的财富来源。无论当下还是未来，都必须依靠这种方式来维持乃至提升我们的生活水平。”[3]截至 20 世纪中期，即便联邦政府在“二战”结束后暂时没有涉足商业性的科技研发，但高度发达的私立研发基础意味着美国

---

1 George H. Gallup, *The Gallup Poll, Public Opinion 1935–1971, Vol. I* (New York: Random House, 1972), 534–35, 595–96.

2 *Economic Report of the President to Congress* (Washington, D.C.: U.S. Government Printing Office, 1950).

3 F. Russell Bichowsky, *Industrial Research* (Brooklyn: Chemical Publishing Co., 1942), iii.

工业部门应当已有能力向更加高效创新、物美价廉的方向发展。20世纪40年代末，出现了一些令人信服的例子，表明政府投给大学的科研资助产生了重要的非军事创新和消费应用技术。

1946年，世界上第一台超级计算机——电子数字积分器和计算器（ENIAC）诞生于宾夕法尼亚大学，这件事情同时体现了两大现象，那就是军事研究催化了民用技术发明以及研究型大学已经成为技术研发中心。在20世纪40年代的大多数民众心目中，“计算机”这个概念并不是指一台精密机器，而是一个工作人员（在战争期间，计算工作大多是由女性来承担的），其日常所做的工作主要是运用自
26 己的智能——也许还要加上算数机器的辅助，绞尽脑汁地对数以百计的数学方程式展开运算。在战争期间，对敌军导弹发射弹道的计算准确与否，可能会决定一场战争的胜败，由此催生了对数字分析人员的巨大需求。伴随着作战研究需求的日益增长，军方开始进一步寻求机械化的解决方案。就在几年前，真空电子管技术开启了电子计算器的研制之路，这项发明能同时运算数千个方程式，而且耗费的时间只是人工计算所用时间的零头。电子数字积分器和计算器在战后世界的问世引起了媒体的高度关注，同时也受到了来自业界的如潮好评。此时，国会对于创建国家科学基金会的议案还在争论不休，而美国新闻头条都在热议超级计算机的诞生。由于技术原因和行政因素，超级计算机问世后几乎没有取得任何商业成功。随着速度更快捷、操作更灵敏的计算器陆续问世，超级计算机很快便销声匿迹。然而，超级计算机的诞生是人类历史上的里程碑事件，不仅意味着计算技术本身的重大发展，而且更是象征着国家资助、大学

研发的科研模式与军事发展和商业应用密切结合的典型创举。[1]

兰德公司（RAND Corporation）的创立也是军事—学术—产业联合发展的又一典型代表。兰德公司创建于1945年，最初是作为战争承包商道格拉斯飞机公司的研究部门，1948年脱离母公司成为一家独立的非营利性研究机构。时任陆军航空兵司令的“快乐的阿诺德”（“Hap” Arnold）和柯蒂斯·勒梅将军（General Curtis LeMay）是兰德公司成为非营利性独立研究机构的主要推动者，此外，麻省理工学院出身的战争部长顾问爱德华·鲍尔斯（Edward Bowles）同样厥功至伟。肩负以高水平科研服务军事战略之重任，兰德公司成立之初承担的项目包括提交一份环球卫星发展计划、分析美国本土的核打击目标以及研究洲际导弹制造技术。20世纪40年代末，兰德公司组建了一支两百多人的研发团队，其中包括来自各个学科领域的科学家和社会学家，以改进军事技术为名开展了一系列雄心勃勃且富有前瞻性的研究项目。在后来的发展过程中，虽然兰德公司也与私立基金组织签订合同，开展了一些民用项目的研发工作，但其最主要的惠顾人一直都是美国军方；在整个冷战时期，该公司始终以“国家安全戒备守护者”的身份提供各种服务。[2]

1 Scott McCartney, *ENIAC: The Triumphs and Tragedies of the World's First Computer* (New York: Walker and Co., 1999).要进一步讨论性别和早期“电脑”(“computer”)问题，可参见Jennifer Light, “When Computers Were Women,” *Technology and Culture* 40: 3 (1999), 455–83。

2 Kleinman, *Politics on the Endless Frontier*, 179; RAND Corporation, “50 Years of Service to the Nation.” www.rand.org/history (18 August 2003); Martin J. Collins, *Cold War Laboratory: RAND, the Air Force, and the American State, 1945–1950* (Washington, D.C.: Smithsonian Institution Press, 2002).

电子数字积分器和计算器的成功研制和兰德公司的顺利组建证明“不干预”模式确有成效。在这种模式下，政府提供研究资金，但科研组织的落户和管理却是由科学家和企业界通力承担的。除此之外，上述两个案例还显示出早期冷战科研政策的另一个关键特色，那就是机构排他性。具体而言，就是 20 世纪 40 年代以华盛顿为中心展开政治对话的科研人员和研究机构不仅规模极小，而且全
27 部来自极少数精英研究型大学。其中最突出的是哈佛和麻省理工。在整个“二战”以及战争刚刚结束的一段时间内，军事研究中心都集中在上述两所高校，许多优秀学者离开了自己的家乡前往剑桥镇。如此一来，哈佛与麻省理工作为美国顶级研究型高校的地位愈加稳固，这一点淋漓尽致地体现在两校在国家科学基金会的政策辩论中无所不在的领导力上。基尔戈清楚地看到国家资金对少数名校的偏爱，因此，在立法提案中明确表达了一个新的资助倾向，那就是要把国家资源更公平地分配给广大高等院校。[1]

尽管旨在促进高等院校公平竞争的资助议案在国会立法程序上仍旧拖延不决，但是哈佛和麻省理工之外的顶级高校已经以敢于进取、富于创新的姿态赢得了政策制定者的关注。远离政治中心的

---

1 正如克雷曼（Kleinman）所指出的，这一过程具有制度排他性，基尔戈曾试图通过他的科学立法来补救。但事与愿违，最终通过的国家科学基金会反而加强了顶层机构的权力。讨论哈佛大学和麻省理工学院的科学家和管理人员在这个过程中的作用时，可参 Kevles, *The Physicists*; Leslie, *The Cold War and American Science*; 扎卡里（G. Paschal Zachary）关于麻省理工学院校友的传记以及 Bush, *Endless Frontier: Vannevar Bush, Engineer of the American Century* (New York: Free Press, 1997)。

高校迅速意识到，地理上的不利因素导致自己很难在政府高层心中获得一席之地，因此，在华盛顿设立办事处就成了迫切之需。斯坦福大学是最先付诸行动的高校之一，以前这所大学的历任校长曾对“大政府”式的国家规划极为鄙弃，也不屑与联邦政策制定者搞好关系，但1945年却迅速成立了一个常驻华盛顿的办公机构。[1]虽然此时的斯坦福大学校园即将迎来美利坚合众国前总统、本校杰出校友以及学校发展的终身助推人赫伯特·胡佛，但该校管理者仍旧倾向于将自己定位为华盛顿的局外人。“与政治人物有交情并不是什么值得尊重的事。”数十年后，仍有一位斯坦福管理者发出这样的言论。[2]尽管如此，所有的大学管理者都已经清清楚楚地明白一个道理，要想在战后跻身美国顶级研究型大学之列，最关键的因素就是要在华盛顿找到自己的全职的支持者。

关于国家科学基金会的立法之争反映了美国政治的一个核心问题，即“人民”与“利益”之间的意识形态分歧，而冷战的爆发又让这个问题产生了变形。参议员基尔戈及其自由主义派国会同僚，甚至部分行政部门的官员，提出的实质上是一种带有民粹主义

1 该职位聘用的华盛顿工作人员是托马斯·斯普拉根斯（Thomas J. Spragens），他当时曾是对外经济管理局的一名官员，正计划从事公务员工作，之后他一生都是一名学术管理者和大学校长。斯坦福大学对斯普拉根斯的投资很快就得到了回报。1946年，斯坦福大学获得了附近的军事剩余财产——迪布尔综合医院的所有权，并将该设施改造成急需的学生和家庭住房。Edwin Kiester, Jr., *Donald B. Tresidder, Stanford's Overlooked Treasure: A Biography of the University's Fourth President* (Stanford, Calif.: Stanford Historical Society, 1992), 70–74.

2 阿尔夫·布兰丁口述，1985年8月9日，罗伯特·莫尔顿（Robert Moulton）采访，《回忆华莱士·斯特林》，斯坦福大学口述历史项目，SUA。

的科学观，其核心诉求就是中央政府主导科技创新，同时不加限制地为科研项目拨付联邦经费。对此，军方官员、企业研发人员以及来自精英大学的学者给出了针锋相对的意见，他们认为若要更好地服务国家，科研政策的制定就必须交给“最杰出的个体”和最卓越的实验室，而非将权力集中到政府官员手里，亦非将科研项目和人才分散在数量巨大但能力平庸的机构中。

争论至此，结局已然清晰，即便详细的科研资助立法尚未通过，精英主义也已经取得了胜利。大型军事科技机构在 20 世纪 40
28 年代末的华盛顿得到了越来越多的支持，自由主义者和新政派都处于失势状态，鉴于民主党内部的地域分歧，再加上持续高涨的反共情绪，后两者不得不做出妥协。在缺乏一个大型集权制中央政府的情况下，美国刚刚打赢了一场战争，并且在商业技术领域取得了重大突破。随着世界进入冷战阶段，美式民主与苏式社会主义针锋相对，在此情形下，美国政府需要在进一步扩大功能的同时避免走向过度控制。正因为存在这样的政治环境，冷战时期的科学研究仍旧保留了“二战”时期的专断风格，少数机构和个体就能够决定国家政策的制定以及科研经费的分配。1950 年，在克服种种政治障碍之后，国家科学基金会终于依法成立，其行政架构基本上遵照了科研人员的意愿而非民粹主义的设想，如此一来，科学共同体的决策权依然控制在极少数精英科学家和顶级研究型大学手中。

在此期间，甚至就连科学共同体决策圈内也出现了新的等级差异。在为数不多的精英研究机构中，哈佛与麻省理工稳居金字塔顶端，这两所大学几乎不需要采取任何积极主动的措施，就可以获得决策者的青睐并赢得联邦科研经费。与此同时，其他顶级研究型大学发现，自己要想在联邦科研资助项目上分一杯羹，就必须付出更多的努力。譬如，在华盛顿设立办公机构，及时调整学术方向，以及努力在方式上更具企业家精神和政治色彩。如此模式下的权力结构与特权分配，以及由此引发的大学之间的名望与资源之争，对于科技产业的最终地理布局产生了决定性影响。由于科学研究已经成为精英领域，那么科技机构所在地自然也会朝着精英化方向发展。[1]

分散布局的动机

当国会议员正和杜鲁门政府官员激辩国家科学基金会的价值所在以及科研支出的分配权时，另一场独立的政治对话也在双方之间展开，那就是关于科学研发机构选址的战略设计。美国军队在第二次世界大战的胜利经验向决策者充分展示了科学研究的重要意义，与此同时，也让他们意识到必须采取强有力的措施来保证重大国防行动不会遭到敌方打击。随着原子时代的到来，核打击的威胁更是让人不寒而栗。冷战早期，美国工商业基本集中在城市中心，如果布置得当，一颗原子弹就可以对整个国家的生产能力造成无法估量的伤害。在军事推演家描绘的末日方案中，大城市将成为核攻

1 正如尼尔·史密斯（Neil Smith）观察到的，“科学精英牢牢把控着科学政策的政治方向，他们在这方面有权拒斥任何有政治动机的挑战”（*American Empire*, 434）。详情参见 Smith & Hart, *Forged Consensus*, 174–205; Kleinman, *Politics on the New Frontier*, 101–14。

29 击的“归零地”；据来自空军方面的估测，92个超过10万人口的美国城市将成为敌方的“主要目标”。[1]尽管在“二战”结束的前几个年头美国仍是唯一的核武超级大国，但目光长远的科学家、商业领袖、城市和区域规划者、军事战略家以及联邦政治家已经开始为抵御外部威胁而未雨绸缪，主要城市去中心化便是其中一条重要且关键的操作路径。诸多关注国家科研实力的人同样也思考着分散布局的必要性，万尼瓦尔·布什曾在1945年提交杜鲁门的备忘录中这样写道：“主动疏散人口和支柱产业不啻为一种被动防御战略，或者说一种保留实力伺机报复的被动策略。”[2]

基于以上考虑，杜鲁门政府于20世纪40年代末采取了一系列行政手段来贯彻执行“产业分散”政策，同时鼓励制造商将自己的企业撤出存在潜在威胁的中心城市。产业布局分散计划的实施悄无声息，它把注意力集中在分散国防事务承包商以及其他军事客户上，这些企业是经济部门中的“关键国防力量”，其存在和发展主要依赖联邦政府的财政拨款。这些联邦政府支持下的科技企业之所以在战后迅速形成星罗棋布的区域格局，在很大程度上源于杜鲁门政府的分散布局政策及其背后的一系列公共和私人支持者。分散布局政策对于高科技产业终极区域格局的重要影响不仅体现为政府拨款的流向，更重要的是，该政策以政府背书的形式改变了人们的

---

1 “92 Atom-Bomb Targets for Russia in U.S.,” *U.S. News and World Report*, 7 October 1949, 16–17.

2 万尼瓦尔·布什提交总统的关于“战争中的OSRD”的报告草稿，无日期，可能是1945年10月，Box 139，VBP。

思想，让大家从逻辑上认可在郊区从事科研的合理性。

随着1947年《国家安全法》（National Security Act）的顺利通过，产业布局分散政策首次赢得了联邦政府的正式认可。《国家安全法》对联邦政府的军事和外交政策机构进行了全面重组，并为发动冷战提供了制度基础。[1]国家安全资源局（National Security Resources Board，NSRB）就是在《国家安全法》出台后联邦政府乘势创建的新机构之一，该机构的职责既包括一系列民防事务，同时也需要负责“对工业、服务业、政府和经济活动进行战略转移，以及管理对国家安全关系重大的后续事务”。[2]国家安全资源局仅存在于杜鲁门任期内，1953年，艾森豪威尔总统解散了该机构，转而成立国防管理办公室（Office of Defense Management），取代前者的民防职能。虽然只是昙花一现，但国家安全资源局在杜鲁门时代的政治地位却不容小觑，其掌管者全是总统身边的近臣，譬如杜鲁门的科学顾问约翰·斯蒂尔曼，以及其继任者，来自密苏里州的前空军部长斯图亚特·赛明顿（Stuart Symington）。杜鲁门时期国家安全资源局的领导人选充分表明，科研资助事务的决策者与国 30

1 《国家安全法》的讨论和通过，是决定中央集权国家控制程度的关键时刻，特别是军事控制方面，这决定着冷战初期几十年的走向。正如迈克尔·J. 霍根（Michael J. Hogan）所言，《国家安全法》是在就对国家安全影响如此深远的“专制主义国家幽灵”进行了长期辩论之后才通过的。此次立法最终在新机构保留了大量文官，这再次反映了大家对专制主义的担忧（*A Cross of Iorn: Harry S. Truman and the Origins of the National Security State, 1945–1954* [NewYork: Cambridge University Press, 1998], 23–68）。

2 Arthur M. Hill, “Before-Not After,” *Reserve Officer Magazine*, October 1948.

家民防战略的制定者存在人员重叠。

尽管国家安全资源局是事实上的产业布局分散行动的核心策划者，并善于通过广泛的手册宣传和媒体报道向公众传达自己的意图，但在法律上并没有命令企事业机构向安全地区疏散的权力。恰恰相反，杜鲁门政府也不愿意采取强制手段，而是联合国会盟友制定了一系列利好手段。譬如，在联邦税法、军事采购法等法律法规中嵌入产业分散计划的激励措施。有赖于上述法律法规，从20世纪40年代末到50年代初，杜鲁门政府通过为各大工商企业提供基础建设财政支持间接推动了分散布局计划，完全不需要强制执行。因为尚未开发的城郊开阔地带比拥挤不堪的中心城区更便于开展大型基础建设，因此，这些激励措施非常有利于推动产业分散计划。

1947年，随着《军队采购法》的实施，“军方有权将协商式采购作为加强备战的有力武器，与此同时，也可以通过此种形式来调整军工企业的地理布局，避免军事合同向少数企业过度集中，以及维持工厂、设备、技术和人员等核心生产要素，以便有紧急需要时能够随时扩大军事产能”。[1]国防部军需委员会随后公布的采购指导方针，明确了军需生产扩大计划与产业分散布局的内在关联。1949年1月，军需委员会发布了一份名为“新基建选址和分散政策指南”的工作指令，建议已经拿到军事采购合同以及有意争取合

1 *P.L.413, the Armed Services Procurement Act of 1947*, Senate Report No. 571(80th Congress), 13. 引自约翰·斯蒂尔曼致罗伯特·琼斯（Robert W. Jones）的信，1949年3月28日，FF 300.4, Box 12, Entry 30, RG 304, NARA。报告中提到的473条款是第2（c）（16）条。

同的承包商充分利用军方对于新设备的需求，以此为契机将企业搬迁到更安全、更偏远的地方。[1]

因为国防部的数十亿美元拨款不仅面向研发项目，而且直接为基础建设买单，所以军方喜新厌旧、分散布局的政策偏好必然显著影响私人承包商的行为和抉择。国会联合经济委员会在 1951 年的记录显示，“根据初步估算，军事采购扩大计划的项目资金预算高达 59 亿美元”，“相当比例的经费将会直接投给新的基础建设”。[2] 为进一步鼓励承包商将厂房从城市中心从搬迁出去，杜鲁门政府通过了一份行政命令，直接要求相关企业“在选址方面适当考虑军事安全因素”，并将其作为国防部向军事承包商直接提供贷款或进行贷款担保的基本准则。[3]

事实证明，税法改革也是一种有效促进产业分散的政策工具。联邦政府 1950 年 10 月出台了《国内税收法》修正案，此举加快了税收摊销过程，并允许部分企业摊销百分之百的“新增基本设备成 31
本”，从而对以后的产业布局产生了潜在的深远影响。凡是因具有关键国防职能而被授予“必需品资格认证”的企业都可以享受税收加速摊销的优惠政策。迁离中心城区是企业获得税收奖励的一项

1 参见 1951 年 9 月 11 日，国防部关于产业分散政策的指令 5220.3，美国参议院军事委员会转载，*Hearings Before a Subcommittee of the Armed Services Committee on S .500, S.1383, and S. 1875*, 86th Congress, 1st Session, 13–31, July 1959 (Washington,1959), 219。

2 Joint Economic Committee, *The Need for Industrial Dispersal* (Washington,D.C.: U.S. Government Printing Office, 1951), 3.

3 E.O. 10172, *Federal Register* 15 (17 October 1950), 6929.

基本准则，这一举措让越来越多的企业为了减免税款而自愿疏散。除了为那些放弃旧设备建设新家园的企业提供丰厚的奖励，税款摊销政策还直接提供经济资助，从而刺激了一众企业从拥挤不堪的旧地址迁往位于城市郊区的新兴现代化办公地。新法案出台六个月内，相关企业共获得了价值 40 亿美元的税款摊销奖励。[1]

从计划制订之日到 1950 年，军事采购和税款摊销共同形成产业分散战略的一大助力，广泛开展的公关政策则从另一个层面推动了该政策的实施。在此期间，为了让公众充分了解产业分散战略，国家安全资源局制作了数套制作精美、广为传播的宣传册，最先发行的是 1948 年 9 月制作的《产业布局的国家安全因素》。这份宣传册努力向公众传递如下观点：分散布局不仅能够降低核武器的破坏力度，而且还可以有效阻止核打击的发生。“只要美国的工业设施广泛分散到全国各地，单就这样的布局就会对维持和平做出不可估量的贡献，因为任何敌人都能算出，要想通过摧毁美国的自卫能力来保卫自身安全，需要付出多么高昂的代价。一言以蔽之，工业设施的分散布局能在很大程度上避免国家陷入战争状态。”[2]

在美国产业走向分散的历史过程中，并非只有联邦政府在发挥作用。美国知识界也在热议如何才能找到城市与经济共同发展的最佳路径，而产业分散战略与专家团的主流意见基本一致，因此也得到了社会宣传和政治团体的支持。20 世纪 40 年代末，多数城市

1 Joint Economic Committee, *The Need for Industrial Dispersal*, 3.

2 国家安全资源局，引自 “Factory Dispersal for National Security and Rational Town Planning,” *The American City* 53:9 (September 1948), 5。

规划者都认为开发郊区不会对中心城市造成特别大的伤害。恰恰相反，当时许多最杰出的城市学家都不约而同地认为，疏散人口和产业是确保中心城市可持续健康发展的一项重要举措。到了 1945 年，去中心化理念已在城市规划领域根深蒂固。该理念一定程度上源自维多利亚时代的规划师埃比尼泽·霍华德（Ebenezer Howard）提出的“花园城市”理念，即将大城市拆分为由公园和乡村分隔开来的一系列卫星城。在霍华德看来，人类社会显然不可能再回到前工业时代的生活节奏，但完全可以将中心城市拆分成多个宜居宜工的小规模复合型花园城市，由此便可大大改善人们的生活质量。整体来看，霍华德的设想并不排斥城市化进程，其主要观点是，能够将城市与乡村的优势进行整合利用的建设规划才是最高效的现代城 32
市化发展路径。[1]

卫星城建设理念在“二战”爆发前就为社区规划实验提供了灵感，其中一次是 20 世纪 20 年代对新泽西州雷德本（Radburn）市的改造升级，实施者为美国区域规划协会（Regional Plan Association of America，RPAA），一个由多产作家和评论家刘易斯·芒福德（Lewis Mumford）参与创立的联合组织。在新政期间，联邦政府曾尝试通过一个名为“绿带小镇”的移民安置项目来切实推动花园城市建设计划。与雷德本这种典型的城郊改造工程不同，绿带小镇项目旨在通过实施花园城市理念帮助生活贫困、人口

1 Ebenezer Howard, *Garden Cities of To-Morrow* (Cambridge, Mass. MITPress, 1965), 首次出版于 1898 年，书名为 *To-morrow: A Peaceful Path to Real Reform*。

流失的乡村重焕生机。虽然雷德本改造和绿带小镇项目都只是在有限范围内取得了成功，但美国区域规划协会所推崇的建造理念在战后初期一直主导着城乡建造规划；这个协会的领导人将自己定义为“去中心主义者”，他们笃信“必须疏散拥挤不堪的中心城市，将人口和产业都疏散到周边小镇”。[1]甚至在美国正式宣布卷入“二战”之前，区域规划协会的领导人已经迅速捕捉到城市去中心化与花园城市建设理念完全可以与军方的发展规划同步而行。正如一位美国区域规划协会的领导人在1940年给联邦官员的一份备忘录中所说：“将社区规模限制在一定程度内不仅是和平年代经济发展与民生质量的重要前提，而且也是战争时期国家安全的重要保障。”[2]

城市规划者与国防战略家在城市去中心化问题上拥有共同利益，两者之间的合作可谓水到渠成，并且催生了一系列饶有趣味的改造方案。1948年，《核能科学家公报》刊发了美国规划师协会前任主席特蕾西·奥格尔（Tracey Augur）的文章。在文中，作者巧妙地将产业分散布局与城市去中心化两个问题紧密结合在一起展开讨论。奥格尔指出，产业分散不仅可以提升战略防御能力，而且能够“通过建造一个个现代化的城市工厂来增加产能”。不仅如此，产业分散和去中心化还能够带来社会效益，因为当时的美国正有数

1 凯瑟琳·鲍尔·沃斯特 (Catherine Bauer Wurster) 引自 Hise, *Magnetic Los Angeles*, 45。

2 克拉伦斯·斯坦 (Clarence Stein)，备忘录，1940年6月20日，FF "FWA Defense Housing Reports,1940–41," Box 103, (John) Carmody Papers, Franklin Delano Roosevelt Presidential Library, 引自 Hise, 49–50。

百万人生活在贫民窟及周边地区，这里混乱不堪的生活环境为第五纵队提供了温床，人口疏散政策将从根本上缓解社会动荡。[1]1949年，美国建筑师协会年度大会将“原子时代的美国生活与建筑”定为中心主题之一，并邀请美国核能委员会成员发表演讲。在1949年的建筑师协会年度大会上，与会者重申了以奥格尔为代表的一众城市规划界领军人物曾经阐述的主题：城市去中心化是一项一箭双雕的发展政策，其不仅旨在加强国家安全，而且还致力于“为人民的生活和工作创造更现代的社区中心”。[2]

与此同时，主流媒体在关于华盛顿民防政策制定进展的新闻以 33
及与此相关的特别报道中，也开始有意将美国城市可能遭受的核威胁与中心拥堵带来的社会经济影响相提并论。1949年，《美国新闻与世界报道》(*U.S. News and World Report*)预测核威胁将从根本上影响美国城市的空间布局。“苏联终将造出原子弹，这一事实可能会逐步改变美国城市与乡村的布局……随着时间的推移，小型化、边缘化的变革趋势将会越来越明显，城市建筑不再高耸入云，交通空间、泊车场地、休闲场所和园艺空间会更加开阔。”这篇文章秉持的理念与当时新闻报道热议的城市重建更新形成了鲜明的对比，其主要特色是刊登了一系列以纽约、芝加哥、匹兹堡和底特律市中

---

1 Augur, “The Dispersal of Cities—A Feasible Program,” *The Bulletin of the Atomic Scientists* 4:10 (October 1948), 315.

2 “Architects Discuss Atomic-Age Building Implications,” *The American City* 64:4 (April 1949), 97. 其他分散布局的主要支持者是刘易斯·芒福德和前首相凯瑟琳·鲍尔·沃斯特。

心的摩天大楼群为主题的照片，并为之配上不祥的说明文字——“新时代的危险元素”[1]。

将分散布局定义为城市问题的一个解决方案，为施政者赢得了来自各个方面的众多盟友，甚至有些看起来几乎不可能争取的团体也对此政策表示支持。凡是关注城市中心社会问题的人士和团体，都认为分散布局确有必要。1949 年，产业工会联合会 (Congress of Industrial Organizations，CIO) 下属的国家区域发展与保护委员会（National Committee on Regional Development and Conservation）指出城市去中心化能最大程度地保护劳动工人及其家人的利益，因为工人们“比任何人都更能体会生活在拥挤不堪的大城市中的痛苦”；除此之外，该方案还明确支持国防工业疏散政策，并将其视为实施去中心化的便捷手段。[2]对于关注区域产业发展的人而言，分散布局也不失为一种可行路径。事实上，产业分散布局与这一时期诸多地区商业联盟的促进增长（同时也是推动去中心化）策略不谋而合。1950 年，在对其中一个组织——旧金山湾区委员会（San Francisco Bay Area Council）发表的演讲中，旧金山城市规划主管指出：“去中心化既符合国家安全的战略需要又大力促进城市发展，这不仅仅是城市规划者的幸运……在我们看来，这还有利于提升人民的生活质量以及节约工商业发展的经

1 "'Fringe' Cities: Answer to A-Bomb: Blueprints Call for Spreading of Big Centers," *U.S. News and World Report*, 7 October 1949, 18–19.

2 "CIO Urges Regional Development and Urban Decentralization," *The American City* 65:1 (January 1950), 101.

济成本。”[1]

城市规划界之外的学术界人士也纷纷以撰写著作和发表演讲的形式向公众传播分散布局政策，学者们也提醒大家这是一场旷日持久、投资巨大的行动。物理学家拉普（R. E. Lapp）出版了一部名为《我们是否必须隐蔽起来？》（*Must We Hide?*）的专著，倡议美国各大城市应当在未来的十到二十年间长期、主动地贯彻去中心化理念。[2]芝加哥大学社会学家威廉·F. 奥格本（William F. Ogburn）指出，他的同事进行的一项研究预测“立即进行产业分散可能要耗费 5000 亿美元”，因此他认为“应当用二十五到一百五十年的时间逐步实现分散布局”，起始阶段的主要任务是“将新兴产业布置在城 34
市郊区，与此同时……淘汰旧厂房，转移老工业”。[3]

正如围绕国家科学基金会展开的政治论争揭示了政府管理的基本原理和权力结构，以分散布局为主题展开的前期对话也揭示了决定科学、政府与城市空间形态三者关系的两个重要政治事实。首先，冷战让联邦政府变成了一个需求惊人、力量强大的客户，并且其重要承包商基本来自几个特定大都市区。出于战略考虑，联邦政府积极采取有效措施——虽然采取的是低调规劝策略而非大范围

1 保罗·奥珀曼 (Paul Opperman)1950 年 11 月 20 日在有关城市问题的商人会议上的讲话，摘自 *The American City* 66:1 (January 1951), 7。罗伯特·赛尔夫 (Robert Self) 在对加州奥克兰战后经济增长和政治的研究中描述了这座城市的商业机构是如何率先推行分散化的“工业花园”经济增长战略的 (Self, *American Babylon*, chap. 1)。

2 “New Book Urges Dispersion,” *The American City* 64:6 (June 1949), 131.

3 “Dispersion of Large Cities,” *Journal of the Franklin Institute* 248:1 (July1949), 103.

的统一规划——来鼓励企业撤离中心城市。其次，20 世纪中期美国城市的经济、社会和空间都在发生变革，由此形成的政治环境不仅能够接纳和鼓励去中心化理念，而且为贯彻执行这一理念提供了至关重要的外部支持与政治动力。

城市疏散理念与城市规划建设专家的意见以及地方商业联盟促进产业增长的发展理念相一致，同时也是战后系列政策中的一项基本策略，其通过直接或间接的方式将郊区改造得更亲民、更实惠，从而让数以千计的企业主和数以百万计的产业工人在此安居乐业，甚至就连那些收入微薄的底层人民也能找到容身之所。放在 20 世纪 40 年代末的大都会背景下审视分散布局，就可以清楚地观察到“国家战略”与“经济发展”两大功能的巧妙重叠。尽管美国的“城市危机”通常被认为是在 20 世纪 60 年代末集中爆发的，但事实上，引发这一现象的经济变革和人口结构转型早在二十年前就已显露端倪。新技术的发展在不知不觉间造成了新的问题，一开始大家根本察觉不到其将会引发的后果。积极向战后消费者推销汽车和卡车，并通过新的融资机制让越来越多的家庭都能够承担消费，从而使其逐渐成为个人出行与商业交通的主要形式。公共交通网络的固定线路通常决定了城市居民的出行规律和辐射状分布，但随着道路系统的升级以及高速公路网络的铺设开始从中心城市向外扩展，原先的市内交通路线慢慢变得年久失修。空调等新技术让人们可以在可控的气候条件下从事生产，而不受室外高温的影响，由此又引发了一场向得克萨斯与佛罗里达等温暖地区进军的移民热潮。[1]

就在这一时期，人口结构的变化在美国大城市也留下了时代印记。南方省份令人窒息的种族隔离迫使数十万非裔美国人在整个20世纪40年代不断向北方城市搬迁。新移民抵达之后，住房和就业方面的种族歧视往往阻断他们向上流动的发展路径，迫使他们滞留在拥挤不堪、环境恶劣的贫民窟当中。当黑人移民进入中心城市， 35
原本居住在那里的白人就会订立种族盟约，禁止向黑人售卖房屋，以此来努力保持社区的白人化。如果这一手段失效，他们就会诉诸暴力。随着黑人居民的到来，白人家庭要么搬到仍能保持单一种族的偏远社区，要么迁离城市。人口结构的变化也会促使工业企业离开城市，白人专业工人的离开让城内社区变得日益贫困，与此同时，

1 参见 Sugrue, *The Origins of the Urban Crisis*。贝内特·哈里森（Bennett Harrison）和巴里·布卢斯通（Barry Bluestone）在 *The Deindustrialization of America* (New York: Basic Books, 1982) 中研究了某些行业的“夕阳”和另一些行业的“朝阳”现象，以及这些变化背后的技术和经济原因。对于改变运输技术的进一步讨论，见 Mark Rose, *Interstate: Express Highway Politics, 1939–1989* (Knoxville: University of Tennessee Press, 1990 [rev. ed.]); Martin V. Melosi, “Cities, Technical Systems, and the Environment,” *Environmental History Review* 14 (Spring–Summer 1990), 45–64。传统的工业选址理论强调交通、土地和劳动力成本在选址决策中的重要性。阿尔弗雷德·韦伯（Alfred Weber）的著作 *Theory of the Location of Industry* (Chicago: University of Chicago Press, 1929) 发现交通是主要因素，劳动力成本和集聚力也会对地点产生影响。关于空调的讨论以及美国人迁往阳光地带的其他原因，请参阅 Jackson, *The Crabgrass Frontier* 以及 *Essays on Sunbelt Cities and Recent Urban America*, ed. Robert B. Fairbanks and Kathleen Underwood (College Station: Texas A&M University Press, 1990)。

用工成本却不断上涨。[1]

城市去中心化的实施进程不只是因为存在“推动”因素，同时还有极为强大的“拉动”因素。白人家庭和雇主之所以离开城市，是因为他们能在郊区找到更理想的就业机会和发展动力。早在20世纪40年代末，一部分家庭和企业就已经在郊区落户。1944年《退伍军人法案》出台，政府慷慨解囊为退伍军人提供了首套住房抵押担保。《退伍军人法案》以及其他联邦住房抵押贷款补贴计划让大多数美国白人首次买得起房，但由于美国人钟爱崭新的独立住宅，并习惯于生活在同等收入阶层聚集的社区中，这些偏好实际上导致其他城市社群和少数族裔被拒之门外。虽然《州际公路法》的通过是在十年之后，但政府已经开始拨付大笔公共补贴用于修建道路和高速公路，这使得汽车和卡车运输变得如此实用，从而让工作生活在近郊甚至远郊都变得更加可行了。到了20世纪50年代初，针对新兴商用建筑的税收摊销政策——一种与工业疏散计划相类似但影响更为深远的激励机制——大大促进了郊区购物中心以及其他

---

1 非裔美国人在北部城市的聚集导致了白人的暴力抵抗和政治保守主义的兴起（1980年，罗纳德·里根总统取得决定性胜利后，他们获得了白人的大力支持，被归类为“Reagan Democrats”）。白人暴力在Sugrue, *Origins of the Urban Crisis*, 231–58以及Hirsch, *Making the Second Ghetto*, 171–211中有描述。学校取消了种族隔离与校车隔离，推动了白人劳工的保守主义运动。乔纳森·里德（Jonathan Rieder）在*Canarsie: The Jews and Italians of Brooklyn Against Liberalism* (Cambridge, Mass.: Harvard University Press, 1985)中有论述。关于白人的财富和工作转移到中心城区后，贫困黑人被隔离在中心城区的经济和社会后果，见William Julius Wilson, *When Work Disappears: The World of the New Urban Poor* (New York: Knopf, 1996); Massey and Denton, *American Apartheid*。

类型的产业开发项目建设，形成了零售业的磁石，吸引了更多的人，创造了更多的工作岗位。除此之外，国家和地方还拨付专项补贴用于新建私人住宅区的公路、下水道、水管和其他各种基础性的公共服务建设，这进一步促进了郊区的繁荣。[1]

由于上述变化的出现，分散布局得以跻身国家政策议程，此时的政坛领袖和商界要人不仅将去中心化作为切实可行的经济手段与社会战略，而且开始关注老城市中心的建筑改造与再开发。拯救陷入泥潭的都市区，此类行为在地方层面有着悠久的历史，最早可以追溯到第二次世界大战爆发之前。经济萧条和战时动员让都市圈重建行动暂时陷入僵局，但 1945 年之后，诸多大型城市的公共部门和私立机构开始联合起来共同规划实施都市圈全面重建计划。纽约和费城这两个历史悠久的住房改造运动中心成为首批开展全面改造行动的大都市。[2]根据费城城市重建局 1946 年的年度报告，该市官员对城市更新计划的发展前景寄予厚望：“再开发影响着整 36

1 有关高速公路项目和融资的讨论，以及对城市的空间影响，参见 Rose, *Interstate*, 29–84; Jackson, *Crabgrass Frontier*, 246–71。为深入探讨郊区商业建设的税收优惠政策（下一章将深入讨论的主题），可参见 Hanchett, “U.S. Tax Policy and the Shopping Center Booms of the 1950s and 1960s”。迈伦·奥菲尔德（Myron Orfield）在 *Metropolitics* (Washington,D.C.: Brookings Institution Press, 1997) 一书中讨论了提供基础设施时偏向郊区的问题。

2 要讨论战前与经济适用房和社区重建相关的努力，可参见 Gail Radford, *Modern Housing for America: Policy Struggles in the New Deal Era* (Chicago: University of Chicago Press, 1996)。要讨论费城的改革，可参见 John F. Bauman, *Public Housing, Race,and Renewal: Urban Planning in Philadelphia, 1920–1974* (Philadephia: University of Pennsylvania Press, 1987)。

个城市的生活，也受到城市生活的影响，此项行动就像一颗石子扔进池塘一样激起了层层涟漪。”[1]联邦城市改造法案的通过，进一步促进了地方政府在这方面的政治支持和财政投入。根据《1949年住房法案》(Housing Act of 1949)第一章的规定，联邦政府将向各大城市首次拨款5亿美元用于土地清理、房屋重建和低收入住房补贴。为了缓解美国大城市长期存在的住房严重短缺问题,《1949年住房法案》第一章还要求地方政府向私人开发商和准私人性质的城市重建机构进行拨款，用于支付低收入家庭住房建造和贫民窟改造项目。

中央和地方两级政府对城市中心改造项目的推动，使得20世纪40年代后期有关分散布局议案的政治动向常常与都市经济发展倡议不谋而合。在政府之外，分散布局也得到了一系列利益相关者的支持，他们有不同的社会目的和经济诉求，但都有兴趣看到大城市变成低密度、去中心的新面貌。城市规划者则从专业知识上给予支持，帮助政府贯彻落实工商产业郊区化的发展规划。去中心化的直接动机源于冷战时期的民防战略，但也完全顺应当时的政治经济发展大势，甚至还能起到互补作用。联邦政府官员对内一向直言不讳，坦承大城市贫民窟改造计划的实施就是为了配合民防战略和产业疏散。某位项目负责人曾敦促自己的上司：“提请民防局长关注都市中心的真实情况，这里已经成为贫民窟和枯萎带，一旦发生袭击，这里就是最脆弱的地段。”这位负责人进一步指出：“地方

1 Philadelphia Redevelopment Authority, *1946 Annual Report* (Philadelphia,1946), 5, Redevelopment Authority file, A-448, RG 60-2.2, PCA.

政府所实施的城市贫民窟消除行动，事实上也有利于保障社区安全。”[1]上述话语道出了大家对民防分散理念和城市更新计划两者之间关系的想法——只要降低密度，就能够同时保障城市焕新和市民安全。随着产业分散运动的持续进行，美国各大城市的经济结构和空间布局发生了重大变化，这种变化又在更大程度上影响了分散布局政策的设计、执行与最终效果。

政策与地理（1950—1965）

分散布局遇上郊区发展

到 1950 年，虽然华盛顿的决策者已经针对都市经济发展战略定下了关键基调，但由于纠缠不休的政党纷争以及久思不决的财政预算，各种有关保护国家安全的新兴政策还是被严重拖延了。尽管 37
政府一再高调表态要大力支持基础研究，但国家科学基金会提出的各种议案仍旧在国会层面遭受刁难。虽然分散政策得到了社会各界的广泛拥护，但私营企业的分布模式没有发生明显变化。当时杜鲁门政府已经阐述了一系列有关冷战安全政策的意识形态思想，其中最著名的当数阻止共产主义思想向其他国家蔓延的“遏制”计划。但是，观念层面的变化尚未在国内事务拨款方面得到充分体现。

1 基思（N. S. Keith）给雷蒙德·福利（Raymond Foley）的备忘录，1951 年 2 月 15 日，Box 2, HHFA Administrator’s Files, RG 207, NARA。

1946—1948 年，这种情况的出现在很大程度上源于共和党控制下的国会与出身民主党的总统之间的党派之争，但令人费解的是，即便在民主党再次控制国会之后，立法方面的进展也相对较小。直到 20 世纪 40 年代后期，美国仍是唯一的核武器拥有者，只要一天没有造出原子弹，苏联就只能从理论上对美国构成威胁，这种情况自然难以真正引起公众关注进而实施政治行动。[1]

1949 年，苏联成功试爆了第一颗原子弹，此事件立刻导致美国政治经济生态出现戏剧性转变。苏联原子弹试爆成功的消息一经公布，紧接着，美国几乎脚跟脚策划了一场战争，并于 1950 年派兵前往朝鲜。对美国人来说，共产主义的威胁与核武器的阴影已经从理论上的可能变成迫在眉睫的危机。1950 年，杜鲁门总统发布了对美国影响至深的《国家安全委员会 68 号文件》（NSC-68），号召全国立即重建军事防御体系，以保卫国家；与此同时，积极遏制共产主义思想向全世界传播。苏联作为第二个核武超级大国的崛起，以及朝鲜战争的爆发，开启了一个新的时代。从此以后，冷战阴影突如其来地笼罩住了美国人的日常生活。1945 年，只有 2% 的美国公民认为原子弹是他们最恐惧的危险因素，而 1952 年的调查数据显示，开始担忧世界可能爆发“全面战争”——即核战争——的美国人已经上升到 53%。[2]

---

1 霍根的 *Cross of Iron* 是最近讨论这些不同政治潮流的一部重要专著。

2 Ralph L. Garrett, “Summary of Studies of Public Attitudes Toward and Information about Civil Defense”, Research Report No. 8, Department of Defense, Office of Civil Defense, August 1963, Box 2, RG 397, Entry 6, NARA.

核威胁的阴影让产业分散——以及在此理念下的大民防战略——从一个几乎快被遗忘的提案一跃成为需要各级政府决策者立即采取行动的问题。以第二次世界大战的城市动员方案为蓝本，从空袭警报志愿者招募到战时物资存储再到疏散计划改进，军事机构、州政府和市政当局联合执行了一系列影响深远、广为传播的公民备战运动。但必须澄清的是，一旦核战真正爆发，许多战时保护措施可能根本派不上用场。那些被设计为“核辐射坠尘庇护所”的大型城市建筑可能在核武器的强大威力下不堪一击，既扛不住原子弹的轰炸也防不了放射性的尘埃。虽然空袭警报管理系统可以有效预防常规轰炸，但站在城市楼顶望风的管理员实际上毫无用武之 38
地，因为只需出动一架高空飞行器，就可以成功投掷足以毁灭整座城市的原子弹了。[1]

美国国会给予民防工程的财政拨款之所以从未达到军方倡导者的期望水平，真正的原因可能是该战略根本不切实际。无孔不入的军事动员宣传活动让人民觉得城市民防仍是一个不容忽视的话题，尤其是那些居住在大城市的人，更倾向于认同此观点。到 1951 年，盖洛普公司的民意调查显示，在大城市（10 万人口或更多）中，56% 的居民认为，一旦发生核战争，生活在自己的社区是不安全的。[2]政府和民间组织是筹划和资助民防工程建设的主要实施者，

1 格罗斯曼（Grossman）对民防计划的发展和实施进行了极为有益的分析，他以应有的严肃态度对待民防计划，并将其恰当地置于战后美国政治发展的背景下，见 *Neither Dead Nor Red*。

2 24 February 1951, Gallup, *The Gallup Poll*, 967–68.

因此自然也是该工程最有力的支持者。在当时各大城市的本地报纸图片上，处处可见市长和市议员满脸自豪地为新修建的防核庇护所剪彩或者用赞许的目光看着一吨吨罐装食物被安置到城市战备仓库中。

当大城市管理者正在为可能到来的“全面战争”紧锣密鼓地开展防御措施之时，华盛顿的决策者却在加倍努力推动联邦投资的重新调整，其主要目的就是避开作为“核打击引爆点”的城市中心地区，将有限的资金集中投入郊区建设中。1950 年，杜鲁门因为在推动产业分散战略上收效甚微而被国会批评，深受刺激之下，总统决定在其任期的最后两年命令行政部门为愿意搬迁的企业提供更加实惠的鼓励。在制定这些激励措施的过程中，政府对何为适当程度的分散采用了更宽松、更慷慨的定义。与此同时，通过仔细研判来精准支持那些真正需要政府资助的企业，通过以上方式提高工业界对产业分散计划的参与度。

1951 年 8 月，杜鲁门总统签署了一份行政备忘录，要求所有政府机构“采取具体措施，鼓励城市企业从人口密集的核心区域迁出”，[1]这标志着联邦政府发展战略的转型。与之前有关产业分散的提议相比，该备忘录在两个方面出现了偏离，这两方面都源于承认经济因素制约了都市去中心化的进程。在此之前，联邦政府的分

1 杜鲁门关于工业分散需要的备忘录和政策声明，参见 1951 年 8 月 10 日，*Public Papers of the Presidents of the United States, January 1 to December 31, 1951* (Washington, D.C.: U.S. Government Printing Office, 1965), no. 189。如上所述，进一步的引用也来自同一来源。

散布局并未对行业进行区分，将任何形式的聚集都视为大都市的不利因素，并一视同仁地要求所有企业进行疏散。然而，那些规模庞大、基础完善的企业不可能“说走就走”，这些企业要么已在基础建设方面投入了巨额资金，要么是将厂房建在临近矿山或水源的地点，无论哪种情况都很难随意动迁。按照总统谈话备忘录里面的分析，那些尚未发展成熟的新兴产业并不那么依赖某个特定地址，相对而言更容易进行疏散。“因此，我们的疏散政策必须主要面向那些正在扩张中的新兴产业。”杜鲁门在行政建议中这样写道。1951 39
年，与政府签订合同的“扩张中的新兴企业”——同样也是易于搬迁的企业——基本上都是小型企业，主要从事精密电子设备（如半导体）的开发和制造，当时尚未形成大规模的消费市场。简而言之，这些公司就是在20世纪后期成长为全球高科技产业巨头的公司。

根据1951年的杜鲁门行政备忘录，这一时期的政策转变还包括重新定义何为产业疏散“安全区”。在此指导下，城市企业不需要非得搬迁到路途遥远的乡村地区，而是可以“在毗邻全国各地各大工业区或大都市的附近地区就地疏散”。这些地区应当距离城市中心的核打击引爆点10—20英里。把城市企业疏散到附近郊区的做法能够有效避免对本地经济的伤害，因为产业设施和就业机会仍然留在了同一个“营销区域”，而且与中心城市交通便利。

紧跟着杜鲁门总统的行政备忘录，国家安全资源局立即发行了一部传播甚广的宣传手册，这部手册荟萃了过去五年来规划界、学术界以及相关利益团体提出的关于城市安全和健康的各种议题，从而对总统命令的内容做了进一步扩充。这部宣传册的标题是《您的工厂是打击目标吗？》（*Is Your Plant a Target?* ），其中重点强调了产业分散政策与市场发展趋势的一致性。“本次部署的长远目标在于通过疏解拥挤不堪的城市工业中心来促进全国性的产业扩张”，报告如此表述，“这场运动已经推行数年，出于更加紧迫的国家安全考虑，循序渐进地自然发展已经不再合适，我们需要加速执行。”[1]

关于产业分散战略的选址问题，国家安全资源局发布的报告比杜鲁门总统的行政备忘录更进一步，概述了疏散准则。根据国家安全资源局的指导，新兴基础建设的选址不仅要距离中心城区 10—20 英里，而且“应当彼此之间保持足够的距离从而避免成为易受袭击的聚集之地”，“还应当限制在一定规模内以避免任何形式的集中，从而变成新的打击目标”。如果只是制造新的城市集中区，那么产业疏散就会变得毫无意义；为了实现真正的疏散，居民社区的布局必须比之前更加分散。因此，总统及其民防战略核心智囊一致认为，最理想的安置点应当是既与城市中心保持一定距离，又和都市经济圈有机连接的小型社区。换句话说，城郊地区正是大家公认的理想选址。

尽管国会已经重新掌控在民主党人手中，但是内部的反对意见并未因此完全消失。对于一部分国会议员而言，产业疏散议案不会为他们所在的选区带来任何经济效益，因为那里没有合适的

---

1 国家安全资源局，*Is Your Plant a Target?* (Washington, D.C.: U.S. Government Printing Office, 1951)。

企业疏散点。8 月下旬，来自康涅狄格州的共和党人詹姆斯 · T. 帕特森（James T. Patterson）提交了一个议案，要求停止执行总统 42
的产业疏散命令，但该议案几乎没有获得关注，也没有触动任何立法程序。《华盛顿邮报》等知名媒体却开始表态支持杜鲁门总统的定点疏散战略，并借此机会猛烈抨击国会在立法问题上拖了后腿。“国会议员对此项议案的抵制只能理解为他们一贯持有的冷漠态度在不经意间的表露，这种态度已经影响到民防计划的方方面面。”[1]此时更值得关注的情况是，总统备忘录已经对疏散范围进行了更明确的界定，随后而来的国家安全资源局宣传册更是提出了各种大胆的设想，但国会和媒体方面却不见多少动静。究其原因，应当是杜鲁门政府的高参们充分利用了 8 月份这个时间优势，此时的华盛顿高温肆虐，大部分议员和专家都在度假，国会暂时处于休会状态，正适合总统发布一些可能不受议员们欢迎的政令。

自此以后，行政部门一直坚定不移地推行产业分散战略。无论是杜鲁门时代还是随后的艾森豪威尔任期间，整个 20 世纪 50 年代，美国政府充分利用行政部门的施政工具更改了军方的采购政策，从而让参与疏散的企业从政府合同中大受裨益。政府和军队为企业提供的疏散资助不再局限于基础建设补贴，此外还采取各种手段促使“在适当地点布局新建防御设施变成获得国防生产资助

1 1951 年 8 月 30 日《华盛顿邮报》社论的转述，载于内部“每日新闻摘要”，Office of Public Information, Office of Secretary of Defense,RG 330, Entry 137, Box 568, NARA。

的一个前提条件”[1]。国防部于1954年和1958年发布的两项指令进一步给予采购部门明确指示，必须在订立合同时充分考虑合作企业的地理分布。1958年发布的指令直接要求军方必须“在已经完成疏散的工业企业名单中制订军事生产计划，充分利用替代性生产资源，并采取其他可行措施，以减少脆弱性，以及最大程度地提高在顺利度过核战争的第一轮打击后的任何时期内生存的可能性”[2]。

与此同时，不断变幻的国防战略重心和经济发展局势，也逐渐改变了关于“适当分散”的标准和定义。1955年，联邦政府出台了一部产业分散政策修订案，改变了杜鲁门总统行政备忘录中关于选址标准的定义，使其能够更适应各个大都市经济圈的具体需求。如政府公告所言，“产业分散或空间布局”，“必须与保障都市经济圈正常运行的基本需求相一致”。[3]新的指导方针给予州政府和市政当局更大的决策权，使其基本上可以控制产业疏散的具体进程。正如一位国防部官员在国会听证会上所做的发言：“联邦政府不应面向全国制定任何忽略地方差异的硬性规

1 商务部，工商局，“Industrial Dispersion Guidebook for Communities” (Washington, D.C.: U.S. Government Printing Office, 1952)。

2 1954年12月7日，国防部指令3005.3和国防部指令4005.13,1958年3月27日美国参议院军事委员会转载。*Hearings Before a Subcommittee of the Armed Services Committee, U.S. Senate on S. 500, S. 1383, and S.1875*, 86th Congress, 1st Session, 13–31 July 1959 (Washington, 1959), 252–53, 255–57以及第257页上的引文。

3 “Revised National Dispersion Policy,” *Area Development Bulletin*, December 1955–January 1956, 4. Box 1, Accession 66A2584, RG 378, NARA.

定。”[1]分散布局真正成为一个兼顾经济发展与国家战略的成熟方案，其最为重要的标志大概是区域发展办公室（Office of Area Development）的创建。该部门作为最主要的联邦经济发展实体 43
机构，全权负责产业分散计划。尽管国防部制定的指导方针仍旧有效，但分散布局政策的日常执行权——包括颁发各种形式的“必需品资格认证”——已经归属联邦政府经济发展办公室。

上述利好政策的陆续执行进一步增加了疏散战略的吸引力，就连那些本来无须依赖国防资金就能顺利运营的企业也被吸引过来。从1956年开始，美国国家税务局进一步完善了税收摊销政策，允许制造商（无论它们是不是拥有“必需品资格认证”的承包商）就搬迁至疏散地点产生的所有相关成本申请税收摊销。商务部进一步指出：“如果企业选择了一个貌似节约成本但疏散距离不够的搬迁地点，其税收摊销的基数就只能是超出正常投入的那部分。”[2] 20世纪50年代中期以后，虽然关于产业分散的政治讨论已经逐渐偃旗息鼓，但直至20世纪60年代，行政部门一直在通过备忘录和内

1 参见国防动员办公室主任阿瑟·弗莱明（Arthur S. Flemming）博士在民防小组委员会举行的一场关于民防计划的行动和政策的听证会上的陈述，美国参议院，第84届国会，第一次会议，1955年2月22日。

2 “Applying Dispersion Criteria to Rapid Tax Amortization Applications,” *Area Development Bulletin*, October-November 1956, Box 1, Accession 66A2584, RG378, NARA. 这一税收政策与1954年写入税法的“加速折旧”政策是相辅相成的。根据这一政策，工商企业可以快速注销新建筑的成本。托马斯·汉切特（Thomas Hanchett）认为，这一政策推动了郊区周边购物中心和大型零售开发项目的迅速发展。见 Hanchett, “U.S. Tax Policy and the Shopping-Center Boom of the 1950s and 1960s,” *The American Historical Review* 101:4 (October 1996), 1082–110。

部行动来加强对企业疏散的引导。[1]

分散布局政策是否真正实现了决策者的意图？其是否能够敦促身背国防合同的承包商做出与众不同的举动？这些问题很难给出确凿无疑的答案，因为此项政策的实施具有很大的隐蔽性，而且在其发挥作用的同时，其他方面的公共激励、经济转型和技术变革也从不同角度推动着工业去中心化。不过，早在20世纪50年代中期，就有迹象表明分散布局政策至少在某些美国工业部门达成了决策者的愿望。1956年，商务部公布的一份工作报告显示，自1950年以来电子产业明显改变了集中在少数大城市的传统布局，其分布区域已经变得广阔而分散。报告认为，"毫无疑问，政府决策对电子产业的分散布局起到了鼓励作用"，"在所有其他条件基本相同的情况下，已经形成分散布局的企业相较于那些基础设施位于关键袭击目标区域的竞争对手，在军方电子设备采购竞标上具有显著优势"。[2]20世纪40年代末和50年代，从事半导体和早期计算机等

1 这种以低级手段强化的例子，可参见国防部的一份备忘录，该备忘录提醒地方管理者产业分散仍然是获得合同的标准之一。V. 库奇，民防办公室企业参与助理主任，民防办公室所有地区主任关于企业参与持续性任务和项目的备忘录草案，1963年6月21日，Box 5, RG 397, Entry 6, NARA。

2 商务和国防服务管理局电子部门，美国商务部，关于"The Electronics Industry-Factors in Selecting Plant Locations–Methods for Approaching Industry"的备忘录，1956年8月23日，Box 3, Accession 66A2584, RG 378, NARA。很难计算分散投资是"成功"还是"失败"，这不仅取决于实施分散投资的政策和市场背景，而且也因为联邦档案中缺乏进一步的叙述或统计数据，这至关重要。联邦政府并没有收集（或在其档案中保留）公司层面的数据来说明承包商在多大程度上是因与分散布局相关的激励措施而采取了分散策略。然而，从联邦报告（如本报告）

高科技电子设备制造业务的小型新兴企业还没有形成普遍意义上的消费市场。因此，来自军方的合同对于它们的生存与发展起到了至关重要的扶持作用。到 1957 年，联邦基金覆盖了电子产业研发支出的 61%、通信行业的 54% 以及专业科学仪器行业的 30%。许多专业电子设备和其他尖端技术生产商，当时完全是在军方研究经费和发展基金的资助下才能维持生计。[1]

分散布局政策的诱导性机制同样也深深影响了大型国防承包 44
商，当这些企业为了满足不断扩张的军事生产需求而建设新的研究中心或生产设施时，只要在指定疏散地区选址就会大大降低他们的建造成本。根据一位国防承包商发表在某个军队刊物上面的文章可以得知，虽然他的企业总部是在费城，但制造工厂却设在该市远郊以及北卡罗来纳和佛罗里达等州的阳光地带。正如这位企业家所说，“产业疏散不仅是对灾难的防御战略，而且还是一门好生意和一份商业保险”。[2]

单独来看，仅凭疏散激励可能并不足以让诸多承包商将生产设施迁出中心城市。但是，结合当时正在流行的经济趋势和社会思潮，

（接上页）中可以清楚地看出，联邦官员认为分散是影响电子公司和其他规模较小、更自由的科学设备供应商选址决策的一个因素。

1 National Science Foundation, *Funds for Research and Development in Industry, 1957* (Washington, D.C.: U.S. Government Printing Office, 1957), 7, 12.

2 格林韦（Oliver J. Greenway，费城国际抵抗组织副会长），“Dispersal Is More than Defense Against Disaster,” *SIGNAL*（武装部队通信和电子协会的官方刊物），May-June 1955, Box 3, Accession 66A2584, RG 378, NARA。

再加上其他与之相关的联邦政策，他们提出了一个更有利的经济提案。因为有了高新技术成果的大力推动和新建公共设施的财政补贴，数百万美国白人搬到城郊社区居住，随之而来的还有数千家零售服务商。房屋建造公司充分利用极其低廉的抵押贷款，迅速在郊区建设了一大批居民小区，每个小区门口都有一条供家用汽车通行的宽阔大道。从长岛的莱维敦镇到洛杉矶的圣费尔南多谷，这些新市镇的集中涌现记录了战后郊区经济发展和社会变革的历史印迹。以郊区居住和驾车出行为典型特征的生活方式创造了新的消费版图，购物中心在高速公路交会处遍地开花，进一步打消了郊区人民前往城市中心的购物需求。[1]

上述社会变革的出现对产业分散政策尤为有利。考虑到尖端热核武器的巨大破坏力，10 英里的城市防御疏散线已经无法保证安全，因此，1955 年对杜鲁门总统备忘录的修订放弃了这一标准。[2]不过，疏散区域的边界扩张也正与当时的经济发展趋势同向而行，因为在杜鲁门的备忘录发表后不到五年的时间里，部分美国大都市经济圈已经扩展到距离传统市中心 10 英里以外的地方。在此情形下，企业机构完全可以进一步向外疏散，让自己远离更先

1 Lizabeth Cohen, *A Consumers'Republic: The Politics of Mass Consumption in Postwar America* (New York: Knopf, 2003). 为说明消费模式和购物模式的变化与都市权力下放的关系，参见 Stephanie Dyer, "Markets in the Meadows: Department Stores and Shopping Centers in the Decentralization of Philadelphia, 1920–1980," Ph.D.diss.,University of Pennsylvania, 2000。

2 "Revised National Dispersion Policy."

进、更强大的热核武器，但与此同时依然保持在都市经济发展边界内。

纵观整个 20 世纪 50 年代，联邦政府针对分散布局提供的激励政策与其他部门对迁往郊区的企业给予的奖励相比可能有些相形见绌，但对科研产业的郊区化进程起到了极为关键的决定性作用。在这种情况下，政府的意图和实际结果同等重要。从本质上讲，以科学研发为核心要素的关键国防事业必须远离都市商业中心，这首先是一种基本的政治认同。分散布局的政策目的在于通过大方慷慨的经济激励来引导那些乐于配合的企业前往城市郊区，这
些企业基本上都是“成立不久正在扩张”的高科技公司，并且尚 45
未形成成熟的产品市场。新型高科技公司在政策引导下在城市之外安营扎寨，久而久之就会让人们形成一个基本认同，那就是科技研究活动就应该发生在郊区。不仅如此，产业分散政策还是政府让私营企业服从国家利益的一招妙手，能够在成功说服后者的同时还让其一直保有独立经营不受干涉的错觉。前文提到的那位费城承包商就曾公开宣称，自己的企业疏散到郊区“完全没有受到政府干预。坦白地讲，本公司所做的决定一直是在管理层的掌控之中，而且，事实证明，我们的决定为企业带来了可观的利润”[1]。毋庸置疑，联邦政府的退税政策再加上国防部门的招商优惠，完全可以保证这位企业领导者及与其情况类似的同行在搬迁到郊区之后获得超出常规的回报。一言以蔽之，商业领袖倾向于将决策依据归

1 Greenway, “Dispersal Is More than Defense Against Disaster.”

结为自己对市场趋势的把握，而不愿承认政府才是最具控制力的市场调节者。

冷战时期的大学

20 世纪 50 年代初，国内外形势的变化让分散政策与民防战略加快了实施脚步，同时也让冷战科研政策开始按部就班地稳步推进。1950 年，国家科学基金会经过立法程序正式成立，其背负的使命不仅包括设立基础研究和科学教育方面的国家项目，同时还应国防部之约“支持与国防有关的特种科研活动”[1]。国家科学基金会的创立标志着一个新时代的到来，政府开始大力投资科学研发，科研项目经费在一些人看来甚至一度呈指数级增长。自此以后，联邦政府在这一领域的支出迅速上升，此过程持续十余年之久。1950—1955 年，研发支出增加了两倍多，已经达到 33 亿美元，占整个国家预算的 3.3%。[2]

然而，必须指出的是，虽然冷战时期整个科学共同体的研发经费呈爆发式增长态势，但从内部来看，不同领域的发展脚步并不一致。20 世纪 50 年代早期，科研资助的重心是与技术发展相关的项目，政府经费主要投给大型私人承包商以及军事设施建设，而非大

1 National Science Foundation, *Annual Report, 1950–51*, 2.

2 National Science Foundation, *Federal Funds for Research and Development and Other Scientific Activities* (Washington, D.C.: U.S. Government Printing Office,1972), 3.

学。此阶段对技术发展的侧重导致科学研究——尤其是基础理论方
面的研究——获得的资助相比之下显得微不足道，尽管联邦政府的
科学研究经费资助已经达到前所未有的高度。虽然在此前关于发展
科学的政治讨论中一再强调以大学为中心的基础研究，但这些只是
政治家的话术，大部分的新增支出都是投给政府或企业控制的实验 46
室，用来开展应用性研究。1955 年，政府总计支付了 30 亿美元用于
科学研究，其中只有 1.69 亿美元投给了大学负责的研究项目。[1]基
础研究经费短缺的状况遭到了像原子化学家格伦·西博格（Glenn
Seaborg）这样的诺贝尔奖获得者的公开批判，他认为“纯理论研
究应当得到重视，这是为美国培养极为稀缺的青年科学家和工程
师的最佳方式”。[2]其他领域的专家也纷纷发布了类似的观点。就
此问题，政府行政部门组织委员会，即第二胡佛委员会在 1955 年 5
月的一份报告中指出，“以探索自然规律和物质为对象的基础研究，
是现代社会人类进步最坚实之根基”，公共部门需要在这方面加大
支持力度。[3]

1 Freeland, *Academia's Golden Age*, 91.

2 “Dangerous Neglect,” *Time* 65 (18 April 1955), 54.

3 “Research and Development in the Government,” 由政府行政部门组织委员会向国会提交的报告，1955 年 5 月，p.xii, 引自 *Federal Budgeting for Research and Development: Hearings Before the Subcommittee on Reorganization and International Organizations or the Committee on Government Operations*, United States Senate, July 26 and 27, 1961 (Washington, D.C.: U.S. Government Printing Office, 1961), 99。

表1.1　1950—1970年联邦研发支出占美国预算的百分比

（百万美元）

财年	预算支出总额	R&D支出	R&D占预算总额的百分比
1950	43,147	1,083	2.5
1951	45,797	1,301	2.8
1952	67,962	1,816	2.7
1953	76,769	3,101	4.0
1954	70,890	3,148	4.4
1955	68,509	3,308	4.8
1956	70,460	3,446	4.9
1957	76,741	4,462	5.8
1958	82,575	4,991	6.0
1959	92,104	5,806	6.3
1960	92,223	7,744	8.4
1961	97,795	9,287	9.5
1962	106,813	10,387	9.7
1963	111,311	12,012	10.8
1964	118,584	14,707	12.4
1965	118,430	14,889	12.6
1966	134,652	16,018	11.9
1967	158,254	16,859	10.7
1968	178,833	17,049	9.5
1969	184,548	16,348	8.9
1970	196,588	15,736	8.0

来源：National Science Foundation, *Federal Funds for Research, Development, and Other Scientific Activities* (Washington: U.S. Government Printing Office, 1972), 3。

直到新的冷战国际危机发生，这才推动美国科学共同体真正走向实现政府资助基础研究的理念，这一理念在关于国家科学基金会的立法辩论中得到了明确阐述。1957 年 10 月 4 日，苏联成功发射了世界上第一颗人造卫星，这震惊了美国政坛，引发了大众媒体铺天盖地的批评，同时也让华盛顿决策层深感脸上无光。[1]为何第一颗人造卫星之争败给了苏联？政治领导人将原因归结为美国的科技教育制度远远落后于对手，尽管自 1945 年以来政府在科研方面投入了巨额经费。由此带来的最终结果是，艾森豪威尔总统和美国国会不仅在接下来的 1957 年秋天大大提高了科研投入总额，而且重新调整了资助重心，开始为大学教育与科研提供更多的经费。 47

在此之前，艾森豪威尔政府的部分官员曾经嘲笑大学实验室从事的基础研究工作，认为这是“一种浪费资源的学术行为”。[2]但在苏联人造卫星上天后，基础研究赢得了更多的社会尊重和政治支持，联邦政府开始为研究生教育和大学实验室提供更多的建设经费，由此进一步充实了高等研究机构。国家领导人比以前任何时候都更把卓越的科研成就视为赢得冷战的关键，并将研究型大学视为科学创新和人才培养的主要承担者。1960 年，艾森豪威尔总统的首席科学顾问撰写了一份工作报告，雄辩地总结了联邦政府对待美国大学的态度变化。“尽管大学一直存在各种各样令人头痛的缺点，”首席科学顾问写道，“但它们是国家未来的真正承载者，因此必须获得相应的待遇。”[3]

1 McDougall, *The Heavens and the Earth*, 142.

2 Robert C. Cowen, “President Talks on Research,” *The Christian Science Monitor*, 15 May 1959.

3 *Scientific Progress, the Universities, and the Federal Government*, 总统科学咨询委员会的声明，1960 年 11 月 15 日 (Washington: U.S. Government Printing Office,1960),11。

艾森豪威尔政府的第一反应就是提议向国家科学基金会追加财政拨款，其预算在 1959 财年达到了 1.36 亿美元，已经是初创时的三倍。[1]来自其他渠道的联邦科研经费也开始稳步增长。1955 年，联邦政府投入基础研究领域的经费只有 2.86 亿美元。1960 年这笔投入就已经达到 6.93 亿美元，增长了一倍有余。到 1965 年，这个数字又增加了一倍多，总额增长到近 16 亿美元。1955—1965 年，基础研究经费占联邦研发预算的比例从 8% 上升到 12%。[2]在此期间，政府公布的工作报告明确表示，基础研究与大学教育存在必然联系。1960 年，总统科学咨询委员会（PSAC）在报告中写道："研究生教育与基础研究在任何层次都是相辅相成的"，"我们相信这两种活动能够通过各种各样的形式来相互促进，如果忽视一方另外一方必然也会走向衰落"。[3]

由于绝大多数基础研究资金流向了大学及其附属研究机构，因此大学和学院在基础研究经费方面的比例增长速度远远大于其获得的全部科研经费增速。美国高等教育机构 1955 年获得了 1.69
48 亿美元的联邦研发资金，1965 年这个数字已经超过 10 亿，其中
有 8.79 亿（所占比例是令人难以置信的 82%）用于资助基础研

1 "Science and the State," *Time,* 25 May 1959; John T. Wilson, *Academic Science, Higher Education and the Federal Government, 1950–1983* (Chicago: University of Chicago Press. 1983). 45.

2 这些数字包括政府机构内部的支出、联邦资助的研发中心的支出，以及对工业、大学和对非营利机构的拨款。美国人口普查局，*Statistical Abstract of the United States 1970* (Washington, D.C.: U.S. Government Printing Office, 1970), 519。

3 *Scientific Progress, the Universities, and the Federal Government*, 5.

究。[1]在持续提升科研经费的同时，联邦政府还采取措施增加资助对象的范围。1960年，总统科学咨询委员会的报告还提及："应当支持越来越多的美国大学成为研究生教育和基础研究齐头并进的一流大学……我们必须对美国大学心存希望，上一代人心目中的一流美国大学只有寥寥几所，今日这个数字已经增长到十五到二十所，再经过十五年的发展美国应有三十到四十所大学跻身一流之列。"[2]

重视基础研究的政策新趋势为美国研究型大学带来了重大利好，其从中受益的程度远远超过科研实验室。政坛要人和大众媒体都将美国在人造卫星发明竞争中的败绩视作科学研究的落后，并进一步归结为美国教育体系存在严重缺陷——从基础教育到高等教育皆如此。[3]苏联人造卫星上天后的几个月里，美国的学者、政治家和大众媒体对于这个问题表达了深刻的担忧，因为苏联的各级学校当前"培养的训练有素的技术人员在数量上是美国学校的两倍"[4]。人造卫星事件之后，负责国防事务的政界领袖——其中包括一些在此方面权势滔天的立法委员——彻底转变了原来的态度，他

1 *Scientific Progress, the Universities, and the Federal Government*, 5.

2 Ibid., 14.

3 Barbara Barksdale Clowse, *Brainpower for the Cold War: The Sputnik Crisis and National Defense Education Act of 1958* (Westport, Conn.: Greenwood Press,1981), 105.

4 "Why the White House Worries," *Business Week*, 27 January 1962, 82–83. 克洛伊(Clowse)指出，从1957年到1958年秋冬，关于这一主题的文章屡屡发表在畅销期刊，譬如："US Change of Mind," *Life*, 3 March 1958, 91 and 96; "The Changing Mood in America," *US News and World Report*, 20 Dec 1957, 42–59; "The New Mood" *Time*, 3 March 1958, 39。

们立即成为科学教育的积极推行者。1957 年秋，美国参议院军事委员会主席林登 · B. 约翰逊提出了一系列教育资助议案，旨在弥补美国科学教育系统中存在的缺陷。联邦政府第一次直接为大学和学院提供教学经费和奖学金。艾森豪威尔总统于 1958 年 9 月签署该法案，并以《国防教育法》（NDEA）的名义在全国实施。《国防教育法》的出台标志着联邦政府第一次专门向高等教育机构提供资金（NSF 设立的项目同时面向政府研究机构、企业研究部门以及专门的学术研究所），与此同时，也开启了联邦政府投资大学教育之先河。不过，此《国防教育法》与后来通过的类似法案存在明显不同，按照其规定，美国教育界应当根据苏联科技人员的培养模式采取针锋相对的竞争手段。[1]该法案通过十年后予以回顾时，已经当选美国总统的约翰逊面对美国参议院的昔日同僚发表了这样的感言："历史应当好好记上一笔……我们在教育领域实施了一项紧急措施，从而捍卫了解放与自由……我希望这个法案开启的是更加光辉灿烂的未来。"[2]毫无疑问，《国防教育法》的出台是一项影响深远的联邦教育政策，但在人们的普遍印象中，正如一位联邦官员后来所说的，该法案"如果不是冠以国防之名在当时就不可能顺利通过"。[3]

---

1 Wilson, *Academic Science, Higher Education and the Federal Government*, 45.

2 Ibid., 43。

3 卫生、教育和福利部部长威尔伯 · 科恩，1968 年，引自 Clowse, *Brainpower for the Cold War*, 147。NDEA 是一个巨大的福音，但也引发了巨大的争议，因为它有一项规定是，受助人不仅要签署效忠美国政府的誓言，还要签署一份宣誓书，"声明不加入反对组织或不相信反对组织的目标"(Wilson, *Academic Science*,

尽管当时的政坛要人和大众媒体都将问题归结为美国科技人员的数量短缺，但 20 世纪 60 年代初期美国科学发展真正需要解决
的是质量缺陷而非数量问题。自 20 世纪 40 年代以来，美国大学培 49
养的科学与工程硕士和博士规模已经有了大幅增长，但越来越多的人却认为美国科学人才培养的口径和水平都远远落后于苏联。正如斯坦福大学教务长弗雷德里克·特曼（Frederick Terman）在 1962 年所说的那样："然而，企业虽然对受过硕士和博士训练的人有需求却难以招致麾下，往往只能退而求其次录用只有学士学位的人。"[1]

［接上页］*Higher Education and the Federal Government*, 46)。这一要求勾起了人们对麦卡锡时代的痛苦回忆，许多学者对此大为震惊，拒绝在誓词上签字，一些著名机构也拒绝接受 NDEA 的任何资金，直至该条款被取消。1961 年，效忠誓词被修改并淡化为更容易接受的形式，从而平息了争议。NDEA 的效忠誓言之争只是联邦政府与学术界之间一系列公开的和私下的斗争的开端，学者和大学试图让越来越依赖联邦资金的机构摆脱政治控制。有关对 21 世纪大学的影响的进一步讨论和分析，请参见 David A. Hollinger, "Money and Academic Freedom a Half-Century after McCarthyism: Universities Amid the Force Fields of Capital," 载于 *Unfettered Expression: Freedom in American Intellectual Life*, ed. Peggie J. Hollingsworth (Ann Arbor: University of Michigan Press, 2001), 161–84; Michael B. Katz, *Reconstructing American Education* (Cambridge, Mass.: Harvard University Press, 1987), chap. 6。

1 Terman, "Engineering and Scientific Manpower for the Cold War—The Next Decade," 在总统科学咨询委员会人力小组会议上提交的论文，1962 年 4 月 21 日，FF 66, Box 1, Series X, SC160, SUA。参见总统科学咨询委员会，*Meeting Manpower Needs in Science and Technology, Report Number One: Graduate Training in Engineering, Mathematics, and Physical Sciences*, 1962 年 12 月 12 日 (Washington, D.C.: U.S. Government Printing Office, 1962), 1。

军事工业综合体在开发和生产方面的变革，同样也加大了对高素质科技人才的需求。20 世纪 50 年代初，为了满足朝鲜战争和国内的军备需要开始大规模生产常规武器，这导致冷战时期的军工产业生产人员具有非常显著的蓝领特色。换句话说，当时的国防员工更适合从事流水线作业而非实验室工作。在过去的十年中，武器装备技术日益成熟——譬如新型导弹技术的发展，与此同时，太空探索工程也越发引人瞩目，这些变化都提升了对高素质技术人才的需求水平。正如美国国家航空航天局（NASA）官员厄尔·希尔伯恩（Earl Hilburn）1964 年在国会总结过去十年的变革时所言，“传统的金属锻造工程已经让位于更复杂、更精密的新型技术”，“由此导致的结果就是蓝领工人不断减少，科学家、工程师和技术员在国防设备生产和太空探索工程中占据越来越多的岗位”。[1]

大学获得的联邦追加拨款不仅体现在更多的实验经费和研究生资助上，还包括修建教学科研大楼。1963 年，《高等教育设施法》的颁布谱写了人造卫星上天后美国高等教育提升与科研人才培养策略的第三篇章。该法案实施后，各类美国大学与学院在教育设施建设上获得了联邦政府慷慨提供的拨款或者贷款。在州政府的管理下，联邦为各高校购置科研设备与工程设置赞助了三分之一的

1 NASA 工业事务副助理局长厄尔·希尔伯恩的证词，*Government and Science: Distribution of Federal Research Funds; Indirect Costs re Federal Grants*，在科学和航天委员会的科学、研究和发展小组委员会面前举行的听证会，美国众议院，第 88 届国会，第二次会议，1964 年 5 月 5 日，34。

成本，为其修建各种用途的校园设施提供了四分之三的贷款，无论其是否用于科学研究。[1]就在同一年，国会通过了《卫生职业教育法》，这是对大学校园扩张具有促进作用的又一重大举措。这一举措的主要目的是迅速扩大医疗卫生专业的人才培养规模，与提升科研、工程人才培养数量与质量的行动计划具有异曲同工之妙。据估算，为满足医学研究扩展的预期增长，美国医务人员的需求数量到 1970 年将会增加一倍。[2]不仅如此，该法案还为医学院和牙科学校建设提供专项拨款，这为主流研究型大学又带来了新的利好，因为这些高校 50
基本上都设有医疗设施与教学医院。[3]

事实上，这并非联邦政府首次资助教育和医疗设施建设。1946 年颁布的“希尔·伯顿项目”就曾为各州修建医院提供专项经费，那些经济发展不景气或服务不充足的地区更是受到了重点资助。此外，该计划还代表着联邦政府支持医院建设和公共卫生发展的重大举措。1948—1961 年，通过“希尔·伯顿项目”支付的联邦资金高达 12 亿美元，占此时期全美医院建设投入的

1 1963 年的《高等教育设施法》, PL 88-204。

2 美国国立卫生研究院引用了罗森贝格（Herbert H.Rosenberg）致宾夕法尼亚大学校长盖洛德·哈恩韦尔的信，1962 年 4 月 2 日 , FF “United States Government-HEW, 1960-65,” Box 149, UPA 4, UPA。

3 卫生、教育和福利部部长助理斯图尔德（Steward）的证词，1964 年 5 月 6 日，参见 *Government and Science: Distribution of Federal Research Funds;Indirect Costs re Federal Grants*，以及在科学和航天委员会的科学、研究和发展小组委员会面前举行的听证会，美国众议院，第 88 届国会，第二次会议，1964 年 5 月 5 日，34。

12%。[1]自 1949 年以来，美国卫生、教育和福利部还实施了一项剩余财产转移计划，将闲置的政府设施以巨大折扣甚至是以完全免费的方式转交给非营利教育单位或公共卫生机构。[2]不过，人造卫星事件发生后的设施资助项目与过去的做法大相径庭，其主要区别在于大学及其附属医疗机构在项目申请和资金管理方面获得了前所未有的灵活处理权。与州政府机构直接管理资金分配的“希尔·伯顿项目”不同，现在高等院校有权决定设备资金如何使用。同样也有别于剩余财产转移计划，按照此计划高等院校需要将政府设备安置在离校园有一定距离的旧建筑中；20 世纪 60 年代的设备资助项目支持在大学建筑群内或附近新建建筑。

尽管国家科学基金会、《国防教育法》以及设施修建计划创造了经费资助和就学机会，但部分观察员仍然对一个问题表示担心，那就是美国社会长期以来对科学家“反人类”的刻板印象会阻碍学生选择科学类专业。[3]根据 1959 年密歇根大学发起的调查，40% 的受访者对“科学家往往是行为怪异、不合时宜之人”

---

1 "Health Facility Construction," *Health, Education, and Welfare Indicators*, September 1962, FF "Health Facilities Construction," Box 1, Accession 68A5470, RG 40. NARA.

2 这是根据 1949 年《联邦财产和行政服务法》第 203 (k) 条授权的。关于计划和资格的说明见西莫尼安（Stephen L. Simonian，卫生、教育和福利部剩余财产利用司区代表）致哈恩韦尔的信，1965 年 3 月 23 日 , FF "United States Government—HEW, 1960–65," Box 149, UPA 4, UPA。

3 James Killian, *Sputniks, Scientists, and Eisenhower: A Memoir of the First Special Assistant to the President for Science and Technology* (Cambridge, Mass.: MIT Press, 1977), 39.

这一论调表示赞同。[1]除此之外，性别隔离和种族单一也是科学界普遍存在的问题。正如一份国会报告所指出的那样："女性显然对科学类职业缺乏兴趣。特别是在工程领域，在美国，这个行业只有 1% 的女性从业者（苏联女性工程师所占的比例是 29%）。白人之外的社会群体的科学技术人才也与其规模不成正比，如黑人，在科技创新方面为国家所做的贡献远低于其人口占比。"[2]爱德华·特勒博士（Dr. Edward Teller）曾经向参议院军事委员会防备分会报告："我们的学校缺乏科学精神，有志于从事科学研究的孩子会因为遭到同学的奚落而早早放弃自己的兴趣。"反观苏联，他们的学生将科学家视为"最佳职业"[3]。

---

1 *Satellites, Science, and the Public* (Ann Arbor: Survey Research Center, Institute for Social Research, University of Michigan, 1959), 32.

2 *Scientific and Technical Manpower: Supply, Demand, and Utilization,* 为科学和航天委员会编写的工作人员研究报告，美国众议院，第 87 届国会，第二次会议，1962 年 9 月 13 日 (Washington, D.C.: U.S. Government Printing Office, 1963), 5。在 20 世纪 50—60 年代，关于科学和技术领域缺乏种族和性别多样性的讨论很少承认妇女和少数族裔鲜有机会从事科学事业，事实上，大家并不鼓励他们这样做。参见 Margaret W. Rossiter, *Women Scientists in America: Before Affirmative Action, 1940–1972* (Baltimore, Md.: Johns Hopkins University Press, 1995); Vivian O. Sammons, *Blacks in Science and Medicine* (New York: Hemisphere Publishing Corp., 1990);Willie Pearson Jr., and H. Kenneth Bechtel, eds., *Blacks, Science, and American Education* (New Brunswick, N. J.: Rutgers University Press, 1989)。总体而言，男性的大学入学率（和毕业率）远高于女性 (*Higher Education in the Sciences in the United States*, 科学和航天委员会科学、研究和发展小组委员会的报告，美国众议院，第 89 届国会，第一次会议，由国家科学基金会准备，系列 I [Washington, D.C.: U.S. Government Printing Office,1965] ,17)。

3 美国众议院、参议院、外交委员会，卫星和导弹调查计划，*Hearing before the Preparedness Investigating Subcommittee of the Committee on Armed Services*, 第 85 届国会，第一次会议，1957 年 11 月，引自 Clowse, *Brainpower for the Cold War*, 60。

针对上述问题，私营企业开始配合政府从社会文化上塑造科学家的主流形象。20 世纪 50 年代中期，电视上开始大量出现“正
51 面”的科学家形象。譬如化学公司孟山都制作的招聘影片，“展示了一群身着白大褂的科学家形象，并向观众传递了这样的观念：‘这里没什么天才人物，只有一群普通美国人在一起合作’”。[1]影片播出后，社会评论家威廉·H. 怀特（William H. Whyte）向孟山都的一位高管询问“为何贵公司一定要向社会表明从事脑力劳动的科学家也是普普通通的美国人”，对方的回答是：“孟山都公司充分考虑了这个问题，我们就是想告诉年轻人，不要觉得从事工业化学的人都是天才，因此不敢踏足这个行业。”[2]显而易见，该公司就是想传递这样的信息：科学家也是普通人，只是在某方面有着非凡的才能。

大众传媒对科学家的赞美或许无法立竿见影地解决科研产业的人才短缺问题，却可以日益提升人们对科学事业以及顶尖大学里的科学工作者的浓厚兴趣。[3]1960 年，《时代》周刊提名了十五位美国科学家——其中包括几位美国最杰出的核能研究者，将其评为“年度人物”。[4]频频在公共媒体曝光，有利于增加科学家的知名度

---

1 Kevles, *The Physicists*, 383.

2 William H. Whyte, *The Organization Man* (New York: Simon & Schuster,1956), 214.

3 对于太空计划来说尤其如此，参见 James Kauffman, *Selling Outer Space: Kennedy, the Media, and Funding for Project Apollo, 1961–63* (Tuscaloosa: University of Alabama Press, 1994)。

4 受到尊敬的科学家有 Linus Pauling, I.I.Rabi, Edward Teller, Joshua Lederberg, Donald Glaser, Robert Woodward, Charles Stark Draper, William Shockley, Emilio Segre, John Enders, Charles Townes, George Beadle, James Van Allen, Edward Purcell, Willard Libby。“Men of the Year,” *Time* 77:1 (2 January 1961), 40–46.

和公信力；正如一位观察者所说的那样："媒体几乎都站在'专家'一边，他们被描绘为'客观、公正、廉洁（原文如此）之人'以及'立场中立的真理探寻者'。"至20世纪60年代初，"大部分关于职业声望评价的民意调查都明确显示科学家的社会声誉已经如日中天"[1]。1965年，国家科学基金会提交国会的一份报告显示，"在过去的四年里，美国成年人口增长了大约5%。在此期间，《科学》杂志的订阅量增长了45%，《科学美国人》的订阅量增长了60%，《国家地理》的订阅量增加了44%"。[2]

考虑到美国政府和社会各界在科学综合体投入的大量资源，就不难理解为何美国公众对科学发现和科研工作者的热情日益高涨。毋庸置疑，面向科学的投入迅速获得了丰厚回报，科学进步带来的利好不仅表现为越来越精密的尖端武器和令人目眩神迷的太空装备，更体现在医药科学的发展以及其他有利于提高人民生活质量的技术发明。20世纪60年代初，美国人民已经隐隐对冷战军备的规模和范围感到惊恐不安，但与此同时，他们也能看到国家在科研经费和科学教育上前所未有的巨大投入，并因此感受到科技进步未来可能带来的更大成就。通过以上种种变化可以得知，1960年的研究型大学在美国社会生活中发挥的作用与1940年已经不可同日而语。当前的美国大学已经不是依赖私人赞助的教育机构，而是由政

---

1 Robert C. Wood, "Scientists and Politics: The Rise of an Apolitical Elite," 58, 60.

2 *Science Education in the Schools of the United States,* 国家科学基金会向科学和航天委员会科学、研究和发展小组委员会提交的报告，美国众议院，第89届国会，第一次会议，系列D(Washington, D.C.: U.S. Government Printing Office, 1965), 20。

府拨款、肩负重要公共责任并且在前所未有的新机遇下迅速扩张的科研中心。

52 权力、金钱与定位

至20世纪60年代初，冷战政策已经确立了制度框架的几个关键要素，从而决定了未来数十年高科技产业的地域布局。国防研发经费一直在持续增长，且涉足的领域越来越广泛，从而大大提升了科研产业和研究型大学的政治地位与经济实力。鉴于科学创新的速度直接关乎经济发展和战略安全，因此联邦政府不仅持续追加基础研究经费和大学教育拨款，而且史无前例地邀请一部分杰出科学家登上政治舞台，让其在政府工作中扮演前所未有的角色。但必须指出的是，科学综合体成长所在的国家政治经济环境意味着其带来的权力分配格局和资金投入比例注定不平衡。

首先，不是所有大学都能成为“冷战大学”。权力和利益的基本分配格局在冷战初期就已经成形，遵循这种模式，绝大部分的政府研发经费都流向了几个承包商和少数精英研究型大学。在20世纪50、60年代，虽然政府投给大学的国防研发支出逐步上升，但主要受惠者的范围和成员基本没有什么明显的变化。有资格在20世纪50年代赢得大额科研合同的企业和研究机构，绝大部分都在十到二十年后成为国防支出项目的顶级承包者。就大学而言，政府拨款一直遵循以科研能力为主导的分配模式。1939—1965年，二十五所高校（十五所私立大学和十所公立大学）一如既往地培养了美国三分之二的科学博士。毫不奇怪，这二十五所顶级大学享受了联邦政府 60% 的高校科研资助，此外还可以获得“更大比例的专项科研经费和研发合同”。在上述名单中，自始至终名列前茅，同时也培养了最多科学人才、享受了最多联邦经费的两所高校，正是在冷战伊始就处于榜首位置的哈佛和麻省理工。[1]

机构精英主义已经变得根深蒂固，当初哈利·基尔戈曾试图通过国家科学基金会提案予以消除，但最终的结果众所周知。从程序上看，政府立项貌似完全遵循“选贤任能”原则，但受益最大的“最佳大学”恰恰正是那些与决策者联系最密切的大学。在冷战初期，军事研究项目要求承担者开展高水平科研试验，能满足这个条件的就只有少数几所大学。无独有偶，这些大学恰好也为“二战”期间的军事研究行动和战后联邦政府的科学基础设施构建提供了科 53
研人才和管理人员。既然政府拨款的基本考量是申报者的资质和能力，那么，毫无疑问，最初通过联邦项目积累了经验和资源的机构，必然以后也是最有力的竞争者。有意思的是，即便如此，科学界仍然坚称这一时期的科研经费分配格局并未受到政治干扰，完全是由公正无私的专业人士而非政界要人或行政官僚做出的决定。最主要的联邦拨款机构——譬如国防部和核能委员会——通常采取“同

1 Freeland, *Academia's Golden Age*, 91; Murphy, *Science, Geopolitics, and Federal Spending*, 9-10. 国家科学基金会发布年度报告，对顶尖大学受资助者进行排名，参见 National Science Foundation, *Federal Support of Research and Development at Universities and Colleges and Selected Nonprofit Institutions, Fiscal Year 1968*, NSF 69-33, 15-17。

行评议”的方式，遴选一批科学家和军方官员作为评议专家，根据他们的选择来确定研究资金的分配对象。大部分评议专家要么直接来自顶级大学，要么与其有着紧密联系，因此很可能出现“近水楼台先得月”的拨款结果。

约翰逊主政期间，国防部长罗伯特·麦克纳马拉（Robert McNamara）曾公开表态，研发资金的地域分布不需要考虑人口或收入。[1]由于科研项目和研发合同一如既往地投给少数机构，军方在项目经费上虽然名义上长期强调“基于专业能力和前期基础”的分配政策，但事实上不过是自我安慰。那些备受青睐的高等教育机构获得了大量联邦拨款，因此可以进一步升级设备、招募贤能以及大力发展研究生教育，最终的结果就是科研能力和技术水平不断提升，进而又在未来的立项竞赛中占尽先机。

其次，从全国范围来看，联邦研发基金及其引发的科研活动存在地域分布不公。冷战伊始，军事设施、国防生产设备以及科技研发资源就向少数地区高度集中。西部和南部城市在国防支出和政府合同中占尽先机，这种分配模式完全呼应了这一时期国会政治的权力格局。南方民主党人控制了国防政策和拨款程序的关键步骤，他们借此机会将大部分军事生产合同投向自己的家乡，从而导致联邦政府加大了在特定地域的经费支出。上述情形由来已久，

1 美国国会，众议院军事委员会，*Hearings on Military Posture and H R. 4016*，第 89 届国会，第一次会议，1965, 159, 由托马斯·墨菲（Thomas P. Murphy）引用，“Political Economy and Geographic Distribution of Federal Funds for R&D: The Midwest Case,” 见 Murphy, *Science, Geopolitics, and Federal Spending*, 64。

可以追溯到罗斯福新政时期。富兰克林·罗斯福曾在大萧条时期设立了大量公共工程项目，“二战”期间更是追加了巨额军事开支，以此来支持当时以农业为主的南方经济。冷战初期，军方和安全机构决定继续对工业欠发达的南方地区加大投入比例，在这里建设大规模的军事设施，以应对国会中的南方代表团不断施加的政治压力，后者一再坚持以联邦投资为引擎，来改善南方各州的公共基 54
础设施和长期经济前景。[1]

除了对南方倾斜，联邦经费分布的不平衡还体现在对经济发达地区的优待，尤其是靠近太平洋的西部各州。巨额现金源源不断地流入上述地区，不仅出于国会的政治形势和军事行动的需要，同时还有路径依赖的因素，正如联邦科研基金对精英研究型大学的偏爱。在这方面，加州就是一个典型案例。由于毗邻太平洋战区，加州诸多城市都成为“二战”时期军事动员和生产的中心，因此在战后留下众多设备精良的生产企业和训练有素的产业工人，为其快速发展打下了坚实的经济基础。不仅如此，加州还拥有温和的气候，以及新建住房和高速公路等现代化的城市基础设施，这些优势让加州

1 正如舒尔曼指出的那样，一些有权势的立法者，特别是那些来自工业化程度不高的南部和西南部各州的立法者，正在积极争取将联邦研究设施和军事基地设在他们的选区（*From Cotton Belt to Sunbelt*, esp. 135–73）。例如，约翰逊在领导美国参议院期间特别成功地为得克萨斯州赢得了国防和太空机构的合同（以及高速公路等其他大额支出）。但在此期间，约翰逊和其他人似乎很少关注大学研究项目中的地区公平问题，尽管约翰逊在就任总统后大力倡导更加公平地分配研究经费。如需进一步了解约翰逊在这方面的活动以及后来被称为“约翰逊疗法”的说服策略，请参阅卡罗（Caro）关于约翰逊的综合性传记 *Master of the Senate* 的第三部分，特别是第 589—590 页。

在冷战时期顺理成章地获得了更多国防经费。加州的先发优势为其走向更加光明的未来奠定了坚实的基础，在这方面位于阳光地带的各州也有着相似的境遇。国防经济的成功吸引了源源不断的外地移民，带来了节节攀升的生产总值，又反过来提升了加州在国家大政方针制定时的参与权，从而进一步保证甚至扩大了该州的国防经费份额。[1]正是以冷战支出的政治分肥机制为驱动，美国的人口和岗位实现了从东北部和中西部地区——所谓的铁锈带——向西部和南部地区的大迁移。

联邦研发经费的机构偏好再加上军用生产和科研布局的地域选择，共同导致美国的科研活动和研究人员集中在部分地区。到1963年，根据一位联邦官员的估算，在全美两千所高等教育机构中仅有一百所有能力申请到联邦科研资助项目。50%的美国科学家集中在以下六个州：加利福尼亚、伊利诺伊、新泽西、纽约、俄亥俄以及宾夕法尼亚。西部各州每百万人口中的工程师密度是南部各州的两倍，比中西部各州多出50%。[2]在1963财年，面向高等院校拨付

---

1 洛钦在 *Fortress California* 一书中对第二次世界大战和冷战对加利福尼亚大都市区的特殊影响进行了深入探讨。也可参见 Gerald D. Nash, *The American West Transformed: The Impact of the Second World War* (Bloomington: Indiana University Press, 1985)。

2 霍洛曼（J. Herbert Holloman）博士在州长会议上的讲话稿。Miami Beach, FL, July 22, 1963. FF "Civilian Technology," Box 1, Accession 68A5470 (Office of Science and Technology, Science and Technology Research File, 1962–1970), RG 40, NARA. 可参见保罗·格罗根（Paul J. Grogan）在参议院劳工和公共福利委员会科学人力利用特别小组委员会上的发言，1967年1月26日，Box 2, Accession 76–4, RG40, NARA。

的 15 亿美元科研经费中，加利福尼亚一州的大学就占据了全部经费的 28.6%。相比之下，中西部各州的大学经费总和只占 13.9%。[1]

鉴于上述情况，东北部以及中西部各州的国会议员逐渐开始质疑军事部门究竟依据何种原则来进行拨款和签订合同；20 世纪 60 年代初，他们认为“联邦科研经费的地域分配”问题已经严重到有必要举行一场国会听证会来加以审查的地步。[2]正如《科学》杂志在 1965 年所指出的，“国会实际上给出的结论是，科学研究太重要了，或者说太烧钱了，因此不应将其完全托付给科学家”。[3]在就此问题举行的听证会上，针对一位官员的证词，即获得军事科研资助的都是那些最优秀的机构，来自纽约的共和党议员沃尔特·里尔曼（R. Walter Riehlman）满怀沮丧地抱怨道：“据我所知，哪些机 55
构能够获得拨款似乎早已成为定局。如果这种局面不被打破，这个国家的许多地区就会因为暂时的竞争力不足而永久失去获得科研

1 *Obligations for Research and Development, and R&D Plant, by Geographic Divisions and States, by Selected Federal Agencies, Fiscal Years 1961–1964*, 向科学和航天委员会科学、研究和发展小组委员会提交的报告，美国众议院，第 88 届国会，第二次会议，(Washington: GPO, 1964), 11。小组委员会要求国家科学基金会提供这份报告，这一事实证明了对研发资金分配日益增长的政治关注。

2 Introduction, *Government and Science: Distribution of Federal Research Funds; Indirect Costs re Federal Grants. Hearing before the Subcommittee on Science, Research. and Development of the Committee on Science and Astronautics*, 美国众议院，第 88 届国会，第二次会议，1964 年 5—6 月 (Washington, D.C.: Government Printing Office,1964),1。

3 Daniel S. Greenberg, “R&D Boom: House Report Sees Harm to Higher Education,” *Science* 150 (22 October 1965), 464–66.

资助的机会。”[1]时任参议院劳工委员会主席，来自威斯康星州的参议员盖洛德·纳尔逊（Gaylord Nelson）也是在这个问题上直言不讳的议员之一，他曾在某次听证会上陈词：“我并不支持将科研资金投给缺乏竞争力的机构，我关心的是有竞争力的地方是否都有机会在科研经费中分一杯羹。”[2]

纳尔逊的言论揭露了一个真相，那就是联邦科研拨款在很大程度上已经成为发展地方经济的政治议案，与此同时，也充分显露出因为铁锈带各州被冷战科研共同体举办的经济发展盛宴拒之门外，从而让此地出身的立法委员深感沮丧。由于问题的根源错综复杂，因此想要拿出解决方案并不简单。联邦科研经费的制度性偏袒绝非单纯因为政治分肥，而是深深嵌入到整个拨款过程。在此过程中，一小群“御用专家”控制着资金流向，把大部分科研经费年复一年地拨给同样的地方。随着少数大学的“竞争力”越来越突出，其他高校越来越难以逾越顶级研究型大学抱团筑起的拨款围栏。与此同时，美国国会在20世纪50、60年代的权力格局，也是地方保护主义兴起的原因之一。参众两院的党派之争和区域分裂刺激了来自阳光州的立法委员，他们倾力操纵国防经费流向自己所在的选区，从而进一步增强了阳光州的经济实力和人口规模。正如产业疏散的激励措施与住宅—工业分散的趋势联袂而来，国防经费的拨款模式也基本上与冷战之前的区域工业布局步调一致。研发经费分配格局的

1 *Government and Science*, 15.

2 “Monopoly in Federal Research?” Editorial, *Philadelphia Evening Bulletin*, 2 July 1965.

机构偏好和地域差异一旦形成，就很难被打破。尽管部分国会议员努力促成科研经费的分散发放，但大部分决策权和资金流一直都掌握在优势地区手中。

小　结

出于战略和经济原因，冷战政治以直接或间接的方式为知识之城的出现奠定了根基。冷战的爆发让发展科学成为政治和经济两方面的优先事项，并让研究型大学成为至关重要的政治参与者和经济推动者。出于战略安全的考虑，联邦决策者通过激励措施引导研究机构疏散到城市外部的新兴工业园区，与此同时，通过国防项目 56
资助大学的教学与科研。基于政治利益的考量，政策制定者倾向于将包括基础研究经费在内的联邦国防资金投入国家的某些地区，或者将项目承包给选定的承包商。

以上提及的各种冷战政策，都是在更宏大的经济调整、技术革新以及新的居住模式和工作模式下制定的。由于国民经济的发展越来越依赖技术进步，因此投给科学研发的公共支出能够充分发挥积极作用。产业分散则与城市去中心化完美吻合。投入西部和南部各州的国防开支改变了这些地区的技术水平与人口结构，从而进一步迎来了移民和企业的迁入。在以上社会大势的裹挟下，冷战科学政策对城市空间的塑造发挥了远比正常情形下更加显著的作用。

国会关于联邦研发经费分配不公的讨论充分显示了区域发展的不平衡现象，但参与讨论的国会议员并未调查经费拨付模式背后的城市发展动态。如果他们对这个问题进行更深入的研究，就会发现那些获得最多科研经费资助的地区正是城市去中心化进程进展最快的地方，这些地方的产业疏散行动几乎没有受到经济或政治因素的制约。除此之外，他们还会发现，那些对科学研发依赖程度最高的产业机构——电子、电信行业以及主要国防承包商的研究部门——在选址模式上与产业分散政策的实施目的保持了惊人的一致性，因为按照政府的建议，搬出城市在郊区建设新址能够为它们带来极为可观的收益。美国科学的空间分布不仅是区域性和制度性的，也是城市内部的。不过，由于联邦研发支出存在极为显著的地域偏向，从而导致城市之间的竞争动态显得没有那么惹眼。因此，当国会针对国防经费的投入不公现象采取弥补措施时，也主要考虑地域因素而非城市差异。

冷战科学综合体的核心政治关系是这些模式隐而不显的缘由之一，同时也是难以追踪政府决策究竟发挥何种作用的重要原因。总体来看，冷战时期的联邦政策最终都显著促进了社会改革，但其具体的执行过程却很微妙；虽然许多政策不仅影响广泛而且目标深远，但其实施方式却主要通过说服、协商来引导私人企业采取行动，而非强制推行政府命令或扩大政府职能。这一时期的中央机关发展迅猛，不仅持续增加直接拨款，而且与大学和科技企业等非政府机构结成联盟。冷战政策让科技产业和研究机构与联邦政府形成
57 了伙伴关系，联手实现互惠互利的政策目标。如此一来，作为政策伙伴的企业和大学就获得了影响科学发展方式和方向的权力。

政府科研支出的机构偏好和地方保护主义造成了科研机构之

间的激烈竞争，有时甚至充满敌意。对于大学而言，获得联邦研发项目资助不仅象征着学术荣誉和政治地位，而且还与区位优势息息相关。虽然有些大学——以哈佛和麻省理工为典型代表——注定能够持续获得国防科研经费，无关其地理位置，但不可否认的是，有些高校因为地区因素而获得了额外加分。如果某所大学具有一定的社会声誉和科研实力，与此同时又处于国防经济相关产业比较发达的地区，那么它将在冷战科学共同体的庇佑下拥有超越群伦的政策优势，从而获得异常丰厚的科研经费，然后又进一步促进区域经济的繁荣。美国大学将如何面对以上情形，各州和各地又将做出哪些回应，这是本书下一章集中阐述的内容。

第二章 58

“多元综合大学”、城市与郊区

1963年，加州大学校长克拉克·克尔（Clark Kerr）将自己的系列演讲整理出版，并将之命名为《大学之功用》（*The Uses of the University*）。书中描绘了美国研究型大学的新内涵，其主要特征就是日益与围墙外的经济发展和文化生活连为一体，并承担起以专业知识解决社会问题的新职责。克尔认为，此时的美国高校不再只是一所学校，而是已经进化为“多元综合大学”（multiversity）。自1945年以来，美国大学从联邦政府那里获得的科研经费快速增长，尤其是在苏联人造卫星上天后，基础研究领域的项目经费更是持续激增。上述变化促使大学转变为社会改革和经济发展的强力推动者，同时也在大学发展目标与冷战时期的公共政策目标之间建立起新的桥梁。正如克尔所言：“这是一个非常有趣的现象，……高等教育是高度去中心化的多元体系，但身处其中的大学却全都如此忠实且欣然地回应着政府需求。”[1]

根据克尔的观察，“多元综合大学”的出现产生了广泛影响，其中之一就是促使大学及其创造的知识成为地区经济的重要资本。在一个科学知识被赋予极高政治和经济价值的社会里，大学不仅是高端知识的教学机构，更是科学发现与经济腾飞的策划中心。现今的大规模研究型大学已经进化到这样的地步，只要它们愿意，就可以对区域发展的形态和构成产生巨大影响力。综合大学资金雄厚，人才济济，更有潜力为所在地区提供竞争资本。因此，克尔写道：“大学现在成了悬荡在企业面前的香饵，其吸引力远远大于低税收和低廉的劳动成本。”[2]

不过，大学服务区域经济的发展之路也并非一帆风顺，其中横亘着几个阻碍因素。排在第一的就是位置问题。虽然美国工商企业的选址已经基本上郊区化了，但诸多顶尖研究型大学——包括那些在国防研发项目立项名单中名列前茅者——仍旧留在城市中。在一个科技创新推动经济发展的时代，大学作为地方经济的救世主或许
59 能阻止中产阶级和白领工人向外流动。有人认为，大学不仅可以让城市恢复活力，而且能够使自己成为发展典范，从而让城市焕发新的光彩。正如克尔所提醒的那样，大学不再是“单一产业小镇”，而是早就越过传统界限，进化为更为庞大的“知识城市”之核。[3]历

1 Clark Kerr, *The Uses of the University* (Cambridge, Mass.: Harvard University Press, 1963, New York: Harper & Row, 1966), 49.

2 Ibid., 89.

3 Ibid., 41, 125.

史学家亨利·斯蒂尔·康马杰（Henry Steele Commager）1960年在《星期六评论》（*Saturday Review*）上说："如果我们的大学想要享受城市之利，想要像欧洲大学那样为自己所在的城市和社会做出伟大的贡献，就必须担负起促进城市发展和培育地域文化之使命……它们应当深刻认识到自己的机遇与潜能，它们必须进行哲学层面的思考。"[1]

然而，在将大学重新定义为城市本身以及整体城市景观的组成部分时，克尔与康马杰捕捉到了研究型大学作为经济发展引擎这一新角色所蕴含的第二种空间关系。研究型大学已经将重心转向外部，它们积极参与政治活动，并承担了更为重大的社会责任和经济使命，但与此同时，大学仍旧是一个门槛高筑的专业场所，其基本的知识功能使其仍然在一定程度上与外界保持区隔。大学与外部社会的区隔源于历史悠久的校园规划和建造传统，其中不仅凝结了大学与科研机构的校园设计方案和建筑风格选择，同时也体现了城市工业区和周边居民社区的分布格局的形塑。

在大学扩张与城市发展的共谋过程中还存在第三种对立关系，这种矛盾镶嵌在关于研究型大学的定义中。"研究型大学"是一个整体术语，但实际上涉及的高校不仅为数众多而且类型各异。在这个概念下，不仅包括那些能够分得联邦科研经费最大一块蛋糕的顶层名校，还涉及许多试图打破精英垄断的中低层学校。有的研究型

1 Henry Steele Commager, "Is Ivy Necessary?" *Saturday Review*, 17 September 1960, 89, 引自 Martin Klotsche, *The Urban University and the Future of Our Cities* (New York: Harper and Row, 1966), 22。

大学坐落在大城市中心，也有的位于郊区或者小镇；有的身处江河日下的铁锈带，也有的是在蒸蒸日上的阳光州。更重要的是，研究型大学中既有独立运行的私立大学，也有政府资助的公立大学。一所研究型大学能否为其所处地区的经济发展提供积极力量，主要取决于其在这个概念宽泛的层次体系中所处的位置。研究型大学彼此之间有着天壤之别，然而联邦、各州以及地方领导人在试图围绕此类机构制定产业发展战略时，却往往忽略这种显著差异。

研究型大学与地方经济是一种双向奔赴的发展关系：政坛领袖和商界巨子以大学为利器制定更加宏伟的经济发展策略，大学管理者则以区域经济发展政策为依托匹配自己的经费需求，进而成为新一代的城市建设者。但即便双方有着共同的经济诉求，其背后的
60 紧张局势还是会对新型城市的发展方向、居民结构以及外在形象产生深远影响。

园区里的科学家

从大学校园到工业园

为何战后大学参与经济发展，尤其是参与都市经济发展，具有如此重要的空间塑造意义？对这个问题只要回顾大学校园设计传统就能找到答案。高等院校拯救城市经济的历史在美国可以追溯到殖民时代，从那时起，传统的工商业中心城市一旦陷入政治腐败、治安混乱的局面，实现救赎的最佳选择往往就是在附近创办一所大

学。[1]美国大学校园的设计传统和建筑风格充分反映了一个根深蒂固的文化假设：智识探索必须远离城市生活。学生需要一个平静宁谧、亲近自然的学习环境，如此才能有利于提升智识和发展道德。对此，亨利·戴维·梭罗（Henry David Thoreau）曾给出建议："如果每一所大学都依山而建……它将会有多么优越的环境。"[2]

美国大学的建造史与欧洲大陆的高等学府大相径庭，它们绝大部分都不像后者那样位于中心城市，而是以牛津和剑桥等英伦大学为榜样，坐落在乡村、小镇或者人口稀少的郊区。[3]即便是20世纪最负盛名的"城市大学"，在一开始建造时虽与商业中心相隔不远，但也保持了一定的距离。哈佛大学位于波士顿城郊的剑桥镇上，而非市区中心；宾夕法尼亚大学原校址距离费城商业中心将近半英里，但在这所"步行城市"，这样的距离已是身处郊区。一个多世纪后，哥伦比亚大学成立在曼哈顿上城人烟稀少的郊区地带，而宾夕法尼亚大学则搬离了已经变得车水马龙的老地址，迁往位于费城西郊中上阶层社区附近的新校区。

州立大学更是对大城市敬而远之。19世纪，美国各州创建公立大学体系时，正遇上史无前例的城市化和工业化大发展。移民支持

---

1 保罗·特纳（Paul V. Turner）写道："在大自然中建立一所学院，远离城市的腐败力量，这一浪漫理念成为美国人的理想。"（*Campus: An American Planning Tradition* [Cambridge, Mass.: MIT Press, 1984], 3 and 4）

2 Ibid., 101.

3 托马斯·本德（Thomas Bender）称其为"严重偏离了大学历史的中心主题"(*The University and the City: From Medieval Origins to the Present*的序言, ed. Bender [New York: Oxford University Press, 1988], 3)。

的政治团体——无论是否被认为充斥着贪污腐化、任人唯亲——
61 统治着那些规模最大的城市。[1]正因如此，许多州府都不设在这些大城市，而是在远离经济中心的地方——选择奥尔巴尼而非纽约，选择哈里斯堡而非费城，选择斯普林菲尔德而非芝加哥，这进一步造成了大城市与乡村腹地之间的政治两极分化。政策制定者喜欢将旗舰级州立大学的校园安置在州政府所在的小城市，或者更具田园色彩的环境中。不少私立学院也在乡村选址，与此同时，中心城市也不乏州立大学的身影。但在冷战时期登上巅峰的大学，要么是原本创建于郊区后来被新兴城市所包围的私立精英大学（譬如哈佛、麻省理工、约翰·霍普金斯、宾夕法尼亚和芝加哥），要么是建立在州府小城或农村地区后来发展为大学城的公立旗舰大学（如加利福尼亚大学、密歇根大学、威斯康星大学和伊利诺伊大学）。

无论是公立还是私立，无论是在城市还是在乡村，高等教育机构的校园选址都带有理念性和实用性的双重考量。美国大学对位置的选择在物理意义上杜绝了大城市的堕落与混乱，同时也获得了更加宽广的建筑空间。高等学府的校园规划对大片绿茵的钟爱经久不衰。哪怕美国大学的学术功能不断扩大，对政治活动和经济发展的参与度也与日俱增，但大学校园一如既往地保持着田园诗情。在

---

1 讨论 19 世纪政治经济学背景下机器政治的兴起，参见 Amy Bridges, *A City in the Republic: Antebellum New York and the Origins of Machine Politics* (New York: Cambridge University Press, 1984)。从修正主义角度看 19 世纪后期的市政腐败，参见 Jon C. Teaford, *The Unheralded Triumph: City Government in America, 1870–1900* (Baltimore, Md.: Johns Hopkins University Press, 1984)。

19 世纪末与 20 世纪初，许多重要的美国大学都从重视博雅教育传统的小型“学院”（colleges）演化成研究能力增强、学术专业化提升的综合“大学”（universities），并且还增加了职业教育和产业培训等功能。20 世纪 40 年代末和 50 年代初，随着学生人数的增加和联邦科学综合体的壮大，美国大学不仅实现了办学空间的扩张，而且成立了新的分支机构，尤其是大型州立大学，它们创办了一个又一个新的分校。管理者利用机构扩张的机会全面规划新的校园，并加入了令人印象深刻的现代主义建筑，从而使其成为超级街区、公共绿地、新兴建筑等前沿设计理念的实验场。此时的大学就像一个个发挥着多重功能的微型城市，它们既是工作场所，也是居住园区。这里的建筑密度较低，而绿地面积却十分开阔，因此与新兴的城郊社区有着诸多相似之处。伟大的现代建筑学家柯布西耶（Le Corbusier）在 20 世纪 30 年代参观美国大学后发出了这样的感慨：“每一个校园都自成体系，自身就是一个城市，虽然规模有大有小，但全都绿意盎然。”[1]

这些“绿色城市”不断发展壮大，但一直与校外世界保持着物 *62*
理区隔。大学经历已经成为白人中产阶级生活的一部分，越来越多的人收到了大学录取通知书，远不止传统的学术精英群体；同时，越来越多的人为联邦政府资助的巨型科研项目提供服务，但他们依

1 Turner, *Campus,* 4. 与欧洲做对比，参见 Herman van der Wusten, “A Warehouse of Precious Goods: The University in Its Urban Context,” 载于 *The Urban University and Its Identity: Roots, Location, Roles*, ed. Herman van der Wusten (Dordecht: Kluwer Academic Publishers, 1998), 1–13。

旧认为大学校园的运行模式与学术组织之外的机构、人群和地方都截然不同。正如一位活跃于战后时期的著名建筑师所观察的那样："美国大学对校园规划的理解，大多仍是沿袭古罗马军营的建造理念，周围有一堵墙——无论是象征性的还是字面意义上的，规划者希望借此来营造一方免遭外界打扰的宁静环境，从而有利于发展学术、锻炼思维和增长知识。"[1]

早在冷战时期的"多元综合大学"问世之前，美国大学校园规划传统的影响力就已经超出学术界。白领科研人员聚集的企业研发机构，其设计规划受大学校园传统的影响尤为显著。在"二战"之前，美国大部分企业的研发机构看上去与一般的工厂或办公大楼没什么两样，但也有一些家喻户晓的"校园企业"，这些研究机构有意设计成大学校园的外观和氛围。通用电气是美国第一个用大学校园标准建造研发机构的大型企业，其作品就是 1913 年创建于克利夫兰城外的奈拉产业园（Nela Park）。直到半个多世纪以后，奈拉产业园仍得到设计师群体的盛赞："宽敞开阔、引人入胜的草坪让它看起来像一座高等学府而非工业园区。"[2]除了奈拉产业园，位于新泽西郊区的贝尔实验室也是创建于战前的典型案例，这是一组以创新理念设计的建筑群，坐落在风景优美的郊区开阔地带。

"二战"爆发前，部分美国研究机构喜欢模仿大学校园的建造

1 John O. Merrill, Skidmore, Owings and Merrill, "The Urban Campus," *Urban Land* 25:11 (November 1966), 3–4.

2 Robert E. Boley, "Industrial Districts Restudied: An Analysis of Characteristics" Urban Land Institute Technical Bulletin no. 41 (Washington, D.C., 1961), 18.

风格，另外还有一部分喜欢集结起来组成科技产业园。[1]19世纪晚期，西欧研究型大学的出现，催生了一系列试图在大学校园附近创建科研产业集群的社区规划实验。在伟大的英格兰工业重镇曼彻斯特，当地领导人于1894年兴建了特拉福德产业公园（Trafford Park Industrial Estate）。特拉福德产业公园是“最早将整个地区组织动员起来，为了实现科技一体化发展而努力的建设项目之一”，而且还是特意将电气工程、汽车制造等先进科技产业集中安置在一个景观园区的工业综合体。[2]虽然英国和西欧诸国的工业园不仅比美国出现得更早，而且经过了精心的设计建造，但当时的观察家还是倾向于将这种现象归结为美国工业的典型模式和发展效率，“20 63
世纪20年代早期的一篇吹捧之作，甚至将特拉福德描述为老态龙钟的英格兰地区绽放的‘美式’街角”[3]。

校园发展的特点是田园主义和分离主义，这让大学校园的建造模式与20世纪的大工业发展趋势完美匹配。早在20世纪20年代，随着消费需求减少和生产技术更加流线型化，费城、芝加哥等

1 “Industrial Park: What It Is, What It Isn’t,” *Nation’s Business* 57 (September 1969), 72. 从20世纪10—20年代开始，美国许多大城市的地方官员实施了第一次系统分区规划，将工业与住宅区分开是该计划的主要目标。讨论早期分区运动可参见M. Christine Boyer, *Dreaming the Rational City: The Myth of American City Planning* (Cambridge, Mass.: Harvard University Press, 1983)。

2 Robert Kargon, Stuart Leslie, and Erica Schoenberger, “Far Beyond Big Science: Science Regions and the Organization of Research and Development”，载于*Big Science: The Growth of Large-Scale Research*, 338。

3 Ibid.

美国工业重镇的城市工厂就开始出现关门趋势；遍地开花的工会组织和此起彼伏的罢工事件也为大城市工厂主迁往别处提供了动力。在他们看来，像南方各州那种还没有工会的地区才是更理想的企业地址。[1]一部分行业已经开始使用新型流水线，这种生产模式对空间的要求远远大于从前，传统的多层建筑已经落伍，只有一两层高度的宽阔厂房正当其时。随着各行业大型生产设备的次第出现，企业越来越需要更加宽敞的建造空间，从而导致越来越多的企业家离开传统的工业中心，纷纷迁往郊区或都市圈之外。20 世纪 40 年代初，相当一部分企业搬到西部、南部各州城市边缘的绿色地带或乡村地区。在那个技术水平和专业化日益推动商业发展的时代，企业在哪里落户，就意味着名望、财富和现代生产技术在哪里聚集。

1945 年之后，技术革新、经济调整、联邦基建和税费减免等一系列变化使郊区成为更理想的居住场所和办公地点，同时也是最实惠、最高效的生产车间。工业转移和收缩的进程迅速加快。1947—1953 年，全美从业人员不足一万人的地区，就业岗位平均增长幅度约为 30%，远高于 10% 的全国平均水平。这是典型的郊区化现象，其背后的原因是朝向阳光地带的移民潮。大都市经济圈是就业岗位增长最快的地方，这里的郊区化进程同样也推进得最为迅速。在全美九大都市经济圈中，洛杉矶的增速高居榜首，其就业岗位增长率超过 77%。传统的工业重镇却步履蹒跚，甚至不进反退，譬如费城

1 Schulman, *From Cotton Belt to Sunbelt;* Lotchin, *Fortress California.*

的增长率粗略估计只有 3%，而底特律、波士顿和匹兹堡则已经出现下滑。[1]

房地产开发商喜欢在新兴产业区建造现代化、低楼层的建筑群，并且在其周围环绕郁郁葱葱的草坪和景观，附近还配有大型停车场，这些元素都极为占用空间，且与建筑内部的生产活动无关。随着建筑占地的扩大，与之相配的绿地空间也同步增加。20 世纪 64
60 年代末的一份工业发展报告指出："在过去，1 英亩的室内生产空间与企业占地总面积比例（即室外与室内占地面积比为 4∶1）被认为比较合理，但时至今日，室外占地的比例大大提升，这一比例常常提升至 10∶1 乃至 15∶1。"[2]

新型美国工厂一般不会独立兴建，它们常常集群出现，形成一个个规模可观的工业园区。低楼层、空间分散的生产厂房主导了战后美国的工业建筑模式，与形形色色、大大小小的"工业园"集中涌现的时间基本同步。1940 年，全美大约有三十三个工业园，1957 年这个数字迅速增长到三百零二个。[3]随着数量的增加，工业园还在逐渐远离超级大都市的行政版图。1960 年的一份调查显示，战后第一个十年建造的工业园大约有 75% 是"位于 2.5 万—50 万人口

---

1 "Manufacturing Employment in Metropolitan Areas, 1947–1954" *Area Development Bulletin*, October-November 1956, Box 1, Accession 66A2584, RG 378, NARA.

2 George I. Whitlanch and Winfred G. Dodson, *Industrial Sites: Their Selection and Development* (Atlanta: Industrial Development Division, Engineering Experiment Station, Georgia Institute of Technology, 1968), 29.

3 William Bredo, *Industrial Estates: Tool for Industrialization* (Menlo Park, Calif.: Stanford Research Institute, 1960), 11.

的中小型城市”[1]。这些早期出现的工业园大部分都是私人投资，投资人基本上都是大块土地资源所有者（譬如铁路公司）和房地产开发商。[2]

尽管新兴工业区大多隶属私营财团，且主要被私营企业租赁，但政府的公共政策才是促进郊区工业园迅速增长的决定性因素，税收政策更是发挥了至关重要的作用。1954 年的税法改革采用了“加速折旧”的方案，允许企业在新厂房建成后五年内注销其在建筑、机械和设备上的大部分资金投入。这种工作机制与冷战时期的工业分散政策颇为类似。对于那些在城市周边未开发地带新建厂房的企业而言，新的税收政策意味着巨额税收减免。到 1959 年，六分之一的美国企业都在纳税申报表上填写了“加速折旧”项目。[3]就地方层面而言，随着越来越多的就业岗位提供者走出城市边界，市内高税率和郊区低税率之间的落差越来越大，这为产业郊区化又平添了一重诱惑。郊区也对新迁企业的到来敞开大门，因为这会带来更多的税收。从郊区政府的视角来看，工业园的进驻能带来远比居民社区更多的税收，这些收入又可以用于改善公共设施，尤其是可以提升公立学校的办学条件。税费改革为郊区的工业化带来了一波经济增长势头，同时也让工业园建设成为郊区与企业的双赢发展模式。

---

1 Bredo, *Industrial Estates*, 12.

2 城市土地学会在其调查中描绘了战前的“代表性”地区，见 Robert E. Boley, *Industrial Districts: Principles in Practice* (Washington, D.C.: Urban Land Institute, 1962)，它们都是这类私人财团的产物。

3 关于加速折旧的具体讨论，请参见 Hanchett, “U.S. Tax Policy and the Shopping Center Boom”；要广泛讨论税收政策，可参见 Howard, *The Hidden Welfare State*。

正如国会预算办公室事后所做的总结报告中所阐述的那样，税收政策改革并不是刻意为企业提供有利可图的避税通道，“政府税收总体来看还提高了不少”[1]。随着工作岗位、从业人员和税费收入源源不断地向郊区流动，大城市成为这场行动中唯一的输家。[2]

企业从城市搬到郊区之后，它们的外观发生了显著变化，这一 65
方面源于新税收政策的慷慨让利，另一方面也是因为新兴工业园试图融入附近的田园景观。“二战”之后，以工业园为名的企业厂房在建造设计和景观风格上很少沿袭战前标准，它们不再像奈拉产业园和新泽西的贝尔实验室那样被打造成城市的地标性建筑，而是被开发者有意设计成规模不大且严格控制密度的建筑群。但是，新兴工业园的空间和密度指标并不统一，标准意义上的工业园到底如何定义，这个问题甚至就连房地产开发商也在苦苦寻求答案。不过，有一个问题大家很容易达成共识，那就是一些园区——出于地理位置和入住租户的考虑——必须比其他各种园区有着更高的建造标准。高收入人群聚集的城郊地区尤其需要建造高标准的工业园，因为这里的人群虽然也欢迎企业进驻，但绝不允许自己周围遍布烟柱冲天的制造工厂。1958 年 6 月，新罕布什尔州和理特管理顾问公司（Arthur D.Little）在达特茅斯学院联合主办了一场

1 美国国会预算办公室，*Real Estate Tax Shelter Subsidies and Direct Subsidy Alternatives* (Washington, D.C, 1977), 22。1969 年的税收改革法案大幅降低了商业和工业建筑的允许加速折旧比率，但继续允许对租赁住房采取这些措施。

2 有关这些不同的税收结构如何鼓励郊区化的进一步分析和示例，参见 Self, *American Babylon*, chapter 3。

关于工业园建设标准的论坛，与会者最终共同给出了貌似朴拙实则颇为精准的定义：

> 所谓工业园，是一个有计划、有组织的产业中心，其在建造之初就应当具有全面的规划方案，目的是确保园区企业的生产方式与所在社区的基本特征彼此兼容。规划者必须做好园区内部的街道设计，方便卡车和其他交通工具通行，同时还应当为进驻企业制定各方面的详细指标，设立进驻门槛、占地规模、生产／空置用地最小比例、建筑标准、景观美化以及其他各方面的操作规定。以上举措的目的是强化园区的开放性和公园化特征，进而保证其能巧妙融入周边社区。所有工业园都必须拥有足够的空间，而且必须适当划分使用区域，避免周边地区受到低层次建设项目的影响。[1]

上述定义的字里行间隐含着一个信息，那就是工业园建设应当将生产企业引进位于城郊的富人社区，这里聚集着刚刚搬迁过来的高收入人群，非常重视房产价值和社区美化，同时也极为关心如

---

1 *A Report on the Dartmouth College Conference on Industrial Parks*, 鲍德温（William Lee Baldwin）撰，理特管理顾问公司和新罕布什尔州赞助，1958 年 6 月，第 27 页。引自 Robert E. Boley, "Industrial Districts Restudied: An Analysis of Characteristics," Urban Land Institute Technical Bulletin No. 41 (Washington, D.C., 1961), 10。

何避免重蹈老工业城市过度拥挤、混乱不堪的发展覆辙。换句话说，工业园的设计方案具有“反工业”特征，其真实目的是将工商业机能无缝融入郊区景观当中。

为了追求更好的设计方案和更高的建造标准，也为了保护城郊地区的田园风景，更为了规避现代城市中那些令人厌倦的生活要素，战后美国工业建设的主导模式——郊区工业园——与大学校园
极为类似。两者在物理形态和地理选址上都遵循的是远离城市、保 66
持隔离、田园主义等基本原则，对以科学为基础的经济发展产生了重要的空间影响。当联邦政策制定者的注意力开始转向如何以大学为中心策划产业发展战略时，此类规划主要涉及的机构和企业已经提前选择了低密度、相对孤立的发展环境，这一基本前提导致高科技经济发展战略很难在人口密集、结构多元的社区成功实施。在美国的战后发展计划中，大学校园与工业建筑之间的关联在另一个无比重要且影响深远的机构上得到了最好的体现，这个机构就是科研园。

从工业园到科研园

20 世纪 50 年代行将结束之际，新兴工业园如雨后春笋般出现在美国的城市郊区和更加偏远的外围社区，越来越多的企业受其吸引迁离城市中心。只要把企业迁移到城郊工业园，企业主不仅可以享受税收优惠政策和人力资源优势，还可以远离传统工业城市陈旧拥挤的生产环境和顽固桀骜的工会组织。对许多企业而言，迁往

城外看上去是一笔非常划算的交易，但也不要忘记，并非所有企业都走郊区化路线。事实上，正如美国商务部在 1957 年底所指出的那样，中心城区商业建筑增加的数量仍然超过郊区。很多企业具有令人信服的留在城市中心的理由，尤其是那些必须毗邻银行等服务机构和大众交通枢纽，或者主要客户和合作对象都在中心城区的企业。根据商务部门的调研，如果企业发展的诉求是“避开城市的交通拥堵、空间限制和日益低下的职业效率”，需要“不受干扰地专注于政策事务”，或者受到“国防政策的影响”，它们都会倾向于迁往郊区。[1]

参与联邦研发项目的科技公司完美符合 1957 年商务部报告对倾向于选择郊区而不是中央商务区的那些企业的描绘。尽管商务部的讨论是以私营企业的发展选择为基础，但其调查结果反映了公共政策——尤其是国防政策——对部分企业选址决策的影响。上述企业及其从业人员不仅受到国防项目承包优惠措施的激励，而且对办公地点和生活设施的需求也能通过相关公共政策获得满足。若要深
67 入了解这个问题的发生机制，首先需要详细描述重塑美国产业地图的“推力”与“拉力”如何对冷战初期的高科技产业模式产生具体影响。

技术变革是影响科技产业布局的一个重要因素。技术变革在

1 “Is There a Trend to Suburban Sites for Office Buildings?” *Area Development Bulletin*（由美国商务部地区发展办公室出版）, December 1957—January 1958, 4。本报告中引用的有关中央商务区建设速度的统计数据最初发表于“ Trends in Office Location,” *Tax Policy*, September-October 1957。

一定程度上影响了美国产业分布和建造设计，对于科技公司的影响尤为巨大。“二战”期间的美国工业生产历程促进了其工业建筑内部生产的地理组织和建筑外观样式的变化，其中最显著的就是工业研究实验室。[1]从内部的办公空间来看，坚固封闭的墙壁让位于开放的空间和灵活的隔断，从而为20世纪末的“隔间办公文化”做出了先导示范。[2]科研活动的技术要求也带来了更具科技含量的办公设备，比如定制空调和专用家具。以上变化不仅意味着旧大楼会被新建筑所替代，而且就连最现代化的办公设施也会随着技术的长足进步而被迅速淘汰。[3]综合以上因素，难怪有观察家在1950年发出这样的感慨：“科研实验室才是现代商业建设中更为昂贵的存在。”[4]

1 如彼得·里德（Peter S. Reed）所述，战争促进了现代主义建筑的普及，并创造了高度可复制的建筑形式，比如无处不在的战时尼森式半筒形铁皮屋“Quonset Hut”（“Enlisting Modernism,” 载于 *World War II and the American Dream: How Wartime Building Changed a Nation*, ed. Donald Albrecht [Washington, D.C.: National Building Museum, 1995], 2–41）。

2 有关讨论可参见 Peter Galison and Caroline A. Jones, “Factory, Laboratory, Studio: Dispersing Sites of Production,” 载于 *The Architecture of Science*, ed. Galison and Thompson, 497–540。

3 如果不进行改造，可能会严重影响产量。埃克特–莫奇利计算机公司是由美国第一台超级计算机的开发人员于20世纪40年代末创立的，当时面临着严重的竞争劣势，部分原因是要在费城一个没有空调的仓库里制造计算机。McCartney, *ENIAC*.

4 Charles Haines, “Planning the Scientific Laboratory” (1950), 转载于 *Buildings for Research: An Architectural Record Publication* (New York: F. W. Dodge, Inc., 1958)。

必须澄清的是，科研密集型产业对占地面积广阔的单层建筑的强烈偏好也不纯粹是因为技术需要。部分企业并不一定需要大面积的建筑或高端技术，但也倾向于离开城市高楼，入驻低层建筑。科技产业一般要求工业园的景观美化以及高地块与建筑比，个别园区的绿地面积甚至大到令人震惊。美国商务部 1966 年公布的报告显示，“研究型企业和电子产业的占地面积与建筑面积比分别是 157∶1 和 149∶1”。[1]甚至当代的观察家也注意到，科研密集型企业对土地的使用远远超出了经济需要。一位观察家反映说：“平均到每个企业和每个人的场地需求处于中等水平。这些需求之所以被抬高，超出了最低限度，是由于电子企业对景观优美和宽敞的用地情有独钟”；“这一点与这些行业所依赖的人员类型、行业的新颖性以及许多工厂位于工业园区有关”。[2]

20 世纪 50、60 年代，美国高新产业在成长过程中之所以对大面积绿地有着强烈要求，前文提到的观察者已经指出了关键要素，
68 就是为了迎合科技从业者。正如一位观察家在 1961 年得出的评论，高科技产业存在发展的“一个必要条件……就是科技人才，各个企业只有努力招揽人才，才能在激烈的科技创新竞争中拔得头筹”[3]。

---

1 T. K. Pasma, *Characteristics of 63 Modern Industrial Plants* (Washington, D.C.: U.S. Department of Commerce, 1966), 引自 Whitlanch and Dodson, *Industrial Sites*, 29。

2 Paul A. Groves, “Towards a Typology of Intrametropolitan Manufacturing Location: A Case Study of the San Francisco Bay Area,” University of Hull Occasional Papers in Geography no. 16, 1971, 71.

3 Klotsche, *The Urban University and the Future of Our Cities*, 85, 转自 John Fischer, “Money Bait,” *Harper’s Magazine*, September 1961, 12。

田园环境有利于智力创作，美国人心中一直保留着这个根深蒂固的假设；正因如此，企业才会用建筑和规划作为吸引和挽留精英人才乃至激发他们创新力的手段。联邦政府对研发项目的投入，又进一步巩固了这种思维模式。由于联邦科研经费激增，诸多科研企业在吸引科研人才方面展开了激烈竞争，由此创造出一套与其他企业“廉价土地 + 廉价劳动力”完全相反的经济增长新公式。小型高科技制造商以及大型企业的小型研究密集型分支机构，倾向于根据昂贵的高科技人才的所在地（或者希望的所在地）来进行选址。与之类似，即使价格不便宜，高新科技产业也还是更看重充裕的占地面积；即使租金较高，也还是倾向于选择位于高收入社区或白领社区内，或其附近的地点，因为这些地方对科技人才及其家人具有吸引力。一言以蔽之，高科技产业的独特性决定了其所在的土地价值，正因如此，相关企业才心甘情愿地支付这笔投入。[1]

不过，只是毗邻高收入人群，单这一个方面的条件还不够充分。高科技产业的发展还受到了“拉力”的影响，这种拉力是非技术部门中不存在的，即科研活动。科技产业方兴未艾，很多企业也刚刚崭露头角，大家的发展都有赖于不断吸收科技知识，因此都有必要选择一个科研人员和实验部门扎堆的地方落脚。科技生产的高度集结为从业者创造了完善便利的生活设施，这反过来又有利于吸引高水平人才结伴而来。

1 斯坦福大学的工业园就是一个典型例子，我们将在第三章中进行更广泛的讨论。它向租户收取比市面上高得多的租金，以打造一个精心设计和管理得当的工业园区，并且是以斯坦福大学的名字作为招牌。

新兴产业的建造风格一方面是为了吸引高层次人才，另一方面也是为了让他们心情愉悦、高效工作。此前在讨论工作效率与环境设计之间的关系时，我们已经明晰了这样一个事实，即高新产业园的建造理念与美国大学校园的规划传统同出一源，都是基于这样一个基本理念：智力创作的灵感只有在宁谧平和的田园环境中才会汩汩涌现。工业领袖们似乎全心全意地接受了如下前提，即科研人员在绿色空间环绕下会变得心情愉悦，从而增加创造灵感和提升工作效率。在 1961 年举行的产业研究论坛上，有位发言人总结了高新产业园深思熟虑、以人为本的建造理念："这是一种特殊的生产力，是一种脑力劳动。除了必须配备适当的工具和设备（这方面的需求往往很容易满足），还必须为大家创造一个能够聚精会神地
69 潜心创作的氛围。这就是为何要充分分析物理环境的每一个设计要素是否符合个体需求。"[1]

工业园建设十分看重技术人员和人文关怀，这让其设计原则和建造风格更加突出强调现代主义元素，譬如低层建筑、景观美化、独特气质以及与周围社区的和谐关系，并衍生出专为科技公司或科研密集型公司打造的新型工业园。在那个万众齐颂美国科学界模式和科学家不断取得伟大成就的年代，最受欢迎的产业发展就是科研园，因为它成功掩盖了自己的工业生产功能，以适应新的郊区景观。在科学人才的招募竞争上，高科技产业最大的对手就是研究型大

1 George A. Dudley, "Problems of a Physical Environment,"在纽约州"研究与社区"研讨会上的发言，1961 年 5 月，Sterling Forest, New York, FF "State Science and Technology Conference," Box 1, Accession 76-4, RG 40, NARA。

学，为了将那些炙手可热又高度流动的高科技人才纳入麾下，私营企业必须竭尽全力将生产环境打造得与大学校园别无二致。[1]美国大城市的郊区建设基本全部借鉴了这种规划理念，因此，科研园与中上阶层的生活社区几乎浑然一体。正因如此，虽然科研园的设计元素并不经济，却凭借其完善便利的生活设施和独具一格的工作环境创造出独特的“精神价值”，从而保障了该类企业在商业网络中的独特地位。[2]

在同时代所有园区化的产业发展模式中，科研园与高等教育机构的关系最为紧密。大学本就是科学研究的渊薮和高等教育机构，冷战项目的经费投入又进一步提升了其科研实力、扩大了其研究领域。战后私营科技企业对于技术创新和科技人员的极端重视，让大学进一步成为产业发展的磁石。因此，典型意义上的科研园必然毗邻一所或多所研究型大学，或者至少保持在一个比较舒适的驾驶范围内。与此同时，大学的管理者也意识到，新的产业发展模式对自己极为有利，因此通常也都愿意在科研园的规划推广上发挥重要作用。甚至就连那些完全由私营企业掌管的科研园，大学也

1 早在 1960 年的人口普查中就有证据表明，科技工作者的流动性明显高于其他专业人员，参见 Jack Ladinsky, “Occupational Determinants of Geographic Mobility among Professional Workers” *American Sociological Review* 32:2 (April 1967), 253–64。怀特（William H. Whyte）也指出，高等教育的水平与较高的流动性有关 (*The Organization Man*, 269–70)。

2 提及硅谷在吸引高薪技术人才方面的成功时，引用了 Sir Peter Hall, “The Geography of the Fifth Kondratieff,” 载于 *Silicon Landscapes*, ed. Hall and Markusen, 14。

往往持有股权。[1]使工业设施看起来尽可能像大学建筑的延伸，这是高科技产业与大学科研部门和工程院系之间亲密合作关系的形象表达，同时也能让它们与大工业时代烟雾缭绕的巨头企业区别开来。

建设科研园还是让产业与大学相互成就的一条捷径，对于那些与居民相伴而生的大学和以大学为主体的郊区来说尤其如此。这里的人们从审美上无法接受传统工业出现在自己所在的区域，但又
70 十分渴望工业发展带来的税收利益，在此情形下，科研园模式完美符合了大家的诉求。1961 年，一位科研园发展模式的支持者做出了这样的评价："有些城郊社区会将所有类型的工商企业都拒之门外，但是，它们也会因此遭遇一个共同问题，那就是在这里居住的人们都必须承受高昂的地方税收，否则就要面临公立学校以及其他公共设施的匮乏。"[2]以大学校园为模板精心设计的科研园与郊区的居住环境极为相似，不仅在实质上满足了城郊社区对工商制造业的利税需求，而且在外观上也迎合了此地人民的审美情趣。

当周边区域已经提供了基本的公共设施，大学的存在就是一个极具吸引力的加分因素。1961 年，一次面向科研从业者的调查

---

1 有关不同类型的科研园的全面讨论——大学所有型、大学营销型或公共开发型，见 Michael I. Luger and Harvey A. Goldstein, *Technology in the Garden: Research Parks and Regional Economic Development* (Chapel Hill: University of North Carolina Press, 1991)。

2 Henry Bund, "Economic Problems," 在纽约州"研究与社区"研讨会上的发言，1961 年 5 月 1 日，Sterling Forest, New York, 59–60, FF "State Science and Technology Conference," Box 1, Accession 76–4, RG 40, NARA。

发现，“当地的社会环境、文化水平和整体居住条件”是他们安家落户时首先考虑的因素，其次考虑的就是“是否靠近大学和图书馆”[1]。相当一部分科研人员家里都有年幼的孩子，因此他们也非常在意是否拥有优质的公立学校和良好的居住环境。纽约州 1960 年的一项调查发现，“住房和学校的地理位置及其外观和质量都至关重要，社区附近的社会环境和学校质量也很关键”[2]。企业高层管理者也附和员工的居住偏好。有关高科技产业的系列调查报告显示，此类企业在选址上最先考虑的就是必须靠近生机勃勃的大学社区。1965 年，五百名高新科技产业的研究主管和公司总裁受邀参加调查，75.8% 的受访者将“紧邻大学”列为企业发展的首要条件；紧随其后的是“专业人才的招聘便利性”，67.7% 的受访者选择了这一项。[3] 正如莱斯大学校长卡里·克罗尼斯（Cary Croneis）在 1965 年所言，“科技产业逐科技人才而居，或者也可以说是逐科技人才培养中心而居”[4]。

虽然居民和企业的去中心化在冷战期间是多种因素共同作用的结果，但吸引高科技企业向郊区流动的首要因素必然是大学，拥

1 George Philips, “Laboratory Location,” *Frontier*, Summer 1961, 引自 Atlanta Regional Metropolitan Planning Commission, “Economic Potentials: R & D, The Outlook for Research and Development in Metropolitan Atlanta,” December 1962, 30–31。

2 George A. Dudley, “Problems of a Physical Environment.”

3 Victor J. Danilov, “The Seduction of Science,” *Industrial Research*, May 1965, 39–40.

4 对城市土地学会工业理事会的演讲，1965 年 1 月 28 日，引自 R. John Griefen, “A Research Park Does Not Live by Research Alone,” *Urban Land* 24:3 (March 1965), 7。

有大学的郊区能为高科技人员提供从生活到工作的全面帮助。美国科学取得的巨大成就再加上联邦税收的优惠政策，在郊区掀起了一波建设狂潮。与此同时，郊区提供的各种福利也极具吸引力，如优越的居住条件、优质的学校教育和优惠的税收政策。冷战初期，科研人才的短缺使科技企业增强了员工福利意识；与此同时，也让那些位于风景优美、文化优越之地的企业和大学拥有了超出同侪的竞争力。联邦政府官员十分清楚这一事实。商务部的一位官
71 员在关于20世纪50年代美国电子产业的分析报告中指出："事实表明，工程师和科学家喜欢靠近可以提供研究生教育的大学居住，因为这里有利于他们的职业发展；与此同时，他们还十分青睐大城市的文化优势。鉴于当时美国的工程师和科学家在数量上远未达到科技产业人才需要的规模，因此，为他们打造舒适的生活环境变得极为重要。"[1]此时如有一家公司能够综合利用联邦税收政策、郊区生活设施以及毗邻研究型大学这些积极因素，那么它的发展前景一定会无比光明。

以上因素共同为科研工作者提供了绝佳机会。联邦住房管理局（FHA）与退伍军人管理局（VA）共同推出了一个"安居工程"，让战后美国数百万的白人专业人士（这个时代的绝大多数科学家都是白人男性）获得了住房，并积累了财富。城郊社区的发展为科

1 Electronics Division, Business and Defense Services Administration, U.S Department of Commerce, 关于"The Electronics Industry—Factors in Selecting Plant Locations—Methods for Approaching Industry"的备忘录，23 August 1956, Box 3, Accession 66A2584, RG 378, NARA。

研工作者提供了宽敞明亮、环境优美的现代化居所，并且还在周边配备了优质公立学校。以白人为绝对主导的科研工作者与同种族的其他白领人士一样，都选择远离贫困且肤色逐渐变深的城市空间，这个问题在前文中虽然未做详细介绍，但几乎所有与之相关的话题都有所涉及。除此之外，在冷战经费刺激下变得过于火爆的科研人才市场也为求职者提供了优越的就业条件。此时，科研人员迁往郊区不仅可以拥有令人心旷神怡的工作环境，而且能够获得相当可观的福利。满足这几点的社区往往在中心城市之外。

128 号公路：是范例也是特例

随着科研园建设蒸蒸日上，研究型大学深度嵌入产业链，这个现象的出现离不开国防拨款的区域倾向和产业偏好。联邦科研经费最看好的研究机构，基本上都是在冷战爆发前就已孵化出一系列小型科技企业的地方。早在冷战将研究型大学与高科技公司打造成一个庞大的商业版图之前，部分高校的工程系毕业生就在母校支持下创建了新型科技公司，曾经的教授就是现成的专家团队，大学实验室则能够提供技术支持。这就形成了以大学为中心的小型技术集群，新公司纷纷向此聚集。待到“二战”结束后，巨量国防经费投入终于将大学科研园哺育成新兴科技城。

20 世纪 50 年代和 60 年代，美国最重要的一个新兴科技城在波士顿崛起。从诸多方面来看，波士顿地区都有资格成为新兴科技
产业发展模式的终极典范。这个地区坐拥哈佛和麻省理工两大顶级 72

研究型高等教育机构，是联邦研发项目最为倚重的合作对象，丰富的科技资源、大批优秀的教授和学生让这里成为科学研究的殿堂，使其像磁铁一样牢牢吸引着周边企业。波士顿地区的科技企业大多集中在几个历史最悠久、影响力最强大的科研园，极富现代风格的建筑和美轮美奂的景观赢得了全国的关注和赞誉。[1]

波士顿地区为科研活动所做的空间设计堪称典范。如大多数顶级大学一样，哈佛和麻省理工的校园也都位于城内（剑桥镇严格地讲是在波士顿近郊，但是经过几个世纪的发展，已经变成位于市中心的人口稠密和社会经济生态多样化的大学城）。与其他位于城市中心的大学一样，这两所名校也都充分运用自身积累的经济资本和社会影响在校园周边囤积了大量土地。到 1980 年，哈佛占地面积为 1000 万平方英尺（1 平方英尺≈ 0.093 平方米），麻省理工则有 800 万平方英尺，同时也都吸引了众多研究机构到此入驻。[2] 在 20 世纪 60 年代中期，波士顿的科技经济已发展了十余年，但哈佛和麻省理工都没有刻意将科技企业留在波士顿市内。波士顿地区的科研园距主城数英里开外，沿着 128 号公路这条都市圈边缘的交通干道迤逦分布。对于那些将地址设在波士顿地区的哈佛和麻省理工两校附近的企业而言，毗邻名校的优越条件给他们带来实际收益的

1 例如，Bredo, *Industrial Estates* 与 Boley, *Industrial Districts* 就将 128 号公路科研园作为此类工业发展的典范。

2 Zachary Robinson and Oscar Hernandez, "Neighborhood Bully: Harvard the Community, and Urban Development," 见 *How Harvard Rules*, ed. by John Trumpbour (Boston: South End Press, 1989), 190–91。

同时还具有情感价值。1963年的一份经济发展报告专门分析了这个扑朔迷离的问题：

> 在波士顿地区的调研过程中，我们惊讶地发现，科技公司与哈佛、麻省理工抑或其他大学的直接接触频率事实上处于一个极低的水平……然而，这批受访者却坚称其公司不会迁往任何除全国主要科研中心之外的地方。究其原因，受访者最为看重的就是这里生机勃勃的智识氛围，让他们能够获得身处精英科学家社区的自豪感。这种文化氛围跨越领域，影响了周边的学校、艺术组织以及其他他们认为在其生活中必不可少的各类社会机构。[1]

与美国各地的高科技中心城市一样，波士顿的企业也都希望向大学靠近，不过大家对“靠近”这个概念的内涵有着宽广的理解。并不是非要与研究型大学门脸相接才叫“靠近”，只要处在同一个都市圈就足够了。波士顿的高科技企业基本上都是在距剑桥镇数英里之外的128号公路边连绵排开，但它们依然与大学“车程相邻”，也就是说，可以驾驶车辆通过新修建的城市大道迅速抵达。

以大学为中心的产业发展模式，让波士顿地区虽然在空间布局和机构特征上与其他知识型城市具有一定的共性，但总体来看

1 理特管理顾问公司，*Georgia Tech: Impetus to Economic Growth*，向佐治亚理工学院全国校友会提交的报告，1963年11月。

73 更像是一个特例而非通用典范。铁锈带没有任何一个城市能够像波士顿这样对抗国防经费的区域分配模式，同时还拥有如此坚实的科技产业基础。就波士顿市区而言，这里的人口和就业都在流失；它的郊区虽然繁荣，却没有像湾区和洛杉矶那样以指数级速度增长。该地区之所以能在全美经济发展的大趋势下傲然挺立，其卓越表现大部分源于哈佛与麻省理工的机构权力。从运行机制来看，哈佛与麻省理工其实大相径庭。麻省理工是典型的技术院校，与工业界有着悠久的合作历史，而哈佛“与工业界始终保持一定的距离”[1]。但是，同为“冷战大学”，二者又组成了一致对外的攻守同盟。哈佛与麻省理工在“二战”爆发很久之前，就是全美无可争议且难以撼动的顶级研究型大学，两所大学超绝群伦的声誉保证了它们不费吹灰之力就能实现经济增长和社会繁荣。虽然身处城市，但哈佛与麻省理工拥有的资本和声望，仍然使其能在吸引外来机构上获得巨大的成功。大批联邦科研机构和工业研究机构慕名而来，紧紧围绕两所大学选择落户地址。与此同时，两所大学还与郊区科研园创业公司保持着紧密互动。基于以上操作，波士顿建立起一个横跨整个都市圈的高科技发展体系，其宽度和广度都远比美国其他地方更进一步。这是一个极为重要的区别。在冷战早期的美国其他地区，城市发展与郊区开发是一个非此即彼的单选题。譬如，建在硅谷的高科技中心对旧金山市区的经济发展影响不大，直至 20 世纪 90 年代互联网浪潮的出现才改变这一局面。宾夕法

1 Saxenian, *Regional Advantage*, 12.

尼亚、芝加哥与哥伦比亚等位于城市中心的大学一直致力于所在城市的经济振兴，但在与市外企业建立联系这件事上的积极性并不高。[1]

波士顿地区还有一个与众不同之处，那就是私人房地产开发商从一开始就捷足先登，积极参与郊区科研园的设计与建造。其中的佼佼者是“卡博特、卡博特与福布斯”（Cabot, Cabot & Forbes），该公司在很大程度上推动了128号公路成为该地区的高科技走廊。“卡博特、卡博特与福布斯”提前布局，在公路沿线尚未开发之时就先人一步买下大片空地，从而在科研园建设上占据了绝对优势。接下来，该公司又建造了一批高规格的现代建筑，并配以精心设计的园林景观，从而一举打动了产业发展规划界的专业人士。尽管最初入驻128号公路沿线的企业只有一部分是科技公司，但“卡博特、卡博特与福布斯”坚持将整个园区都按照科研园标准来打造，如此一来，便迅速得到诸多科研实验室和高科技制造商的青睐。[2]

私人房地产开发商对科研园的青睐，证明了这种形式符合高

1 虽然在剑桥，关于市镇礼服的争论几乎不存在，但它们对大学事务的相对重要性可以从莫顿（Morton）和菲利斯·凯勒（Phyllis Keller）关于20世纪的哈佛的传记——*Making Harvard Modern: The Rise of America's University* (New York: Oxford University Press, 2001) 中看出。这本书用不到一页的篇幅讲述了关于学校土地管理和开发的政治争议 (333)。与其他一些城市大学不同的是，剑桥大学的学生是白人工人阶级。

2 Alan M. Voorhees, “Urban Growth Characteristics,” *Urban Land* 20:11 (December 1961), 6.

74 科技产业的所需与所想，也证明了其盈利能力。[1]科研园的设计理念兼收并蓄，而且提供了企业客户所需的环境，因此受到的社区反对较少。正如“卡博特、卡博特与福布斯”公司的一位行政人员所言：“科研园环境整洁，风景优美，对企业极具吸引力，因此很容易被本地规划委员会看中。园区设计体现了时代潮流，比‘工业’园领先一步。”[2]园区选址对区隔性和独处一方的强调，不仅符合人们对科研工作场所的普遍看法，而且进一步加强了与郊区的关联。可想而知，像波士顿市中心和剑桥镇这样人群密布的地方，自然无法提供科研园所需的理想环境。

与众不同的先天条件让波士顿和128号公路的产业发展之路与其他地区相比风格迥异。1945年之前，波士顿地区的研究机构和工业就已经在美国科学界占主导地位，这让该区域在以科技为基础的经济发展浪潮中占了先手。正因如此，波士顿才能摆脱身处东北部的区位劣势，在阳光地带各州占据国防经费大头的趋势下逆流而上。与此同时，还克服了中心大学位于市内的不利因素。在波士顿地区的经济发展战略中，哈佛和麻省理工一直稳如泰山，无论在城内还是在城外都没有开展任何积极的行动，因为它们根本无须如此。战后美国的经济变革进一步巩固了哈佛和麻省理工作为顶级研究型名校的巨大优势，再加上房地产开发商的积极举动，根

1 海斯（Greg Hise）指出，房地产开发商的“信条”可以简单地表述为“保持领先……在这种环境下，创新始于仔细研究竞争对手的做法”(Hise, *Magnetic Los Angeles*, 31)。

2 Griefen, “A Research Park Does Not Live by Research Alone,” 4.

本不需要大学和政府出面，就已经为科技企业准备了理想的栖居场所。

而在其他城市和地区，情形就大为不同了。为了应对激烈的院校竞争，其他大学常常要根据内外部的创业计划来进行发展策略调整。正如克拉克·克尔所言：“大学的发展与所在区域的产业兴衰密切相关，这在美国掀起了一场史无前例的竞争，不仅在大学之间，而且同时发生在地区之间。在过去的历史上，只有19世纪的德国出现过类似现象。”得州和匹兹堡希望复制加利福尼亚和波士顿的成功经验，艾奥瓦、西雅图以及几乎所有拥有研究型大学的地方都有类似的想法。一场大规模的竞赛正在上演，每一所居于工业综合体核心的研究型大学都不愿“退而求其次”。[1]科技企业和科技从业者一直都倾向于聚集在大学周围，房地产开发的规划趋势也完全符合二者的生产与生活需求。但是，在这场竞争中，公共补贴是一个必不可少的因素，除哈佛之外，其他地区都不具备波士顿那种独一无二的冷战基础设施。

波士顿等先发地区的追随者很快就得到来自联邦政府、州政府以及市政当局的支持。随着美国的工业版图在阳光地带和城市 75
郊区日益延伸，再加上科技产业在冷战国防开支的刺激下迅猛发展，科研活动不仅成为各级政府摆脱城市发展困境、振兴地区经济的常见手段，而且还能体现促进科学进步的原初目的。各级政府和科研机构为促进科技产业的发展集中投入了大量资源，同时还为

1 Kerr, *The Uses of the University*, 90.

科学活动和科技工作者提供了类似于大学校园的工作环境。决策者用自己的言行含蓄地支持这样一种假设：科学研究与科技生产理应出现在宁谧安静的田园环境下，这里要和喧闹的都市保持区隔或拉开距离。

经济发展解决方案

多元综合大学与城市

在去中心化的工业大潮裹挟下，科技产业迅速崛起，科研园四处开花，这进一步巩固了科研生产与郊区空间的内在关联，同时也凸显了科研园的典型特征：空间疏朗、绿意盎然、远离闹市。不过，就现实情形而言，美国仍有许多研究型大学坐落在中心城市。20 世纪 50、60 年代，这些中心城市的部分区域正成为美国经济恶化最严重的地方之一。以科技为中心的经济发展战略如何在城市环境中发挥作用？城市中的大学有何作用？针对这些问题，政府提供了多层次的支持，使大学得以发展成为对都市经济发展具有重要影响的参与者，同时，"多元综合大学"理念与 20 世纪工业城市的更新和再发展企划存在错综复杂的关系。

联邦政府制定的城市更新计划，对于美国工业城市的重建起到了关键作用。通过产业结构重组、区域人口流动、税费减免和基础设施投入等一系列联邦政策，大量的家庭和岗位转移到郊区，从而导致大城市（尤其是东北部和中西部的大城市）的市政当局不仅因为收入下降而举步维艰，而且背负上一系列新的社会重担。1949年的《城市更新法案》通过后，全美各大城市的行政领导和商业领袖正式启动重建计划，大力支持市中心商业区的发展，以留住市内的企业主和零售商。虽然税费改革政策和人口结构变化才是导致市内企业流向郊区的主要原因，但城市重建者倾向于将问题的原因归结为审美倾向，而非结构性不平等。市政领导者和城市规划者对大城市做出诊断后得出结论是“枯萎病”，具体表现为丑陋的市容、
拥挤的交通、功能“过时”的城市建筑和基础设施。官员们认为， 76
大城市与郊区相比具有以下劣势：交通严重拥堵、停车极为不便、商业建筑陈旧、内圈的居民社区破败不堪……这些问题导致它们根本不可能与新规划出来的郊区进行竞争。在城市规划者和官员们的心目中，“枯萎病”最严重的地方正是贫民社区，因为在这里住着的大多是来自南方的非裔移民。[1]

美国大城市的基础建设必须更新，市政当局在这方面做出的判断切中肯綮。经济大萧条与第二次世界大战接踵而至，这导致美国大都市在超过十五年的时间里商业建设基本停滞；与此同时，大部分城市的基础设施也年久失修。在此期间，政治集团把持着市政厅的权柄，政客们不仅贪污成风，而且因循守旧，因此导致创收乏力。“二战”结束后，有意愿改善经营环境的企业以及有能力维持生活水平的居民，纷纷在联邦税收优惠政策的引领下，追随房地产开发商的脚步从城市搬到郊区。在此期间来到城市的新移民大多是低收

1 Teaford, *Rough Road to Renaissance*, 11.

入阶层，无法享受联邦政府耗费大笔资金推出的税收优惠和购房补贴政策。随着中产选民和雇主的流失，大城市逐渐失去了在华盛顿以及州政府的政治影响力。[1]

颇具讽刺意味的是，市政官员在寻找解决危机的对策时，其首选同样是去中心化那套规划理念：分散居民点，摒弃传统城市街道网格来打造“超级街区”，然后在此兴建开阔的景观绿地和宽阔的城市干道，同时还会集中设计一系列彼此相邻的住宅社区、商业机构、公共组织和娱乐设施。在所有实施重建计划的大都市中，匹兹堡堪称典型。该市计划对中心地带 95 英亩民用住房和商业建筑进行集中清理，然后在此建设一个大型综合设施建筑群，其中包括市民活动中心、豪华住宿公寓、大型停车场以及其他大型建筑。[2]从匹兹堡的重建计划可以看出，城市更新并非旨在脱贫，其核心目的是为中心城市注入经济活力，主要手段包括提升中心城区的商业价值、重新规划特定区域的人口结构、增加中产阶级和白人家庭的数量。

在杜鲁门和艾森豪威尔在任期间，大城市的贫民窟清理重建计划还隐含了一个长期执行的政治目的，那就是向世界各国展示与众不同的美国形象。富足优越的美式生活在全世界备受推崇，城

---

1 有关机器政治中的民主、效率和裙带关系的各种观点，请参阅 Bruce M. Stave et al., “A Reassessment of the Urban Political Boss: An Exchange of Views,” *The History Teacher* 21 (May 1988): 293–312。有关公共税收和住房政策如何排斥非白人并导致城市恶化的进一步讨论，见 Sugrue, *Origins of the Urban Crisis*; Massey and Denton, *American Apartheid*; Jackson, *Crabgrass Frontier*。

2 Teaford, *Rough Road to Renaissance*, 147–48.

市中心混乱不堪的贫民窟和死气沉沉的商业区显然不符合美国想
要塑造的国际形象。因此，城市更新计划不仅能为振兴经济发挥关
键作用，而且有助于建立美国在冷战世界中的积极形象。重建后市
中心鳞次栉比的高层住宅、精心修剪的城市公园、熠熠生辉的办公
大厦以及焕然一新的市中心购物广场，都能向苏联以及那些在共 77
产主义影响下有可能投入苏联阵营的国家展示一个进步、富足的
现代化国家形象。

尽管有着宏大的区域计划和高度的政治期望，但城市更新的复杂程度和实施争议还是远远超出了支持者的预想。重建城市意味着中心城区要推倒重来，但联邦政府拨给市政当局的经费不仅数额有限而且进展缓慢，这就导致“重建”区的民用住宅和商业建筑被铲平后在很长一段时间内都处于空置状态。受困于法规制度的繁文缛节和资金使用的重重限制，到 1954 年，各城市仅从《住房法案》第一章约定的 5 亿资金中提取了 1 亿美元。20 世纪 50 年代末，尽管城市当局为了提高资金提取率而修订了方案，但此时的更新计划已经逐渐失去了城市贫民以及知识分子的信任与支持。1958 年，刘易斯·芒福德在一封信件中提到被扭曲的城市更新计划，并直言不讳地表达了厌恶之情：“这个政策已经变成私人投资商攫取公共利益的饕餮盛宴，他们不仅以远低于市场标准的价格大片购入市中心的土地，而且以开发为名进一步获得了更多的财政补贴。这是一门寡廉鲜耻的生意，是一个富人利益不断增加而穷人遭受压榨的过程！在此过程中，‘更新’一词已经变得肮脏不堪——就像在抄袭

成风的广告文案中频繁出现的'爱'和'创造性'一样。"[1]

20 世纪 50 年代的城市生态恶化，以及为了阻止这一趋势适时推出但实施过程效能低下的城市更新计划，引起了大学的极大关注，因为它们的主校区或重要机构就位于城市中心及其附近，这些地方正在发生人口变更和经济转型。受此影响的大学或研究机构大部分都是私立的，它们原先在郊区的校园已经变得人员密集，社会经济形态也日趋多元。在此期间，一位积极致力于城市振兴的商界领袖曾评论道："就像美国各个领域的社会生活一样，高等教育也在经历城市化的变化进程，但不幸的是，这段历史正好与美国城市的衰败相重合。"[2]与市内其他私营企业和研究机构不同，大学校园整体搬迁是一件非常困难的事情；尤其是那些历史悠久的名校，为了打造基础设施它们已经倾注了太多的心血，因此不可能轻易迁往郊区。但有些城市的环境已经恶化到不堪忍受的程度，大学管理者不得不一次次发出警告，威胁市政当局自己准备迁离城市，前往更安全、更赏心悦目的地方。[3]

---

1 芒福德在 1958 年 8 月 10 日给 F. J. 奥斯本的信，见 *The Letters of Lewis Mumford and Frederic J. Osborn: A Transatlantic Dialogue 1938–1970*, ed. Michael R. Hughes (Bath, England: Adams and Dart, 1971), 283。

2 Fred Hechinger, "Campus vs. Slums," *New York Times*, 1 October 1961. 引自 Klotsche, *The Urban University and the Future of Our Cities*, 64。

3 例如，宾夕法尼亚大学几十年来一直警告说，它可能会把西费城的校园搬到郊区的福吉谷，而它的同城邻居天普大学甚至在郊区购买了一大片土地，将校园搬迁到那里。George E. Thomas and David B. Brownlee, *Building America's First University: An Historical and Architectural Guide to the University of Pennsylvania* (Philadelphia: University of Pennsylvania Press, 2000), 99–103.

作为科学生产中心，大学无论对城市经济还是对国家政治议
程都具有无可比拟的重要价值，其发展不能被周围城市环境的恶化
所阻碍。为了支持大学的发展以及安抚管理者的情绪，同时也为了
加强对城市更新计划的引导，集中资金支持那些实力雄厚、经济繁 78
荣的大型机构，国会于 1959 年修改了《住房法案》，借此赋予大学
和学院一系列特权，并提供优厚的物质奖赏以鼓励其参与城市更新。
有段时间，那些需要筹集巨额投资来实施都市更新计划的城市——
譬如费城，该市前市长约瑟夫·克拉克（Joseph Clark）当时正在参
议院主持住房与城市更新计划委员会，一直因为成本分摊策略（城
市自身负担三分之一，剩下的由联邦政府出资）带来的财政负担而
叫苦不迭。[1]但是，艾森豪威尔政府不仅不愿意提高联邦政府分摊成
本的比例，而且还提议继续削减在这方面的投入。[2]

“112 号条款”计划，是因《住房法案》中授权这些支出的条款而得名。一方面，联邦政府试图解决城市更新面临的财政问题；另一方面，又希望利用苏联人造卫星事件带来的高等教育拨款将扩

---

1 其中一些投诉是在重新授权听证会上提出的，见：美国参议院银行和货币委员会，*Hearings Before a Subcommittee of the Committee on Banking and Currency,* 第 84 届国会，第一次会议，1955 年 5 月 (Washington, D.C.: Government Printing Office, 1955)；美国参议院银行和货币委员会，*Hearings Before a Subcommittee of the Committee on Banking and Currency,* 第 85 届国会，第二次会议，1958 年 5 月 (Washington, D.C.: Government Printing Office, 1958)；美国参议院银行和货币委员会，*Hearings Before the Committee on Banking and Currency*, 1959 年 1 月 (Washington, D.C.: Government Printing Office, 1959)。

2 纳入 S. 3399, 1958。

建大学作为城市更新的手段之一。根据“112 号条款”的新规定，大学在购置房产、清理土地和重新安置居民等方面产生的费用可以计入附近被联邦政府资助的地区的城市更新计划支出中。如此一来，关于“附近地区”的范围认定可以说相当宽松。根据当时出版的一份指导手册可知，“如果 50% 以上的更新区域可以被一条线围起来，且该线与符合条件的机构的边界相距不超过四分之一英里，则该机构就可以被视为靠近更新区域”。除此之外，如果有些土地是出于教育目的进行开发的，那么各相关机构就可以用远低于市场水平的价格进行交易。上述举措大大鼓励了建在城市中心的大学。这些年来，入学人数和研究项目越来越多，但狭窄的校园束缚了发展的脚步。自此以后，城市大学纷纷加快了向周边扩张的步伐。“112 号条款”的出台不仅旨在满足城市经济发展的实际需要，而且还有着地缘政治的深层用意。正如住房委员会年度财政报告所指出的那样，“鉴于最近一段时期的国际发展局势，我们必须改善本国高等教育的办学条件”[1]。再结合联邦教育设施资助计划带来的利好，识时务的高校就会发现，可以用很少的支出或不需要自己支付就可以开展大部分大规模的建设计划。

“112 号条款”生效后，纽约、芝加哥、波士顿、费城、亚特兰大等的城市更新管理机构纷纷将大学周边的社区列入“优先改造区域”名单。五年内，超过七十五所大学及其他高等教育机构利用

1 美国参议院银行和货币委员会，*Comment on Title V Section 502, Housing Act of 1959, Report of the Committee on Banking and Currency Together with Individual Views to Accompany* S. 57, 3 February 1959, 42。

"112 号条款"实现了机构扩张。这是一个双赢格局。正如数年后一位大学校长所言，随着以大学为中心的城市改造工程徐徐推进，"这种安排给城市带来的好处日益明显"。"高等教育机构附近的地段 79
逐渐被清理干净，取而代之的是新修住宅小区和商业开发项目。即便大部分区域都被指定为教学科研场所，改造区域仍然能够大幅增加当地政府的房产税收入。"[1]

在"112 号条款"的刺激下，虽然城市改造工程也引发了些许争议（关于此问题，本书第四章针对宾夕法尼亚大学的叙述中会进行详细介绍），但高等院校的参与让大部分地区的城市更新计划比单靠私人开发商和城市行政机构领头的项目推进得更高效、更彻底。此时的大学不仅为规模扩张准备了充足的经费——其中相当一部分就是直接来自联邦政府的科研项目经费，而且基本上都是在新一轮基础建设选址时就做好了全盘计划。大幅提升的联邦拨款和持续增加的学生人数让美国大学正在变得更大、更多元，与此同时，城市更新计划又为它们提供了唾手可得的经费。人们之前对城市更新计划的感受是时间上一再拖延，决策上官僚低效以及执行上乱象丛生，似乎已经陷入失败的境地，但在"112 号条款"的支持下，以大学为驱动的城市更新计划终于让大家看到了胜利的曙光。

从"112 号条款"及其引领的一系列投资项目可以看出，在这个刚刚到来的后工业时代，研究型大学是大城市继续保持活力的关键所在。"现代城市显然正向新的形态演变，它们正在越来越依赖

1 Klotsche, *The Urban University and the Future of Our Cities*, 75–76.

教育和文化机构。”[1]城市更新计划联邦专员威廉·斯莱顿（William Slayton）在1962年这样写道。第二年，他又在费城就此问题发表演说：“大学已经明白，自己正越来越依赖身处的社区；与此同时，市政当局更是越来越清楚地认识到大学对于城市经济的意义所在。大学的存在不仅可以促进城市经济增长，而且它们本身就是在经济上发展最快的机构。”[2]

直到20世纪60年代初，多数大学的校园扩建项目基本上还是完全依靠联邦政府提供的财政补贴，无论是公立大学还是私立大学。但在政府官员看来，这是一个物有所值的投资计划。在联邦行政人员心目中，促进研究型大学规模扩张不仅是解决城市问题的有效途径，而且是矫正当时美国社会重大问题的有力措施。正如斯莱顿在1963年对费城听众所说的那样：“就在当下，这是大学的责任和契机：要和自己所在的地区联袂向前，而不是仅仅在这里生存；为解决社会问题提供智力贡献和人力资源，并在此过程中解决自己面临的问题；在城市事务的处理上发挥领导作用，就像自己一直以
80 来在增强国家科技实力上所做的那样。”[3]面对斯莱顿的呼吁，负责科学综合体打造计划的联邦官员做出了积极回应。美国国家航空航天局副局长休·德赖登（Hugh Dryden）在1965年的一次演讲中

1 引自西费城公司，*1962 Annual Report*, UPA。

2 Slayton, “The University, the City, and Urban Renewal,” 见 *The University, The City, and Urban Renewal: Report of a Regional Conference Sponsored by the American Council on Education and the West Philadelphia Corporation*, 25 March 1963 (Washington, D.C.: American Council on Education, 1963), 4。

3 Ibid., 9.

表示，以后必须“充分利用大学蕴藏的丰富资源去解决附近社区、周边地区、美国本土以及国际社会所面临的复杂社会危机和经济问题”[1]。

对于以大学为中心开展城市更新计划的地方领导者来说，高等教育机构应当致力于“城市和地区的文明提升”这一想法会孕育出一个新理念，正如亨利·斯蒂尔·康马杰在1960年所说，教职员工需要在校园附近安家，这就是大学可以提升城市文明程度的主要原因。与此同时，芝加哥大学扩张项目与城市更新计划的领导者朱利安·利瓦伊（Julian Levi）也指出，大学“必然是一个‘学者社区’，而不是来来往往的研究者构成的学术集合。只有大学成为全体学者共同生活的社区，才能真正实现不同专业和领域的交叉融合，这对富有成效的研究和教学至关重要”[2]。不仅如此，如果教职员工都愿意在大学栖息，那么这里必然也会成为其他专业人

1 “The University and Exploration of Space,” 1965年10月在国家科学院的演讲，转载于 *Science* 150 (26 November 1965), 1129–33。NASA还赞助了会议和其他活动，探讨新技术对城市生活问题的适用性，以及大学在这种技术转让中的作用。参见美国国家航空航天局（NASA），*Conference on Space, Science, and Urban Life*，这是1963年3月28日至30日在加州奥克兰市举行的会议记录，由福特基金会和NASA赞助，由加州大学和奥克兰市协办 (Washington, D.C.: U.S. Government Printing Office, 1963)。这种对大学在城市事务中的领导地位的兴趣带来的一个结果是短暂的城市观测项目，最初由麻省理工学院的罗伯特·伍德（后来担任住房和城市发展部副部长）于1962年提出，并于1965年在全国城市联盟的支持下得以实施（“Can Science Cure Urban Ills?” *National Cities*, July 1965, 8–9, 27）。

2 Levi, “The Influence of Environment on Urban Institutions,” *Educational Record*, April 1961, 137, 引自 Klotsche, *The Urban University and the Future of Our Cities*, 69。

上的理想居所。[1]提供相关设施，将大学打造成学者之家——一个既可安居又能乐业的地方，是大学管理者和地方行政官员的共同愿望，由此进一步诱发了城市更新计划的新目标，那就是利用城市改造资金在大学附近全面推行社区升级。由于“112号条款”的颁布，诸多私立大学成为公私合作共同促进城市改造的关键角色，城市对经济振兴的期盼越来越寄托于这些机构的发展上。与此同时，支持教学科研的公共经费迅速增加，基础建设和城市改造政府拨款也在快速增长，都为大学的扩张提供了助力。不仅如此，以大学为中心的城市更新计划还为城市带来了美国大学的校园规划传统，一种根植于18、19世纪，一贯远离城市环境的建造传统。负责城市改造等国内发展项目的联邦官员发现，美国大学校园建设传统的推广与自己想要实施的计划不仅毫无矛盾，而且很可能是治疗城市枯萎病的一剂良方。由于大学的加入，城市更新计划终于找到了强大的制度力量，从而更有信心去遏制城市“枯萎病”、美化城市环境和平衡社区人口结构，并让城市有能力与郊区展开竞争。正如1962年美国卫生、教育和福利部发布的一份报告所述：

> 美国大学校园建造历史悠久，其隽永典雅的风格和普通城市建筑在本质上截然相反。城市中的私人住宅、出租公寓、商业建筑以及工厂企业通常都受某个时期的潮流影响，随着时间的流逝，这些建筑很快显露出破败迹象。私

---

1 Klotsche, *The Urban University and the Future of Our Cities*, 70.

> 人房主都会发现一个事实，那就是无论如何用心维护都是
> 徒劳的，由此又进一步加速了事态的恶化。那些缺乏远见 81
> 的房主，早就在通往贫民窟的路上遥遥领先。只有通过大
> 规模的企业行动，才能阻止城市生态继续恶化。[1]

基于两个世纪的历史传统和发展经验，美国大学深刻意识到自己是一个与众不同的所在，与城市及其弊病有着本质区别。从本质上看，大学与城市并非格格不入；事实上，这一时期美国大学的学者和管理者都认为自己有责任促进城市的健康发展。但有一个基本原则大学始终在坚持，那就是必须与外部世界保持一定的距离，只有这样才能为学术思考和知识创新提供一个良好的环境。因此，加强大学对所在地区的影响力，并不意味着要拆除他们用来隔离外部世界的“罗马墙”。比较实际的做法是进一步扩展大学校园，从而将教授和其他教职员工所需的生活空间以及科研产业所需的地盘囊括进来，由此形成一个位于城市之中但又自主运行的“学者社区”。随着联邦资金的强力注入，大学校园在日渐枯萎的城市中成为边界清晰的绿洲，为高学历人群提供了一片安居乐业的庇护场所。通过上述举措，大学向附近的低收入人群发出了一个明确的信息，提醒他们应当与大学“保持距离”。尽管克拉克·克尔发出了让多元综合大学与社会其他部分休戚与共的伟大宣言，但事实上，学

1 美国卫生、教育和福利部，*Casebook on Campus Planning and Institutional Development: Ten Institutions, How They Did It*, John B. Rork and Leslie F. Robbins (Washington, D.C.: U.S. Government Printing Office, 1962)。

院和大学校园越来越与周围的环境隔离开来。

工业竞争和科技竞赛

综观20世纪50、60年代的美国，陷入困境的不仅是城市。事实上，当美国大学准备积极参与经济活动时，部分地区也正在迫切希望为本地增加就业机会、更新基础建设和注入发展活力。以大学为中心促进城市更新，就是为应对上述问题做出的回应，但这只是众多应对措施中的一个，涉及此事的高校也仅限于少数久负盛名的私立大学，它们有实现大规模建设的人力资源和政治影响力。除了私立名校，美国高等教育体系中有资格获得联邦科研共同体资助的还包括数百个的学院和大学，这些高校规模有大有小，体制有公有私，但都享有联邦研发机构的特权，却又被排除在外。虽然身处一个共同体，但上述高校在参与经济发展的过程中却形成了截然不同的模式。在一个全国性的政治讨论上，讨论的主题正是关于贫困人口与失业问题的发生机制，此外还有联邦科研经费集中流向少数机构和地域之现象。

克拉克·克尔1963年的系列演讲的焦点在于大学科研的经济
82 价值和社会功能，而非其在军事领域发挥的作用，这也表明美国政治经济重心自20世纪40年代末和50年代初以来发生了何种程度的偏移。尽管联邦高层仍在担忧苏联核工业带来的军事威胁，而且1962年的古巴导弹危机进一步加深了这种忧虑，但在美国国内，占据头条的新闻报道基本上都是人权问题、贫困现象和失业危机，因此，这也是华盛顿高层讨论最多的政策议题。决策者迅速意识到，社会不公在很大程度上是由产业发展转型导致的。经济活动不断向城郊地区和阳光地带转移，在此过程中却有意绕过了一座座中心城市和广阔的农村地区，尤其是阿巴拉契亚山地等长期处于贫困状态的地区。20 世纪 50 年代和 60 年代，美国进入空前繁荣的时期，但与此同时，经济发达地区和欠发达地区之间的差距却变得愈发显著。冷战经费的政策偏斜进一步加大并加快了财富分布的地域差距。[1]

最先对美国工业版图变化做出反应的并非联邦机构，而是州政府和地方政府。随着地方市场逐渐融入全国市场，工业生产的选址变得更加自由，白领专业人员的区域流动也越来越频繁。为了吸引企业和人员，联邦各州以及地方政府纷纷设置经济促进机构和公私合营集团，积极向外界展示本地所能提供的创业机遇、经营环境和名胜风景，以应对日趋激烈的区域竞争。在这一时期，公司和工人都成为各地竞相争取的对象，各州政府和地方官员迅速意识到，只要善于利用税收减免等激励措施，再加上精明的营销手段，就可以将企业吸引到它们之前从未考虑过的地方。州政府和地方当局率

1 特别是在 20 世纪 60 年代早期，由于有关这一主题的畅销书的出现，公众对这些不平等现象的认识有所提高，如 Michael Harrington, *The Other America: Poverty in the United States* (New York: Macmillan, 1962)。如托马斯 · 萨格鲁（Thomas J. Sugrue）所指出的，虽然美国一直有大量的贫困人口，但这些 20 世纪中期出现的经济变化对穷人在空间上的隔离以及区别对待是前所未有的。"The Structures of Urban Poverty: The Reorganization of Space and Work in Three Periods of American History,"载于 *The "Underclass" Debate: Views from History*, ed. Michael B. Katz (Princeton, N, J.: Princeton University Press, 1993), 85–117。

先落了，开美国公共部门应对战后工业布局变动的先河。随着时间的流逝，各地招商引资的活动频率和复杂性都在不断提升。[1]在南部、西部各州以及城郊地区，政府招商引资的主旨是充分利用郊区和阳光地带工业搬迁日益增长之趋势，并通过增加对企业的吸引力来推动这一进程，对于东北部和中西部各州以及大型城市的领导者而言，他们的目标是通过有组织的经济发展措施来阻止就业机会和本地人口外流，发展重心在于吸引新兴产业进驻，与此同时，想方设法留住本地经营者。

在战后消费文化的背景下，现代化的市场营销和电视广告是美国各州以及地方政府为促进经济发展而采取的重要手段之一。譬如，新住宅小区的开发商、汽车制造商和家用电器制造商，为了将自己出品的牧场住宅、别克车和洗衣机卖给消费者，不惜重金在全国发行的杂志上刊登广告。各级政府的工业发展领导机构也十分熟
83 悉这套操作，不同的是，他们想要吸引的顾客是企业高管，因此经常在《财富》(*Fortune*)、《商业周刊》(*Business Week*) 等财经类杂志上刊登精致光鲜的印刷广告。[2]其实早在 20 世纪 40 年代，商业杂志和大众期刊上就充斥着形形色色的招商广告，其制作风格与重点内容带有鲜明的地方特色。如一份专门针对商业广告所做的调查

---

1 Ted M. Levine, "Keys to Sound Promotion," 关于"如何赢得工业界的青睐"的特别报告的一部分，*Nation's Business* 56 (November 1968), 100。

2 莱文 (Levine) 在 1968 年发表的一篇文章 ("Keys to Sound Promotion") 中提醒企业领导人："几乎每一个 (工业发展委员会) 都使用某种形式的广告或印刷品来寻找潜在客户，并让他们相信自己所在的地区具有相对优势。"

所示，东北部各州希望通过这种方式留住本地的老公司，同时也在招揽外来新企业。这些地方的优势是长期积累形成的丰富技术人力资源与成熟的基础设施，因此大多喜欢使用这样的口号："来马萨诸塞，随时可以开启美好的工作之旅，每日都能获得公平的劳动报酬！"；"宾夕法尼亚，一个久负盛名的商业之州"……相比之下，南方诸州的意图在于说服那些尚且犹豫不决的企业主，因此着重强调本地是最理想的企业迁居之地："路易斯安那为新来的企业准备了取之不尽的燃气和用之不竭的电力——请关注我们的十年免税计划！""北卡罗来纳——天造地设的企业兴旺之地！""与众不同的密西西比，开拓进取的美国边疆！"……西部各州则喜欢宣传他们的生活福利设施，譬如"劳动人民的乐土，管理人员的福地"。有时西部与南部各州的招商广告还传达了一些不那么含蓄的信息，宣传本地劳动者种族更单一，不太可能加入工会。譬如，佐治亚州奥古斯塔市就曾高调宣传本地拥有"成千上万老实本分的第四代劳工"[1]。

对于各州和各地的政府而言，招商宣传运动的另一个目的是为新兴工业园提供政策支持和财政补贴。美国的产业发展对现代建筑设计和工业园环境方面的要求越来越高，看到这一点的地方政府便

1 有关南方各州如何以及为什么使用这些营销工具的进一步探索和深刻分析，参见 James C. Cobb, *The Selling of the South: The Southern Crusade for Industrial Development, 1936–1990* (Urbana: University of Illinois Press, 1993)。标语由工业调查协会对 20 世纪 40 年代后期全国性商业杂志上的广告进行调查后编制而成：*San Francisco Bay Area: Its People, Prospects, and Problems*, 为旧金山湾区委员会编写的报告，预审版 (March 1948), 24–26, SFHC。

与当地开发商建立起合作伙伴关系，双方共同为本地企业建造美好的新家园。在通常情况下，先由地方机构启动工业园建设，然后由州政府提供财政拨款。譬如宾夕法尼亚，该州于 1955 年设立工业发展局以“帮助（本地）工业基金组织去资助各类企业在本州设立单体厂房或集团工厂”。20 世纪 50 年代，新英格兰各州也采取了类似的行动，这充分表明传统工业强州更加迫切地希望为本地企业创造新的家园，以尽力与私人开发商主导的阳光地带各州相匹敌。[1]

20 世纪 60 年代初，联邦各州和地方政府付出的努力在量级和显著度两方面都大大增加了。在目睹地区之间日益激烈的产业竞争之后，某个出版物将此现象描述为“一场名副其实的‘狂飙’”[2]。到 1964 年，全美各地成立了将近 2 万个地方经济发展促进机构。这些机构可能是非营利的独立组织，也可能是各州、各地市的政府分支机构。机构董事会成员或行政人员通常都是当地的商业领袖或公务人员。对此现象，《邓斯评论和现代产业》（*Duns Review and Modern Industry*）做出了这样的评论：“公司扩张和企业迁移的热潮如此突
84 如其来，全国各地的城市和地区为了招商引资展开的竞争如此激烈，这是史无前例的。”[3]在当时那个传统制造业就业率持续下降、

1 Bredo, *Industrial Estates*, 14.

2 Jacob J. Kaufman and Helmut J. Golatz, *The Industrial Development Corporation: Its Objectives, Functions, and Problems*, Bulletin no. 62, Bureau of Business Research, College of Business Administration, Pennsylvania State University, April 1960, 3.

3 “The Big Plant-Site Scramble,” *Duns Review and Modern Industry* 83:2 (March 1964), 104–5 et seq. 来自同一出处的对地方经济发展机构数量的估计。

经济发展日益国有化和高科技化的时代，能否在声势浩大的工业发展竞赛中胜出，事关地区经济的生死存亡。正如一位观察者所言，各地经济发展部门的官员对待此事件的态度可以概括为："要么我们迅速引进新的产业，而且要快；要么我们就会变成一个鬼城，从地图上被划掉。"[1]《财富》杂志也在1964年指出这样一个问题："如今，联邦境内几乎每一个州政府和地方政府都坚信一个事实，地区繁荣（在某些情况下，甚至是生存）取决于境内制造业的崛起。"[2]

随着联邦各州以及城市之间的经济竞赛规模越来越大、强度愈演愈烈，联邦政府也逐渐意识到战后的经济繁荣并没有公平公正地惠及全国各地。艾森豪威尔政府是新古典主义经济理论的忠实追随者，其经济政策一丝不苟地遵循通过激励政策来提高生产率和就业率的基本准则。在此过程中政府所扮演的角色，如同艾森豪威尔政府的经济顾问所言，应当是创造"有利于发挥个体积极性、主动性和努力程度的良好条件"[3]。在此理论指导下，国防项目和州际高速公路等基础建设涉及的天量资金便不用通过公共工程来支出，而是以壮大私营部门的方式来执行。这种方式有利于加快优势地区的经济发展，却无法解决长期存在的地域性贫困问题。战后迅速变化的生产模式迫使所有层级的政府官员都清楚地意识到，尽管美国已

1 "The Big Plant-Site Scramble."

2 Eugene Lichtenstein, "Higher and Higher Go the Bids for Industry," *Fortune* 69 (April 1964), 118.

3 *Economic Report of the President 1960* (Washington, D.C.: Government Printing Office, 1961), 57.

经迎来了空前繁荣的新时代，但部分地区仍然无法摆脱贫穷落后的旧面貌。[1]

就像西弗吉尼亚州的哈利·基尔戈提出的建立国家科学机构的立法议案一样，第一位对愈演愈烈的就业与财富分配不公问题发出警告的决策者是一位激进的自由派参议员。来自伊利诺伊州的民主党人保罗·道格拉斯（Paul Douglas）一直都是贫苦大众的代言人，同时也是民权立法运动的倡导者。他从 20 世纪 50 年代中期开始一直为高失业地区大声疾呼，希望联邦政府能够专门针对这些地区的发展提供有针对性的经济援助。1954 年，道格拉斯在连任竞选期间走遍了整个伊利诺伊州。这次旅行给他留下了深刻的印象，让他切身感受到农村地区棘手的贫困问题和积重难返的失业现象；与此同时，也发现这里的人们的流动性相对较低。目睹以上情景后，道格拉斯认为政府必须采取积极的干预措施才能改变这些地区的经济面貌，如果这里的人们无法外出找工作，就需要在这些人居住的地区提供就业机会。1955 年，道格拉斯提出了一项法案，目的是帮助失业率长期偏高的“劳动力过剩地区”走出困境；此举很快获得其
85 他铁锈带地区的民主党人（如宾夕法尼亚州参议员，前费城市长约瑟夫·克拉克）的支持，因为支持者所在州不仅也有长期处于贫困

1 当然，在这些辩论中，民权的压力从未缺席。如艾丽斯·奥康纳所观察到的，将不平等视为市场力量的产物，而不是歧视的产物，反映了政策制定者的信念，即“经济增长和劳动力市场紧缩将减少对更公开的、具有政治风险的反歧视政策的需求”(*Poverty Knowledge: Social Science, Social Policy, and the Poor in Twentieth-Century U.S. History* [Princeton, N.J.: Princeton University Press. 2001], 20)。

状态的农村地区，而且城市地区也面临着日益加剧的经济困境。[1]

道格拉斯为改善落后地区的经济面貌而提出的立法议案遭到了国会共和党人和艾森豪威尔政府的联合抵制，虽然多次被提出，但一直未获通过。仍在控制立法议程的南部民主党人，也没有兴趣支持一位热心的民权拥护者提出的议案。不仅如此，正在快速走向工业化的南方各州还是传统制造企业奔赴新生的目的地，若要通过一项联邦计划鼓励这些公司继续留在铁锈带，这显然不符合南方人的利益。[2]尽管如此，旷日持久的国会讨论和日益突出的产业发展区域不均，还是对艾森豪威尔的观念慢慢产生了影响，虽然总统对外仍然声称当前的经济混乱只是暂时的现象。“我们必须解决长期存在的贫困问题，”艾森豪威尔在 1956 年的国情咨文中这样说道，“随着适应新环境的缓慢进程，那些成千上万的贫困民众将会面临更加艰难的处境。”[3]虽然艾森豪威尔在随后的演讲以及向国会提交的年度经济报告中都持续表达了支持改造贫困地区的立法意见，但关于这一计划的涉及范围和经费开支，众议院和参议院

1 Roger Biles, *Crusading Liberal: Paul H. Douglas of Illinois* (DeKalb: Northern Illinois University Press, 2002). 道格拉斯是一名训练有素的经济学家，长期以来一直为劳动人民和失业者谋利益，他在回忆录 *In the Fullness of Time: The Memoirs of Paul H. Douglas* (New York: Harcourt Brace Jovanovich, 1972) 中描述了他的政治生涯和不断演变的意识形态。

2 Biles, *Crusading Liberal*, 135. 与此同时，道格拉斯还致力于削减浪费的军事开支的运动，而这些开支恰好有利于南方人家乡的承包商，这可能进一步减少了他的政治机会。

3 1956 年 1 月，艾森豪威尔的国情咨文演讲，引自 Conley H. Dillon, *The Area Redevelopment Administration: New Patterns in Developmental Administration* (College Park: University of Maryland Press, 1964), 5。

的共和党同僚仍然与民主党人存在分歧。党派之争持续阻碍着经济发展立法，直到 1960 年，国会终于通过了两项地区重建法案，结果却在总统任期的最后几个月被否决了。不过，即便如此，以上所有发生在艾森豪威尔时代的行动还是让华盛顿高层深刻意识到区域经济均衡发展的重要性。[1]

自由派民主党人让地区重建成为华盛顿高层的一个辩论主题，而约翰·肯尼迪则把这个想法变成了一个备受关注的公众议题，并为他 1960 年竞选总统赢得了广泛的政治支持。肯尼迪对阿拉巴契亚的访问之旅向美国公众展示了工业化程度不足的经济欠发达地区正在面临的困境，同时也提醒广大选民必须直面一个基本事实——战后美国的繁荣景象并没有发生在所有地方。恰好艾森豪威尔执政时期的最后几个月出现了短暂的经济衰退，这一现象帮助肯尼迪赢得了更多支持，同时也提醒政治家和广大民众，美国的繁荣之路并非一片坦途。[2]随着肯尼迪顺利当选，行政部门对更广泛

---

1 有关 20 世纪 50 年代地区重建的立法讨论，请参阅 Roger Davidson, *Coalition-Building for Depressed Areas Bills: 1955–1965*, Inter-University Case Program no. 103 (Indianapolis, Ind.: Bobbs-Merrill, 1966) 以及 Sar A. Levitan, *Federal Aid to Depressed Areas: An Evaluation of the Area Redevelopment Administration* (Baltimore, Md.: Johns Hopkins University Press, 1964), 1–29。关于在艾森豪威尔时代的就业政策下讨论萧条地区的立法，见 Margaret Weir, *Politics and Jobs: The Boundaries of Employment Policy in the United States* (Princeton, N.J.: Princeton University Press, 1992), 64–67。

2 *Economic Report of the President 1960*; Arthur M. Schlesinger Jr., *A Thousand Days: John F. Kennedy in the White House* (Boston, Mass.: Houghton Mifflin Company, 1965), 1002–12.

的地区重建理念给予了理解和支持。肯尼迪总统的就职典礼过后的几个月内，新政府在商务部下面增设了地区重建管理局（Area Redevelopment Administration, ARA）。[1]该局在成立之初获得了一笔300万美元的循环贷款基金，专门用来资助失业率异常高的地 86
区，公共机构和私人企业都是资助对象。虽然地区重建管理局主要致力于农村地区的经济发展，但工业化程度较低的城市地区也能得到一定的支持。此外，地区重建管理局服务的许多农村地区都相当靠近大型都市圈，尤其是在南部各州，大量乡村位于迅速外扩的大都市附近，因此没过多长时间就变成了郊区。[2]

大约也是在这个时候，来自铁锈带的国会代表开始将注意力转向国防开支对区域经济的影响。关于此问题展开的辩论充分揭示了联邦科学支持经费在多大程度上助长了地区经济的不均衡发展，而且还在高等教育体系中制造了一套等级分明的分配制度，少数位于金字塔顶的高校几乎在所有项目盛筵上都能大快朵颐，而其他高校则不得不努力争夺所剩不多的残羹冷炙。那些非著名高校对以上情形的不满情绪越来越强烈，大家一致认为那些顶尖研究型大学与

---

1 ARA 于 1961 年 5 月 1 日成为法律，1965 年更名为地区重建管理局，并继续作为商务部的一个业务部门存在。

2 1964 年，ARA 制定了一项“中心城市行动方案”，将资金投向贫困的城市社区（ARA, *Annual Report* 1964 [Washington, D. C.: GPO, 1964], 26）。虽然 ARA 通过基础设施投资和商业援助在支撑深陷困境的农业城镇的经济发展方面发挥了重要作用，但也可以说，这种支持无意中加速了郊区的无序蔓延，在大都市地区的外围建立了经济活动中心，使发展“跨越”了现有的大都市边界和间隙开放空间，进入了这些不断发展的城市。

政府串通一气制造出了这种极端失衡的局面；一位来自州立大学的教师甚至将那些备受青睐的机构称为“学术界的黑手党”[1]。虽然科学界的精英主义倾向自一开始就显露出来，但不断变化的政治环境还是对此问题造成了新的冲击。随着新任总统和全国公众对民权问题的支持力度日益加大，南方议员对国会的控制力度正在松动。势力强大的南方人仍然可以通过操纵国会将国防资金源源不断地输入他们的家乡，但地区重建管理局的成立意味着铁锈带的议员也开始创造机会，以促进区域经济平衡之名将越来越多的资金拨付给南方以外的地区。

地区重建管理局成立之初，来自铁锈带的民主党人及其白宫盟友都希望其出面承担主要责任，来纠正当下美国的地域经济不平衡问题，但地区重建管理局并不愿意接受这样的授意。正如该局一位官员所言：“我强烈抗议……将提升重建地区的研发能力的主要责任推卸给地区重建管理局”，“这种做法是对现实情形的严重误解。马萨诸塞州和加州当前拥有的研发能力并不是与生俱来的，也不是通过当地政府的认真努力而逐渐获得的。事实上，这些地区的研发能力是国防部的项目合同所赋予的”。[2]

为了将新兴技术推向更广阔的市场，同时也察觉到国会议员

1 “Some Schools Accused of Hogging Research,” *Philadelphia Evening Bulletin*, 7 June 1967.

2 ARA 副局长威廉斯（H. W. Williams）给商务部部长助理布克班德（Hyman H. Bookbinder）的备忘录，内容是关于“研发合同的地区影响”，1962 年 9 月 26 日，FF “Research & Development Contracts, Box 5, Accession 65A2307, RG 378, NARA。

争吵不休的背后潜藏着提升家乡科技水平进而促进经济发展的共同愿望，肯尼迪政府于 1963 年提出了一项规模庞大、雄心勃勃的改进措施。此次政府提议的目标非常明确，就是为那些发展动力严重不足的城市和地区提供科研资助和产业支持，与此同时，还要设法拓宽新兴军用技术在民用消费市场的应用路径。正如肯尼迪所记述的那样，该计划旨在为“直接服务于民用市场的科技研发提供进 87
一步的支持”[1]。基于总统提议，联邦政府也明确表态，对以大学为中心的科学生产给予支持，不仅是发展科学知识的常用手段，也是促进区域经济的有效路径，因此必须持续投入科研资金和专业人员，用于建设大学科研中心和发展高新技术区域经济。[2]这种经济发展模式有一个前提，那就是科学生产共同体在一定程度上是可以复制的。对此结论，部分专家持怀疑态度。著名经济学家查尔斯·蒂布特(Charles Tiebout)在被问及如何看待即将提出的政府议案时，他的答复是：“恐怕我对此事件的整体评价有些负面。我不太清楚，

1 *Economic Report of the President* 1962 (Washington, D.C.: Government Printing Office, 1963), xxv. 这不是联邦政府第一次尝试以科学为基础的经济发展策略。1950 年 4 月，当商务部仍然负责小企业政策时，该机构提出了一个计划，将“充当小工业和现有研究设施之间的媒介或催化剂”。正如一位管理人员后来所说，这个计划“构思得很好”，但似乎并未取得成果 (R.A. 鲍曼 1965 年 8 月 4 日给霍洛曼的信，附上 1950 年 4 月的提案摘要（FF “STSA-Internal Memoranda,” Box 1, Accession 764, RG 40, NARA)。

2 提高大学和工业能力的战略并不是美国所独有的，而是这一时期西欧类似经济发展努力的标志。维斯滕（Herman van der Wusten）写道：“推广大学设施来启发边缘地区，发展其平平无奇的城镇，一直是世界各地既定的经济发展理论的一部分。”（“A Warehouse of Precious Goods,” 见 *The Urban University and Its Identity*, ed. vander Wusten, 6。）

如何才能将一套包含三十二个单元的技术流程一并打包，进而输送到某些地区以促进商业繁荣。”[1]

肯尼迪政府以加大科研投入来均衡区域经济发展的提议，直到总统去世之后才立法通过，而且还是以一种打了折扣的形式。1964年，《国家技术服务法》（State Technical Services Act，STSA）出台。该法案依托某种贫困测度公式向各州分配资金，并以公立技术学校和专门学院作为信息收集与经济规划中心，以促进各地高科技产业的发展。[2]《国家技术服务法》出台后，所有关于政府机构有多大能力影响科技发展的怀疑都被一扫而空。该法案对科学教育和科学研究的空前重视扩大了其政治号召力，引起了广泛关注，尤其是那些长期参与国防事务但对贫困地区的振兴计划缺乏热情的决策者。肯尼迪的继任者林登·约翰逊，就是其中一位。约翰逊在签署《国家技术服务法》时说了这样一句话："就像伟大的'农业推广服务计划'曾对美国农民所做的那样，此次法案将对美国的商业发展产生重大贡献"，"《国家技术服务法》的通过，意味着美国最先进的科研成果以及最新提出的观念方法都将应用到商业领域"。[3]虽

1 查尔斯·蒂布特博士致杰拉尔德·格林斯坦（Gerald Greenstein）的信，1965年2月5日，FF "STSA-Holloman Testimony," Box 1, Accession 76-4, RG 40, NARA。

2 PL 89-192,89th Congress, S 949,14 September 1965, FF "State Federal Technical Services Act," Box 1, Accession 76-4, RG 40, NARA. 也可参见DOC外勤服务办公室主任罗伊·摩根（Roy L. Morgan）给所有外勤人员的备忘录，1965年3月10日，FF "State Federal Technical Services Act," Box 1, Accession 76-4, RG 40, NARA。

3 引自Luther J. Carter, " Technical Services Act: Industry to Benefit from New State Programs Paralleling Farm Extension Service," *Science* 149, 24 September 1965, 1485-86, 1547-50。卡特还指出，约翰逊称该法案是第89届国会的"沉睡者"。

然约翰逊总统发出了豪言壮语，但实际上《国家技术服务法》的效力一开始非常有限。国会在第一年只批准了350万美元的行动经费，相比同年拨付给大学科研的25亿专项经费实在有点微不足道。[1]但即便如此，《国家技术服务法》的出台仍然具有重大意义，因为其以立法的形式，充分肯定了基于研发的经济发展模式的价值与可行性，并将其纳入国家公共政策的范畴。经济困难地区需要的不仅是工业振兴，还有以科学为基础的发展，只有如此，才能在增加高质量就业机会的同时，带来高素质的人才以及丰富的文化生活。

与其他公共部门参与研发型经济的战略设计相类似，《国家技术服务法》的相关规定也存在一个基本假设，那就是科研产业比其他类型的产业具有更高的生产力水平。事实上，这个假设更像是一厢情愿的美好愿望，而不是实事求是的科学论断。当然，大学基础建设的范围扩大和科技公司的到来，的确能够改善当地的政府税收和就业局势，但并没有证据表明此类举措的效率明显超过其他类型 *88*
的工业发展或商业活动。联邦政府虽然明确支持科研型经济，却拿不出能够证明该产业生产力水平显著高于其他产业的统计数据。经济发展官员之所以先入为主地认为以科学研发为基础的生产活动能够带来丰厚回报，其灵感更多来自对高科技产业区兴旺景象的个人观察，而非清晰确凿的统计学证据。关于研发型产业及科研园的

1 Paul J. Grogan, "New Concepts in the Development of the Universities as Technological Centers, " 1966年6月23日在华盛顿州普尔曼举行的美国工程教育学会第74届年会上的发言，Box 2, Accession 76-4, RG 40, NARA。

生产力水平以及相对经济效益，严谨的统计学分析从 20 世纪 70 年代中期才开始兴盛。《国家技术服务法》刚刚通过的时候，在这方面几乎没有多少科学又严谨的数据支撑。[1]不仅如此，以科学研发为基础的经济生产还需要极其高昂的投入。创造就业机会需要昂贵的前期培训、高标准的人员招聘和精密的仪器设备。由于科研产业的投资成本过于高昂，因此，与其他产业相比，同等投入创造的就业机会必然相对较少。根据地区重建管理局 1963 年的年度报告，该机构在努力扩大就业机会的过程中，创造每个新的研发型工作岗位需要付出平均 5200 美元的代价，创造每个医药和卫生服务岗位需要平均花费 5700 美元。相比之下，在服装行业每创造一个新的就业岗位只需要投入 990 美元。[2]

诸多政治家和政府官僚都将以大学为中心开展科学研发视为促进经济发展的神兵利器，并不遗余力地将此模式在全国各地进行推广。在他们眼中，科技投入带来的回报不能用简单的“成本—效益”比来衡量。更重要的是，此举带来的是地区企业水平的提升和员工质量的提高。政府官员坦率地承认了这一事实。一位商务部官员在 1964 年初曾发出了这样的评论：

---

1 北卡罗来纳大学区域学家奥德姆（Howard W. Odum）的研究对这一思路产生了重要影响。他提出的科学发展可以刺激整体经济发展的假设在知识之城的典范——三角科研园的发展中发挥了重要作用。迈克尔·卢格尔（Michael Luger）和哈维·戈尔茨坦（Harvey Goldstein）指出：“随着时间推移，全国和世界其他地区的经济发展官员都把奥德姆的假设视为公理。”（*Technology in the Garden*, 56–57.）

2 ARA, *Annual Report 1963*, 15.

> 之所以鼓励各地开展研发活动，最主要的原因就是能为当地带来最受欢迎的那类公民。这些人的收入高于平均水平，相比于低收入的产业工人，他们更有能力支持教育等公共服务事业，而且还不会占用过多的福利资源。不仅如此，科技从业人员也更有可能帮助大家解决社区问题。[1]

国家技术服务局的核心议程是如何激发科技领域的企业家精神。正如国家技术服务局官员保罗·格罗根所言："我们所讨论的企业家精神，并不是那种开设连锁小型高尔夫球场之类的行动，而是创建能够催生电子工厂和航天企业的科研园，就像波士顿城郊的128号公路、加利福尼亚帕洛阿尔托（Palo Alto）和伯克利湾区那样。"[2] 国家技术服务项目是将资源集中于经济发展高需求地区，因此，其强调的创业精神事实上意味着吸引新居民来创办新公司。总体而言，高科技企业的创办者基本上都不是土生土长的本地人。吸引"理想公民"迁往高新科研园，必然会带来一个后果，那就是将
那些不那么理想的公民拒之门外，或者至少降低他们在社区生活中 89
的主导地位。当然，即便是高端科技工作者集中的地方，也离不开

1 参见商务部负责经济事务的助理部长理查德·霍尔顿的讲话摘要，*Summary of Proceedings of the State Science and Technology Conference*, Department of Commerce, Washington, D.C., February 3–4, 1964, 6, FF "State Science and Technology Conference," Box 1, Accession 76-4, RG 40, NARA。

2 Paul J. Grogan, "The State Technical Services Program at the National Level," 1967年5月30日在纽约专门图书馆协会大会上的讲话，11–12, Box 2, Accession 76-4, RG 40, NARA。

基层服务人员。但不一样的是，在这种充满高学历人才的环境中，即便是服务人员也能够获得不少自我提升的机会。1961 年，人类学家玛格丽特·米德（Margaret Mead）在关于“新兴高科技社区”的演讲中陈述了自己的冷静观察：“为了提高社区服务水平，所有涉及低端劳务人员、工作人员和维修人员的群体性活动都应当尽量避免。如有必要，应为那些外来人口提供培训计划，此举主要针对那些学习能力很强但文化程度和专业技能相对不足的社区居民，由此，他们的子女也可以从中受益。”[1]

拥有良好教育背景的专业人才不仅能为自己所在的社区带来实实在在的经济效益，而且还能不断改善这里的文化氛围。就此问题，一位观察者曾指出：“相比于低收入阶层，受雇于科研机构的高收入阶层通常自身就能为所在地区创造可以预见的经济效益，譬如他们都倾向于购买价格更高的住房，追求更大的活动空间，并会花费不菲的代价来精心维护居住环境。”除此之外，高学历科技工作者还能为社区带来更多正面的影响。“受雇于研究机构的专业人员通常更积极、更有兴趣参与社区事务，或者更愿意为各种文化创新和智识活动给予鼓励和支持，这些行为都会为所在社区的整体吸引力和价值带来清晰可见的提升。”[2]以研发为根基的发展模式所能带

---

1 米德的评价具有先见之明，在像硅谷这样的 21 世纪高科技之都，非技术性工作绝大多数是由来自拉丁美洲和亚洲的移民完成的（米德 1961 年 5 月 1 日在纽约州“研究与社区”研讨会上的发言，“Building Communities for the Builders of Tomorrow”，Sterling Forest, New York, FF “State Science and Technology Conference,” Box 1, Accession 76-4, RG 40, NARA）。

2 Bund, “Economic Problems,” 66.

来的不只是促进区域经济繁荣，为了发展经济，各地纷纷加强科学研发，这提升了美国的全球经济竞争力。在日益全球化的经济大环境中，美国已经感受到来自西欧和日本的竞争压力，而“技术进步为扩大出口提供了一条新路”[1]。

冷战时期的科学情结在公众心目中成功塑造了科学家与工程师的光辉形象，支持研发型经济的政治论调充分利用了这一社会意识，有意将科研从业者与深度贫困地区的居民形成鲜明对比。这一时期，联邦政府资助的出版物一再向公众强调，那些亟须被纳入经济振兴范畴的州、市和地区是多么凋敝破败，这与太空时代畅通无阻、繁荣昌盛的美国生活形成了强烈对比。就此问题，有项研究提出了一个略显自以为是的观点：“虽然这个时代很多人显得焦躁不安——他们随时都准备着搬到任何能去的地方，但还是有很多人深深依恋着自己的家乡或常住地。无论看起来多么丑陋肮脏，无论在别人眼中多么乌烟瘴气，但只要这里是家乡，就会让人感到舒适。为了能够生活在自己的家乡，有些人愿意去做任何事情，包括变成 90
国家的监护者。”[2]原居民与新来客，眼下的贫困境况与未来的高科技繁荣愿景，这两个强烈对比在关于科研型经济发展的讨论中激起了不同群体的强烈共鸣，在此过程中，人们根据阶级、教育和（更

1 “Relationship of National Interests to Regional Technical Resources,” 1965 年《国家技术服务法》提案摘要附录，无日期，FF “State Federal Technical Services Act,” Box 1, Accession 76-4, RG 40, NARA。

2 Technology Audit Corporation, “A Proposal to Stimulate Entrepreneurial Activity in Certain Depressed Communities,” December 1962, FF “ Technology Audit Corporation,” Box 5, Accession 65A2307, RG 378, NARA.

含蓄但同样重要的）种族来界定“我们”和“他们”。

在促进各地经济发展相关项目的规划和管理上，约翰逊政府给予地方政府更大的职责和更灵活的处理权。联邦官员认为，科研型经济发展应当主要由地方政府来驱动，原因主要有两个。“首先，若要将新技术应用于当地企业的集群发展，必须事先了解这里的特殊问题和基本需求；在新英格兰大行其道的新技术，不一定对太平洋西北地区有所裨益。其次，在设计相关项目来解决发展问题时，离问题最近的人应当做出最大贡献，最具效益的技术转化也应当在地方一级由那些长期在此安居乐业的本地人全程执行。”因此，“该计划应该主要是地方性的，以地方机构和地方发挥主动性为基础”[1]。联邦政府选择将 STSA 项目下放给地方，此举不仅与其他社会政策的联邦化结构相一致，而且也是对各州和各地经济发展服务机构的高度认可，肯定了地方层面前期所做的科研企业引进和研究人员招募等工作。鉴于地方政府已经有了诸多前期准备，后续的战略规划必然需要进行对接与整合，否则实施效果就会大打折扣。

在国家技术服务局成立伊始，州政府和地方行政部门就已经将经济发展运动转向以科技为基础的产业了。州政府和地方政府的领导者与联邦官员一样，也认为这种强调在经济上是有意义的。一般而言，工业研究设施、先进的科技企业和研究型大学不仅具备高

1 商务部关于拟议的《国家技术服务法》的概况介绍，未注明日期，FF 2 (Contract and Grant Matters), Box 13, Series Ⅲ, SC160, SUA。

超的生产能力，而且拥有一批令人满意的白领专业人员，这些人最终都将成为最受欢迎的当地居民。在地方层面，科研产业和科研园之间的联系日益加强也增加了声望。对于那些担心引入其他类型的工厂的社区来说，这种以高品质的现代建筑和精心设计的景观规划作为伪装的工业发展很容易被“推销”出去。不是任何工业都值得发展，而要招揽以科学为基础的工业，这对任何地方的政治家来说都是值得炫耀的事情。正如一位观察者所记录的那样，“州政府的立法和推广、科学咨询小组和研究中心的创建、地区之间州际合作的发展，甚至州政府之间的政治博弈，都体现了上述趋势的深度推进”[1]。州政府和地方当局重新调整了自己的宣传方案，最终结果是“针对工人技术人员的刊登在《科学美国人》以及其他商业杂志上 91
的招募信息看上去越来越像《假日》中的度假广告”[2]。20 世纪 60 年代末，明尼苏达州在《商业周刊》上用一整个版面打广告，主要目的就是宣传本州的博士学位获得者和高学历劳动力比其他地方高出一筹。“在过去五年中，我们的义务兵役心理测试拒绝率有三年是全国最低。想想这个吧。”[3]

以波士顿为代表，以大学为中心的高科技经济发展模式已经成形，但其能否在明尼苏达州、蒙大拿州或密西西比州生根发芽？各地的高科技产业发展计划，又能否像某位官员所称的那样创造

1 Danilov, “The Seduction of Science,” 39–40.

2 David Riesman, “The Suburban Sadness,” 载于 *The Suburban Community*, ed. William M. Dobriner (New York: G.P Putnam’s Sons, 1958)。

3 *Business Week*, 20 April 1968, 28.

出“吸引广大科技人员的区域环境和社区生活”？[1]对于以上问题，负责这项工作的联邦官员似乎非常有信心。1967年，国家技术服务局官员保罗·格罗根表示：“早期的成功案例正在被许多地区复制，这个过程与人们在厨房里对着食谱烹饪美味佳肴颇为相似”；“当然，风险也是存在的，就像在复杂的烹饪过程中酵母或小苏打有可能失去活力，从而导致最终作品没有预期那般美味”。从这段话里可以看出，虽然格罗根承认不是所有地区都能实现既定目标，但字里行间却已经为失败的原因做了总结，那就是行政部门在规划和管理过程中犯了错误——所谓在烹调过程中存在疏漏。[2]不过，其他观察人士则持更加怀疑的态度。1965年，《哈佛商业评论》的一项分析给出了这样的警告：“不切实际是非常危险的。一个地区必须首先满足一系列前提条件，才能成功建立科学综合体，进而促进其持续生长……除非一个地方能够充分满足所有必备条件，否则最好不要轻易打科学综合体的主意。”[3]“卡博特、卡博特与福布斯”公司高管约翰·格里芬（John Griefen）在1965年这样提醒自己的

1 赫伯特（George Herbert，三角科研园负责人），*Summary of Proceedings of the State Science and Technology Conference*, Department of Commerce. Washington, D.C, February 3–4, 1964, 11, FF “State Science and Technology Conference,” Box 1, Accession 76–4, RG 40, NARA。

2 Grogan, “The State Technical Services Act—Underlying Assumptions and Organizational Structure,” 1967年6月15日在华盛顿特区国家科学院大楼科学、工程和地区发展委员会上的发言，8, Box 2, Accession 76–4, RG 40, NARA。

3 James F. Mahar and Dean C. Coddington, “Scientific Complex: Proceed with Caution,” *Harvard Business Review* 43 (January 1965), 140–8 et seq.

同行："科研园在众多社区如此自信地涌现，都有着诱人的规划和令人信服的宣传，但真正能够吸引研发型企业（我的意思是真正的研发型企业）者，实属凤毛麟角。"[1]

州政府和地方当局负责经济发展的官员，也给出了大致相似的意见。"这令人担心……当前风靡一时的科研园建设规划，最终在很多地方可能只是一场梦幻泡影，不少人似乎觉得只要圈出一片留作实验场所的空地，就会自然而然地成长为科研企业云集的研发中心。"在 1963 年的一次会议上，一位州政府官员承认："不过，美国科研的持续扩张必将为那些拥有良好设备基础且经过精心设计的科研综合体创造需求和机遇，并且这种发展趋势必将培育和促进附近地区的产业繁荣。"[2]单单依靠实力雄厚的大学和科研园不太可能实现地区经济的快速发展；官员们一致认为，只有通过全面的社区发 92
展，招募并留住科研企业和科学工作者，才能真正实现这个目标。

事实上，在诸多参与者当中，很少有人真正明白研发型经济的成功模式究竟有哪些可行条件与必备因素。已有研究并未给出令人鼓舞的结果。美国国防部委托斯坦福大学开展的一项研究指出，"强行向落后地区提供资助，对目前的集中研发格局几乎没有什么影响"。该研究还认为，研发能力提升趋势受阻是因为"三种相互作用的原因"："首先是科研行业产品性质的非标准化；其次是该行业对高层次专业人才的严重依赖，且依赖程度越来越高；最后是高

1 Griefen, "A Research Park Does Not Live by Research Alone," 4.

2 Herbert, *Summary of Proceedings of the State Science and Technology Conference*, 12.

科技产业市场项目的合同承包性”。[1]斯坦福大学的研究结论似乎是从军方立场出发的，实质上是一种过度简化的自我辩护，其核心观念是：国防合同实施进程的紧迫性决定了研究资源必须向少数机构集中。其他类型的合同工程、科学生产或许更具地理意义上的可复制性，但也没有确凿的统计证据能够支持这一论点。参与以科学为基础的经济发展的联邦政府、州政府和地方当局，他们的假设主要建立在道听途说、本能直觉以及主观希望上。

小　结

庞大的政府科研支出与强大的专家思维力量，让美国上下对高科技产业的发展充满信心，由此也推动了公共政策的制定进度，让处于困境的城市和发展水平不足的地区也开始大力发展研发型经济。自 1945 年以来，联邦政府在科学研究方面的经费投入从根本上改变了科学工作者的地位，与此同时，也改变了研究型大学的机构功能和美国制造业的技术水平。美国的科学综合体甚至可以将人类送入太空，因此它当然也可以拯救摇摇欲坠的城市和缺乏生机的地区。在此背景下，人们对“学者共同体”的内在信任是可以理解的。与此同时，也解释了公共部门为何对城市改造与地区发展等提议给予支持，虽然这些提议表面上是为了解决地区失业危机和城市贫困问题，但事实上却是为享有特权的科学从业者创造“特权”环境——

1 有关斯坦福研究所的资料引自 Danilov, “The Seduction of Science,” 40。

绿色、舒适、现代化、同质化。

需要强调的是，制度差异和地理特征对于研发型经济的发展产生了重大影响，能在很大程度上决定其选址和最终成就，虽然这些因素并未引起人们的关注。首先，美国科研产业的生长与郊区建设大潮恰好步调一致，由此使得郊区在经济上对于科学公司和人员更具吸引力，从而更容易在郊区落户。国家技术服务项目似乎也在 93
无意间成为科研产业郊区化的又一个激励手段，这些项目大力资助科研园的建设，而大部分科研园所选的地址都正在经历从乡村向郊区的转型。鉴于各级政府公共投入决策带来的巨大激励，这个充满活力的新部门被新建郊区或科研园吸引是非常合乎情理的。

其次，美国科研型经济的发展政策基本围绕大学展开，而美国大学的生长与兴盛又完全基于一个根深蒂固的理念：知识创新必须在相对独立的环境下才能展开。从历史视角来看，美国大学是一种内向的、充满田园风情的精英机构。随着时代的发展，尽管其肩负的公共责任越来越大，而且围绕国家战略参与了诸多拥有全球影响的经济计划和政治进程，但依然能够始终保持自己的传统。易言之，美国大学的规划传统并没有随着校园面积的扩大和研究活动的增加而变化，其仍然刻意远离政府事务与商业活动，并以此作为彰显大学身份的空间表达。许多在经济发展过程中最为活跃的大学都拥有市内校区，但其校园在扩张过程中仍然保持了长期以来的田园传统，这意味着以大学为中心的城市更新计划在很大程度上变为市内环境的“郊区化”——绿地扩大、空间独立，形成了一个个界限清晰的都市“绿洲”。大学校园设计理念的传统沿袭与郊区化项目经费的增加（大部分的经费增长都是以较为隐蔽的形式进行）相叠加，表明科研活动基本上不可能再以“城市化”的形式来展开，即便联邦政府多方努力将科研机构留在城市也无济于事。

再次，所有大学在建立之初就存在差异。部分大学拥有雄厚的资源和强大的政治影响力，因此，在与地方合作开展经济发展活动时所扮演的角色自然与其他高校有所不同。有意思的是，尽管公众在论及高等院校经济实力的修辞话术中常常将这些机构混为一谈，但只要对大学主导下两大经济发展政策的意图和实施情况进行比较，彼此之间的差异就会非常明显了。一方面，以大学为中心的城市改造行动主要牵涉的是私立院校，这些高校基本都资金充足，并经常处于联邦研发项目食物链的顶端；另一方面，《国家技术服务法》又在有意扩大联邦研发经费的惠及范围，努力让规模较小和地处乡村的高等教育机构也能从中受益，而这些高校大部分都是公立的。

国家层面的宏大叙事只能透露核心问题的部分迹象，让大家发现不平等的竞争环境导致不同大学催生高科技经济发展的能力、不同地方成为知识型城市的能力是参差不齐的。若想全面了解冷战政治下的政策架构与大学主导下的经济发展战略对美国社会究竟
94 产生了怎样的影响，就需要集中关注个别大学与不同地区的特别经验。因此，本书的第二部分将在执行层面进行考察，具体探索三所截然不同的大学如何各自发展成为知识之城。接下来的故事将揭示一些经常被国家政策制定者忽视的现实，同时也能阐明一个真相：知识之城的成功创建不仅源于联邦政府提供的有利条件，而且还取决于各地执行者对这些条件的正确使用。

第二部分

执行

第三章 97

从农场到山谷：斯坦福大学与旧金山半岛

冷战时期科学综合体的发展，“多元综合大学”的出现，以及将科研活动作为经济发展工具的新公共项目，都对美国主要研究型大学周边地区的社会组织和自然景观产生了巨大影响。在冷战科研综合体的创建及其推动地方经济发展的进程中，大学都发挥了至关重要的政治作用。大学及其当地政府和产业界盟友树立起科研综合体的共同发展模式，公共政策则对此做出了积极回应。其中最具影响力的，无疑就是位于加州旧金山半岛郊区，围绕斯坦福大学发展起来的那一个，它能在很大程度上左右政策制定者对科学社区的认知，与此同时，又反过来被政策制定者的后续决策深刻影响。该地区的发展深受一系列冷战公共政策的影响，当其发展成形之后，又深刻影响了决策者对科学社区普遍推广的政策设想。斯坦福科研园对联邦政府的科研型经济发展战略政策产生了怎样的影响，同时又如何影响了其他高科技地区的发展，弄清这个问题，有利于我们进一步探索知识型城市在战后的郊区进化之路。

20 世纪下半叶，旧金山半岛从远离工业中心和资本视野的乡野之地逐步演变为举世瞩目的硅谷，成为一个庞大的新兴工业园区以及无可争议的全球高科技之都。毫无疑问，斯坦福是硅谷的经济引擎，这不仅因为该校有能力在各种联邦研发资助重大项目中成功拔得头筹，同时还因为这所大学也是旧金山半岛重要的、有影响力的土地开发商。冷战期间，斯坦福大学不仅获得了巨额科研拨款，而且扩大了政治影响力，同时还位于美国规模最大的几个军事中心附近，坐拥大片尚未开发的优质地段。上述优势共
98 同造就了斯坦福的腾飞之路，使其在土地资源开发与规划上大获成功。斯坦福大学房地产开发的代表作是一个科研园，建成之后其建造标准和规划风格便成为其他地区产业发展的模仿对象。斯坦福周边并不是美国创办的第一个科研园，却是第一个与顶级研究型大学毗邻而居、紧密联动的科研园。斯坦福大学与当地产业发展的合作关系为后来者树立了典范，与此同时，其糅合了加利福尼亚地方建筑特色的工业园建造风格也深刻影响了其他地区。众多高校都将斯坦福视作知识之城的典范，常常忽视这里一系列不可复制的区位优势和机构资本，而这些因素正是成就斯坦福的重要前提。当决策者希望通过《国家技术服务法》等政策工具来复制科研型经济产业时，斯坦福常常被视为模板。然而，斯坦福之所以能够成为观察者眼中的“帕洛阿尔托奇迹”，在很大程度上取决于斯坦福大学及其所在地区的独特优势，其他地区难以复制，

尤其不可能在城市环境下复制。斯坦福坐落在田园牧歌一般的郊区环境中，周围簇拥着蓬勃发展的地方企业，这样得天独厚的环境并不多见。

斯坦福大学和旧金山半岛的天作之合，为我们提供了一个生动的成功案例，从中能够清晰窥见大规模郊区化的迸发力量与冷战科学综合体的快速生长如何相互作用，进而造就了低密度、去中心化的美国高科技产业分布图。从这个案例我们可以看出，联邦政府的冷战科研政策在地方层面是如何执行的，同时也可以发现地方机构又如何反过来深刻影响联邦政策的发展与实施。不仅如此，这个案例还能阐明20世纪后期公共部门与私人机构的复杂互动如何造就美国高科技生产的地理格局。斯坦福大学，一所私立高校，被注入了大笔公共资金，为私营科技企业的发展提供了适当的制度架构和物理空间，从而成为所谓的高科技产业“孵化器”。随着冷战国防综合项目的推进，高科技产业又进一步获得了巨大支持。

需要特别关注的是，斯坦福的所作所为不仅对其他知识之城产生了无可估量的影响，而且这所大学还与私人企业存在非同寻常的密切关联。颇具讽刺意味的是，无论是斯坦福地区还是被其当作智力依托的斯坦福大学，都从联邦拨款中大受裨益，然而，这里的领导者却普遍厌恶激进政府，并对私营企业和市场体系抱有坚定信念。随着时间的推移，他们支持创业的态度帮助硅谷的私营企业主拥有了一层理想化（甚至偶像化）的光环。的确，如果没有高素质人才的创新思维和管理能力，高科技产业迅猛发展的局面就不会出

99 现。但必须澄清的是，流传已久的硅谷企业家神话不仅忽视了联邦项目在该地区经济发展中发挥的关键作用，还掩盖了公共部门和私人企业之间的互动，正是后者塑造了硅谷以及其他知识之城的物理外观和人口结构。

西部胜地

斯坦福大学周边地区的地理特征、智识水平、文化氛围和空间环境对其作为高等教育机构的成长史产生了重大影响，其成为冷战期间卓越的研究型大学，以及在硅谷发展进程中扮演重要角色，无不与之息息相关。斯坦福大学是由商人创办的，其建校目的是为资本主义世界中的现代企业培养有才华的年轻人。从创校之初，斯坦福大学就兼顾教学与科研，并以服务市场机制下的私人企业为己任，进而促进加利福尼亚乃至西部地区的技术发展。与此同时，斯坦福大学还有意远离城市，因为在那里虽然可以集中开展商业活动，但动荡不安、混乱不堪的社会环境必然会扰乱学习进程，很难创建一个秩序井然、安全无忧的知识社区。

该校创始人是百万富翁、铁路大亨、加州州长兼参议员利兰·斯坦福（Leland Stanford）和他的妻子简（Jane）。其子小利兰年仅十五岁便在欧洲旅游时因患伤寒而意外丧生。为了纪念深爱的独子，利兰·斯坦福和妻子创办了斯坦福大学。正如传说中的那样，饱受丧子之痛的老斯坦福在儿子去世的第二天一早便向人们宣布：

“加利福尼亚的孩子们都将被我视作自己的孩子。”[1] 1891 年，小利兰 · 斯坦福大学开始招生[2]。

尽管利兰和简 · 斯坦福直言不讳地表示要创建一所在全美名列前茅的高等学府，但他们并不认为大学只是知识殿堂，这里还应是为未来的商业领袖提供技能训练的地方。因为科学的进步，奇妙的现代技术得以创生，从而让利兰 · 斯坦福这样的人变成百万富翁。因此，科学是提供实用高等教育的关键因素。若要发展科学，那么就必然要重视研究。大学不是技术学校，要为学生提供宽广的学科领域和专业课程，“目的是帮助学生取得个人成功，并在生活中发挥直接作用”。[3]

自发轫时期就重视科学研究和社会应用，这样的传统让斯坦福大学成为智识中心。事实证明，这对其在冷战期间的成长极为重 100
要。但更重要的却是大学的另一项资产，此资产的利用对全美科研生产社区的物理外观与社会结构都产生了至关重要的影响。这项资产就是土地，一片接近 9000 英亩的土地，最初是农场，后来成为世界上最有价值的土地。正如镀金时代的旧金山富豪一样，利兰 · 斯坦福和简 · 斯坦福夫妇在旧金山半岛连绵起伏的山丘地带拥有一个名为帕洛阿尔托的大型农场，他们决定将这里作为斯坦福大学的

1 几乎每一本有关斯坦福大学历史的著作都提到了这个可能是杜撰的故事。例如，Edith R. Mirrieless, *Stanford: The Story of a University*（New York: G.P. Putnam's Sons, 1959）, 23–24。

2 Oscar Lewis, *The Big Four: The Story of Huntington, Stanford, Hopkins, and Crocker, and of the Building of the Central Pacific* (New York: Alfred A. Knopf, 1951).

3 *The Founding Grant with Amendments, Legislation, and Court Decrees* (Stanford, Calif.: Stanford University, reprinted 1971), 4 (Section 1).

创办之所，并在建设过程中捐出了这块土地上的所有财产。[1]因为帕洛阿尔托过于庞大，大学校园只占据了很小一块，剩下的土地可以出租，但永远不能变卖。无论如何，农场的所有权永远属于斯坦福大学。

斯坦福夫妇捐出帕洛阿尔托农场之举，以及他们对如何使用这片土地的规定，既是个人态度，也是政治声明。一方面，斯坦福大学的创建是这对悲痛欲绝的父母饱含深情又带有维多利亚时代特征的内心选择。小利兰·斯坦福喜欢帕洛阿尔托农场，常在这里的小路上骑马，或者徒步穿越山丘。儿子去世后，在斯坦福夫妇心目中这片农场就永远与他们的儿子融为一体。对利兰和简而言，这片土地以及位于其上的这所大学承载了神圣的纪念，绝不允许出现粗制滥造的东西。另一方面，关于土地捐赠和大学选址的合计还能显示出斯坦福夫妇作为 19 世纪美国城市精英的品位，反映了美国西部精英阶层对自然世界的深刻情感。

斯坦福大学选择在帕洛阿尔托农场建校，虽然部分观察家一再断言此举只是因为这所新成立的大学喜欢虚张声势[2]，但真实原

---

1 Pamela Gullard and Nancy Lund, *History of Palo Alto: The Early Years* (San Francisco: Scottwall Associates, 1989), chap.8.

2 例如，纽约广告商将这种努力称为“一个空壳”和“富人的愚蠢”（1885, 引自 Margo Davis and Roxanne Nilan, *The Stanford Album: A Photographic History, 1885–1945* [Stanford, Calif.: Stanford University Press, 1989] , 13)。尽管人们普遍认为斯坦福是一个冷酷无情的镀金时代的实业家，但这份慷慨的礼物却显示了他的公民良知。和另一位与斯坦福大学有联系的著名政治家赫伯特·胡佛一样，斯坦福比人们通常所描述的更加进步，他是一位坚定的废奴主义者，也支持工人拥有合作社等民粹主义事业。参见 Lee Altenberg, “Beyond Capitalism: Leland Stanford’s Forgotten Vision,” *Sandstone and Tile* 14:1 (Winter 1990), 8–20, Stanford Historical Society, Stanford, Calif.。

因与当时美国社会的典型特征息息相关：这是美国历史上政治环境与社会局势最为动荡不安的时期之一，反城市化现象在这一阶段也最为突出。内战结束后，19 世纪后期的美国正在经历大范围的社会变革与经济转型。城市规模扩大了两到三倍，到处都是冒着浓烟的大型工厂，还有来自南欧和东欧的成千上万的新移民。企业资本主义的崛起引发了深层次的社会不公，富人变得越来越富，劳动人民在恶劣的工作和生活环境下终日辛苦劳作，自己和子女却只能勉强果腹。因此，市民开始走上街头制造骚乱，或者举行大规模游行罢工，暴力行为也屡见不鲜。成千上万的贫困家庭拥挤在有限的城市区域，大片大片的贫民窟应运而生。上述变化让本地白人市民产生了深深的不安，他们开始认为城市就是让人产生焦虑和痛苦的渊源。

面对混乱不堪的社会境况，19 世纪晚期的美国城市中产
阶级共同做出反应，从而造就了一场声势浩大的社会改革浪潮，
即人们熟知的进步主义运动。[1]进步主义运动的主题是远离城 101
市、拥抱田园生活，进而实现社会进步。该运动的一个重要举措
就是普遍建造市内公园，并以此为城市重新注入井然有序、鼓
舞人心的绿色空间。城市公园建造有着明确的理念支持：人们

1 关于进步时代和社会改革的文献过于广泛，无法在此一一论述，但最近特别重要的专著是 Daniel Rodgers：*Atlantic Crossings: Social Politics in Progressive Age* (Cambridge, Mass.: Harvard University Press, Belknap Press, 1998)。它追溯了北美改革者和欧洲改革者之间的联系。另外一篇有价值的作品是罗杰斯的评论文章 "In Search of Progressivism", *Reviews in American History* 10 (1982), 113–32。

应当生活在绿色、自然、彻底去除城市污染的氛围中，如此一来，将会促进良好的行为，缓解城市生活带来的巨大压力和情感疏离。[1]

旧金山虽然远远小于纽约和芝加哥，却是密西西比以西规模最大的城市，有着大城市该有的一切困扰。西部各州发达的采矿业——最初是黄金、白银，然后是木材——让旧金山成为“西部城市中的女王”，但也导致这个地方变得拥挤而混乱。因此，对于利兰·斯坦福这种生活在维多利亚时代的资本家而言，旧金山市区绝非开创大学、教化青年的理想场所。正如城市居民需要建造公园来呼吸新鲜空气和欣赏令人愉悦的美景一样，大学学子也需要一个安静祥和、亲近自然的场所来求学问道。帕洛阿尔托位于圣克拉拉山谷，是一片新开发的农场，土地肥沃、气候宜人，被冠以“心悦谷”之美名。虽然发达的农业让这片谷地不再是绝对意义上的“自然”环境，但相比北方拥挤不堪的城市，已经足以让人感到心旷神怡。斯坦福夫妇捐赠土地时，圣克拉拉山谷已经是闻名遐迩的疗养场所，来自旧金山市的上流社会人士常在这里度假休闲。虽然山谷中的矿场和农场也生活着相当数量的劳工阶层，但在外界看来，这里之所以有名主要还是因为西部各州的资本家在此

1 虽然新建城市公园的目的是改善市民生活和提高工人阶级的地位，但在设计时往往更多考虑的是精英人群。纽约中央公园是这些项目中最著名的，位于曼哈顿上城，在公园建成时，这里离市中心拥挤的贫民窟有一定距离，非步行可及，但从中产阶级社区可以轻松乘坐马车到达。参见 Roy Rosensweig and Elizabeth Blackmar, *The Park and the People: A History of Central Park* (Ithaca, N.Y.: Cornell University Press, 1992)。

大量囤积庄园。[1]

斯坦福夫妇对学校地址的选择，充分反映了当时美国西部盛行的去城市主义观。斯坦福大学诞生的时刻，约翰·缪尔（John Muir）正在撰写一系列关于加州壮丽景观的传世之作。缪尔的文章细致描绘了约塞米蒂谷（Yosemite Valley）等地的壮丽景观和脆弱生态，由此重新定义了西部，让美国人意识到这里的自然资源是珍贵无比但又不可再生的天赐景观，而非任人挥霍的商品。自此以后，缪尔及其追随者以及其他西部改革家开始共同致力于宣传和创建国家公园制度。缪尔和他的环保主义同道认为，为了抚慰工业化城市给人们带来的重压和伤害，西部需要好好保护环境，其功用就在于抚慰人心、振奋精神以及开展科学教育。[2]

在美国人的观念中，自然环境和教育质量存在联系，西部各州更是深信这个道理，斯坦福大学的校园建设也因此深受影响。与其

---

1 关于“自然”景观和工业化农业的讨论，参见 Steven Stoll, *The Fruits of Natural Advantage: Making the Industrial Countryside in California* (Berkeley and Los Angeles: University of California Press, 1998)。硅谷的工薪阶层居民中有相当一部分过去是（而且现在也是）墨西哥人，参见 Steven J. Pitti, *The Devil in Silicon Valley: Northern California, Race, and Mexican Americans* (Princeton, N.J.: Princeton University Press, 2003)。有关旧金山镀金时代政治和资本的进一步讨论，请参见 Philip J. Ethington, *The Public City: The Political Construction of Urban Life in San Francisco, 1850–1900* (Berkeley and Los Angeles: University of California Press, 1994); Gray Brechin, *Imperial San Francisco: Urban Power, Earthly Ruin* (Berkeley and Los Angeles: University of California Press, 1999)。

2 正如斯特凡妮·平塞特尔（Stephanie Pincetl）所述，“未受破坏的自然可以给人们带来宁静和智慧”(*Transforming California: A Political History of Land Use and Development* [Baltimore, Md.: Johns Hopkins University Press, 1999],12)。

他美国大学一样，斯坦福夫妇希望新校园既能保留原汁原味的自然景观，又能展现精心设计的环境布局，从而为学生提供一个充满
102 诗情画意的研学环境。大概是为了充分体现对校园建设的重视态度，利兰和简聘请了当时全美首屈一指的景观规划专家弗雷德里克·劳·奥姆斯特德（Frederick Law Olmsted）担任斯坦福大学的设计师。[1]然而，关于校园设计的审美取向，老斯坦福和奥姆斯特德却存在分歧。二人都认为新校园应当保持美国大学与世隔绝、整齐一致又催人振奋的传统风格，但老斯坦福更希望自己的学校具有庄严肃穆的纪念意义，而奥姆斯特德则倾向于田园牧歌式的传统风格。经过多次商议，斯坦福大学校园最终采取了时下流行的城市美化理念，多采用直线设计和宏伟远景，放弃了奥姆斯特德惯常使用的——以纽约中央公园为代表——曲径连绵、丘陵起伏的设计风格。[2]美国的城市规划理念是从欧洲汲取灵感的，但斯坦福大学的校园设计者坚持认为校园建筑应当反映西部地区的自然环境和历史传统，就像其对公众宣称的那样，这所大学应该“体现加利福尼

1 参见奥姆斯特德的自传——从工业化前在英格兰的青少年时代，到史坦顿岛的绅士农民生活，再到十字军记者和出版商、政府官员、城市景观规划师，他的故事读起来像 19 世纪美国历史的缩影。参见 Witold Rybcynski, *A Clearing in the Distance: Frederick Law Olmsted and America in the Nineteenth Century* (New York: Scribner, 1999)。

2 华盛顿购物中心是“城市美化”时代最经久不衰的例子之一，它与周围街区在物理外观和社会阶层上都形成了惊人的对比，参见 Howard Gillette, *Between Justice and Beauty: Race, Planning and the Failure of Urban Policy in Washington, D.C.* (Baltimore, Md.: Johns Hopkins University Press, 1995)。另可见 William H. Wilson, *The City Beautiful Movement* (Baltimore, Md.: Johns Hopkins University Press, 1989)。

亚的独有特征”[1]。斯坦福放弃了哥特式和新古典主义式建筑风格，取而代之的是连绵不断的低层建筑，皆采用加州特有的砂岩外墙和红砖房顶，并配以宏伟的罗马式拱门。整个设计风格让人们仿佛置身于殖民时代的教会场所，与东部地区的大学校园大相径庭。[2]整个校园以自然形成的连绵浅丘为背景，核心位置建有砂岩红砖筑就的开阔方庭，再配以直抵纪念拱门的宏伟大道，这种建筑风格清晰体现了大都市的空间层次与设计美学。一言以蔽之，斯坦福大学的建筑风格看上去“清新自然”，但实际上却是设计者匠心独具。[3]

---

1 *San Francisco Examiner,* 1887 年 4 月 28 日，引自 Paul V. Turner, "The Collaborative Design of Stanford University," 载于 Marcia E. Vetrocq, and Karen Weitze, *The Founders and the Architects: The Design of Stanford University* (Stanford, Calif.: Department of Art, Stanford University, 1976), 58。

2 斯坦福聘请的建筑师是亨利·霍布森·理查森，他在自己的领域与奥姆斯特德在景观设计方面一样杰出。理查森在接到委任状后不久就去世了，他的助手查尔斯·库利奇执行了这个项目 (Richard Joncas, David J. Neuman, and Paul V. Turner, *Stanford University: The Campus Guide* [New York: Princeton Architectural Press, 1999], 2)。另见 Turner, "The Collaborative Design," 13, 45; Davis and Nilan, *The Stanford Album*, 13–14。

3 奥姆斯特德的作品将为美国带来曲线道路、封闭巷陌和单一用途区划的郊区设计美学，这绝非巧合。郊区设计也强调建筑必须反映地区建筑特色和民族传统，这预示着 20 世纪早期南加州的浪漫主义教会建筑的复兴。在 20 世纪后期，这个国家也见证了封闭式社区的兴起。这种封闭式郊区住宅开发项目，实际上是用墙和门与邻居隔开。斯坦福校园建设反映了所有这些因素，或许这使它成为领先于时代的郊区。参见 Rybcynski & Robert Fishman, *Bourgeois Utopias: The Rise and Fall of Suburbia* (New York: Basic Books, 1987)。关于加州教会复兴建筑背后的文化动力和历史重释的讨论，见 Roberto Lint Sagarena, "Building California's Past: Mission Revival Architecture and Regional Identity," *The Journal of Urban History* 28:4 (May 2002), 429–44。

在斯坦福大学成立的头六十年里，除了校园建筑，帕洛阿尔托的其他土地要么用作学术研究，要么租给农场主和牧场主。在此期间，由于该地区的税收仍然处于较低水平，因此大学在土地出租方面仅能获得薄利，而且也未获得除农业用地之外的出租机会。从学生到教员再到历届校友，斯坦福的田园绿洲形象已经深入人心，毕业多年的校友在谈及母校时，无不兴高采烈地回忆起当初那些山坡远足、湖中荡舟的休闲时光。1927 年，一位毕业于斯坦福的作家满怀深情地倾诉自己的心语："郁郁葱葱的罂粟田，绵延起伏的小山丘，还有那曲折蜿蜒的乡间路。它们总会出现在老校友的美梦里！"[1]不仅如此，帕洛阿尔托农场还承载了斯坦福大学的教学功能。生物学家常来考察那些未曾开发过的山坡和山脊上的植物与动物，地质学家则喜欢勘测这里的岩石和土壤。雷·莱曼·威尔伯（Ray Lyman Wilbur，1916—1942 年任斯坦福大学校长）曾经写下这样的话语："这所大学坐落在一大片私人土地的中心位置，方圆 1 英里都是可以随意活动的自由空间，因此才能培养出无拘无束的精神和自由独立的意识，这正是斯坦福精神的底色。"[2]

直到第二次世界大战爆发，斯坦福仍旧保持着恬淡无争的乡村生活风格，周边的大片土地也一如既往地处于未开发状态。大学管
103 理层专注于校园内的学术事务的发展，致力于招募那些来自东部和中西部地区，但已经准备好踏上西部冒险之旅的天才青年学者。由

1 Katherine Ames Taylor, *The Romance of Stanford* (San Francisco, Calif.: H. S. Crocker Co. for the Stanford Alumni Association, 1927), 5.

2 上书的《导言》。

于从建校伊始就注重学术研究和高层次人才培训，到了 20 世纪 20 年代，斯坦福大学的科研水平已经相当出色。与此同时，大学周边的土地已经逐渐显现出高科技时代的发展端倪，部分实验人员和科学小组开始参与新型无线电技术的开发。时任校长的雷·莱曼·威尔伯对这些来自斯坦福大学实验室的富有创新能力和创业精神的年轻人给予大力支持，同时也明确了校方对商用技术发展的制度激励，此举将在冷战时期迎来丰厚回报。[1]

热战与冷战

第二次世界大战的爆发，对旧金山地区产生了深远而持久的影响。湾区一直都是美国军事重镇，“二战”的到来又让其成为战时生产中心。战争期间，各行各业的工作者涌入旧金山、奥克兰和周边各县。东湾郊区的一个工业小镇里士满，因为是“铆工罗茜”（Rosie the Riveter）——数百万走出家门来到工厂的女工的代表人物——的故乡而闻名。1940—1947 年，旧金山湾区周边九县新来人口达 67.6 万人，新增就业岗位 33 万个，年收入增加 25 亿美元。[2] 与此同时，该地区的人均财富也达到全国最高水平。1940—1945

1 Timothy J. Sturgeon, “How Silicon Valley Came to Be,” 载于 *Understanding Silicon Valley*, 15–47。

2 Industrial Survey Associates, *San Francisco Bay Area: Its People, Prospects, and Problems, A Report Prepared for the San Francisco Bay Area Council*, advance review edition (March 1948), SFHC.

年，人均收入增长了 66%。[1]

与加州其他地区一样，旧金山地区郊区化进程的迅速推进也伴随着区内人口的激增。军事支出项目的优先资助权在此处发挥了重要作用，因为旧金山地区的众多军事基地、生产设施和战时住房项目都位于城市边界之外。不过，还有一个非常重要的因素也促进了湾区的去中心化，那就是这里的工业生产在很久之前就形成了“离心式”发展模式。自 19 世纪以来，旧金山的企业厂房就不仅集中在市中心的工业区，而且还向南一直延伸到旧金山半岛，或者穿过海湾直抵阿拉米达（Alameda）和里士满等城郊地区。[2] 19 世纪后期以来，随着奥克兰在城市规模和经济地位两方面都向旧金山发起了强有力的挑战，大都市区的多中心联运模式进一步加剧了湾区产业的分散布局。

战争期间的社会发展强化了旧金山地区业已形成的工业、住宅
104 和基础设施布局，并为战后数十年该地区人口分布和就业岗位的全面去中心化提供了新的动力。到 1960 年，旧金山湾区的郊区人口与旧金山市区人口的比例将达到 3∶1。[3] 长期以来，人们对加州的人口快速增长现象已经司空见惯，该州人口大约每二十年就会翻一番，增长最快的时期并不是战争期间，而是 20 世纪 20 年代——在此期

1 Jacques F. Levy, *San Francisco Bay Region Industrial Study*,1946 年 1 月 28 日旧金山湾区委员会提交给执行委员会和技术咨询委员会的最终报告，18, SFHC。

2 Richard Walker, “Industry Builds the City: The Suburbanization of Manufacturing in the San Francisco Bay Area, 1850–1940,” *Journal of Historical Geography* 27:1 (2001), 36–57.

3 San Francisco Bay Area Council, *Economic Guide to the Bay Area* (1961), 4–5, SFHC.

间，加州人口增长了 66%。[1]不过，湾区人民感受更为深刻的人口变化发生在 20 世纪 40 年代。新移民和新岗位的不断增加，导致湾区的基础设施不堪重负。所有刚到湾区的新移民都有着各种各样的具体需求，他们需要新建的住房、新修的道路以及新配备的公共服务设施。就像其他军事重镇一样，战时国防经济的繁荣为湾区带来诸多利好，其中之一就是区域产业规划重新得到重视。[2]1943 年，在联邦政府官员号召下，旧金山成立了一个由当地政商两界领导者共同主持的大都会国防委员会（Metropolitan Defense Council，MDC），以解决城市道路堵塞和住房供应不足造成的混乱局面。由于组织内部存在严重分歧，大都会国防委员会自身并没有发挥多大作用，但它确实在 1944 年催生了一个后继组织——湾区委员会（Bay Area Council）。

透视湾区委员会的组织架构和规划重点，能够窥探出该地区的规划设计方案和经济发展理念。湾区委员会的政策规划为旧金山半岛郊区的工业生产创造了极为有利的发展环境，同时也为斯坦福大学的地产经营带来了又一重大利好。湾区委员会最初是由公共财政资助的，但很快便转型为非营利组织，每年由旧金山工商界最具实力的企业共同捐赠 1 万美元作为运营经费。委员会的利益相关方都是董事会成员，它们的行业来源也基本反映了战前旧金山地区的

1 Warren A. Beck and Ynez D. Haase, *Historical Atlas of California* (Norman: University of Oklahoma Press, 1974), 74.

2 Roger Lotchin, "World War Ⅱ and Urban California: City Planning and the Transformation Hypothesis," *Pacific Historical Review* (1993), 转载于 *The Urban West*, 由 Gordon Morris Bakken 和 Brenda Farrington 编辑和撰写导言 (New York: Garland Publishing, Inc., 2000), 119–48。

主要商业结构——银行、石油公司和化工企业。

从进步时代起，加州的公共政策就开始充分考虑工商企业的利益要求，企业界代表也长期在董事会、委员会或其他咨询机构任职。[1]国家层面和地方政府的政治决策都充分考量了公私两方面的利益，并将其作为促进经济发展的联合动力。在这方面最具代表性的观点，大概就是时任总统（也是斯坦福大学的终身盟友）的赫伯特·胡佛倡导的“商业联盟主义”（business associationalism）。胡佛总统和他的政治盟友认为，政府不需要把精力放在集中计划或再分配政策上，而是应努力支持自由市场经济的健康运行，这样政府的工作才算发挥了最优效果。[2]湾区的主要商业组织和政治机构也支持这样的主张：当商业繁荣时，整个经济局势就会蒸蒸日上。但是，当战争年代的经济繁荣结束后，这些自由市场的支持者又会毫不犹豫地努力争取联邦政府的慷慨支持，因为国家拨款能够改善商业环境和促进地区经济。正如湾区委员会的一份出版物所指出的那

1 Pincetl, *Transforming California*, 74.

2 赫伯特·胡佛和利兰·斯坦福有许多共同点。和利兰·斯坦福一样，胡佛也是一位晚年从政的商人，他通常被描绘成一个有点冷酷无情的大企业家朋友，但事实上，他也从事过许多与这种形象背道而驰的进步活动。他在威尔逊的进步政府中任职，并担任商务部部长，制定了大量借鉴进步主义改革理念的项目（如住房改善计划）。正如肯尼迪所指出的那样，胡佛的上述经历使其获得了关于公共利益的更宏观的思考，让其致力于促进公共与私人部门的联合 (*Freedom from Fear*, 11)。另见 *Understanding Herbert Hoover: Ten Perspectives*, 李·纳什（Lee Nash）编著并撰写导言 (Stanford, Calif.: Hoover Institution Press, 1987); Gary Dean Best, *The Politics of American Individualism: Herbert Hoover in Transition, 1918–1921* (Westport, Conn.: Greenwood Press, 1975); Hawley “Herbert Hoover, the Commerce Secretariat, and the Vision of an ‘Associative State,’ 1921–1928”。

样，“应继续并加强战争期间建立起来的联邦政府与私人商业团体之间的密切联系……政商合作——联邦、州和地方三个层面—— 105
的模式才是最重要的发展模式，也是湾区经济的核心要素”[1]。简而言之，20 世纪中期，旧金山湾区的管理者——他们通常都与斯坦福大学存在职业关联或私人关系——遵奉的是这样一种政治哲学：一方面，必须保障资本主义企业在最低限度的政府监管下自由发展；另一方面，又要明白公共投资对冷战时期地区经济发展的重要价值。

关于旧金山市区有限的发展新机，该地区的领导者也采取了务实态度。正如湾区委员会 1947 年的一份会议报告所指出的那样：“这座城市的住宅小区和工业用地都已经达到极限，接下来的发展必须有全局视野。”[2]该委员会宣称，其“致力于提出将旧金山湾区作为一个经济共同体的发展主张”。湾区各县各区的经济发展不仅相互联系，而且互为依托。由此可见，委员会的基本宗旨就是促进各地区的经济互动和社会团结。[3]不过，就未来二十年的行为来看，

---

1 Industrial Survey Associates, *San Francisco Bay Area: Its People, Prospects, and Problems, A Report for the San Francisco Bay Area Council*, advance review edition (March 1948), 30, SFHC.

2 1947 年 8 月 13 日，旧金山湾区委员会工业发展会议的会议记录。FF “S.F. Bay Area Council,” SFHC.

3 San Francisco Bay Area Council, *Program and Objectives* (December 1945), SFHC. 美国银行、美国信托公司、加利福尼亚标准石油公司、太平洋天然气和电气公司、美国钢铁公司和柏克德公司六家公司承诺在委员会成立第一年为其提供财政资助。

湾区委员会显然更关心经济增长而非社会团结，[1]承认经济发展的区域性质是该地区的郊区在战争结束时成为经济力量的重要体现。

湾区委员会对区域经济规划和推动的兴趣提示了工业对空间的新需求。此现象的出现主要有两个原因，一是因为湾区所有大型城市都已经完全建成，无论从地理上还是从政治上都再也无法进一步扩张；二是因为在汽车时代，工商业活动需要在更大的空间范围内展开。面对这一现实，湾区委员会在发展规划上愈发青睐郊区，将自己视为都市圈外围地区全面工业化的推动者，并且尤为关注半岛南部地区的产业发展。在湾区委员会的发展计划和行动方案中，领导者对时下的去中心化浪潮和产业分散战略表示支持。湾区委员会早期发布的一项报告——这项报告公布的时间与特蕾西·奥格尔提倡产业分散战略以及华盛顿决策者开始在采购政策中加入分散条款的时间几乎同时——曾经指出，“认真规划进而利用和发展旧金山有潜力的工业区，不仅能够刺激流动型产业的更快发展，而且从长远来看，还能让个体企业和产业集群都变得更加

1 除其他事项外，湾区委员会还在修建横跨旧金山市的高速公路方面（只有一条，是后来才建成还未通车的海滨公路）以及城市重建项目中发挥了作用，这些项目抹去了旧金山市众多根深蒂固的少数族裔社区。有关旧金山“高速公路反抗运动”的当代报道，请参见 Samuel E. Wood, “The Freeway Revote and What It Means,” 载于 *The California Revolution*, ed. Carey McWilliams (New York: Grossman Publishers, 1968), 100–109。另见 Charles Wollenberg, *Golden Gate Metropolis: Perspectives on Bay Area History* (Berkeley: Institute of Governmental Studies, University of California, Berkeley, 1985), 255–90。

经济高效”[1]。

战后湾区的去中心化理念，对斯坦福大学周边城镇的发展规 106
划产生了重大影响，使其更愿意将工业生产引入社区。除此之外，当地商界在战后区域规划中的积极行动，也对斯坦福大学政治地位的提升起到了至关重要的促进作用。斯坦福本身就是由一位曾经的工业领袖所创，这所大学的管理者与当地商业精英一直保持密切联系。在湾区领导者的心目中，加州并不需要复刻美国东北部或者中西部的产业模式，而是应当大力促进新兴产业的发展，并充分利用温暖宜人的气候、开阔壮丽的景观以及丰富的文化设施，大力招募本地需要的员工。事实上，湾区委员会是美国首批公开“推销”本地营商环境的地方经济实体之一。委员会的营销宣传基本都是集中强调本地优越的文化环境和基础设施，其营销对象不仅是企业，还包括从业人员。[2]在湾区诸多令人称道的基础设施中，其中之一就是新兴的斯坦福大学科研综合楼，这对科技与工程领域的从业者尤其具有吸引力。事实上，斯坦福大学的管理层也十分注重与商界的合作。在 1945 年的一次演讲中，时任斯坦福大学校长的唐纳德·特里西德（Donald Tresidder）表示：“在战后时期，斯坦福大学希望与工商业开展比过去任何时候都更加紧密的合作，我们希望与企业

---

1 Levy, *San Francisco Bay Region Industrial Study*, 43.

2 例如，Oscar Lewis, *Within the Golden Gate: A Survey of the History, Resource, and Points of interest of the Bay Region Designed to Acquaint Visitors with its Past Accomplishments and Its Future Promise*(San Francisco: San Francisco Bay Area Council, 1947), FF “SF Bay Area Council,” SFHC。

一起开发越来越多的项目，并在此过程中共同促进校企双方的合法利益。”[1]

不过，在 1945 年，尽管学校周边已经萌发出一些小型科技企业，但整体而言，斯坦福大学还是一个地区性高等院校，远远没有达到自己的理想定位。管理层担心，斯坦福大学长期以来被人们视为“乡村俱乐部”，在社交和体育领域提供的机会多于学术发展机会。[2]与美国东北部的高等学府不同，斯坦福大学很少获得联邦政府的研究合同。在战争期间，斯坦福的顶尖科学家持续流失，为了支援战时科研项目，他们有的前往哈佛与麻省理工等精英研究型大学，有的进入洛斯·阿拉莫斯（Los Alamos）的国家实验室，有的甚至去了附近的利弗莫尔（Livermore）。尽管湾区是重要的军事中心，但战争期间以大学为基础的关键研发项目却是在其他地方进行的。“‘二战’结束后，斯坦福大学成了一个弱势学校。”弗雷德里克·E. 特曼如此评论道。特曼是一位工程师，在冷战到来后的关键时刻，他先是担任斯坦福大学工程学院的院长，随后又就任学校的教务长。[3]

然而，在接下来的十年里，特曼联手教授团和高层管理者，不仅将斯坦福大学发展为全国公认的研究中心，还将大学周边原本宁
107 静的郊区一举转变为吸引全美高科技企业和高学历员工的磁石。特

1 特里西德 1945 年 3 月 6 日对太平洋火灾保险公司的讲话。FF 11, Box 40, SC 151, SUA.

2 Kiester, *Donald B. Tresidder*.

3 引自 Saxenian, *Regional Advantage*, 22。

曼被后人尊称为“硅谷之父”，因为他在该地区发展高科技集群经济方面发挥了关键作用。不过，必须澄清的是，斯坦福大学作为一所研究型大学在全国范围内声名鹊起，以及半岛地区的高科技经济的出现，也都离不开外部因素的影响。特曼和斯坦福大学其他高层管理人员能充分利用这些条件，这表明他们当时前所未有地意识到研究型大学有能力促进某些类型的经济发展。[1]

斯坦福大学的第一个优势是坐落在美国最繁华的冷战经济圈内。冷战爆发后，军事科研经费的增加、中产阶级的郊区化迁移以及“二战”结束后新兴私人企业的高速发展共同造就了湾区经济的空前繁荣，而斯坦福大学及其周边地区正好处于这个区域之内。帕洛阿尔托和邻近的门罗公园（Menlo Park）成为中上阶层家庭的家园，这些家庭往往有着良好的高等教育背景，从事较为体面的白领职业。1940—1960 年，门罗公园地区的人口从 3000 多人增长到近 2.7 万人；同一时期，帕洛阿尔托的人口从不到 1.7 万人扩张到超过 5.2 万人。[2]在 20 世纪 40 年代末和 50 年代初，这里以及半岛郊区其他地区的商业活动基本上还是以满足当地社区居民需要的零售业和服务业为主。半岛郊区的定位仍旧是通勤型城镇，劳动

1 事实上，硅谷是各种力量共同作用的结果，而不仅仅是特曼的功劳。卡尔根、莱斯利和舍恩伯格都巧妙地论证了这一点。“Far Beyond Big Science,” 以及 Stuart W. Leslie, “The Biggest ‘Angel’ of them All: The Military and the Making of Silicon Valley,” 见 Kenney, *Understanding Silicon Valley*, 48–67。

2 U.S. Department of Commerce, Bureau of the Census, *Census of Population: 1960, Volume I, Characteristics of the Population, Part 6, California* (Washington, D.C.: U.S. Government Printing Office, 1961), table 5.

者只是平时居住在这里，他们的工作地点仍在旧金山市以及其他地区。

半岛地区也存在少数科技相关产业，基本上都源于斯坦福大学在战前承接的工程项目。其中最知名的应当是惠普公司，这是一家1939年由两位斯坦福大学的毕业生在帕洛阿尔托的一间车库里创建的企业。另外一家则是瓦里安联合公司，创始人是出生于帕洛阿尔托本土的一对兄弟，他们的科学生涯开始于在自家阁楼里摆弄无线电设备。与兴起于旧金山湾区边缘的造船和重工业等“脏污不堪”的传统产业不同，惠普与瓦里安等新兴的先进科技企业安静而低调地生长在帕洛阿尔托，或者附近小镇的风景优美的居民区旁，完全不会给身边的邻居带来困扰。这些公司的从业者（或者至少是那些最受外界关注的典型从业者）都是白领专业人士，而非海湾附近工厂里规模庞大的蓝领工人。

优质高新科技产业的出现，加上良好的生态环境、完善的基础
108 设施以及优越的人口结构，使得半岛地区围绕斯坦福大学的科研项目创建旧金山都市圈新型经济基地的时机业已成熟。弗雷德里克·特曼敏锐地捕捉到了这种潜力。在1943年写给一位同事的信中，特曼坦率地将斯坦福大学与其他高等教育机构进行了对比：“战后的几年对斯坦福来说非常重要，也非常关键。在我看来，我们要么巩固我们的潜在实力，进一步提升自己在西部地区的优势地位，就像哈佛在东部地区的地位一样；要么就退化成达特茅斯之类的小型学院，虽然也有着不错的声誉，但对于美国社会的影响力大概

只有哈佛的 2%。”[1]从特曼的字里行间可以看出，他不仅意识到战争可能改变美国高等院校的命运，而且洞见了西部地区的未来，预感到这里很快就会成为战后美国更具主导地位的经济发展区。

斯坦福大学在冷战时期也具有显著的政治优势，这一方面得益于科学工作者在联邦政府事务中不断提升的政治地位，另一方面也因为校方与当地政要一直保持着密切联系，他们在冷战预算模式下获得了越来越大的权力。特曼本人曾在麻省理工拜入万尼瓦尔·布什门下求学，1942 年，布什（在胡佛以及其他人士的支持下）曾是斯坦福大学校长最有力的竞争者。尽管布什因为要赴任科学研究与发展办公室的工作而谢绝了斯坦福大学的聘任，但后者与联邦政要之间的来往却越发紧密。1945 年，特里西德校长聘任托马斯·斯普拉根斯为全职说客，为斯坦福大学在华盛顿提供全方位的服务。后者也不负众望，利用自己的私人关系为斯坦福建立起深厚的人脉关系，助其获得一系列新的政府合同，并因此逐渐提升了学校的全国声誉和社会地位。[2]在地方层面，斯坦福领导层也频繁出现于旧金山的政府精英群体间。斯坦福大学声誉日隆，按惯例，每一任校长都会收到著名的波希米亚俱乐部的入会邀请，成为这个旧金山顶级权贵团体的自然成员。诸多旧金山市领导都是斯坦福大学的校友，因此自然而然地乐于保护母校在地区经济事务中的既得利益。反过来，斯坦福的管理者也越来越稔熟于通过大学来引领地方

1 特曼致保罗·戴维斯（Paul Davis）的信，1943 年 12 月 29 日，FF2, Box 1, Series Ⅰ, SC 160, SUA，引自 Stuart W. Leslie, *The Cold War and American Science*, 44。

2 Keister, *Donald Tresidder*, 70–74.

经济和获取商业利益。毋庸置疑，斯坦福大学的企业家精神、亲近市场的思维方式源于其创始人——百万富翁利兰·斯坦福，但也不可否认，20 世纪中期旧金山地区的政治文化也进一步巩固了这种办学理念。虽然当地精英群体的商业联合主义理念曾影响了大学领导层对政府干预的态度，但就像他们在湾区委员会等组织中的盟友一样，斯坦福大学迅速意识到冷战期间政府支出在地区经济发展中
109 所发挥的关键作用。尽管特里西德校长曾在 1942 年发出这样的警告："长期依赖政府补贴必然会造成诸多失落，同时带来新的问题，'接受礼物就意味着失去自由'。" 但到了 20 世纪 40 年代末，斯坦福的领导者仍在为了争取回报丰厚的联邦合同而积极努力。[1]

斯坦福大学付出的努力最终获得了回报。在 20 世纪 50 年代，斯坦福获得的联邦政府拨款和科研项目经费一直都在稳步上升，1951 年只有不到 200 万美元，到了 1960 年已经达到 830 万。大部分政府拨款都来自国防部和核能委员会，项目执行者则主要是工程学院，该院后来成为美国最杰出的工程学院之一，更是冷战时期大学科研与教学领域的"卓越尖塔"。[2]至 20 世纪 50 年代末，斯坦福大学已经成长为无可争议的科研中心，同时也是联邦政府最具价值的冷战项目研发中心之一。不过，斯坦福高层从一开始就明确了本校的发展目标，获得政府合同并非其最终目的，而是实现商业价值

---

1 "Stanford Looks Ahead,"（受众不明）, San Francisco, 14 October 1942, FF 1, Box 40, SC 151, SUA。

2 事实上，早在 1948 年，工程学院从国防部和核能委员会获得的资金就比从大学获得的更多（Lowen, *Creating the Cold War University*, 118）。

的一种手段。特曼和其他斯坦福管理者很早就意识到，政府拨款和科研合同并非单单针对国防事务，这些经费同样还会成为产业创新的种子资金。对创业精神的认同，让斯坦福的管理者能够更加深刻地理解大学作为一种机构正在成为美国文化和经济生活中一支更强大的力量。正因如此，为了进一步提升学校声誉，战后时代的斯坦福大学不仅着重加强学术研究以争取国防经费，而且努力促进技术革新和创业，同时还极为重视与私营机构和政府部门的合作。在斯坦福，学术创新的商业价值一直能够得到高度赞赏和大力支持，甚至到了部分教职员工感到过分的程度。[1]

为了在战后进一步提升社会声誉，斯坦福大学从东部常青藤盟校积极引进了诸多教职员工。丰厚的薪酬、充裕的研究经费、与高科技产业的紧密联系、温暖适宜的气候、得天独厚的基础设施，以及温馨愉悦的社区环境，这些都是斯坦福大学吸引才华横溢的年轻教授的制胜法宝。1961 年，斯坦福大学招募员工引发的东部藤校人才外流现象已经足以引发《新闻周刊》的关注。该刊物在这一年

1 斯坦福大学注重培养师生的学术创新能力，而作为回报，它也获得了商业化的发明成果带来的好处。其中之一是在 20 世纪 30 年代发明的 Klystron 微波管，授权给了斯佩里陀螺仪公司使用。一直到 20 世纪 50 年代，斯坦福大学都在从这项发明中获取利润。在 1955 财年，斯佩里支付给斯坦福大学的总特许权使用费超过 83000 美元；在 1956 财年，这一数字接近 90000 美元（托马斯·福特［Thomas W. Ford］给阿尔夫·布兰丁的备忘录，1955 年 11 月 15 日，5, FF 5, Box 12, Series Ⅲ, SC 160, SUA; 未注明日期和未签署的备忘录［大概是同一作者］, 29, FF 5, Box 12, Series Ⅲ, SC 160, SUA)。关于 Klystron 和斯坦福大学与斯佩里时而关系困难的广泛讨论，见 Lowen, *Creating the Cold War University*, 37–42。

刊发了一篇专题文章，文中引用了一位刚从哈佛大学迁往西部高校的教授之言："因为西部正在发生有趣的事情……这里的空气弥漫着令人兴奋的气息。"[1]

一个在历史上长期存在反政府情绪的高等教育机构，却不遗余力地利用联邦国防合同获得声誉和财富，进而在执行政府项目的过程中培养出数以百计的新一代企业家，这不能不说是一个极大的讽
110 刺。尽管斯坦福大学的科研活动一直都非常依赖联邦资助的国防产业，但该校在冷战期间研究工作的爆发式增长仍然超出了人们的预期。当这些政府资金流入帕洛阿尔托之后，地方官员和大学管理层都在庆贺依赖政府资金的"新型"地方经济即将腾飞。1958 年，帕洛阿尔托商会参与资助的《高树》杂志（*The Tall Tree*）洋洋自得地宣称："太空时代的到来以及电子-核能产业的兴起对美国的科研与技术的影响也让帕洛阿尔托迅速成为美国最重要的国防科研基地。帕洛阿尔托-斯坦福科研联盟已经成为国家科研集合体不可分割的一部分……美国这些科学资源被军方在跨大陆的团队合作中用于防御……这使得斯坦福大学的科研工作和工业实验室在很大程度上依赖军方和联邦基金，从而成为焦点。"[2] 20 世纪 50 年代和 60 年代初，依托国防经费开展科学研究是一件值得自豪的事情，此举一方面能够体现爱国情怀，另一方面也是紧跟"大时代"发展先进科技产业的标志，这在当时意味着为国家发展和世界和平做出

1 "Deck the Halls with Ivy," *Newsweek*, 20 February 1961, 59.

2 "The First Fifty Years of Electronics Research," *The Tall Tree* 1:9 (May 1958), 3, FF Palo Alto History, SC 486, 90-052, SUA.

了重大贡献。

土地开发

冷战的爆发为斯坦福大学提供了前所未有的发展契机，促使该校的科研水平与工程实力大大增强。与此同时，去城市化运动也让斯坦福大学的管理层发现了另一个重大利好，帮助其将庞大的土地开发成利润丰厚的新型房地产开发项目。斯坦福大学之所以走上土地开发之路，一方面是出于经济回报的考量，另一方面也是因为其管理层发自内心地希望将旧金山半岛打造成顶级高科技产业中心。无论如何，在冷战时期乃至以后更长一段时间内，斯坦福的土地开发战略都对美国高科技产业选址产生了深远影响。[1] 对于斯坦福大学而言，它寻求的不只是建造远离闹市、自成一派的校园社区，而是要创建一个"学者社区"，一个能够孕育科学和技术的生产创新基地。为了实现这个目标，斯坦福大学有意识地进行全面发展规划，充分利用建筑风格和艺术设计来实现自己的社会目的和文化诉求。同其他开发商一样，斯坦福大学之所以涉足房地产行业，是因为看到这个行业正处于快速发展的盈利风口。但除此之外，斯坦福

---

1 关于斯坦福土地开发及其对城市设计的影响，目前最全面的个案研究是约翰·芬德利（John Findlay）关于斯坦福工业园的一章论述，详见 *Magic Lands: Western Cityscapes and American Culture after 1940* (Berkeley and Los Angeles: University of California Press, 1992)。这一部分很大程度上要归功于芬德利的洞察力，特别是他的论点，即斯坦福大学的发展创造了一种新的城市范式，但在来源的使用和主题重点上有所不同。

也有其他打算，它可以提供一个替代方案，以取代当时帕洛阿尔托半岛上杂乱无章、四处蔓延的郊区地产。作为开发商，斯坦福大学将自身视为一种重要的制衡力量。因为斯坦福大学名下的土地实在太过充裕，出于长远考虑，校方选择以慎之又慎的开发方式来最大
111 程度地保护名下地产的价值。有意思的是，虽然斯坦福领导层一直信奉企业家精神和自由主义市场经济学，但这所大学不仅欣然接受来自政府的公共经费，而且还充分认识到宏观计划（中央政府经常采用的管理模式）可以成为控制社会和经济结果的一种方式。

"二战"爆发前，斯坦福大学曾将校园外围的部分土地出租给农场主和牧场主，对于位置如此偏远的地段，这也是其当时唯一能够采取的租赁形式了。在这一时期，这为斯坦福带来些许收入，但在大学预算表上几乎微不足道。就像战前诸多美国大学一样，斯坦福的财务状况也是举步维艰。大萧条带来的班级规模萎缩和校友捐款下降，让大学的财务问题变得雪上加霜。"二战"期间以及战争结束后的一段时期的人口流动和经济繁荣改变了这一切，从而也让斯坦福大学名下数千英亩地产实现了价值增长。关于这个问题，该校商业事务主管阿尔夫·布兰丁（Alf Brandin）曾经回忆道：

> 在战争爆发前，我正在负责学校的资金筹措，我想不明白，既然我们需要资金，为什么不在土地上做些文章呢？我们可以把学校附近的土地租出去。事实上，我的确没有搞清楚状况，当时这些土地还没有像后来那样值钱。……我们四周都是开阔的土地……只是机会还没有

到来。现在，战争改变了一切……战争结束后，我们终于迎来了大展拳脚的好时机。[1]

斯坦福大学不仅迎来了“大展拳脚”的契机，而且也有这方面的切实需要。土地价值的上涨同时也意味着财产税的提高，虽然斯坦福大学是一个非营利性组织，但也要在“非办学相关的商业收入”上纳税，这意味着其名下的土地都在征税范畴内，无论是用来放牧羊群还是兴建郊区住房。如果不开发周边的土地就意味着资金匮乏的斯坦福大学不仅无法获得与土地价值相匹配的租金，而且还要缴纳高昂的税金。[2]另一个风险是，由于城市改造法案的出台，地方政府有权责令拥有者将闲置的土地改造成学校、公园等公共场所。为了规避高昂和无偿的税收成本，同时也为了避免土地被征用，斯坦福大学有必要对名下土地进行整体开发。

1949 年，华莱士 · 斯特林（Wallace Sterling）担任斯坦福大学校长，自此拉开了该校地产开发运动的大幕。正如特曼后来所言，“斯特林让斯坦福背后的世界开始对这所大学产生兴趣”[3]。另一位

1 斯坦福大学口述历史项目，对阿尔夫 · 布兰丁的采访记录，ca. 1980, 30-31, SUA。

2 该大学是一个 501(c)(3) 组织，需要缴纳非相关业务所得税 (UBIT)。到 1968 年，它已缴纳了 70 万美元的财产税。“Why Develop Stanford Lands?” 未注明日期和未署名的备忘录（可能是 1968 年），FF 9, SC486,95-174,SUA。关于 UBIT 的起源和适用性，以及其演变成对某些机构来说不那么苛刻的税种的阐述，见 Evelyn Brody and Joseph Cordes, *The Unrelated Business Income Tax: All Bark and No Bite?* (Washington, D.C.: Urban Institute, 1999)。

3 Arthur L. Norberg, Charles Susskind, and Roger Hahn, *Frederick Emmons Terman*（采访记录，1971—1978），The Bancroft Library, History of Science and Technology

斯坦福大学管理者则有着这样的回忆："沃利（Wally，华莱士的昵称）是那个让斯坦福大学崛起从可能变为现实的人。在我心目中，他是那个时代的巨人。在这个国家，沃利是无与伦比的，甚至直到现在我仍然这么认为。"[1]毋庸置疑，工程专家特曼是斯坦福大学在
112 全国范围内声名鹊起和硅谷发展的关键人物，但在历史学家华莱士·斯特林的领导下，斯坦福才真正成长为引领美国科研经济的伟大引擎。

斯特林及其同僚就斯坦福大学土地开发所做的决策，绝不仅是对当时的郊区化大潮和地价提升做出的回应。在他们的规划设计中，斯坦福的土地开发方案应当能够集中代表美国城市去中心化运动以及科研生产场所建设的主流思维模式。在这方面的一个明证，就是战后斯坦福大学校园的发展与扩张。斯坦福大学从创建伊始就有着精心的规划和设计，这个传统在"二战"结束后得到了很好的延续。斯坦福是美国第一家成立校园发展规划办公室的大学，这进一步加强了该校在建筑设计和景观营造方面精益求精的建设标准。[2]就像利兰·斯坦福在初创时聘请当时最杰出的设计师弗雷德里克·劳·奥姆斯特德来操刀校园规划一样，1947年，大学管理层请来了著名的城市规划师和去中心化倡导者刘易斯·芒福德来对

（接上页）Program, University of California, Berkeley (Berkeley: University of California, 1984), 127。

1 E. Howard Brooks "Remembering Wallace Sterling," 会议录音记录，9 August 1985, Stanford Oral History Project, SUA, 19。

2 Kiester, *Donald B. Tresidder*, 76.

斯坦福大学校园及其周边土地的未来发展进行全面评估。

亲临斯坦福大学进行实地调查后，芒福德留下了这样的评语：“斯坦福拥有当地最后一块大面积的未开发土地，这实际上足以成为一个独立的大型郊区开发项目。为了斯坦福的未来，这块土地必须被保护起来，专门留作大学发展之用，这一点非常重要。”不过，究竟如何才算专门为了大学而开发土地，在这方面芒福德的定义颇为随意。在他看来，“为教职员工修建住房”也算是专为大学而做的土地开发。除此之外，芒福德还建议斯坦福大学通过获得附近具有战略价值的土地来提升其土地价值，日后可用于商业或住宅用途，同时又不会“降低大学附近土地的价值”。在最初的建校方案中，奥姆斯特德着重强调最大程度地保持斯坦福无与伦比的校园景观，并以此表达追求高等学术的办学宗旨，但芒福德的报告反映了对如何最大限度地提高斯坦福大学土地价值的务实性关注。芒福德认为，斯坦福的土地应当保持开放或者用作学术发展，这样才是最有价值的开发方式；与此同时，他还强烈反对将周边的农场土地分割成一块块的住宅用地。[1]

从短期来看，斯坦福大学管理层似乎完全忽略了芒福德的建议。[2]此后数年，斯坦福的管理者委托其他机构来评估如何在其周边土地上进行住宅、商业和工业开发。但从长远来看，斯坦福大学的土地规划还是遵循了芒福德的建议，虽然没有完全用作科研，但也基

1 Lewis Mumford, “Memorandum on Planning Ⅱ,” Subject File 1226 (VP Finance), SUA.

2 Findlay, *Magic Lands*, 125.

本上是以“正确的开发方式”来保护学校地产的使用价值。显而易见，斯坦福大学管理层也清晰地意识到这个问题，若要实现学校土地开
113 发的经济效益最大化，就必须提前进行全面而详细的整体规划。

斯坦福大学的扩建计划不仅受到芒福德等城市学家的启发，而且也从同时代的城市规划运动里获得了灵感。譬如，英国的新城镇运动，这是一项由公共部门发起的土地开发计划，旨在通过为大城市重新设计一系列融工业、商业、居民小区和休闲用地为一体的卫星城，从而改善工薪阶层的居住条件以及疏解城市交通拥堵。[1]1951 年，斯坦福大学校园发展规划办公室官员埃尔莫·哈钦森（Elmore Hutchinson）撰写了一份调查报告，其中指出：“非常幸运，整个区域的所有权都在同一个产权所有人名下，因为现在几乎所有的新城市规划，尤其是英格兰的新城市开发，都需要进行某种程度的重新开发，并将许多土地的所有权集中在一起，无论是公共的还是私人的。”哈钦森还进一步指出，单一产权“是对不负责任的开发者的一种震慑，这种开发者只思考如何将利润最大化；除此之外，单一产权还可以让土地价值在最大程度上保持稳定”[2]。

1 英国议会于 1946 年颁布了《新市镇法》，但官僚主义的人事纠葛和财政限制使该计划在 20 世纪 50 年代停滞不前；该方案一直持续到 20 世纪 70 年代，但最终被其他的城市发展战略取代。参见 Gordon E. Cherry, *Cities and Plans: The Shaping of Urban Britain in the Nineteenth and Twentieth Centuries* (London: Edward Arnold, 1988)；Meryl Aldridge, *The British New Towns: A Programme Without a Policy* (London: Routledge and Kegan Paul, 1979)。

2 E. Elmore Hutchinson, *Report on Land Use Survey of Stanford University Properties*, 5 June 1951, 3–4, FF 9, Box A29, SC 216, SUA.

哈钦森的观点与美国大学的校园规划传统前后呼应，都反映了对单一所有权的重视，继承了综合化、多功能的设计理念；与此同时，也反映了当时美国城市规划的主流思想。与同时期的其他美国高校相比，斯坦福大学有一个得天独厚的巨大优势：其他高校要想扩大校园面积，基本上都必须借助公共部门的政策工具——譬如城市更新计划——来获得更多的土地所有权和控制权，而斯坦福大学坐拥校园周边大片位置绝佳且尚未开发的土地。斯坦福大学的管理者也很早就认识到，合适的工作和合适的人是如何为土地增值的。哈钦森在 1951 年的报告中还传递了这样一种希望，“我们可以制定一个最终方案，应当为安全无害的轻工业留出更多的发展空间，如此一来就可以吸引大批高新技术员工前来此地安居乐业。如果能够做到这一点，我们的方案将大为改观，使我们的社区经济更加健全”[1]。

1953 年，斯坦福大学董事会正式投票表决，除了一个地块预留出来用作扩大校园建筑，其他所有土地都可统一规划。为了实现效益和利益的最大化，斯坦福大学聘请旧金山一个名为“斯基德莫尔、奥因斯与梅里尔”（Skidmore, Owings, and Merrill）的建筑公司展开调查行动，并针对此地的经济发展潜力和土地使用方式给出建议。1953 年，随着该公司向斯坦福大学管理层展示了总体开发计划，人们慢慢发现，在斯坦福大学的土地上进行高端住宅、商业与工业开发具有有利条件。根据“斯基德莫尔、奥因斯与梅里尔”公司提供的发展分析，1940—1950 年，旧金山半岛的人口增长率

1 Hutchinson, *Report on Land Use Survey of Stanford University Properties*, 20–21.

高达 105%，这个数据是整个旧金山都市圈增长率的两倍。不仅如此，迁入湾区的人口大多是高收入人群，尤其是圣马特奥县（San Mateo County），这里的人均收入在旧金山都市圈高居榜首。斯坦福的土地开发计划重申了高科技产业与新型城郊社区的适配性，
114 “高收入住宅区的居民不希望在社区周围看到重工业，他们越来越殷切地渴望在社区周围引进规模不大但吸引力更高的轻工企业，并以此来降低住宅税负担；他们尤其希望此类企业能够在统一规划的产业园区内有序发展，并对土地使用、建筑设计、景观美化以及开放性停车区域建造等问题进行严格规定”。不仅如此，总体规划还对如何在斯坦福土地资源上开发住宅社区做出了详细规定：“住宅区域的发展标准……应当能够反映当代社会的设计标准，以打造高品质的生活环境，与此同时，也能在最大程度上为大学带来经济效益。不过，住宅区域最终呈现出来的究竟是何特征，主要还是取决于民居开发者在具体的设计建造过程中发挥的想象力和采取的建筑工艺。”[1]

虽然 1953 年总体规划对斯坦福土地资源开发做出的评估极为有益，而且也充分反映了校方强调的高标准，但关于开发定位的具体建议仍然无法让大学管理层感到满意。根据“斯基德莫尔、奥因斯与梅里尔”公司的规划思路，虽然半岛地区的人口和财富都在不断增长，但其区域定位仍旧是旧金山都市圈的通勤郊区，而非独立发展的经济中心。有鉴于此，1953 年总体规划严重倾向于开发高

---

1 Skidmore, Owings, and Merrill, “Master Plan for Stanford Lands, 1953,” SC 486, Accession 96-176, Box 1, SUA.

端住宅，根本不怎么关注如何引入“小型、有吸引力的轻工企业”。该计划建议斯坦福大学将名下将近 6000 英亩的土地开发为住宅小区，留作商业或工业用途的土地只有 350 英亩。1953 年总体规划急于开发斯坦福大学的大面积用地，在很大程度上也反映了当时的社会背景。如果斯坦福大学管理层接受了这一建议，那么不仅硅谷的经济史会走上另一条发展道路，就连帕洛阿尔托的人文景观也会被大大改变。如此大规模的住宅开发将几乎完全毁掉斯坦福地产资源的开放空间，同时也很可能会为其他地区的房产开发和用地规划树立一个先例。在随后的几十年里，“斯基德莫尔、奥因斯与梅里尔”公司规划报告一再强调的“增长至上”理念并未被采纳，此时备受关注的主题是环境保护、控制增长以及土地储备，从而让半岛沿海山区、加州其他地区乃至整个西部地区的自然环境都免于遭受大规模开发的破坏。[1]

国防合同极大地加速了斯坦福周边高科技衍生企业的创建和增长速度，正是因为亲眼看到了这一现实景象，大学管理层才会否定“斯基德莫尔、奥因斯与梅里尔”公司的住宅开发建议，力主在
土地开发战略中充分考虑半岛地区的未来产业，集中精力开发企业 115
用地并为之配置完善的居住设施和零售环境。[2]正如一位校务委员

1 关于加利福尼亚此类变化的讨论，参见 Pincetl, *Transforming California*; 关于它对基层运动和国家公共政策的影响，参见 Samuel P. Hays, *Beauty, Health, and Permanence: Environmental Politics in the United States, 1955–1985* (New York: Cambridge University Press, 1987)。

2 President's Advisory Committee on Land and Building Development, *Report on Master Plan* [for Stanford Lands, 1953] , 1 June 1954, FF 7, Box 35, Series Ⅲ , SC 160, SUA.

写给斯特林校长的报告中所说的那样，“在一个土地资源越来越稀缺的区域环境中，如果斯坦福手上能够持有充足的未开发地产，那么其必将能够吸引各种类型的国家项目和区域计划，从而为大学带来各种直接利益和间接价值。譬如，土地租赁可以带来可观的经济收入，而引进企业更是可以在获得经济收益的同时为师生员工带来职业发展机遇”[1]。由此可见，斯坦福大学管理层已经基本明确以高科技产业为中心的发展计划。

斯坦福大学领导层对高科技产业的重视并不完全出于经济考量，相比于功能单一的住宅开发，将土地租赁给企业能为大学的长远发展带来更大的灵活性。一般而言，大学与企业的租赁合同可以一次性约定五十一年，甚至更短，因为大多数企业在这方面都比较包容；而住宅开发则不太可能愿意接受一份少于九十九年的租约，这就锁定了斯坦福的土地资源，使其在长远规划上失去了获得更高回报的可能性。[2]除此之外，斯坦福大学管理者对 1953 年总体规划的反应也表明了他们对城市发展全面规划理念的忠诚，该理念最初是由埃比尼泽·霍华德提出的，随后又得到了斯坦福大学规划顾问刘易斯·芒福德的推广。基于此理念，斯坦福大学管理层认为，必须充分利用“得天独厚的土地资源赐予本校的发展机遇，开发一个能够融工作、家居、娱乐和文化生活为一体的综合性、平衡型大学社区”[3]。这个观点看上去与花园城市的建设理念颇有相似之处。

1 校长土地和建筑开发咨询委员会，*Report on Master Plan*, 5。

2 阿尔夫·布兰丁给博尔托拉佐博士（Dr. Julio Bortolazzo）的信，1961 年 5 月 25 日，FF 10, Box A29, SC 216, SUA。

3 校长土地和建筑开发咨询委员会，*Report on Master Plan*, 8。

1954 年，旧金山半岛刚从寂静无人的农村地区向以住宿为主的通勤型郊区转变，结合当时的时代背景，斯坦福管理层的设想不可谓不大胆。

由于“斯基德莫尔、奥因斯与梅里尔”公司的 1953 年总体规划遭到各方面的批评，斯特林校长、特曼教务长以及其他大学领导人于 20 世纪 50 年代中期共同启动了一项建造计划。该计划主要包含三个目的，其一是建设吸引白领家庭的高端住宅小区；其二是充分释放本地居民购买力的购物中心；其三，也是最重要的，是紧邻大学创建一个工业园，用来引进那些仰慕斯坦福大学之名，或者希望能够获得斯坦福声誉加持和技术支持的工商企业。鉴于校方对租约时间过长的担忧，再加上特曼对发展本地高科技产业的渴望，大学名下将近一半的待开发土地都计划用来创建“斯坦福工业园”[1]。根据校方的声明，“此次地产开发的终极目的是建立一个能让斯坦福大学董事会以及所有关心学校发展的人为之自豪的综合社区。就 116
事实而言，这是一个大学项目，因此该计划本身也是一个具有教育意义的社区开发典型”[2]。

纵观整个 20 世纪 50 年代，斯坦福大学一直与地方政府在政治层面保持着良好的互动关系，这让斯坦福地产开发项目的“榜样教育”作用能够成为现实。即便大学一直都是地方经济和社区

1 Stanford Planning Office, *Land Development Annual Report*, 截至 1968 年 8 月 31 日，FF 9, Box 1, SC 486, 95-174, SUA。

2 董事会的声明，1954 年，引自 Stanford University, “Land Development Fact Sheet,” 2 April 1960, FF 11, Box A29, SC 216, SUA。

文化之核，斯坦福大学与帕洛阿尔托依然存在校地之争。表面上看，帕洛阿尔托地方政府一直表现出来的都是乐于配合的良好态度，正如《帕洛阿尔托时报》的某位编辑在1953年撰写的一篇文章中所说的那样，“斯坦福与帕洛阿尔托从来都是共享一种社区精神，双方一直都在为了彼此的利益而相互交换资源和开展合作”[1]。对于此次合作，帕洛阿尔托政府欣然同意将大学的土地开发纳入城市计划，从而为斯坦福免费提供公共设施和道路维护（同时也可以为城市提供税收）。帕洛阿尔托市长公开宣称，这是“帕洛阿尔托城市历史上最好的一次并购”。“我想不出有谁会反对这
117 项计划”，“在我看来，整个社区都赞成此次土地兼并计划，未来这项合作更是会为城市与大学带来越来越丰厚的回报”。[2]

尽管市政当局的表态十分友好，但实际情况却颇为复杂。帕洛阿尔托市政府的部分官员对于斯坦福大学筹划建设大型商场的做法颇感不快，因为这将对城市中心的商业利润形成虹吸效应，为此他们甚至一度以停止提供排水服务为手段来威胁斯坦福的商场开发项目。[3]不过，市方很快就放弃了干扰斯坦福开发计划的想法，也没有再去试图控制开发进程。以上现象的出现有着极为现实的政治背景，那就是斯坦福大学管理者比帕洛阿尔托的民选官员拥有更

---

1 *Palo Alto Times*, 17 September 1953.

2 “Annexation of Stanford Lands Hailed as Great Development,” *Palo Alto Times*, 1 October 1953.

3 Richard Stannard, “Regional Trade Center Is Just One of Stanford’s Land Use Plans,” *Palo Alto Times*, 26 February 1953.

广泛的政治影响力，这种情况在其他以大学为中心的小型城市也很常见。帕洛阿尔托商会也是斯坦福大学长期不渝的坚定支持者，该商会的座右铭就是“帕洛阿尔托：斯坦福大学之家”，由此进一步增强了大学的政治影响力。除此之外，加州法律和监管环境高度地方化，这种情况分散了政治决策权，强化了大型私有财产持有者的自主权。[1]

斯坦福大学开发计划中有关住宅小区和零售商店的部分，虽然比半岛上一般的战后建筑有着更高的设计规格和建筑标准，但就创新性和典型性而言，除了承租人是一所研究型大学，其他方面实在乏善可陈。斯坦福大学管理层将建造和营销任务统统打包，交由私人房地产开发商来具体执行，不过在施工过程中大学方面仍旧具有重要影响力。地产开发计划中的商业部分，即斯坦福购物中心，是旧金山半岛第一个区域性购物中心，也是美国最早修建的全封闭式购物中心之一。虽然大学管理人员只是名义上参与商场的日常运作，但他们对如何吸引信誉好、利润高的商户入驻极为用心，同时，他们也十分关注如何避免让商场在发展过程中卷入激烈的商业竞争。[2]

第一阶段的住宅地产开发成果是建在门罗公园地段的一个小型独栋社区，这片地位于校园北侧，靠近新购物中心。这个住宅区

---

1 Pincetl, *Transforming California*.

2 该中心在 20 世纪 50—60 年代为斯坦福大学带来了巨额的租金收入，在 1955—1968 年为斯坦福大学创造了 880 万美元的利润。Stanford Planning Office, Land Development Annual Report, Year Ended 31 August 1968, FF 9, SC486, 95-174, Box 1, SUA.

旨在吸引已在本地定居的高学历白领家庭，许多选择入住的业主都是斯坦福校友。[1]斯坦福大学深度介入住宅地产开发领域的时间是1957年，标志性项目是“斯坦福山庄”（Stanford Hills），这是一个由多种规格的独栋住宅构成的高端小区，房屋价格在3.3万美元至7.5万美元之间，占地面积从0.25英亩到5英亩不等。显而易见，这个项目的建造规格远远超过“斯基德莫尔、奥因斯与梅里尔”建
118 筑公司提出的门罗公园开发方案。[2]1959年，斯坦福山庄的开发商在广告中大肆宣传该地产独一无二的奢华：“享受半岛上最高品质的生活……就在连绵起伏、心旷神怡的‘斯坦福山庄’，这是我们规模最大、风景最佳的开发项目。这里的所有房产都是为最具鉴赏力的业主私人定制的。我们没有任何库存……也不做任何重复……现在，轮到您加入我们的‘名人录’了。”[3]

1959年，斯坦福大学又开发了一套名为“柳溪公寓”（Willow Creek Apartments）的住宅区，这个项目的目标人群是流动性较强的都市高级白领，对高等学府和购物中心等周边配套有着更高的要求。该项目的开发商霍华德·J. 怀特在奠基仪式上宣称：“太多半岛居民希望居住在真正的田园环境中，这些豪华公寓正是为满足大

---

1 Mary Madison, "Around the Beats: Packard Seems Torn Two Ways on Issue," *Palo Alto Times*, 3 November 1959.

2 "Stanford Will Break Ground in Tract Plan," *San Mateo* [Calif.] *Times and News Leader*, 6 March 1957. “斯基德莫尔、奥因斯与梅里尔”的计划建议每幢房屋占地面积为0.25英亩，平均造价为2.5万美元。

3 半岛太平洋建设公司为斯坦福山庄项目刊登的广告，载于 *Menlo Park* [Calif.] *Recorder*, 29 October 1959。

家的吁求而修建的。”与此同时，这位开发商还表示：“希望来自纽约、佛罗里达、加州西北部以及棕榈泉和亚利桑那州的人们到此置办产业。”[1]无论如何，斯坦福大学开发的住宅地产都是为高收入个人或家庭准备的，此处房产的价格不仅远远超出蓝领工人的收入水平，而且也超出了普通中产家庭的承受能力。

斯坦福大学的商业地产开发和住宅小区项目都颇为成功，不过此次地产开发行动取得的最大成就，同时也是大学管理层着力实施的项目，肯定还是斯坦福工业园。与购物中心开发项目一样，工业园的规划与开发也是在 1953 年总体规划之前便已着手进行。最初是在 1951 年，斯坦福大学计划在这个地区兴建一个“轻工业园区”，并在下一年迎来第一批承租企业。[2]斯坦福工业园的规划与发展是一个生动而真实的典型案例，展示了自成一体、远离俗世、综合设计的美国大学规划传统是如何应用于冷战时期的工业地产开发的。斯坦福工业园是一个典型的科研园，开发商特意将其打造成与大学校园不分彼此的模样，甚至连氛围都颇为相似。到 1960 年，斯坦福大学工业园的外观设计大获成功，并对周边地区产生了巨大影响，

---

1 “Stanford to Build First Apartments,” *San Mateo* [Calif.] *Times&News Leader*, 10 September 1959. 具有讽刺意味的是，尽管这一发展具有面向高消费阶层的性质，但任何类型的多单元住房的想法都会引起斯坦福大学周边居民的愤怒。他们中的许多人住在斯坦福大学帕洛阿尔托土地开发项目第一阶段建造的住宅中，此时的帕洛阿尔托已成为一个受到严格管理的排外之地，甚至连豪华公寓似乎也对居民的住房价值构成威胁。最终，斯坦福大学似乎通过强调开发所吸引的高质量、受过教育的租户安抚了这些忧心忡忡的居民 (Mary Madison, “Around the Beats”)。

2 Findlay, *Magic Lands*, 129–34.

以至于当地报纸的编辑评论道："这个位于半岛中央的研究中心，无论是建筑风格还是景观草坪，都更像是大学建筑而非一个个生产企业。实事求是地讲，我曾见过许多大学校园，也曾在其中的几所求学，斯坦福工业园看起来就像它们当年初建的样子，以至于我们根本无法想象这是一个现代化的企业厂房。"[1]

斯坦福工业园的兴建，目的是通过带动校园周边的经济发展来进一步巩固斯坦福大学作为美国顶级研究型大学的地位。在斯坦福大学附近建立高科技产业基地，在提升大学声誉的同时也与商界建立积极的利益关系。不过，特曼及其同僚也意识到，若要实现大
119 学的发展目标，就必须说服帕洛阿尔托的邻居，让他们充分意识到科技产业发展的美好前景；与此同时，校方还要想方设法提升斯坦福工业园对科技企业及其专业人员的吸引力。有鉴于此，斯坦福管理层着手将该园区打造成郊区产业规划的标杆。特曼坚信，如果说旧金山半岛的未来取决于高科技产业的发展，那么斯坦福工业园必须树立一个高科技产业发展与高收入城郊社区和平共处的典范。斯坦福必须将自己的工业园打造得一眼看上去就让人觉得与众不同，只有这样才能凸显一个事实：高科技产业与传统工业生产是完全不同的存在。也正因如此，先进产业才适合帕洛阿尔托这样的城镇。高新科技产业使用"清洁无害"的现代化设施，与浓烟滚滚的旧式工厂不可同日而语。这里的员工都是受过良好教育的白领专业人士，而非传统工业招募的蓝领工人。根据斯坦福大学管理层的分析，

1 Alexander Bodi, "Memo from the Editor: They're Different Now," *Palo Alto Times*, 17 February 1960.

鉴于生产设备和从业人员等多方面因素，大多数的制造企业都不适合帕洛阿尔托这样的城郊小镇。换一个角度来看，如果能够进行恰当的规划设计，高科技产业完全可以完美融入郊区大学城的景观环境。帕洛阿尔托官员对斯坦福大学引入这类高科技产业的做法表示支持，同时也赞同科研产业的增长可以“与本城人员构成以及斯坦福大学的整体风格相协调”[1]。

为了吸引高科技企业入驻工业园，同时也为了安抚郊区邻居的紧张情绪，斯坦福大学管理层设计了一个几乎可以视作该校校园翻版的建设方案，让整个工业园布满郁郁葱葱的绿地景观和开阔轩敞的低层建筑。在这样做的过程中，斯坦福大学也再次表示自己完全忠于这样一种理念，即科学创造力的兴盛需要充满灵性的田园环境。正因斯坦福大学拥有一片尚未开发的开阔土地，并且与地方政府一直广泛合作、相互支持，才会极为难能可贵地将美国大学的传统田园理念转化为一个焕然一新、规划全面的产业发展方案。

为实现开发目标，斯坦福大学参考了美国诸多私立工业园的建筑标准和设计方案，并将其强化和调整到前所未有的程度。最终，斯坦福大学出台了严苛的建筑标准与设计规定，并对每个环节的设计方案都严加管控。不管什么企业，若想进驻斯坦福工业园，都必须“提交一份总体规划方案，详细说明未来在此兴建的房屋、道路、

1 City of Palo Alto, “Basic Planning Policy and Objectives of Planning Program,” 4 August 1954, FF 14, Box A22, SC 216, SUA. 该报告还指出，总体而言，工业发展“从‘好生活’的角度来看是基本操作……越来越多的人应该有机会在家附近工作，从而有更多机会参与社区事务和这一地区现有的休闲活动”。

绿地以及停车场，并标清上述建筑的类型、规模、方位和间隔”。[1]根据斯坦福大学的设计方案，工业园里的每栋建筑与道路之间都必须间隔 90 英尺的绿地缓冲带。所有建筑都必须是低层结构，并且
120 都必须保持充足的绿地面积。所有建筑的周边开放空间必须超过占地面积的 60%，以此来保持整个工业园区的超低密度。当然，部分土地不可避免地会被设计成停车场，但为了保持绿地景观的连续完整，企业不能将停车场建在靠近街道的位置，而是统一安排在建筑背面。若要改变场所布局，承租企业必须首先获得斯坦福大学的批准，此外他们还有义务时刻保持建筑内部以及外部空间的整齐清洁。[2]

如此一来，斯坦福工业园的建筑样貌就不会特别强调创新，而是呈现出整洁低调的现代主义风格，总体上不那么引人注目。为了显示与斯坦福大学的联系和亲近，部分企业在建筑设计上特意选择与校园建筑相一致的材料与风格，譬如，独具斯坦福校园特色的砂岩柱廊。瓦里安联合公司是斯坦福大学的衍生公司，也是第一批入驻工业园的租户之一。从对瓦里安联合公司设施的描述可以看出，其着重强调如何通过建筑设计和环境布置来激发工作者的创造灵感。“当今的建筑设计大多强调结构力学和浮夸风格，却忽略了节奏沉稳的廊柱设计所带来的宁静与从容，并且这种设计还与旧金山

---

1 Frank Meissner, “Quiet! Industrial Zone,” *Redwood City* [Calif.] *Tribune*, 30 June 1962.

2 “Council Reverses Decision of 90-foot Buffer Strip,” *Palo Alto Times*, 29 August 1956; “Stanford Bringing Old Vision to Life,” *Los Angeles Times*, 25 March 1956.

半岛保持至今的田园风情完美契合。”[1]

为了与斯坦福大学的建筑景观相呼应（有时候甚至连屋顶上的红砖都不例外），工业园的建筑体系不仅刻意营造校园氛围，而且还沿袭了颇具浪漫色彩的西部历史文化传统。斯坦福工业园深受本土主义理念的影响，既模仿了斯坦福大学主体方庭的罗马式建筑传统，也特别借鉴了这一时期风靡加州各地的现代主义郊区住宅风格。工业园的部分建筑借鉴了湾区建筑师约瑟夫·艾希勒（Joseph Eichler）的典型特征，这位设计师善于使用现代主义且带有鲜明地方特色的建筑元素，为加州设计修建了一大批整洁周正的现代化农场住宅，他的设计风格在战后一度成为加州建筑的代表。其他人的设计则充分利用了农场土地的缓坡景观，并加入花草树木等带有加州风情的自然元素。虽然这些绿植并非完全都是土生土长的，但基本能够体现地方特色。正因如此，当我们翻看工业园区建筑的早期照片时，完全不会将其与纽约和波士顿的郊区地段混为一谈。为了保持工业园的环境特征，斯坦福大学对入驻企业进行严格筛选，最终引入了一批创新型科技制造商和研究实验室。在当时，各地政府和开发商为了刺激经济发展而惯常采取的手段是进行密集的广告营销，或者提供其他具有诱惑力的优惠政策来进行招商引资；斯坦福工业园则反其道而行之，要求外来企业必须主动申请，经审批

1 “For Electronic Research and Development,” *Architectural Record* (1954), 转载于 *Buildings for Research: An Architectural Record Publication* (New York: F. W. Dodge, Inc., 1958), 123–25。

通过后才能正式入驻。[1]最初引入的企业基本上都与斯坦福大学有
121 着内在关联，比如，第一个承租企业的负责人瓦里安兄弟都是特曼曾经的学生。虽然斯坦福大学一开始并没有明确表示只有高科技产业才能成为工业园租户，但率先入驻的瓦里安联合公司以及其他科技企业一开始就奠定了基调，因此顺理成章地带动其他技术型企业迅速跟进。

虽然入驻斯坦福工业园的大多是私人企业，但联邦政府的影响力依然能够发挥作用。大部分入驻企业——尤其是那些新企业，其创始人包括斯坦福大学的毕业生或教职员工——都是依托政府的国防合同而建，并以此作为主要营收途径。工业园内相当一部分承租企业都是联邦承包商，还有更多的企业作为分包公司间接受惠于联邦合同，这些企业为大型航空航天企业或其他工业巨头提供电子设备，而后者则是军方的硬件制造者或技术服务商。除此之外，还有惠普公司这种独树一帜的早期入驻企业，该公司是由特曼的门徒所创，为后来者提供了具有启发意义的先例。在关于惠普公司的传奇式创业历程中，其首位惠顾者是迪士尼公司。20 世纪 40 年代
122 初，为了让电影《幻想曲》呈现出高标准的配音和配乐，迪士尼公司专门从惠普那里定制了八台音频振荡器。不过，正如特曼在回忆录里所提到的那样，来自军方的投资才是惠普公司崛起的真正依仗。“所有提供军事装备的企业都在努力开发新技术，为此他们需要购买大批先进仪器设备。惠普公司研发的这些价格昂贵的新设备

1 Meissner, “Quiet!Industrial Zone.”

恰好赶上了大发展的正确路线。”[1]在那个高科技电子设备和电子计算机技术几乎没有消费市场的时代，对于惠普这样羽翼未丰的新型产业而言，来自军方的直接拨款或间接资助是维持该行业生存的关键所在。斯坦福工业园及其提供的配套服务机构，是新兴高科技企业最初的温床。这些企业在入驻斯坦福工业园时还鲜为人知，就连阿尔夫·布兰丁这样来自斯坦福管理层的人也需要“想办法寻找有关惠普公司股票的信息”，“甚至很少有人听说过这家公司的名字，当时的惠普就是这么青涩”。[2]然而，短短几年内，惠普的规模和财富就增长到一个令人无法忽视的高度，其创始人之一戴维·帕卡德（David Packard）也成为斯坦福大学的董事会成员。

以惠普为代表，这些科技公司都足够年轻，正因如此，它们更 123
愿意入驻斯坦福工业园。斯坦福大学管理层对工业园承租者实行严格管控，对入驻企业也提出了明确期待，要求它们充分发挥新兴科技产业的活力与创造力。校方的意愿是如此强烈，以至于非企业入驻者也要满足这一要求。譬如，有一次，当某位来自斯坦福大学的工业园的主要负责人被问及园区内可否修建一座犹太教堂时，他的回答是这样的：“如果承办此事的是一群充满朝气和活力的年轻人，这没有问题；如果是一群暮气沉沉、因循守旧之人，那么此事就不要再谈。”[3]斯坦福工业园之所以如此青睐“年轻而充满活力”的承

1 参见 http://www.hp.com/hpinfo/abouthp/histnfacts, (accessed 25 August 2003); Norberg, Susskind, and Hahn, *Frederick Emmons Terman*。诚然，迪士尼是公司的第一个客户，但特曼明智地指出国防工业才是惠普和斯坦福其他子公司的基本盘。

2 布兰丁口述史。

3 弗雷德里克·格洛弗（Frederick Glover）给阿尔夫·布兰丁的说明，1957 年 3 月 8 日，FF 5, Box A16, SC 216, SUA。

租企业，一方面是因为它们具有巨大的盈利潜力，另一方面还因为这类企业能够为斯坦福和帕洛阿尔托带来年轻有为、学历较高且专业过硬的员工。斯坦福工业园已出版的宣传册和未发表的内部文件都反复强调一件事情，那就是将“吸引高层次劳动者”当作自己最大的资本之一。[1]尤其是工程师与科学家，这两类已经在太空时代的国家政治文化中被捧上神坛的职业，被惠普公司的联合创始人戴维·帕卡德称为社区“倾心以待的那类居民”。[2]

同1940年以来湾区创建的其他工业园相比，斯坦福工业园的外观及其带给人们的感受都明显与众不同。企业高管和地方精英对此做出的回应，在很大程度上反映了冷战科研综合体的崛起带来的国家政治变革与文化转型。斯坦福工业园想要树立一个良好的公共形象，管理者希望告诉外界这里的企业都是“洁净无污染的”，而非脏乱不堪的传统企业；这里的员工不仅都是白领专业人士，而且还被描绘成具有非凡创造力的精英人才。在园区里，关于工人的讨论往往会让人们对科学家产生一种普遍的刻板印象，在人们心目中，他们才华横溢却性情古怪。譬如，洛克希德公司的一位高管在向公众介绍他们在斯坦福工业园的设施时打趣道：“我们这里不为科学家设定任何固定的工作时间……如果他们觉得从午夜到凌晨的这段时间效率最高，那就由他们自行安排。这里的科技人员都是

1 阿尔夫·布兰丁引自 Tom Patterson, “Stanford Project Gets Cream of Crop,” 是斯坦福土地档案中一份1956年未标明日期的南加州报纸的剪报。

2 Packard, 引自 *Palo Alto Times*, 17 February 1960, 转引自 Findlay, *Magic Lands*, 132。

才华横溢的天才，我们需要做的就是鼓励他们提出奇思妙想。换句话说，在这里没人关心谁应当在什么时候工作。”[1]

为了强力推行如此之高的建造规格以及如此严谨的租户标准，斯坦福大学几乎违背了每一条基本的经济发展原则。“我们真的不知道自己到底在搞什么，”阿尔夫·布兰丁于1958年面对一群房地产开发商时坦言，“如果我们知道发展工业有多难，多数情况下需要给予引进的企业一系列优惠政策，包括免税、供应廉价劳动力以及提供免费厂房等，我们可能就不会轻易尝试了。”相对于人们对招商引资的传统印象，斯坦福工业园的情况恰恰相反，这里不仅不用千方百计地吸引企业入驻，反而是诸多企业主动申请入驻。正如布兰丁所言：“虽然我们已经尽量保持严格的筛选标准，但总不能拒人于千里之外。”[2]然而，先进科技产业的流动性和科学人才的稀缺性导致这些高新产业在选址方面必然与其他产业大相径庭。新兴高科技产业的发展模式完全不需要落入传统型经济发展的窠臼，尤其是在斯坦福周边地区，这里早已具备了诸多比美国其他地区更 124
加优越的经济基础和自然条件。

在评估入驻斯坦福工业园的利弊时，高科技企业皆会着重考虑一项重大利好，就是附近的诸多国防设施以及优越的自然环境和公共设施；除此之外，这里还有来自斯坦福大学及其派生公司的众多

1 Robert K. Sanford, "'Think Tanks' Contain Far-Out Ideas," *Kansas City Times*, 21 June 1961.

2 Mel Wax, "Stanford Park—Weird Success," *San Francisco Chronicle*, 16 November 1958.

科技人才。正如《旧金山纪事报》于1961年所载，以“智慧的头脑作诱饵”是吸引高科技企业的不二法门，“毫无疑问，对于制造奇特（exotic）产品的清洁型轻工业企业来说，人才是对它们最具吸引力的一个因素。无论是电子和导弹工业，还是那些相对平常、众所周知的企业，都必定需要一大批矢志创新、思想深刻的研究者，只有如此才能在激烈的科研竞争中脱颖而出”。[1]科技工作者都喜欢与科学家毗邻而居，同时也希望社区周边能为自己和家人提供完备的配套设施，在斯坦福工业园，上述需求都唾手可得，这就使其在吸引高新企业的竞争中占据了得天独厚的有利位置。除此之外，斯坦福工业园充满校园气息的环境设计也为其增色颇多，这种布置非常有利于科技企业从大学引进研究型人才。一旦入驻斯坦福工业园，科技公司就有机会在全美最具智慧的人才库中择其所需，它们的招募对象不仅面向斯坦福大学的教职员工，而且还包括这里的毕业生。除此之外，斯坦福工业园还有一个特殊优势，那就是加州作为当时万人瞩目的“金州”，在吸引移民上具有独特魅力。在这样的时代，斯坦福工业园通过建筑、规划以及创业和创新型年轻公司的内部文化所传达出的加州特有的氛围，也是一项引人注目的资产。[2]

1 “Brains Are Bait,” *San Francisco Chronicle*, 18 June 1961.

2 加州的气候是斯坦福大学管理者、公园租客和媒体都经常强调的一个积极因素（例如，“Stanford Bringing Old Vision to Life,” *Los Angeles Times*, 25 March 1956）。在此期间，加州在美国流行文化中的突出地位进一步放大了这一阳光充足、气候温和的地区的优势，当时电视和广播都被典型的加州偶像所占据，如Mouseketeers、Gidget和the Beach Boys。参见Kirse Granat May, *Golden State, Golden Youth: The California Image in Popular Culture, 1955–66* (Chapel Hill: University of North Carolina Press, 2002)。

根据其他工业园的发展经验，令人身心愉悦的景观设计和高出普通建筑的营造标准非常有利于房地产开发商吸引承租企业，并且还会让周围的高收入社群乐于接纳入驻企业。而斯坦福工业园的发展历程则充分证明，与一所杰出的科研机构毗邻并形成合作关系更是一个极为重要的积极因素。斯坦福大学管理层以一种互惠互利的方式最大限度地加强了大学与企业之间的联系。斯坦福工业园的承租企业一方面可以利用学校的人力资源和实验设备，另一方面还可以获得大学声望的加持。譬如洛克希德公司，这所总部位于洛杉矶的大型航空航天公司于 1956 年正式宣布进驻斯坦福工业园，并发出声明："斯坦福大学及其卓越的实验机构将为洛克希德公司的研究人员提供进修机会，与此同时，洛克希德实验室也将为斯坦福大学的教职员工提供担任顾问的机会。"[1]

斯坦福大学还专门为洛克希德公司以及工业园其他入驻企业的 125
员工设计了一个荣誉项目，鼓励他们在职攻读科学专业的高级学位。这个独辟蹊径的项目可谓一举两得，一方面能够增加斯坦福工业园的吸引力，另一方面也为学校的科研经费开辟了新的来源。到 1961 年，已经有来自三十二家公司的约四百名员工申请该项目，不久之后，报名人数又有大幅增加。[2]根据特曼 1959 年留下的记录，"该计划的运行费用完全可以自给自足，一部分是学生支付的学费，另一部分则是合作企业提供的专项补助资金。该项目对于旧金山半岛的企

1 洛克希德公司，新闻稿，1956 年 1 月 24 日，FF 5, Box A16, SC 216, SUA。

2 Saxenian, *Regional Advantage*, 23.

业也是一笔颇为划算的交易，因为此举有利于提高公司在员工雇用方面的吸引力，从而在激烈的职业人才市场中占领上风，或者在优秀应届毕业生招募中拔得头筹”[1]。在那个美国大部分研究型大学都十分警惕与工商界产生密切联系的历史时刻，而以特曼为首的斯坦福管理层却能开风气之先河，接受了企业教育和研究工作交叉渗透的理念。[2]

荣誉合作项目还能拓宽特曼大力推动的另一个筹资渠道，这就是航天工程系的“工业联盟计划”。该项目的合作者都是洛克希德之类的企业，这些企业每年支付 1 万美元便可成为斯坦福大学的特别合作者。作为回报，斯坦福大学下属的研究机构会和这些企业形成更加亲密的合作关系，从而进一步提升它们的社会声誉。[3]与研究型大学合作带来的衍生利益进一步加强了承租企业对斯坦福的忠诚度，同时也为大学带来了更丰厚的捐赠资金。高科技企业从斯坦福大学科研团队和实验设备中受益最大，为校方提供的回报也更多，这也反过来影响了管理层对工业园承租企业的选择倾向。在此情形下，特曼“向布兰丁指出，斯坦福从高科技公司身上获得的回报价值已经远远超出了土

1 “Education for Growth Industries,” 特曼为美国钢铁协会旧金山地区技术会议准备的文章，1959 年 11 月 6 日，FF 60, Box 1, Series X, SC 160, SUA。

2 盖格尔在《研究与相关知识》(*Research and Relevant Knowledge*) 一书中指出了“20 世纪 60 年代盛行的一种封闭心态”，即许多依赖联邦的大学对美国公司持支持态度。这种态度在 20 世纪 60 年代后期校园抗议和联邦研发拨款减少后开始瓦解（273）。另见 Hollinger, “Money and Academic Freedom a Half-Century after McCarthyism”。

3 Various memoranda, FF1, Box 38, Series Ⅲ, SC 160, SUA.

地租赁收入……阿尔夫·布兰丁很快就明白了这一点，此后不久，那些高科技领域之外的企业主就不那么开心了，因为他们就算费尽心思也未必能够从布兰丁手上拿到一份斯坦福工业园的租约”[1]。

尽管在诸多方面都有与众不同的创新，但也不应忘记，斯坦福工业园的成功在很大程度上源于当时美国的经济发展大势和人口流动大潮。换句话说，斯坦福工业园的腾飞主要是因为站在了风口之上。根据湾区委员会提供的报告，到 20 世纪 60 年代初，当斯坦福工业园的容量基本饱和之时，旧金山半岛上郊区人口和核心城区人口（旧金山与奥克兰两城）的比例已经“远远超过”2∶1。[2]区域去中心化发展趋势也体现为郊区产业的分散化；湾区委员会 1960
年公布的一份报告显示，“即便是在郊区，贸易中心和服务机构也 126
在随着湾区经济整体上的去中心化而更加广泛地向四周散布”[3]。与此同时，工业园区工作人员的通勤模式也印证了湾区人民生活模式与工作方式的变化。1962 年的一项调查显示，斯坦福工业园大约有 10500 名员工，其中大多数不在附近居住，而是来自帕洛阿尔托以南的住宅区（56%），有 7% 的人甚至住在“半岛区域”之外。住在帕洛阿尔托本地的员工只有 21%。绝大多数员工的通勤都依赖汽车：

几乎没有人不是驾车出行（当然也没有其他出行方式

1 Norberg, Susskind, and Hahn, *Frederick Emmons Terman*, 127.

2 旧金山湾区委员会, *Economic Guide to the Bay Area* (San Francisco, 1961), SFHC。

3 Mel Scott, *The San Francisco Bay Area: A Metropolis in Perspective*, 引自 *Trends* (San Francisco Bay Area Council Newsletter) 53 (March 1960), SFHC。

> 可供选择)。九人步行上班，四人乘坐通勤列车，八人骑自行车，不驾驶汽车的员工加在一起只占全体员工总数的 1.6%。值得关注的是，许多企业都不鼓励自己的员工步行通勤或乘坐公共交通。譬如惠普公司，其园区建筑甚至根本没有为步行者准备出入通道。显然，斯坦福工业园的入驻企业基本上都默认自己的员工应当驾驶汽车或摩托车上下班。[1]

考虑到斯坦福工业园的设计要求，就不难理解为何这里的通勤模式会如此单一。在规划方案里，设计者在屏障隔断以及景观美化上费了不少心思，却完全没有考虑修建人行步道。斯坦福的产业发展模式是为那些自驾通勤的从业者设计的，尽管这里的停车场通常都被煞费苦心地规划在公司大楼的后面，用来掩饰公司员工日常交通对汽车的依赖。[2]1962 年的调查研究还发现了一个值得关注的现象，那就是斯坦福工业园的高科技从业者很可能买不到或负担不起附近社区的住宅。随着工业园以及类似项目的快速发展，旧金山半岛上逐渐出现了一种新的郊区生活方式，即在某个郊区工作，

---

1 斯坦福工业园雇主与斯坦福大学土木工程系合作，"Residence and Commute Patterns: Employees, Stanford Industrial Park," June 1962, Box 2, 90-052, SC 486, SUA。

2 20 世纪末成为郊区商业发展主流形式的办公园区和工业"校园"证明了斯坦福大学许多设计要求的影响，其中就包括不设人行道。这显然对低收入工人尤其不利，因为他们可能没有私家车，必须乘坐公共交通工具上班。见 Margaret Pugh, *Barriers to Work: The Spatial Divide Between Jobs and Welfare Recipients in Metropolitan Areas* (Washington, D.C.: Brookings Institution Center on Urban and Metropolitan Policy, 1998)。

但在另一个郊区居住。除此之外，斯坦福工业园于1962年便已形成的住宿通勤模式，还预示了湾区地段未来必将面临住房短缺问题。尤其是帕洛阿尔托，到20世纪末期，绝大部分在此工作的专业人员既寻找不到也负担不起附近的住房。

斯坦福工业园也不乏批评者，甚至有些意见就来自内部。1959年，斯坦福大学土地与建筑开发咨询委员会曾召开过一次会议（特曼就是该委员会的重要成员，但没有参加此次会议），会上部分管理人员和教职员工都表示了对工业园发展模式的担忧。“工业园引入的企业类型较为单一，虽然能为大学的学术研究提供强有力的专业支持，但对其他部门的贡献却乏善可陈。有人提出，工业园是否应当积极引进更多类型的机构入驻，譬如政府办公中心、专业协会总部以及其他各种能为大学员工的多方面利益带来广泛支持的组织机构。”出席此次会议的委员普遍赞同这个观点，他们认为“有 127
必要促进斯坦福工业园承租机构的多样化发展，不过，当下还不清楚究竟如何具体执行”[1]。虽然此次会议之后委员会并未进一步讨论有关多样化发展的问题，但仅此一事也足以反映大学方面关于工业园究竟为谁带来了利益的内部纷争。

斯坦福大学内部对工业园不遗余力地聚焦科研型经济发展的担忧主要来自文理学院的成员们，但由于斯坦福工业园在公众关注、政治权力以及经济利益等方面取得的巨大成就，他们的声音很快就被淹没了。到1963年，斯坦福工业园已经有四十二家公司入

1 土地与建筑开发咨询委员会，会议记录，1959年11月10日，FF 2, Box 35, Series Ⅲ, SC 160, SUA。

驻，雇用了大约 1.2 万名员工。[1]至 1969 年，工业园内的承租企业进一步增加到六十家，雇员规模接近 1.8 万人。[2] 1955—1968 年，工业园区带来了超过 1300 万美元的净收入，不仅是斯坦福大学有史以来回报最高的土地开发项目，而且还代表了斯坦福在商业地产开发方面所取得的巨大经济成功。[3]在很短的时间内，斯坦福大学管理层将帕洛阿尔托从一个位于城郊的住宅区和大学城，成功地转变为一个勇于创新、技术先进的科技产业中心。

模范城市

几乎从斯坦福工业园以及其他土地开发项目刚刚启动，新闻记者、政界人士和商界领袖就为之欢欣鼓舞，将其视作地方经济发展的国内标杆，甚至是国际典范。到了 20 世纪 50 年代中期，斯坦福大学的项目，尤其是工业园，已经成为美国各大杂志封面和报纸头条的常客。虽然斯坦福开发区地处城郊，但观察者迅速就将其视为一座新兴城市。对此问题，《星期六晚间邮报》曾在 1955 年用热情洋溢的笔调称赞斯坦福的地产开发造就了一座"模范城市"，并让"一般意义上的城镇开发计划相形失色"。[4]1956 年，《洛杉矶时报》

---

1 特曼致加州财政局副局长斯普拉格（Irvine Sprague）的信，1963 年 12 月 5 日，FF 5 (NASA), Box A21, SC216, SUA。

2 斯坦福规划办公室的备忘录，FF9, Box 1, SC486, 95-174, SUA。

3 斯坦福规划办公室，*Land Development Annual Report*, Year Ended 31 August 1968。

4 Falcon O. Baker, "City on the Campus," *Saturday Evening Post*, 31 December 1955, 引自 "Stanford Building a Model City to Cost 20 Millions," *Corona* [Calif.] *Independent*, 3 January 1956。

也做出了这样的报道：

> 斯坦福大学名下有 9000 英亩土地，其中部分土地正在迅速展示出一座整体协调的城市形象。等完全建成后，预计会有 4.5 万人居住在这里，还有数千人在这里的轻工企业或商业机构工作，并在购物中心消费。当然，也会有很多人在大学校园深造。[1]

真正让斯坦福工业园的公共形象达到顶峰的重大契机出现在 1958 年，当时仅仅创建数年的工业园在布鲁塞尔世界博览会上大放异彩。根据《斯坦福大学公报》的记录，在布鲁塞尔世界博览会上，
“美国工业房地产经纪人协会与美孚海外石油公司联合主办了一个 128
名为‘美国工业园’的展厅，其中展播了一部反映斯坦福工业园及园内工人生活的彩色电影，并展出了诸多反映该园区建筑物的大幅彩色图片。事实上，该展厅一共展出了九个工业园，但联合赞助商认为斯坦福工业园的上镜效果最佳，因此便将介绍该园的六分钟短片作为典范循环播放。除了斯坦福工业园，在短片中还出现了当地的居民小区和斯坦福购物中心”[2]。

世博会结束后，美国各地和其他国家的游客被斯坦福工业园所吸引，源源不断地来到现场亲身感受现代工业发展的伟大成就。1960 年，戴高乐（Charles DeGaulle）在访美期间特别要求去斯坦

1 “Stanford Bringing Old Vision to Life,” *Los Angeles Times*, 25 March 1956.

2 *Stanford University Bulletin*, 15 May 1958, FF “Palo Alto History,” SC 486, 90–052, SUA.

福工业园参观；紧随其后，八名日本国会议员也参观了斯坦福大学的开发项目。接下来的一段时间，其他国家的政要也接踵而来。[1]

当时美国有数百个城市和地区正在努力寻求迅速有力推进区域经济发展的策略，斯坦福大学及其周边地区似乎已经找到了完美而简便的解决方案——公园式的工业地产，临近优质住房和名牌学校，承租企业能够十分方便地利用世界一流大学的科研资源。当其他地方的经济发展机构开始实施自己的工业发展计划时，无论是高科技产业还是其他方面，他们都经常援引斯坦福大学作为模板。从俄勒冈州、爱达荷州、得克萨斯州、堪萨斯州到密西西比州，其主流媒体都对当地受斯坦福工业园启发而采取的举措热情洋溢地进行了报道。[2]

面对扑面而来的赞赏与模仿，斯坦福大学管理层理所当然地乐意接受，并为试图追随斯坦福模式的其他高校与社区提供技术援助。1962 年，斯坦福大学院校联络处主任莱尔·纳尔逊（Lyle

1 Meissner, "Quiet! Industrial Zone." 值得注意的是，PACE（挑战性时代行动计划）是斯坦福大学这一时期主要筹款活动的首字母缩写。然而，文章的注释是"Pace"，而不是"PACE"，这表明作者所指的不是筹款，而是斯坦福大学对其他科研园发展的影响。

2 "Chamber Unit Has a Research Probe," *Lawrence* (Kan.) *Journal-World*, 12 December 1961; "Four Studies for Future Growth Urged on Chamber of Commerce," *Corvallis* (Ore.) *Gazette-Times*, 6 March 1962; "Research Parks Meet Need," Editorial, *Lubbock* (Tex.) *Avalanche-Journal*, 9 April 1963; "Bringing Research Center to City Is Object of Plan Launched Here," *Meridian*(Miss.) *Star*, 20 February 1964; Quayne Kenyon, "City Encourages Start of Light Industry Center," *Idaho State Journal*(Pocatello, Idaho), 21 August 1964; Stanford Lands Scrapbooks Ⅵ and Ⅶ, 1961–62 and 1962–65, Subject Files 1300/9, SUA.

Nelson）在文章中充满自豪地写道：斯坦福工业园的发展模式“业已成为城市与大学协同共创科研产业体系的全国典范”[1]。1963 年的一份剪报介绍了伊利诺伊大学以斯坦福为模板创建工业园的消息，在剪报的顶部，一位兴奋不已的伊利诺伊大学管理人员将斯坦福誉为美国高科技工业园的“先驱”。[2]

虽然斯坦福工业园基本是被那些希望发展高科技产业的地方树为典型，但对于那些有意进入房地产建设和商品经济市场的大学和大学城而言，也是一个特别有启发性的例子。1959 年，南加州四个小城派代表前往斯坦福大学参观，它们分别是波莫纳（Pomona）、克莱蒙特（Clarement）、拉文（Le Verne）和蒙特克莱尔（Montclair）。参观过后，波莫纳市政当局做出了这样的评述：“希望波莫纳山谷紧跟斯坦福大学的行动方案，因为我们觉得波莫纳谷地几乎有着与斯坦福农场如出一辙的成功要素。这里有大学，而且，大学附近还有位置优越的工业用地和环境优良的居住小 129
区。”[3]尤其是那些名下拥有大片捐赠土地的大学，更是热衷学习斯坦福大学的成功经验。在加拿大，《温哥华太阳报》于 1964 年发表社论，指出英属哥伦比亚大学若开发其土地不仅要关注当前的好处，更要着眼于整个社会的长远利益：“根据斯坦福大学的成功经验，温

1 给《帕洛阿尔托时报》编辑的信，1962 年 5 月 31 日，FF 14 (City of Palo Alto), Box A22, SC 216, SUA。

2 “Midwest to Get Research Center,” *New York Times*, 13 March 1963.

3 “4 Cities to Study Industrial Project,” *Pomona* [Calif.] *Progress-Bulletin*, 16 October 1959.

哥华也应当在大学的受赠土地上建立一个与之类似的科学与工业联合体。一方面，这种发展模式带来的直接利益是显而易见的；另一方面，发展高科技产业也将成为迈入社会新阶段和经济新时代的必由之路。”[1]

不仅如此，那些看似与大学并无明显联系的土地开发项目也希望从斯坦福的成功经验中寻求灵感。1958 年，布鲁克林房地产委员会主席伯纳德·赫格曼（Bernard Hegeman）向纽约市规划委员会提交了一份申请，提议市政当局也在本地创建一个像帕洛阿尔托那样蒸蒸日上的工业园。赫格曼认为："纽约市……也可以尝试为大型企业工厂的建造提供更广阔的空间，这些工厂喜欢把所有工作空间都集中在一个楼层上。因为筹划中的工业园不允许那些造成空气污染或环境破坏的企业入驻，所以不用担心住在附近的居民会反对这项计划的实施……斯坦福大学……在毗邻学校的土地上创建的工业园正是以这种模式发展起来的。"[2]赫格曼并不是唯一一个将发展"清洁型"产业与斯坦福工业园挂钩的人。在加州，帕洛阿尔托南部，距斯坦福大学只有数英里的圣克拉拉市政当局于 1960 年宣布创建工业园，这个新筹建的工业园将"与斯坦福工业园如出一辙，严格限制任何形式的烟尘、噪声和气味污染"[3]。

---

1 "Canadians Envy Stanford Firms," Editorial, *Vancouver Sun*, 转载于 *Palo Alto Times*, 27 June 1964。

2 James L. Holton, "Hegeman to Ask Approval of Industrial Park Plan," *New York World-Telegram and Sun*, 11 April 1958.

3 "SP plans to build industrial park— 'like Stanford's' ," *Palo Alto Times*, 9 March 1960.

斯坦福大学地产开发的成功经验，还对美国大学的校园规划产生了更广泛的影响。譬如，加州大学的决策者在 1961 年选择人口稀少的圣克鲁斯作为新校区的选址所在地，原因就是他们“希望新校区更类似于斯坦福大学，而不是加州大学洛杉矶分校”。加州大学决策层宣布，由于圣克鲁斯分校建在土地开阔、人烟稀少的地方，因此能够“为教职员工提供住房以及其他配套设施，从而发展为一个典型的大学城”。如此一来，“圣克鲁斯分校就可以有效掌控学校周边的商业活动、工业规划和住宅开发，如同斯坦福大学一般”，而不是像洛杉矶分校那样受困于周边环境的既有布局。[1]一言以蔽之，斯坦福的发展经验向其他地区显示了大学名下拥有大片未开发土地是多么重要；如帕洛阿尔托这般的“模范城市”不可能在那些已经形成发展格局的都市区域发展起来。

与斯坦福大学隔湾相望的加州大学伯克利分校也走出了一条具有启发性的创新之路。与斯坦福大学一样，加州大学伯克利分校在冷战初期也具有诸多发展优势。这里同样是联邦政府资助下的大型科研项目所在地，同样也聚集了一大批美国最优秀的物理学家和
工程师。伯克利分校位于一个气候宜人、设施完善、经济增长迅猛 *130*
（其中很大一部分来自军方投资）的大都市区。与斯坦福大学一样，伯克利也位于市郊，能为校内教职员工和校外专业人员提供理想的居住条件。在具备以上所有优势条件的情况下，伯克利在冷战初期

1 “U.C. Santa Cruz Campus to Follow Stanford Style,” *Oakland Tribune*, 19 March 1961.

竟然没有迅速发展为高科技产业中心，这起初不由得令人困惑。

1961 年，伯克利的市政官员集体参观了斯坦福工业园，以评估本市大学城是否有可能复制后者的经济发展模式；一位来自伯克利当地的记者不无讽刺地将这次访问称为“一次虔诚的朝圣之旅……朝拜帕洛阿尔托这个奇迹之地”。然而，参观得来的结果却使官员们“痛苦地意识到了这两个城镇之间的差异”，其中一个差异，加州大学的决策者在选择圣克鲁斯创办分校时就已经有所察觉，即可用土地和人口密度。伯克利地区虽和旧金山半岛同属郊区，但前者的城市规模比后者大得多，而且人口也更加密集。“帕洛阿尔托的面积为 22.27 平方英里，人口为 5.3 万。伯克利的面积为 17.87 平方英里（几乎一半为水域），但人口却有 11.1 万，是帕洛阿尔托的两倍还多。”[1] 由于斯坦福大学独特的土地赠予条款，市政府和大学的官员无法自由开发土地。

另一个对伯克利的发展规划形成制约的因素，是加州大学明显有别于斯坦福大学的内外部政治环境。作为一个公立高等教育机构，加州大学的商业资源比斯坦福的更少，支持创业的操作空间也更狭窄。斯坦福大学管理层的亲商态度使其充满热情地主动与产业界结盟，这在当时几乎可以说是史无前例的，加州大学伯克利分校当时虽然正在“多元综合大学”的伟大倡导者克拉克·克尔的领导下，却无法像斯坦福大学那样为工业园的承租企业提供拓展性的

1 “Pilgrimage Held to ‘Miracle of Palo Alto’Site,” *Berkeley Review*, 20 July 1961.

项目支持和有针对性的人员交流。[1]

在大学之外，伯克利镇的人口结构成为引进高科技产业的一块绊脚石。一篇记述1961年伯克利分校管理人员“朝圣之旅”的文章写道：“帕洛阿尔托的人口几乎全是白人，而伯克利却有26%的居民为非白人。因此，至少在未来一段时间内，可能很难为魅力四射的高科技产业提供技术熟练的专业人员。”[2]虽然观察者的坦率直言主要反映了当时美国的种族政治以及少数族裔难以从事科学职业的社会事实，但这番话还在不经意间揭示了斯坦福大学成功经验背后的一个重要事实，那就是帕洛阿尔托在种族和经济上具有高度同质性。在斯坦福工业园创建之前，就已经有许多从事高科技行业的专业人员住在附近，或者正准备前往此地。在那个种族结构不断变化和社会形势动荡不安的年代，位于旧金山半岛的这座“知识之城”之所以备受专业人员和企业雇主的青睐，部分原因也正是此 131
处的居民都是白人。

就像加州大学伯克利分校一样，许多大学都存在种种限制，因此，尽管它们非常渴望能复制“帕洛阿尔托奇迹”，但事实上却无能为力。不过，斯坦福模式还是在两个方面深刻而持久地影响了20世纪60年代的经济发展战略。首先，斯坦福的成功让州政府和

1 这一时期，伯克利大学和加州大学系统的其他部分所经历的财政和行政限制在20世纪60年代中期由学生冲突激起的高层政治斗争中得到了展示，参见Matthew Dallek, *The Right Moment: Ronald Reagan's First Victory and the Decisive Turning Point in American Politics* (New York: Free Press, 2000), 81–102。

2 “Pilgrimage Held to ‘Miracle of Palo Alto’ Site.”

地方政府的领导者都充分意识到研究型大学在吸引高科技企业和培训高素质人才方面扮演的重要角色。1961 年，俄勒冈州州长马克·哈特菲尔德（Mark Hatfield）对该州的商界领袖们说："正是因为斯坦福大学拥有杰出的研究设施，才能在附近创造一个巨大的高新产业综合体，这就是我们要努力的方向。"[1]

其次，斯坦福大学的房地产开发模式也进一步巩固了科研型经济发展的建筑规划模式，那就是公共政策制定者以及工商产业领导者一直以来都较为推崇的低楼层、低密度房地产开发模式。模仿者很快就意识到，正是因为拥有大片未开发土地，斯坦福大学才能在工业园项目以及其他房地产开发项目上取得如此瞩目的成就。与此同时，斯坦福的追随者发现，工业园的良好声望还源于这里绿草如茵的园林景观、宽敞大方的空间设计以及打破传统的现代化配套设施。更重要的是，这样的设计理念让园区内部的电子工厂和计算机企业完美地融入深受高收入人群喜爱的郊区环境中，因此也能够轻而易举地吸引一大批高素质专业人员，进而提升大学城的财政来源和社区资源。

到了 20 世纪 60 年代中期，斯坦福工业园俨然成为美国其他地区乃至世界其他国家发展高科技产业的标准模式。斯坦福大学独立拥有大片土地，周边社区都是富裕的白人家庭，地区经济也在蒸蒸日上，工业园正是在这样的特殊条件下开发的项目。1965 年，就连远在苏格兰的经济发展官员和商界领袖都已知晓，"以斯坦福大

1 "Governor Hatfield Tells Rotary: 'We Need 20,000 New Jobs Each Year!'" *Silverton* (Ore.) *Appeal Tribune*, 22 June 1961.

学为模板创建‘工业园’，将会实现大学和工业之间最深刻的协同互动”[1]。

总体来看，最热衷以斯坦福为模板进行地产开发和社区打造的地方，往往是那些经济欠发达地区，甚至其中一部分完全是乡村或半乡村地区。许多规模更大的城市和其他声名显赫的研究型大学也对斯坦福的成功经验颇为关注，虽然这些地方和机构一般不会公开承认是以斯坦福大学为样本，但事实上却沿着极为相似的轨道来规划自己的产业发展计划。无论是在城市还是在乡村，斯坦福的模仿者都一致认为必须遵循帕洛阿尔托的成功经验，保持土地开发的 132
独立性以及外观设计的郊区化。此外，还有一个虽然极少公开讨论，但模仿者尽皆心知肚明的问题，那就是种族结构与产业类型对工业园开发项目的重要作用。显而易见，在白人中产阶层聚集的郊区环境中去建设一座“知识之城”，必定会大大降低可能遇到的阻力。所有参观过斯坦福工业园的大学管理者与地方经济发展负责人，基本上都能把握以上经验，并以此为指导试图在全国各地复制“帕洛阿尔托奇迹”，但结果却是喜忧参半。[2]

1 “Industry-University Links Needed,” *The Scotsman*, 12 July 1965.

2 Luger and Goldstein, *Technology in the Garden*, 154. 正如卢格尔和戈尔茨坦所观察到的，在大学开办科研园的发展过程中，其他机构是模仿者，而不是创新者，这一事实说明了一个内在的劣势。他们写道：“斯坦福科研园的成功——无论是作为房地产项目还是作为经济发展工具，与其说是因为其规划具有远见卓识，不如说是因为偶然的时机和大学官员灵活变通的能力”；“斯坦福大学恰巧拥有一批创新型人才，在电子和其他高科技产业即将蓬勃发展的时候，他们需要大学附近的空间。并且，由于斯坦福科研园是最早建成的科研园之一，其他顶级研究型大学在这些创新业务上几乎没有竞争力”。

“山丘之战”

虽然一批批前来帕洛阿尔托和斯坦福工业园的参观者皆会密切关注帮助斯坦福大学取得成功的种种特征，却很少有人发现斯坦福大学地产开发项目带来的另一个后果，那就是引发了社区内部的争议。帕洛阿尔托的当地居民并非都对外来企业的入驻表示欢迎，事实上，在20世纪50年代后期和60年代初，半岛上的社区成员与斯坦福大学管理层一直矛盾不断，从这个现象可以看出，知识之城的建设计划也有可能激发附近社区的怨恨与抵制，即便在结构均一、密度较低的城郊地区亦如此。

20世纪50年代后期，帕洛阿尔托和门罗公园的新任领导人已经清楚地意识到，正因为当初对斯坦福大学土地开发计划的默许态度，当下才能获得如此可观的回报，不仅政府税收稳步增加，而且本地经济的知名度也不断上涨。工业园的成功创建以及斯坦福大学其他土地开发项目的顺利实施，显著改善了帕洛阿尔托和门罗公园两个郊区小镇的财政状况。斯坦福大学规划的购物中心和工业园都位于帕洛阿尔托镇所属土地上，这两者的出现使税收大幅增加。根据《旧金山新闻》1956年的报道，“城市评估专家哈罗德·马蒂（Harold L. Marty）宣称，帕洛阿尔托的房地产评估价值已飙升近1400万美元，达到创纪录的9574.276万美元。城市地产价值大幅增长的主要推手就是斯坦福购物中心和工业园。仅购物中心一个项目……估价就超过500万美元”。税收的增加导致税率降低，从而使得帕洛阿尔托对居民和企业更具吸引力。[1]

但是，在 20 世纪 50 年代末，帕洛阿尔托的行政官员同样也能察觉到当地居民越来越不堪忍受新一轮商业开发和工业活动带来的负面影响。甚至，即使在社区关系相对平和的 20 世纪 50 年代，当地企业和常住居民也会时不时地发出抱怨。1953 年，帕洛阿尔托市中心的零售商就曾因为斯坦福购物中心的出现而对未来的前 133
景感到无比焦虑，他们提议拆除当前的中心城区，然后在那里建设一个新商场。[2]1956 年，一部分住在罗布尔岭（Roble Ridge）非建制社区的居民向帕洛阿尔托市议会投诉，抗议斯坦福工业园在背面并未遵循其大肆宣传的 90 英尺绿地缓冲区方案，从而让企业建筑过于迫近他们的家园。针对这一问题，城市当局极为罕见地对斯坦福大学行使了分区管理权，迫使工业园租户加宽了建筑背面的绿地缓冲带。关于这一问题的辩论揭示了当地居民与大学之间关于工业发展的紧张关系。一位议员指控斯坦福大学忽视当地民众的利益，"自私自利地规划地产开发项目，甚至到了锱铢必较的程度"[3]。

鉴于管理层处理社区关系的一贯方式，斯坦福大学与当地居民的冲突很难缓解。一直以来，斯坦福大学的领导者都坚信帕洛阿尔托的价值主要在于拥有斯坦福大学，他们一直将这座城市视为大学

---

1 "Property Value in Palo Alto Soars," *San Francisco News*, 11 July 1956.

2 "Big Downtown Project Proposed for Palo Alto," *Palo Alto Times*, 4 April 1953.

3 "Council Reverses Decision on 90-foot Buffer Strip," *Palo Alto Times*, 29 August 29, 1956.

城，斯坦福大学是其文化根基和经济中心。当然，校方的观点确有其源，但这样的想法很容易导致他们在处理邻里问题时态度生硬、缺乏耐心，因此必然带来诸多公共关系问题。如果斯坦福大学的领导者在最初能够给予帕洛阿尔托居民更多尊重，其实很多问题根本不会发生。

斯坦福大学的管理者一开始就非常清楚当地居民对大学地产开发项目带有抵触心理。当斯坦福大学决定在自己的土地上实施工业园建设计划时，管理层曾多次参加当地社区召开的会议。正如阿尔夫·布兰丁所指出的，“很明显，会上有几个政治派系一直试图向与会者灌输这样的观念：斯坦福的工业地产开发项目几乎不会给帕洛阿尔托带来任何好处……我则借陈述斯坦福工业地产项目之机澄清了这个问题：斯坦福大学的项目规划和开发结果必定对帕洛阿尔托大有裨益”[1]。鉴于和大学之间的联盟关系，帕洛阿尔托政府和地方商会也站在大学一方，努力向居民保证，斯坦福工业园绝不会带来寻常工业常见的空气污染和噪声扰民等“有毒害作用”的副产品。随后，布兰丁又进一步指出：“谈及工业园开发，希望大家不要望文生义。关键是了解将在这里生产什么。关于这个问题，我们努力让外界明白，这里将要引进的是清洁无烟型企业，是无污染、电子化的轻型制造业，完全不会有重型制造业。”[2]

尽管有官方给出的保证，但部分居民——其中许多还是斯坦福

1 阿尔夫·布兰丁给华莱士·斯特林的备忘录，1954 年 8 月 9 日，FF 14, Box A22, SC 216, SUA。

2 布兰丁口述史，42。

大学校友，他们在其他问题上一向忠于大学利益——仍然对开发项目持高度怀疑态度。布兰丁后来回忆道："我记得当时镇上有人放出消息，斯坦福工业园会在人行道旁建造一大片柏油路停车场，除 134
了停车毫无其他功能。他们还说：'不管斯坦福大学绘制多么美好的画面和方案，他们都是在胡言乱语，开发商根本就不会这么做。'有位反对者甚至还是我的同学，我对他说：'我想提醒你一些事情。斯坦福的土地是不能售卖的，我们的大学在这里，我们正在努力改善学校的财务状况，但我们已经在这里建成了一个令大家引以为傲的文化中心。我们不会为了蝇头小利而污染这片土地，这里的发展必然会与大学保持一致。'"[1]

面对当地居民对斯坦福工业园难以消除的抵制态度，斯坦福管理层和帕洛阿尔托政府官员越来越不耐烦。但事实上，民众的担忧心理在一定程度上是可以理解的。即便是高科技制造业，也不完全像其拥趸所宣传的那样"清洁无害"。20 世纪 60 年代初，进驻斯坦福工业园的企业越来越多，这里的生产活动对周边居民的影响也越来越大。园区附近的居民开始受到各种各样的困扰，从刺激性气味到可能具有致命威胁的污染。1962 年，一部分居民投诉到斯特林校长那里，向他反映瓦里安联合公司斯坦福工业园分公司的噪声扰民问题：

> 他们的机器整天发出尖锐的呜呜声。上个星期的每一

1 布兰丁口述史，42。

天，我们通常都在 5:30 左右被吵醒……工厂里的大烟囱二十四小时不间断地制造烟尘和噪声。有时候，这里会散发出强烈的酸性气味，已经污染了我们的乔木和灌木，损坏了我们的许多汽车和庭院家具。我们曾多次直接联系瓦里安联合公司，每次过后通常会有几天的喘息时间，不久之后，一切又会照常进行。[1]

作为工业园入驻企业的房东，斯坦福大学曾尝试着降低此类事件的影响。譬如，惠普公司的夜间照明也曾一度引发社区关系紧张，当该公司表示希望扩大其在园区内的厂房时，斯特林校长治下的土地与建筑开发咨询委员会给出了这样的意见："强烈建议立即采取纠正措施，以消除园区与社区之间的紧张关系，考虑到惠普公司正在申请扩大园区内部的厂房面积，我们应特别注意这个问题。"[2]

如果说灯光和噪声通常还可以在斯坦福大学的努力下采取一些"矫正措施"予以解决，那么另外一些来自工业园区的污染源却根本不可能在制造过程中完全消除。其中一种令附近居民更加不安的污染，就是部分企业在制造过程中产生的辐射。1960 年，一位住在洛克希德工厂附近的居民通过《帕洛阿尔托时报》表达了这样的观点："我们感到非常不安……应当让联邦探员每月从社区灌木

1 Petition, 2 December 1962, FF 5, Box A16, SC 216, SUA.

2 Advisory Committee on Land and Building Development, 会议记录, 15 March 1960, FF3, Box 35, Series Ⅲ, SC 160, SUA。

从里采集树叶，检测一下它们的放射性。”[1]工业园艺术化的建筑和景观无法掩盖这里的租户产生的种种污染。尽管斯坦福大学成功地 135
将一个工业生产场所打造得像大学校园一样，但住在附近的居民却能够直接感受到高科技制造业带来的不良后果，这种情况在真正的大学校园里是很少出现的。

帕洛阿尔托居民对自身健康的担忧、斯坦福校友对山丘景致的怀念、大学领导层与城市管理者不稳定和不平等的联盟关系，再加上大学在面对社区关系问题时不屑一顾的惯常态度，导致1960年出现了一次最严重的危机。此次危机的导火索是斯坦福大学提议将工业园扩展到山丘地带，而这片土地在斯坦福校友心目中有着几乎神圣不可侵犯的地位。附近居民极力反对这次扩张，由此引发了一场群情汹涌的公投运动，斯特林校长将其称为“山丘之战”。[2]

从斯坦福大学的工业园扩建计划可以看出，由于在经济上取得的巨大成功，大学管理层已经不知不觉间抛弃了最初精心规划的态度。从20世纪50年代初期到中期，经过详尽的研究和规划，大学管理层开始了第一批房地产开发项目，并以谨慎认真的态度执行计划，尽量保留开放空间和保持土地价值。正如一位居民在给《帕洛阿尔托时报》编辑的一封信中所指出的，1960年工业园扩建计划并没有经过在园区开发之初那样的深思熟虑，而是因为承租企业

1 斯蒂尔斯（Mary G. Steers）致《帕洛阿尔托时报》编辑的信，未注明日期（1960年春），FF8, Box A29, SC 216, SUA。

2 斯特林致约翰·尼兰（John Francis Neylan）的信，1960年4月11日，FF8, Box A29, SC216, SUA。

对生产空间提出了更高要求。[1]

随着斯坦福山丘即将进行工业开发的消息在社区居民和校友圈子里越传越广，一封封充满愤慨之情的信件雪花般涌入斯特林校长的办公室，同时也淹没了《帕洛阿尔托时报》编辑部。斯特林收到了大约四百封表达反对意见的信，以及五十封支持信；所有写信人都是附近地区的居民，而且大多数是斯坦福校友。[2]有一封发给斯特林校长的电报，大概可以集中代表附近居民的抵制情绪："在预定于今日举行的董事会会议之前，校方正式提请将斯坦福的山麓土地并入帕洛阿尔托，这则消息令人震惊。此举完全无视来自校友和社区公众的客观意见，是一种显而易见的不负责任的态度。这样的做派令人厌恶，是赤裸裸的道德败坏、思想堕落，是对斯坦福大学行事标准和办学原则的践踏。"[3]

除了对在郊区创建工业园这一行为的抵制，斯坦福大学"山丘之战"的对手还有着怀旧心理，支持环保主义。正如上述电报内容所示，将工业园扩展到"山麓"（foothills）这片在校友心目中如同斯坦福校园一般美丽独特的土地，是斯坦福工业园此次扩展计
136 划如此令人反感的主要原因。工业项目开发与斯坦福山麓两个概念联系在一起，迅速激发了大家的强烈不满，导致斯坦福大学管理

1 Victor Thompson, "'New Look' gives concern," 致《帕洛阿尔托时报》编辑的信，1960 年 3 月 11 日。

2 通信记录，校长办公室，FF11, Box A29, SC 216, SUA。

3 乔治亚（Edward J. Georgia）给董事会的电报，1960 年 3 月 17 日，FF11, Box A29, SC 216, SUA。

层在描述工业园开发计划时完全不敢再用“山麓”一词。一位大学管理人员抗议道：“此次大约只有 275 英亩的土地可以用于工业开发——而且是非同寻常的高科技产业，但我不想继续讨论这个话题了，因为在此中间有一小片山麓土地。”[1]

面对社区冲突，斯坦福大学管理层从未真正做出有效回应。至 1960 年，斯坦福大学的管辖权又提升到新的高度，乃至无须过多关注附近居民的环境忧虑以及当地政府的细微意见了。如此一来，在处理地方事务时，斯坦福已经表现出某种程度的霸凌行为。面对周边社区的担忧，管理者往往只是在口头上应付，私下里根本不屑一顾。在这个问题上，身为斯特林校长助手的唐纳德·卡尔森（Donald Carlson）可谓一个典型案例。在关于工业园扩建事件的争议中，一位愤怒的女性校友给斯坦福大学写信，指责斯坦福管理层的贪婪与自私。面对这样言辞激烈的指控，卡尔森十分冷淡地回答道：“您对斯坦福大学及其地产问题的理解给我留下了深刻印象，让我觉得有必要亲自向您致谢。您在母校管理事务上有着深入的思考、清晰的逻辑和无私的关怀，董事会定会深受鼓励。”[2]

斯坦福大学管理层坚信，他们做出的工业园扩建决定是对公众利益最好的保护。前期已经完成的地产开发已经为当地政府带来了巨大的利税回报，不仅如此，办学经费不断充实的斯坦福大学

1 唐纳德·卡尔森致罗伯特·布朗（Robert V. Brown）的信，1960 年 4 月 1 日，FF 11, Box A29, SC 216, SUA。

2 唐纳德·卡尔森致罗伯特·斯卡普夫人的信，1960 年 3 月 24 日，FF11, Box A29, SC 216, SUA。

还会进一步提升周边社区乃至整个半岛的公共形象。帕洛阿尔托以及附近城镇的许多居民都不否认这个结论，如果斯坦福大学能在决策之初就有一个更公开的决策过程，也不会在扩建项目上遭到如此之多的反对。但现实情形正如一位居民所言："人们对斯坦福大学提出的预先打包的分区申请政策越来越感到不安……其行为与许多开发商经常玩的规划篡改伎俩越来越相似。"[1]斯特林校长极为愤慨地对这一指控做出了反驳，他态度坚定地宣称："斯坦福大学做出的所有规划都详细告知了周边民众，我们所有的行为都有据可依。"[2]

在帕洛阿尔托之外，新闻媒体偶尔也会报道斯坦福工业园的扩建争议，但整体来看并不怎么关注。《旧金山审查员》报道称："斯坦福大学……似乎正受到一群规模不大但声势不小的群体的纠缠。"这名报道者的笔触看上去很像斯坦福大学的管理者，因为他在描述抗议者时使用了"狂妄之言"（wildeyed claims）之类的用词。[3]但在帕洛阿尔托内部，民众的情绪久久不能平复。1960 年 11 月，帕洛阿尔托民众甚至要求针对斯坦福工业园扩建计划进行投票表决。按照民众的意愿，只有在大家投票赞同的情形下，斯坦福才能继续执行工业园扩建计划。面对民众的请求，斯坦福大学最坚定

1 斯特德曼（Morgan Stedman）与斯特林会晤时的发言稿，1960 年 3 月 14 日，FF11, Box A29, SC 216, SUA。

2 "Sterling Answers Alumni," *Palo Alto Times*, 24 February 1960, FF11, Box A29, SC 216, SUA.

3 "Groups Clash over Use of Stanford Land," *San Francisco Examiner*, 18 March 1960.

的盟友做出了反击。譬如，多萝西·瓦里安（Dorothy Varian）——斯坦福工业园承租企业负责人拉塞尔·瓦里安（Russell Varian）的 137 妻子——就在《帕洛阿尔托时报》上撰文，敦促市政当局应对民众的公投提议予以否决。[1]

当然，斯坦福大学也不会坐以待毙。1960年，斯坦福通过各种渠道设法获得了校友以及其他社区民众的支持。其中，一封写给《帕洛阿尔托时报》的信件改变了抗议者充满怀旧情绪的哀叹："我觉得，帕洛阿尔托居民都欠奉斯坦福大学一份感激之情。六十多年来，斯坦福大学一直慷慨无私地将自己绵延起伏、绿树成荫的山丘和湖光山色、美不胜收的校园向成千上万的帕洛阿尔托人敞开。我们享受这个特权的时间太长了，以至于许多人误以为他们天然拥有享用斯坦福土地的权利，乃至对斯坦福大学如何处理自己的土地横加干涉。"[2]随着公投日期的临近，《帕洛阿尔托时报》也亲自下场发表了支持公投的言论，并提醒帕洛阿尔托居民，这么长时间以来他们一直都在无偿享用斯坦福大学的开放性土地："斯坦福大学的9000英亩土地，为帕洛阿尔托以及周边社区的居民提供了一个开放性公园。如果这片美丽开阔的土地为其他私人团体所有，那么它很可能早就被开发为住宅小区、商业场所或工业机构了，我们中的许多人可能会在这里生活和工作，包括那些极力反对斯坦福工业园开发计

1 致《帕洛阿尔托时报》编辑的信，1960年11月（具体日期不详），Stanford Lands Scrapbook V, 1960—61, Subject File 1300/9, SUA。

2 克拉克（Esther B. Clark）致《帕洛阿尔托时报》编辑的信，1960年3月28日，FF 11, Box A29, SC 216, SUA。

划的抗议者。”[1]

最终，斯坦福大学及其支持者的观点得到了多数人的认可，从而赢得了这场“山丘之战”。1960 年 11 月，帕洛阿尔托居民举行公投，以微弱优势通过了斯坦福大学工业园的扩建计划。尽管社区抗议者输掉了这场公投，但他们的行为也产生了实质性影响。经过这场舆论灾难，斯坦福大学对民众意见的敏感性有所提升，对如何处理公共关系也有了新的认识。校方主动缩小了未来在山丘地带的开发规模，并为新项目取了一个更加柔和的名称——斯坦福科研园（Stanford Research Park）——来消除社区民众的顾虑。正如部分大学管理者在 1961 年的内部备忘录中所提醒的那样：“‘工业园’这个概念就是一个活生生的危险信号。”[2]与此同时，社区抗议者的动员行为也标志着新的权力格局已经出现在帕洛阿尔托以及半岛其他地区。此时的土地开发，无论景观设计做得多么优美，也不再受到民众无条件的欢迎了。土地开发的规划过程也不能再像过去一样，在市政厅大楼或大学会议室闭门举行。时至今日，所有的土地开发计划都需要征得基层社区民众的同意。除此之外，斯坦福大学还需要动员起半岛居民，从而扩大自己的支持群体，以有利于接下来的土地开发计划执行。

斯坦福大学从此次社区政治中学到的经验和教训，在一年后

1《帕洛阿尔托时报》社论，1960 年 11 月（无具体日期），Stanford Lands Scrapbook V, 1960—61, Subject File 1300/9, SUA。

2 谢泼德（Jack L. Shepard）给土地开发部主任福特（Tom Ford）的备忘录，1961 年 5 月 5 日，FF10, Box A29, SC216, SUA。

处理新争端时派上了用场。1961 年，为了让往来斯坦福工业园的工
业运输更加便利，帕洛阿尔托政府打算将俄勒冈大道升级为高速公
路，而这条路正好从本市最宜居的一些住宅小区穿过。消息传出之
后，部分居民即刻鼓动大家进行抗议。然而，他们刚刚开始行动，另 138
一批俄勒冈大道附近的居民也开始集结，他们自称“交通行动委员
会”，公开宣布支持这项道路升级计划。高速公路升级计划或许的
确有来自基层的支持者，但“交通行动委员会”却算不上是基层组
织。根据唐纳德·卡尔森私下里对同事的爆料，此项行动背后“明
显有着阿尔夫·布兰丁（斯坦福大学商业项目开发主管）的操纵”，
“这里面还有更复杂的政治运作，连我这种原本就支持大学的人都
有些看不清楚”。不过，根据卡尔森字里行间的意思，在他看来，此
类操作依然无伤大雅：

由于工业园的存在，再加上俄勒冈大道升级事件激起的民众情绪，斯坦福在这片地方已经成为一个不受欢迎的词语。我们不会突然打开任何一盏灯，让他们看清真相并爱上我们。因此，我认为我们在“交通行动委员会”中扮演的幕后角色并没有什么坏处。甚至，此举还有利于斯坦福大学改善与门罗公园附近居民的关系，因为外围规划建议在拟建的柳树高速公路上增加大量卡车交通流量……至少有六名议员（包括市长在内）急切希望通过某种方式来扭转帕洛阿尔托的资金困局，并将部分债券资金用于

> 本市最头痛的交通问题。因此，他们也在寻求公众支持。[1]

最终的结果令人满意，大学的社区公关策略奏效了。关于俄勒冈州高速公路升级计划，社区反对者在某些方面取得了胜利：譬如，缩小了最初的设计规模，并略微改变了路线走向，以减少其对居民区的影响；斯坦福大学管理层则获得了科研园必须配套的交通动脉。在斯坦福大学管理层的动员下，来自“社区”的民众支持使地方官员获得了于己有利的政治资源，同时也充分证明社区运动已经成长为地方政治中不可忽视的新势力。

因工业园扩建计划引发的政治抗议虽然并未阻挡斯坦福地产开发的脚步，却开启了地方民众群起抵制郊区地带无序扩张的先河。来自社区的强烈抗议不仅表达了当地民众对斯坦福大学扩建计划的抵制态度，而且还反映了半岛居民的生活环境正面临来自方方面面的侵蚀。到 1960 年，在旧金山半岛地区生活了十年或更长时间的人，都能切身感受到自己的生活环境已经被新的居民小区、高速公路、办公大楼和购物中心等包围了。在湾区，乃至在整个加州，人们对经济增长的日益关注开始催生大量的出版物，对地产开发速度过快、四处开花和无序增长所导致的“市郊贫民窟现象予以谴责”。在早期众多因郊区化建设而导致的过度开发和环境退化抗议事件
139 中，圣克拉拉山谷的环保宣传运动堪称典型。这场运动在 20 世纪 60 年代和 70 年代愈演愈烈，并在当地引发了一系列有关保护开放

1 唐纳德·卡尔森给弗雷德里克·格洛弗的备忘录，1961 年 9 月 20 日，FF 14, Box A22, SC216, SUA。

空间和控制经济增长的政治运动，最终让湾区不仅成为环境运动中心，出现了一些最重要的早期环保激战，而且还是开创土地使用规划措施的策源地。[1]

对于斯坦福大学而言，无论是“山丘之战”还是其他发展规划引发的民众抗议，都存在一个极具讽刺意味的现象，那就是大部分抗议者恰恰正是上述各种开发项目所着力引进的高学历专业人员。这些居民乃是斯坦福打造“知识之城”的智慧担当，他们已经为在新家园安居乐业花费了大量的金钱，同时也投入了真诚的祈愿，因此自然希望自己的生活环境尽量不要遭到破坏。当地居民对斯坦福管理层的抱怨，与他们对地产开发活动的普遍不满在本质上如出一辙。但斯坦福大学知名度高，因此很容易成为大家集中开火的对象。从很多方面来看，当地民众（尤其是校友）对斯坦福大学都有着很深的感情，充满信赖，也正因如此，他们才会努力改变校方的开发计划。对他们而言，房地产开发商是陌生人，而斯坦福却是自己的“家园”。

---

1 到 20 世纪 60 年代初期，海湾地区的迅猛发展促使成立了发展控制组织“California Tomorrow”，该组织遵循约翰·缪尔的传统，出版了期刊，以此试图让加州人相信快速发展会造成可怕的环境代价。一个典型的例子是塞缪·E. 伍德和阿尔弗雷德·E. 海勒的 *California Going, Going...* (Sacramento: California Tomorrow, 1962)。现代环境保护运动的历史学家们现在开始对战后郊区化与环境主义之间的交集进行协调研究，例如 Adam Rome, *The Bulldozer in the Countryside: Suburban Sprawl and the Rise of American Environmentalism* (New York: Cambridge University Press, 2001); Peter Siskind, “Growth and Its Discontents: Localism, Protest and the Politics of Development on the Postwar Northeast Corridor,” Ph.D. diss., University of Pennsylvania, 2002。

工业园项目引发的社区关系紧张揭示了一个问题，即便是最成功的知识之城也可能饱受发展隐患的折磨，即使是标准控制最严格的城市开发也存在诸多难以控制的因素。对环保主义的激情，对“老”斯坦福的怀念，对工业开发的关注，以及居民生活与产业发展之间的利益冲突，这些都是在打造知识之城的过程中需要面对的问题。“山丘之战”充分证明，即便是看上去一手打造出知识之城完美模板的斯坦福，也无法彻底摆脱纷纷扰扰的地方政治。

小 结

20 世纪 50—60 年代，斯坦福大学管理层创建了一个可以被视为典范的知识之城，造就了一个令人向往的高收入、高学历科技从业者群体，并催生了当时世界最重要的高科技产业中心。斯坦福大学的故事提供了一个生动的案例，充分说明冷战初期联邦政府对科学研究和科学家群体的重视是如何决定性地影响了城市空间和人口模式的变化。北加州作为重要的军事基地这一区域地位，是导致人口增长和斯坦福大学土地增值的主要原因。冷战爆发后，斯坦福大学备受联邦政府青睐，其不断提升的财政拨款和政治影响力吸引
140 了诸多私企盟友，尤其是那些新兴的高科技产业，它们更是迫切希望通过与斯坦福大学的实验机构和教职员工开展合作来提升自身的社会声望和盈利能力。冷战为斯坦福大学提供了契机和工具，让其能够借机创设一个促进科技生产的理想环境，而且，这种环境继承了美国大学的校园规划传统，即较低的建筑密度、精致的景观设

计以及封闭内聚的空间安排。

通过积极参与房地产开发、社区规划以及经济发展等事务，斯坦福大学与产业界建立起伙伴关系，引领了美国大学与美国产业合作共赢的先潮。正如特曼所言，斯坦福大学在 20 世纪 50—60 年代的"学者社区"地产开发项目创造了一种前所未有的学术社群。在这里，学者们不再是两耳不闻窗外事的书斋学问家，而是与现代化工业生产建立起了密不可分的联系。[1]特曼的创新创业思想与地方公民领袖的想法不谋而合，这一事实有利于大学与产业建立起紧密的互惠互利关系。在这方面，斯坦福大学领先了一个时代，这种现象在 20 世纪末的高等教育界和美国企业界十分普遍，但在五十年前还极为罕见。即便是加州大学伯克利分校，虽然该校校长率先提出了"多元综合大学"理念，但在当时也未能像其南部近邻斯坦福一样，与工业界建立起紧密的合作关系并强力推动地方经济的发展。

尽管特曼领导下的斯坦福大学越来越深入地广泛参与外部事务，创业精神和资本主义的特质也越来越明显，但是在外观设计上并没有追随当时的工业建筑风格。恰恰相反，斯坦福工业园遵循了田园式的、孤立主义的校园规划原则，并将独具西部特色的建筑设计主题融入其中，由此创造出一种崭新的高科技工业生产场所的原型。尽管斯坦福有意打造一个从外观上与周遭上流社会居所完美融

1 Terman, "The Newly Emerging Community of Technical Scholars," 载于 *Colorado and the New Technological Revolution, Proceedings of the University-Industry Liaison Conference*, April 1964, 43–53, FF 4, Box 2, Series Ⅹ, SC160, SUA。

合的工业园，但开发过程并不总是一帆风顺的。斯坦福的例子充分说明郊区工业化存在着固有缺陷，即便最成功的高科技工业开发项目也是如此。将工业园建在上流阶层聚集的住宅区附近，这项举措从一开始就埋下了社区冲突的隐患，尤其是在民众的环保意识不断觉醒的政治时刻。尽管斯坦福工业园令人惊叹的经济成就在世界范围内广为流传，被国内国外的相关人士津津乐道，但“山丘之战”以及“清洁型”科技产业可能并没有那么清洁这一事实却并没有引发太多的关注。

鉴于斯坦福大学在经济发展上取得了惊人的成就，其他各州、各城市及其研究型大学也希望追随成功者的脚步，试图模仿斯坦
141 福科研园及其周边社区的外观和氛围。斯坦福大学已经成为其他研究型大学竞相模仿的模板，后来者一方面认真学习其地产开发模式以及对待私企租户的方式，另一方面也着意效仿其加入了地方特色的建筑美学以及融入城郊富人生活社区的景观设计。但问题是，其他高校很少像斯坦福大学一样拥有如此显著且独特的优势。斯坦福位于一个经济繁荣的地区，这里有着温和的气候，生活富裕且有着高度同质的居民；就大学自身的条件而言，斯坦福不仅拥有创业精神超绝群伦的管理层，而且还继承了很大一片未开发的优质地产。就像其风景优美、气候温和的地理位置一样，独家拥有大片未开发的理想土地这一点也极大地影响了它的命运。相比之下，模仿者很难凑齐这么多优越条件，因此也就很难直接复制斯坦福的成功经验。

斯坦福的社会关系横跨公私两大领域，纵贯联邦和地方多

个层面，这种纵横交错的关系网络不仅十分复杂而且常常出现内部矛盾，因此，我们很难将高科技产业的发展主要归因于政府手段抑或市场力量。同样，这个高科技产业的成功典范也不是某个人或某家企业的功劳。从“心悦谷”到“硅谷”，斯坦福及其周边地区的成就既离不开特曼等管理者的超卓领导能力，也不可缺少瓦里安、休利特（Hewlett）和帕卡德等高科技企业家的创新精神；更不能忽略的是，即便是这些天才人物，他们的成就也主要体现在能够充分利用当地业已具备的各种卓越条件，充满田园风光的郊区地理位置就是其中一个不可或缺的关键要素。如接下来的两章所示，其他大学和地区也不乏有远见卓识的领导者，却很难如此幸运地集齐区域位置、经济环境、人口结构和政治环境等诸多有利因素。无论哪个地方想要复制斯坦福大学的郊区发展模式都是非常困难的，尤其是那些规模庞大、人口结构复杂的工业城市，基本条件的巨大差异使其几乎不可能模仿斯坦福的成功之路。

第四章 142

开发“智慧之城”：宾夕法尼亚大学与费城

倘若在 1940 年随机采访一位观察者，问他旧金山湾区和大费城这两个美国大都市哪个将会在六十年后成为高科技产业中心，得到的回答极有可能是“费城”。当时费城是美国第三大城市，也是诸多顶级电子产业和科技公司的总部所在地。由于美国金融机构几乎全部集中在东海岸，因此费城企业家很容易获得私人融资，这是壮大企业必不可少的步骤。宾夕法尼亚大学是大费城都市区最负盛名的科研机构，拥有全美最顶尖的工程学院和国内第一台超级计算机。

20 世纪中叶，费城地区及其顶尖大学在金融、工业和技术等方面都比湾区更有优势，但费城却未能发展成硅谷那样的高科技之都，宾夕法尼亚大学也未能成长为斯坦福那样的物理学和工程学重镇，尽管其在整个 20 世纪后期都是顶尖的科研机构。上述现象可以从多个角度寻找原因。原因之一可以归结为当时的社会与经济大背景。在冷战期间，费城没有像加州那样获得大规模联邦军事研究项目拨款，其已有的基础设施也不太适应后工业时代的分散化和小型化经济发展趋势。费城市内以及邻近地区的以科学为基础的产业主要是医疗和制药企业，这种企业在当时发展极为迅速，呈现出一片繁荣的景象，聘用了大量的白领科技工作者，却无法像电子行业那样从冷战国防体系建设过程中直接获益。

原因之二是制度性因素，与机构资源、地方政治、大学管理层及其盟友在如何实现以科学为基础的经济发展上做出的选择有关。作为一个独立的私立高等教育机构，同时也是在全美范围内声望日隆的科学研究中心，宾夕法尼亚大学在诸多方面与斯坦福都颇为相似。但问题在于，宾夕法尼亚大学并没有斯坦福那样丰富的土地资
143 源和优美的田园风光，其附近地区的人口结构和种族构成也与旧金山半岛相去甚远。斯坦福大学位于纯由白人构成的郊区中产居民地段，而宾夕法尼亚大学则坐落在修建于19世纪的中心城区，这里的居民正在从白人中产迅速转变为蓝领工人和黑人贫民。而且，宾夕法尼亚最具优势的学科是医学，而非物理学和工程学。这个优势能让宾夕法尼亚大学从联邦卫生委员会那里获得数百万的研究资金，但也使其与联邦国防综合体的产业布局渐行渐远。冷战初期，联邦科研经费主要流向电子行业，而非制药行业，这使得宾夕法尼亚更加难以与本土产业建立联系。

尽管与斯坦福在诸多方面存在重大差异，宾大的管理层及其在当地政界和工业界的盟友仍旧努力促进以科学为基础的经济发

展，并在很大程度上借鉴了帕洛阿尔托的工业伙伴关系和社区规划模式。宾大管理者将发展先进科技产业视为以斯坦福为原型的城市改造，但他们似乎并没有意识到，斯坦福的区域经济背景和郊区环境，尤其是相对单纯的种族结构和阶级政治，对于其所取得的成功是多么不可或缺。

富兰克林创建的大学和城市

宾大是一所以实用主义为建校原则的大学，其教育目标是为工商和贸易行业相关职业培养人才，在创建伊始就将应用研究作为学校发展的中心任务。与成长于郊区的斯坦福大学不同，宾夕法尼亚大学是一所深深植根于城市、为满足城市需求而创建的高等教育机构，其办学宗旨和发展历史都与自己所在的这座伟大城市血脉相连。富兰克林是宾夕法尼亚大学的重要缔造者，或许也是美国最早的科技产业创业者，他认为这所新大学的功能就是为费城青年人提供“全面教育”。[1]宾夕法尼亚大学最初为人熟知的名称是费城学院，1751 年迎来第一届学生；1755 年，作为一所学院、研究所和慈善学校，该校拥有了法人资格和办学章程。虽然规模相对有限，但费城学院创建不久就在科学和医学两个领域获得了崇高的学术声誉，成为当时美国最著名的教育机构，同时也是费城最

---

1 引自 Russell F. Weigley, ed., *Philadelphia: A 300 Year History* (New York: W.W. Norton and Co., 1982), 83。

144 重要的机构之一。因为积极参与公共事务，宾夕法尼亚大学声名远扬，大学领导人也因此顺理成章地跻身费城政商两界的社会名流之列。

回顾历史，根据富兰克林及其同僚的办学理念，费城学院既是科研机构又是教育机构，这其实是一种双管齐下的发展策略，目的是通过建立一所学院来帮助混乱不堪、唯利是图的费城变得更加成熟和完善。当时的费城正在成为世界第二大英语城市（仅次于伦敦）的路上大踏步前进，亟须科学和科学教育来助其形成世界级的城市文化。仅凭科学显然无法造就一座真正的文化名城——19 世纪初期费城的艺术和其他学科都在蓬勃发展，因此获得了“美国雅典”之美誉。与此同时，科学和医学一直是费城精英阶层引以为豪且着力培育的事业，这在很大程度上是因为通过技术创新，科学能让商人获得更多财富。

纵观整个 19 世纪，哈佛、耶鲁和普林斯顿一直致力于招纳费城青年精英，但这并不会对宾夕法尼亚大学的繁荣之路造成阻碍。南北战争结束后，美国正处于城市工业化的爆发时期，费城堪称全美现代工业的精神领袖和经济中心，因此注重实用教育和机械科学的宾夕法尼亚大学自然而然地迎来了重大发展契机。费城还是那个年代最重要的铁路枢纽，1876 年的世界博览会在这里举行，而且此次博览会的主题正是展示人类刚刚取得的科学进步和技术奇迹。在此情形下，费城的物质财富和国际声誉都跃升至前所未有的高度，反映在城市空间上，就是各种新兴居民小区如雨后春笋般涌现，从传统的城市中心顺着有轨电车线一路蔓延到数英里开外。费城是工业世界伟大的生产工具的承造之地，在这里，小型机械工厂充满创造力，庞大的铁路集团创造着巨额财富。

虽然宾大在建校之初就是一所城市大学，但在19世纪的校园扩建过程中仍然严格遵循校园的隔离性和排他性原则，并以此来避免19世纪工业城市中各种恶劣因素对大学的侵袭。1872年，宾夕法尼亚大学计划从位于城市中心的老校区搬迁到城西地势开阔的富人区，支持者和赞助人也普遍赞同这个决定。在当时，西费城只有零星几个居民社区，大学搬迁至此可以“被视作费城精英社区顺从民意向外延伸”。[1]宾夕法尼亚大学新校区的创建，一方面意味着西费城已经成为令人向往的理想社区，另一方面也实现了大学管理层的战略目的。宾夕法尼亚大学不仅需要更多的教学大楼和宿舍楼，而且急于逃离随着规模膨胀而日益恶化的城市环 145
境。通过搬迁到风景宜人的城西地带，宾夕法尼亚大学不仅可以重新打造一个相对封闭的校园环境，而且还能为未来的地理扩张留出空间。

因为将校园搬迁到城西，再加上费城都市圈日益繁荣并确立了在美国工业界的领导地位，宾夕法尼亚大学迎来了一个学校规模与学术成就联袂上行的黄金时代。在这个工业资本日趋壮大的年代，宾夕法尼亚大学更加强调学科发展的实用主义和科学导向。与其他美国大学相比，宾大更注重从大工业和专业化催生的新兴职业领域选择管理层和董事会成员。大学管理团队一开始就有制

1 Thomas and Brownlee, *Building America's First University*, 52.

造商和工程师的身影，学校开设的学术课程也越来越偏向应用科学。[1]也正因如此，工业化时代的宾大领导层才会有这样的意识：这所大学不仅要培养下一代的商业领袖和技术人才，而且还要致力于科技创新，从而尽快提升费城企业的生产效率和盈利能力。尽管19世纪后期的宾大与两三代人之后的宾大存在明显差异，但其注重通过科技研发支持地方经济发展的务实精神在冷战时期基本没有改变。

在进入20世纪后的前几十年，尽管宾大在科学研究和技术创新方面不断迈向卓越，并因此在当地享有盛誉，但在招生方面仍然无法与那些全国知名的学校相抗衡。直到20世纪40年代后期，宾大还只能算是一所地方性院校，在费城之外的地区，这所大学的学术知名度甚至还比不上该校足球队的常胜记录。宾大的本科生主要来自费城市内和周边郊区，他们日常在家校之间往来；与哈佛、芝加哥、约翰·霍普金斯等美国研究生教育的先驱相比，宾大的研究生项目还比较落后。在此期间，宾大也曾试图打破僵局，但费城正在发生的种种变化增大了该校提升办学品质的难度。纵观20世纪20年代，费城仍旧是美国最卓越的工业重镇之一。作为工业重地，它能为本城精英阶层和重点大学提供源源不断的财富，但与此同时也带来了日益拥挤的人群和污染严重的环境。上流人士和中产阶级逐渐搬走，迁往远离城市中心的城西地段以及更加遥远的郊区小镇，这让宾大校园周围富丽堂皇的维多利亚式住宅失去了旧日主

1 Thomas and Brownlee, *Building America's First University*, 63.

人，取而代之的是学生租客和平民家庭。

自 19 世纪中叶起，去城市化就一直在整个费城都市圈内流行，这种情绪一直持续到 20 世纪。在此期间，人们开始怀念革命时代 146
之前的城市规划，并为其添上理想化的光环。20 世纪初，鉴于费城民众对工业化城市的反感，该市准备实施两个重大建设计划，一个是推平市中心北部拥挤杂乱的排屋，然后在这块土地上建造具有纪念意义的本杰明·富兰克林林荫大道；另一个是创建国家独立纪念公园。在上述两个项目中，后一个引发的关注尤为强烈。在政府发起资助的某次城市纪念活动上，该项目执行者指出费城所有修建于 1830 年之后的建筑都令人生厌，必须加以拆除，然后在老城的中心地带修建一个能够承载 18 世纪和 19 世纪早期历史记忆的公园型建筑地带。[1]在此期间，费城精英群体对本城正在出现的腐败、肮脏和建筑日益破败等现象感到震惊，并因此引发了一个新的讨论：要不要将宾夕法尼亚大学从城西整体搬迁到位于都市边缘且尚未开发的福吉谷（Valley Forge）？在费城市民讨论这个事情时，宾大的招生范围也在发生变化。在此之前，该校绝大部分学生都是来

1 David B. Brownlee, *Building the City Beautiful: The Benjamin Franklin Parkway and the Philadelphia Museum of Art*（费城：费城艺术博物馆，1989）。与其他城市一样，20 世纪早期费城的城市重建项目通常是进步主义者"清理"日益混乱的城市环境的建筑表达。以费城为例，进步改革者发现市政腐败是这种混乱最令人痛苦的表现，林肯·斯特芬斯（Lincoln Steffens）在 1903 年的文章"Philadelphia: Corrupt but Contented"（*McClure's Magazine* 21［July 1903］，249–63）中表达了这一观点。19 世纪晚期，没有一个美国大城市能幸免于机器政治的泛滥，但费城的腐败程度和持续时间尤其引人注目。

自精英家庭的白人男性，但此时可能不得不在其他群体中进行招生。结合以上两个在同时期出现且本质上有相似之处的讨论，宾大的福吉谷搬迁计划多少显得有些居心叵测。正如该校一位历史学者所观察到的那样，“把学校迁往远郊，能够最大程度地将女性学生、新移民以及到此不到两代的移民子女排除在外”[1]。事实上，福吉谷搬迁计划并非史无前例，正如1963年一位宾大管理人员在回顾此事时所说，“第二次世界大战结束后，将校园搬到郊区……与美国大学的历史传统是相符的”[2]。

然而，20世纪20年代末的宾夕法尼亚大学已经与五十年前的状况大不相同了，此时的规模已经今非昔比，以至于整体搬迁的代价变得极其高昂。尽管如此，迁往福吉谷的讨论一直持续到20世纪50年代初。究其原因，很大程度上是因为此举能对那些顽固的城市管理者产生有效的威胁。作为费城最重要的雇主和地主，宾大留在市内的意义毋庸置疑。大学从城市搬走是市政当局难以承受的重大损失，也是管理者根深蒂固的忧虑。为了将宾大留在费城，市政当局必定会尽一切努力维持校园周边的社会环境和经济秩序。

---

1 Thomas and Brownlee, *Building America's First University*, 103.

2 “The U［niversity］of P［ennsylvania］Story, How an Institution Determines Its Development Aims and Needs”（参见AEC/WPC［西费城公司］机构发展会议上的评论和幻灯片演示注释），1963年3月25日，FF2, Section A，UPJ 9.4, UPA。

从计算机到医药

1945 年，宾夕法尼亚大学已有近二百年的办学史。这所大学因促进科学发展和技术革新而扬名，同时也与商业和工业资本有着密切合作，而且还和所在城市形成了长期相互依赖的关系。此时的宾大虽然拥有一批著名学者和科学家，但在全国范围内仍未跻身顶尖之列。时至今日，宾大的办学条件已稍显局促，校园内街道纵横， 147
一片片市民住宅和商业建筑散乱分布。随着美国城市的去工业化进程，大学教育在美国社会中的角色发生转变，军方和政府不断向大学和科研机构投入大量资金，宾大也因此走向全面改革之路。

第二次世界大战的爆发为美国大学带来了诸多契机，宾大也乘机发展为具有全国声誉的研究机构。尽管从整体来看宾大还无法跻身美国顶级大学之列，但凭借悠久的科技创新传统，其医学和工程两个学院完全有资格享有盛誉。随着联邦政府研发经费持续激增，宾大科研部门也获得了诸多大额合同。最著名的受惠者当属埃尼亚克（ENIAC），它的故事不仅能够说明宾大在计算机和电子产业研发历史上曾经发挥的关键作用，还可以充分展示该校因何错失在计算机研究领域领袖群伦之良机。同时还能说明地区市场条件、宾大的实力和行政机构的束缚如何阻止宾大在计算机领域成为具有全国竞争力的大学。1946 年，宾大的两位研究员约翰·莫奇利（John Mauchly）和普雷斯珀·埃克特（Presper Eckert）向人们展示了他们发明的世界上第一台超级计算机，并因此享誉全国。然而，仅仅五周之后，这场盛大的庆祝活动就令人痛心地演变成项目研究者和大学管理层之间的一场纷争，最终导致莫奇利和埃克特愤而离职。现在回想起来，我们都知道这两位工程师犯了一个致命错误，他们在开启超级计算机研究项目时忘了为自己申请发明专利。埃尼亚克最初被视作一个国防科研项目，成果落地后立刻成为一个具有极大潜在价值的商业产品，以至于发明者（两位工程师）和组织者（宾大）都希望夺得专利权。宾大摩尔工程学院院长哈罗德·彭德（Harold Pender）命令研究者放弃对超级计算机研发成果的经济诉求，并且还要求他们“保证日后以宾夕法尼亚大学的利益为重，在此工作期间必须将个人的商业利益放在大学之后”[1]。

莫奇利和埃克特都是相对欠缺商业意识的科学天才，超级计算机的专利权之所以陷入僵局，的确与两位研究者未能保护好自己的权利直接相关，但宾大也并非无可指摘，因为该校完全没有任何清晰明确的专利保护政策。在冷战初期，争夺专利权的戏码还会在研究者与大学之间反复上演，因为大家都看到了联邦科研成果的盈利前景，进而都希望能够通过各种并不怎么高明的操作来获得回报。经过长达数月的法律运作，莫奇利和埃克特获得了有限的专利权，并离开了宾大，在费城一家仓库中成立了专属于两人的埃克特-莫奇利计算机公司。

148 埃尼亚克的专利权之争，最终结果是大家都没能真正获利。尽

1 写给埃克特和莫奇利的信，1946 年 3 月 22 日，引自 McCartney, *ENIAC*, 132。

管他们率先发明了超级计算机，但由于其他高校和研究机构迅速加入这个最具前景的产业并纷纷开发出类似的机器，发明者的优势便迅速失去了。短短几年后，莫奇利和埃克特的计算机公司就因经营不善而面临破产，他们将自己这项业务出售给总部位于费城的雷明顿兰德公司（Remington Rand），该公司后来改名为斯佩里兰德公司（Sperry Rand），最终又更名为优利系统（UNISYS）。这家公司位于费城郊区，距离埃尼亚克的诞生地宾大只有数英里。虽然摩尔工程学院在20世纪40年代中后期成为计算机工程师的圣地，但在莫奇利、埃克特及其忠实拥护者离开后，其他研究机构和公司逐渐实现了对宾大的超越。至20世纪40年代末，宾大的“计算机发展项目已经完结”。[1]1957年，因为学校不愿动用自己的资源和经费继续进行相关研究，宾夕法尼亚大学校长盖洛德·P. 哈恩韦尔（Gaylord P. Harnwell）不得不请求雷明顿兰德公司捐赠一台UNIVAC计算机。从这件带有讽刺意味的事件可以清晰地看出，宾大作为计算机研究先驱已经在此领域滑落到令人唏嘘的地步。埃尼亚克项目的溃败促使宾大制定了一系列更加严格的研究人员管理措施，进一步限制后者通过科技发明获取商业利润的机会。正如日后一份关于工业科研的内部备忘录所示："科研机构负责人有责任确保本部门的研究工作不要走向过度商业化"，"所有集体科研攻关的发明成果都应当被公之于众，并让公众获得便利，以便适当履行大学的社会责任"。[2]

1 McCartney, *ENIAC*, 134.

2 University of Pennsylvania, *Understandings with Commercial Organizations*（未标明日期），FF 1, Box 2, UPA 5.7, UPA。

宾大管理层对追求商业利益具有强烈的抵触心理，他们认为这样做会妨碍大学专心从事基础研究和履行教育职责。在这方面，宾大不乏志同道合者。但与其他院校相比，宾大的管理措施似乎更加严苛，因此很可能对潜在的本地合作伙伴形成寒蝉效应。事实上，大学还需要二十年的时间才能真正与工业界建立起伙伴关系，在此之前，它们必须先去创建完全有别于常规学术运作的准独立研发组织。

一所与地方产业有着长期密切合作历史的大学竟然不愿意进一步发掘科学研究的商业价值，这一现象的确令人费解。若想看透现象背后的本质，就需要充分考虑宾大在“二战”期间和战争刚刚结束时的经济环境。事实上，宾大管理层之所以下令限制研究者通
149 过科研成果谋取商业利益，并不只是因为他们鄙视那些将个人物质利益诉求凌驾于科技进步贡献的行为，同时，部分原因也在于大学与费城工业界之间的互利合作机会不如在 19 世纪这个伟大的工业时代那么多。

失去埃尼亚克及其在计算机领域短暂的领导地位，丝毫没有影响宾夕法尼亚大学在其他领域的声誉，当联邦机构为基础研究和应用研究项目发放合同时，宾大开始跻身最受青睐的客户之列。到 1952—1953 学年，宾大从外界获得的研究经费共计 300 万美元，其中一半来自联邦政府。仅仅两年后，该校的外来科研经费就上涨到 500 万美元，三分之二来自联邦科研资助。[1]1941 年，国防科研经费只占宾大全年财政收入的 1.5%，到了 1951 年，这个数字已经

1 研究促进委员会，未注明日期的报告，FF 6, Box 1, UPA 5.7, UPA。

上升到 6.4%。[1]在联邦科研项目资助下，宾大的研究成果和研究生项目都水涨船高，进而又助其在美国大学排行榜上节节攀升。

宾夕法尼亚大学正史无前例地走到国家项目的聚光灯下，尽管如此，该校的研究经费总体上依旧保持着生物医药研究占据绝对优势的传统格局。冷战初期，宾大获得的大部分国家拨款都被投入医学领域，从而让该校的医学院得以在本学科研发上创造了诸多“第一”。20 世纪 50 年代，随着宾大获得的联邦科研资助总额不断增加，医学院的科研经费也在持续提升，且其增长率超出全校平均水平。虽然来自国防部以及其他与军事相关的合同单笔经费都较大，但医学院与研究人员个人签订的小型合同数量更多。到 1959—1960 学年，医学学科获得了约 55% 的合同资金和约 65% 的合同项目总数。其中绝大部分都来自联邦政府的直接拨款。相应地，美国公共卫生服务局（PHS）也是为宾大提供科研经费最多的联邦机构，来自该部门的项目拨款在 1959—1960 学年占到宾大全年联邦科研经费的 38%。[2]

宾大医学院之所以能在争取科研经费上拥有非同一般的吸引力，一方面源于该校卓越的医学研究传统，另一方面也离不开领导者的影响力和创业精神。在宾大医学院的历史上，最著名的院长当属拉夫丁（I.S.Ravdin）。拉夫丁从 20 世纪 40 年代中期开始担任医

1 Mackenzie S. Carlson, “ ‘Come to Where the Knowledge Is’: A History of the University City Science Center,” 未发表的研究论文，1999 年 9 月 3 日，UPA, 1–2。

2 项目研究和赠款办公室主任默里（Donald S. Murray），合同赠款简要备忘录，1960 年 7 月，UPA 5.7, Box 1, FF 33, UPA。

学院院长，至 60 年代中期卸任。在曾经与他共事过的同仁眼中，拉夫丁是一个“风采照人、精明狡黠且偶尔冷酷无情”的人，他
150 十分擅长吸引有才之士，同时也与哈恩韦尔校长等管理层人士建立了密切的伙伴关系。[1]作为大学管理者，拉夫丁为了全面收集与医学院发展相关的联邦政府立法进程而专门聘请了一家位于华盛顿的公关公司，这是最能展示拉夫丁善于处理外界关系的一个典型案例。[2]

虽然医学院在宾大拥有当之无愧的主导地位，但是国防资助仍然为宾大做出了相当大的贡献，对宾大的拨款约占当年联邦拨款总额的 20%，受益者主要包括化学、物理、生物和工程几个学院。不仅如此，国防部的资助策略延续了埃尼亚克项目的传统，基本上都是具有国家战略意义的大型研究项目。譬如，1961 年与材料科学研究中心（全美只有三个）签订了价值 200 多万美元的合同。[3]在 20 世纪 50 年代，即便是国防部以及高级研究管理局（ARPA）授予的资助和合同也反映了对生物科学的重视。在 20 世纪 60 年代末的反越战校园抗议活动中，一个令人遗憾的事态发展是，该大学赢得了许多重要的化学和生物武器研究合同，其中包括 1952—1958 年的“大本钟”计

1 David Y. Cooper and Marshall A. Ledger, *Innovation and Tradition at the University of Pennsylvania School of Medicine: An Anecdotal Journey* (Philadelphia: University of Pennsylvania Press, 1990), 255.

2 参见卢克·奎因（Luke Quinn）给拉夫丁的信，1963 年 9 月 17 日，Box 168, UPA 4, UPA。

3 “New Light in the Search for Improved Materials: A Presentation to the Union Carbide Corporation,” May 1961, FF “Research—ARPA Ⅱ, 1960 –65,” Box 143, UPA 4, UPA.

划。“大本钟”计划无论是规模还是范围都极为庞大，宾大专门创建了一个半独立的研究部门——联合研究所（Institute for Cooperative Research，ICR）来容纳这个项目，并进一步吸引类似的合同。[1]

1950—1960年，联邦科研资金的注入从两方面改变了宾大的整体发展方向。首先，不断增加的联邦研究资助使该大学的自我形象发生了明显改变。随着校内研究人员开始参与国家层面的研究项目，管理人员被邀请参加国会听证、在联邦咨询委员会任职并作为政府嘉宾参观军事设施，宾大逐渐将自己视为一个国家级的高等教育机构而非一所地方院校。[2]在费城，宾大有着悠久的历史和崇高的声誉，因此其管理层一直也是费城权力精英的一部分。现如今，宾大的管理者不仅是地方上的实权派，还是全国性的重要人物。随着宾大声望日隆，本科生的生源地也变得日益多

1 ICR后来成为“Caramu”等项目的大本营。该项目始于1956年，旨在评估暴露于化学制剂可能造成的伤亡；“Oro”预测了化学和生物武器制剂在特定天气条件下的毒性程度；关注生物战的“White Wing”以及后来最具争议的“顶峰”和“香料架”项目，研究的是通过空气输送的化学物质，比如橙剂。见Jonathan Goldstein, “Vietnam Research on Campus: The Summit/ Spicerack Controversy at the University of Pennsylvania, 1965-67,” *Peace and Change* 11:2(1986)，31 11:2(1986), 31。

2 宾夕法尼亚大学的管理人员并不一定要抓住每一个参与国家政策相关活动的机会。他们拒绝的会谈往往是仪式性的，而不是实质性的。美国空军系统司令部航空系统部的大学代表年度会议邀请了哈恩韦尔校长，但他拒绝参加。在会议上，军方官员带领管理人员参观了他们的设施，并利用这次活动“指出一些可供毕业生选择的就业机会”（伯特伦·罗斯［Bertram M. Rose］给哈恩韦尔的信，FF，“United States Goverment 1960-65，” Box 149，UPA 4, UPA)。哈恩韦尔还被邀请加入由商界和教育界领袖组成的空军航空大学访问委员会，但他也拒绝了这一邀请。

元。因为外来教育经费的增加，再加上联邦政府资助的数百个科研项目需要增加额外的人手，研究生招生项目也在迅速增加。就像在这十年间其他备受瞩目的高等教育机构一样，宾大及其领导者在“二战”之前从未扮演如此重要的角色。

其次，联邦资助导致大学的某些部分变得比其他部分更重要。
151 与斯坦福大学和其他越来越倾向于追逐联邦研究经费的院校一样，宾大的领导机构也将大部分时间和精力都集中在照顾、维护和扩展那些从联邦研究合同中获益最多的学院和中心上。这一战略旨在使宾大能够更好地与其他顶级研究型大学竞争联邦拨款和私人捐款。1957 年，宾大管理层委托专门机构开展了一项全校范围内的民意调查，目的是明确该校最具成效的研究领域，最后得出的结论是，学校需要“削减战略重要性领域之外的教学职能，或者降低其优先级别”[1]。

与其他冷战时期的美国高校一样，联邦项目经费的第二个影响是增加了对实验室和研究空间的需求。到 20 世纪 50 年代末，宾大启动了新教学楼和宿舍建造工程，前者大多是为从事科学研究的机构和学院而准备的。部分工程的土地征用和屋舍建造仍旧沿袭了校友捐赠和私人集资的传统模式，但越来越多的项目是与费城市区

1 Richard D. Stine, *Trends and Targets: A Study of the Financing of the University of Pennsylvania and Recommendations for Future Action*(1968 年 4 月)，FF 8, Box 55, Section A, UPA 5.7, UPA 16。这里引用的这段话是斯泰恩对 1957 年全校调查结果的评价。宾夕法尼亚大学表现出的学科偏袒与特曼在斯坦福建立“卓越尖塔”的战略相呼应。

重建管理部门相合作的方式，利用公共资金扩大校园规模。

工业衰退与城市更新

在大萧条到来之前，费城一直是名副其实的“世界工厂”。在市中心以北的街区，大型纺织厂和地毯厂的生产机器一直轰轰作响；在城市南部的造船厂，数以千计的工人每日在这里努力工作。绵延数英里的整齐的排屋让费城成为工薪阶层最有能力负担家庭住房的大城市。尽管也有部分人口极度贫困，尽管汽车的迅速普及让修建于 18、19 世纪的街道不堪重负，但这座城市仍然是全国最大、最繁华的大都市之一。然而，在大萧条和世界大战过后，尽管费城的领导人和广大市民依旧认为经济状况将会恢复到 1929 年之前的水平，但城内的工厂却开始缩减劳动力，甚至完全关闭。庞大的城市规模、严格的政府监管和组织化的工会机构让费城的企业饱受高额成本和官僚主义之痛，一个多世纪以来一直以城市为基地的工业纷纷转移到更开阔的郊区地带，或者搬迁到其他地区乃至其他国家，因为那里的土地价格和劳动力成本都更加低廉。[1]

1 Carolyn Adams, David Bartelt, David Elesh, Ira Goldstein, Nancy Kleniewski, and William Yancey, *Philadelphia: Neighborhoods, Division, and Conflict in a Postindustrial City* (Philadelphia: Temple University Press, 1991). 雇主对工会劳工的高成本的厌恶一直持续到今天；在许多情况下，公司会公开将高税收作为他们离开城市化地区的原因，但正如一位分析师最近观察到的那样，“首席执行官不太可能公开声明，他或她是为了逃离工会组织而让公司搬迁；说税收太高在政治上更容易被接受”(Natalie Cohen, “Business Location Decision-Making and the Cities: Bringing Companies Back,” 为布鲁金斯学会城市和大都市政策中心编写的研究报告[Washington, D.C., April 2000])。

大约从 1940 年起，随着成千上万来自美国南部的非裔移民不
152 断来到费城，这座城市的人口结构发生了根本性变化。在实行种族隔离的地方，黑人移民在政治和经济上都缺乏基本的公民权利。由于费城长期以来都以安全的环境和强大的蓝领工会组织著称，因此许多黑人纷纷从北卡罗来纳和弗吉尼亚等南方各州北上到此。但在南方黑人不断涌入的同时，许多本土企业却纷纷离开费城，搬迁到南方或海外那些工会力量比较薄弱且土地、劳动力、原材料都更加便宜的地方，因此费城的就业岗位变得越来越少。非裔美国人的大量涌入，再加上城市经济基础的不断滑坡，致使北费城和西费城的排屋逐渐被贫困不堪的少数族裔失业人群所占据。不过，费城的情况与底特律和芝加哥等城市有所不同，导致黑人生活贫困的主要原因并不是城市的去工业化。非裔美国工人在制造业的就业机会一直不多，这不仅仅是因为工厂关闭，而且还源于美国企业在雇佣关系中存在根深蒂固的种族主义。费城的白人劳工竭力保持工会成员的种族纯正，并通过亲属关系和邻里网络进行非正式的内部招聘，这两种行为都将黑人排除在外。不仅如此，歧视性住房政策和抵押贷款制度也将黑人限制在少数几个社区。随着越来越多的南方移民不断涌入，这些社区变得拥挤不堪。1950 年，黑人移民的持续到来导致费城人口增长到近 200 万人的历史峰值，这也意味着该市的人均收入中位数下降了。[1]

1 美国商务部，人口普查局，人口普查：1950 年，第 3 卷：人口普查区统计，第 42 章：宾夕法尼亚州费城和邻近地区（Washington, D. C.: GPO, 1952）。

在这一时期，费城并不是唯一一个经济水平和人口结构同时发生变化的美国城市，但与众不同之处在于，费城是以多类型的制造业为根基的，而不是像底特律的汽车或匹兹堡的钢铁那样以某一种产业为主导。因此，费城的去工业化过程不像其他城市那么明显，更像一个漏气的轮胎那样悄无声息地慢慢萎缩，而不像汽车爆胎那样突如其来、令人震惊。当本地官员意识到事态严峻之前，费城产业就已经像漏气已久的轮胎那样瘪下来了。

20 世纪 40 年代末和 50 年代初，虽然费城的经济基础重建工程已经开启，但当地政治家和公民领袖更关注的是城市审美和基础设施有何缺陷，与此同时，还有意向公众传递一个略显自以为是的观念：费城未来仍是占据主导地位的工业中心。[1] 自 20 世纪 20 年代初期以来，当城市建设者决定通过修建本杰明·富兰克林林荫大道来改善城市面貌时，费城领导层仍旧对城市“枯萎病”问题耿耿于怀，并将本城经济恶化和社会变革的种种迹象都归结到这个概念之下。1946 年，出于对部分老旧社区（部分社区正是南方黑人贫民登陆此地的初代入境点）条件日益恶化的担忧， 153
费城也效仿其他东北部城市，创建了一个名为“城市重建局”（Redevelopment Authority, RDA）的新机构。该局成立后的第一年，就派官员前往纽约参观备受称赞的斯图维斯坦镇开发新项

1 郊区化虽然令人不安，但也很少被认为是一个问题。例如，约瑟夫·克拉克市长（1952—1956）在上任第一年发表的所有存档演讲中，没有一篇明确提到郊区化给城市带来的问题，尽管他演讲的一些主题显然涉及人口向郊区转移的部分后果，包括交通控制、选民参与和城市财政稳定。RG60-2.2，BoxA-448, PCA.

目，并在年度报告中做出如下描述："费城'枯萎病'的主要原因是年代久远。这座城市的早期规划并不落伍，但在设计最初的方案时无法预料即将到来的汽车时代，也没人能够预见工业发展的接踵而至、现代城市的膨胀拥堵以及城市生活的种种变化。"[1]市政官员认为，主要问题在于费城的经济状况不佳，因为这座城市是为 19 世纪的工业生产而设计的，无法满足当下汽车时代的需求。言下之意，费城的主要缺陷在于基础设施，因此必须彻底改造才能消除衰败，在最激进的情况下，几乎要拆除所有城市建筑，重新设计街景，从头开始重建。

在约瑟夫·克拉克和理查森·迪尔沃思（Richardson Dilworth）两任市长的领导下，城市重建局得以将雄心勃勃的费城更新计划付诸行动。1952 年，随着民主党改革家克拉克当选市长，费城市政府数十年的政治腐败终告结束。克拉克市长是费城精英中最具改革思想的代表人物，他上任后下决心消除过去费城市政府任人唯亲和铺张浪费的坏名声，聘任了一批志同道合、富有远见的城市管理者。1956 年，宾夕法尼亚民众推选克拉克进入美国参议院，迪尔沃思继任为新的费城市长。

克拉克和迪尔沃思从政治身份来看的确是改革派和自由主义者，但同时他们也是费城土生土长的白人建制派，与当地商界有着密切联系。二人在任市长期间施行的都是独具个人风格的"开明专制"，他们任用的官员大部分都是具有相似背景的白人男子，并与他们一

1 费城城市重建局，《1946 年年度报告》（费城，宾夕法尼亚州）（1947 年 1 月），4. Box A-571, RG 161, PCA。

同倡导提升穷人和受压迫者的社会地位。以家族关系和商业利益为基础，费城早已形成根深蒂固的同学关系网络，不过美国社会自20世纪中期以来对专家体系的迷恋，也导致这个网络出现新的变化。美国各大公共部门、新闻媒体乃至社会各界都在高度推崇科学家和工程师这两种职业，在此情形下，费城领导层的关键位置也越来越多地出现了在城市规划和城市管理等方面受过科学训练的专业人士。专业的城市规划者和管理者与行政腐败、党派斗争格格不入，他们所做的决定往往超越政治斗争，因此更有可能真正符合公众利益。[1]

为了与这座城市的资本主义经济发展趋势相一致，两位勠力改革的费城市长将促进城市经济和私人企业发展视作市政当局的 154
关键职能。在他们看来，私营经济的健康发展将有利于刺激住房投资、创造就业机会以及促进社区发展。除此之外，20世纪50年代，费城改革与复兴的哲学取向还充分显示了深藏于城市历史的文化基因，这里曾是美国民主思想的发源地。与国家独立纪念公园的建造风格相似，费城更新计划也是有选择的怀旧，甚至与真实的历史有所出入，但这种情绪对于费城领导层的感召是真实的，充分激发了他们强烈的公民责任感和公共利益心。约瑟夫·克拉克在演讲中

1 在即将到来的后民权时代，这种看似良性的寡头统治风格将让位于更广泛的民主，这种民主更注重社会正义和经济公平，而不是宏伟的计划方案。Richard M. Bernard, ed., *Snowbelt Cities: Metropolitan Politics in the Northeast and Midwest since World War II* (Bloomington: Indiana University Press, 1990)。当然，这种新的多元主义可能带来灾难性的后果，例如，可以看看肯·奥莱塔（Ken Auletta）在 *The Streets Were Paved with Gold* (New York: Random House, 1975) 中讲述的纽约市金融崩溃的故事。

对费城引以为傲的城市历史如数家珍，不仅如此，他在讲话中还多次引用威廉·佩恩（William Penn）宽容友爱的文化遗产，一次次强调这座城市对于美国诸城的榜样作用。[1]正是因为拥有这样的公民责任感，费城才会以更开明的态度对待种族问题，并义无反顾地期望通过城市更新和对外开放来提升城市文化和促进社会公平。

总之，费城特色的精英专家统治模式一方面带有强烈的经济发展内驱力，另一方面还充分体现了这座城市坚决追求民主公正的信念传承。正是基于上述两种考量，克拉克与迪尔沃思有条不紊地推行他们的政策主张。1953年，克拉克条理清晰地陈述了未来十年费城治理的重点事项："当今美国的城市文明正持续遭受三种威胁：第一种是交通拥堵对城市通行的严重限制，这有可能会扼杀经济发展的可持续性；第二种是行政人员极为低下的工作效率，他们的才干、奉献精神、创新意识和行政能力亟须提升；第三种则是每况愈下的住房供应，这种情形正在阻碍人民提升自己的智识水平、工作能力和教育水平，让费城无法建立一个为全体市民遮风挡雨的安居系统。我们必须做出改变，如若不然，民主就是一句空话。"[2]对于第二个问题，克拉克亲力亲为地迅速制定了一部焕然一新且更加民主的城市宪章。至于第一和第三个问题，克拉克则将其交给了自己的左膀右臂来解决。

在战后诸多非民选的"专家型"官员中，费城城市规划委员会

1 Clark, FF "Speeches and Statements," Box A-448, RG 60-2.2, PCA.

2 1953年4月17日费城住房咨询委员会午餐会上的发言全文，FF "Speeches and Statements," Box A-448, RG 60-2.2, PCA。

（PCPC）主任埃德蒙·培根（Edmund Bacon）堪称最具代表性的人物。培根充分利用本地精英统治阶层赋予他的权力，让这个部门成为全美最杰出、最雄心勃勃、最活跃的城市规划机构之一。培根认为费城应当有一个宏大的全面改造计划，其中包括针对城市拥堵而制定的交通改造方案（修建高速路和拓宽主干道）、针对住房匮乏而推出的标准化安居方案（为各阶层人民提供现代化的高层建筑和已修复的排屋）、针对过时的商业空间而制定的升级方案（建造有充足停车位的办公楼），以及针对绿化空间不足而制定的公园、广场建设方案等。[1]在执行上述计划时，城市重建局对培根和费城城市规划委员会的工作给予了大力支持。随着规划委员会的工作不断推进，城市重建局及时调整工作重心，将自己的注意力集中在市 155
中心及周围地段的改造项目上，这些项目更加明确地倾向于恢复私营机构的活力，同时致力于吸引中产阶级居民到城市来。[2]

城市发展重心的转移，帮助培根成就了在任期内最伟大也是最广为人知的政绩，那就是费城城市中心规划。该计划构思于 20 世纪 50 年代，建设实施几乎贯穿了整个 60 年代，其建造风格借鉴了柯布西耶的现代主义，同时也融入了历史保护主义和社区中产化倾向。一部分年久失修的商业建筑和住宅街区被引人注目的高楼大厦所取代，还有一部分始建于 18、19 世纪的老旧建筑得到了精心修

1 Madeleine L. Cohen, “Postwar City Planning in Philadelphia: Edmund N. Bacon and the Design of Washington Square East,” Ph.D. diss., University of Pennsylvania, 1991.

2 费城城市重建局，《1949 年年度报告》（1950 年 1 月），A-448, RG 60–2.2, PCA; Adams et al., *Philadelphia*, 100–123。

复。中心城区还有一个叫作社会山（Society Hill）的地段，这里的主住宅经重建和修复之后，成为一个声名远播的城市景观。距离城中心几个街区之外，原本被烟熏火燎的维多利亚式建筑也被富丽堂皇的现代化建筑所取代。[1]

在两任改革型市长的领导下，激动人心的费城住宅房屋和商业重建项目以及其他方面的深度变革终于在 20 世纪 50—60 年代引起了美国社会的广泛关注。各大新闻媒体纷纷以头条报道费城的改革事迹，赞扬其在全美城市中“一枝独秀”，其领导者在普遍贪腐的环境中“出淤泥而不染”，在费城市长这样的改革家的带领下，“我们的城市终将变得更加宜居”。50 年代中期，《瞭望》（*Look*）杂志连续数年将费城评为“全美名城”。1964 年，埃德蒙 · 培根登上《时代》周刊封面，标题为“城市更新：重塑美国城市”，从而彻底巩固了费城作为城市规划典型的正面形象。[2]

联邦政府的城市更新计划为各大城市领导人提供了充裕的行动机会，让他们得以从容解决战后中心城市陈旧过时的基础设施和日益严重的社会问题。但用于城市改造的联邦拨款也不是无限供应的，这些资金主要流向特定城市并优先供给城市中那些看

---

1 Cohen, “Postwar City Planning in Philadelphia.” 关于社会山的讨论，见 Neil Smith, *The New Urban Frontier: Gentrification and the Revanchist City*（New York: Routledge, 1996），119–39。

2 “Philadelphia, The Great Exception,” *New Republic* 125 (19 November 1951), 15; “Clean-Cut Reformers in Philadelphia,” *New Republic* 133 (24 October 1955), 7–9; “Making Our Cities Fit to Live In,” *The Reporter* 16 (21 February 1957), 30–34. 1964 年 11 月 6 日，埃德蒙 · 培根登上了《时代》周刊的封面。

上去更有需要的地区。在这方面，西费城的改造工程堪称经典，说明了“需求”这一观念是如何在一个大学社区得到强化的。在那里，新兴的现代科学机构与去工业化和郊区化的社会经济后果并存。

西费城成为费城经济状况和人口结构以及当地领导层如何应对这些问题的一个缩影。宾大位于这一不断变化的社区中心，使其成为政府资助的重建和改造项目中备受瞩目的目标。1940 年，西费城的人口普查结果显示，该地区的居民绝大部分都是蓝领工人，只有不到 10% 的成年人可以归入“专业人员”行列，而且这些人基本上都是白人。西区居民中相当一部分受雇于制造业，少数人（主要是黑人和女性）是家务劳动者或受雇于企业的服务人员。由于西费 156
城在去工业化和郊区化运动发生前就已经是劳工阶层居多，再加上费城工业经济转型的渐进式特征，因此，在 1960 年之前该地区都没有出现经济衰退的明显迹象。20 世纪 40 和 50 年代，西费城的人口结构发生了重大变化，某些社区从以白人为主迅速转变为以黑人为主。在这二十年里，宾大校园以北地区的黑人居民比例翻了一番，从 1940 年的 17.2% 跃升到 1960 年的 34.3%。这一变化在人口普查涉及的区域尤为显著，某地在 1940 年的黑人居民所占比例不到 30%，至 1950 年已经超过 70%；另一个地区则从 1940 年的 24% 跃升至 1950 年的 60%，到 1960 年这个数字已经超过 91%。[1]

---

1 美国商务部，人口普查局 , *Sixteenth Census of the United States, 1940: Population and Housing: Statistics for Census Tracts, Philadelphia, Pa.* (Washington, D.C.: GPO, 1942); 美国商务部，人口普查局 , *Census of Population: 1950. Vol. 3; Census Tract*

虽然西费城在人口结构上已经变成一个非裔美国人主导的社区，但并不意味着这里就此陷入贫困。事实上，许多新搬进来的家庭都是工薪阶层，他们的经济状况与此前住在这里的白人劳动者相差无几。然而，非裔美国人向西费城的迁移却让宾大的人文学者对此变得犹疑了。西费城正在变得越来越拥挤，越来越异质，对部分人来说，这种情况让他们觉得比之前更危险。八十年前，为了避开混乱不堪的城市环境，宾大整体搬迁到西费城，但八十年后这所大学再次处于一个难以控制的典型的大都市空间中。

西费城战后人口的变化趋势，以及身家丰厚且受教育程度较高的白人领导者对此做出的反应，充分揭示了当地种族和阶级复杂交错的趋势。自黑人移民成为西费城的主要人口之后，宾大管理层和费城市政府官员理所当然地迅速宣称此地已被"枯萎病"感染，而白人劳动者家庭的存在并没有引起这种困扰。领导层对西费城黑人日益增多的反应，与他们对外展示的进步姿态和开明立场自相矛盾，这些人一直以来都声称自己在种族关系和公民权利上持开明态度。不过，宾大管理层和西费城官员指出的许多问题的确与该地区变得更贫困密切相关。由于雇佣惯例中的种族歧视，再加上城市和地区的去工业化浪潮和经济衰退趋势，费城西部的非裔美国人在经

（接上页）*statistics, Chapter 42: Philadelphia, Pa., and Adjacent Area* (Washington, D.C.: GPO, 1952)；美国商务部，人口普查局，*U.S. Censuses of Population and Housing: 1960. Census Tracts, Philadelphia, Pa.-N.J. Standard Metropolitan Statistical Area*, Final report PHC(1)-1-116 [Volume 15, part 116] (Washington, D.C.: GPO, 1962)。

济处境上正变得越来越困难。

宾大对西费城的变化深感苦恼，但颇具讽刺意味的是，本地经济走向凋敝的部分原因竟然是该地区廉价的寄宿公寓、餐馆和酒吧的大量涌现。20 世纪 60 年代初，联邦政府城市更新项目负责人威廉·斯莱顿曾在一次演讲中温和地斥责宾大和其他城市大学不重视商业活动给社区环境带来的影响："由于大学一直不愿或无法投入更多资源来提供学生和教职员工所需的全方位服务，其结果就是商业性的服务机构、学生住宿以及其他服务项目大量涌入，以此来满足大学社区的需求。"[1]不过，费城政界和商界领袖对本城罹患"枯萎病"的诊断，主要还是取决于人口结构中种族结构的变化。由于市场条件和种族歧视的存在，这种联系在逻辑上是讲得通的。处于经济衰退期的社区会对黑人租户更加开放，而缺乏抵押贷款援助的少数族裔社区难以对房屋进行维护，从而进一步加剧了社区环境的衰败速度。 157

由于白人家庭迁往郊区或其他社区，黑人人口逐渐占据主导地位，城市重建局的行政官员将西费城，特别是宾大周边社区列入需要重建或更新的社区名单中。20 世纪 50 年代中期，此时虽然西费城的种族结构转变尚未完成，但市政当局已经将此地列入利用联邦资金进行城市更新的首要目标。西费城被优先考虑的一个主要原因

1 William L. Slayton, "The University, the City, and Urban Renewal," 载于 *The University, The City, and Urban Renewal: Report of a Regional Conference Sponsored by the American Council on Education and the West Philadelphia Corporation* (Washington, D.C.: American Council on Education, 1963), 4。

是拥有宾大，这一时期该大学的办学规模、活跃程度和社会声望都正处于上升期。《退伍军人法案》的出台导致招生人数激增，联邦军事项目和其他科研合同让学术活动与日俱增，从而导致20世纪50年代全美各地的大学都变得人满为患。不过，宾大在城市事务中扮演的政治角色也是一个重要因素。在这一时期，宾大管理团队是由费城精英和顶层专家构成的，他们既支持城市经济的发展，也关心公民责任的履行。

费城官员对宾大对城市经济和文化生活的重要性知之甚深，因此对大学方面的各种需要都尽量满足。早在1947年，费城市方就通过一份不对外公开的城市规划报告向大学管理层保证："宾夕法尼亚大学的扩张对这座城市具有极其重要的积极意义，无论是在经济上还是在文化上。毋庸置疑，拥有这所大学是费城之幸，这是一个蓬勃生长的机构，其表现越来越卓越，声名越来越显赫，能够吸引各界领导来访，同时也在不断提升所在城市的知名度和声誉。"[1]当宾大需要更多更好的发展空间时，费城市政当局毫无疑问会竭力为之提供帮助。

在西费城，城市改革者颇为开明的都市建设理念迎头遇上了
158 对本地经济文化潜力进行研究与开发的坚定信念，从而促成了一系列新的城市更新项目。在费城与宾大交界的地区，城市更新令大学

1 费城城市规划委员会关于费城电车公司的机密报告，1947年9月10日，FF "Development Program (Committee on Physical Development) Ⅱ 1945–50," Box 29, UPA 4, UPA。引自AdamB. Klarfeld, "Private Taking, Public Good? Penn's Expansion in West Philadelphia from 1945 to 1975," 宾大历史系高级毕业论文，1999年4月，第19页。

管理层和地方改革者获得了源源不断的联邦科研项目和其他来自政府的经费资助，目的就是将其建设成一个既符合改革派费城领导人的政治哲学，又能将斯坦福模式的许多原则应用于工业城市的景观改造与文化发展理念的新型知识之城。正如宾大管理层和费城市政当局所描绘的那样，这座新型知识之城居住的是受过良好教育的开明的白人家庭，他们拥有相对进步的种族思想以及更加多元的生活观念。

然而，宾大和费城联手打造的知识之城只是表面上开明进步，事实上，市校双方领导者都存在着傲慢态度、精英思想和种族偏见。该项目试图从人口结构和空间分布上重塑一个城市社区，却忽视了西费城作为一个种族多元化的劳动阶级社区的身份。面对大学社区正在经历的剧烈又令人不安的经济转型和社会变革（大学所在的城市和地区也同样如此），费城领导者制定了以科学为基础的经济发展策略，并致力于吸引那些正在逃往郊区的白人专业人员和公司。以大学为中心，费城领导层策划了一系列房地产项目，旨在消除周围的贫困人口和黑人群体，并建立物理屏障以区隔白人学者社区和西费城黑人劳工社区。宾大管理层一边宣扬种族宽容，声称自己的行为最能体现费城及其全体市民的最大利益；一边孜孜不倦地消除他们眼中缺乏秩序的城市景观，并用一个理想化的科学生产社区取而代之。整体来看，战后费城正在涌入越来越多的低收入阶层和少数族裔市民，但城西地区新鲜出炉的知识之城却与此形成了鲜明对比，这里的雇员和居民几乎全部来自教育背景良好的白人家庭。

创建大学城

关于通过城市更新计划来实现西费城转型的讨论由来已久，但直到20世纪50年代末才付诸实施。在这一时期，从联邦层面推出的两项关键措施深刻影响了宾大及其周边社区的开发。首先是1959年的联邦《住房法案》增设第112条，允许各地申请联邦城市更新资金来进行与大学相关的建设。1950年该市对西费城的规
159 划，并不针对宾大以及该地区的其他教育机构的房屋建设进行公共支持，而是寻求“将学校与其必需的周边住宅和商业设施整合起来……从而使该地区成为更好的学习、工作和生活场所”[1]。第112条颁布实施后，费城当即将宾大校园的全面建设纳入城市更新计划，从而将西费城的改造重心转向大学以及其他教育机构。

其次，人造卫星上天引发的联邦科研资助经费激增现象也开始对宾大产生影响。在这一时期，宾大已经成为主要的联邦资助机构之一，承担了一系列意义重大、声名远扬的联邦科研项目，学校的科研经费总额与之前相比也大幅增加。其中最重要的是，材料科学研究中心在这一时期获得了一笔高达200万美元的项目拨款，这是全国仅有的四个同类项目之一。1961年7月，宾大在本财政年度获得的联邦项目拨款总额达到了惊人的1900万美元，比六年前增长

1 费城城市规划委员会，*University Redevelopment Area Plan*, September 1950, FF2, Section C, Box 55, UPJ9, UPA。

了近 400%。[1]这个快速增长的数据也充分反映了宾大管理层在华盛顿与日俱增的政治影响力。在这一时期，该大学拥有盖洛德·哈恩韦尔和拉夫丁这样魅力非凡、令人信服的管理者，他们一直与联邦官员保持着热情洋溢的通信往来，由此也表明大学与联邦资助者保持着密切关系。[2]在 20 世纪 50 年代末和 60 年代，宾大始终保持着与联邦机构的紧密沟通，因此对各种资助计划极为熟稔，再加上管理者精明强干的政治游说，从而让该校一步步成为最受华府上层青睐的高等教育机构之一。[3]

随着西费城改造计划的出台，宾大比以往任何时候都更需要将维持和提升自己作为国家科研机构的地位当作第一要务。《住房法案》第 112 条挪出了大量联邦资金，用于宾大校园改造项目中必不可少的基础建设。在此之前，宾大多年来一直以非正式的形式参与费城的城市改造行动，第 112 条的出台为其提供了至关重要的发展动力，促使该校及它的一些教育和医疗机构联合创建了西费城公司（WPC），一个非营利社团和经济发展组织。表面上看，西费城公司是在该地区一个教育和医疗机构联合体——包括宾大、德雷

1 海登·摩根（F. Haydn Morgan，宾夕法尼亚大学项目研究和资助主任），“宾夕法尼亚大学通过 548 份合同获得了 1900 万美元，美国政府，基金会和行业所有赞助项目”，《费城星期日公报》（费城研究特别部分），1961 年 6 月 4 日；宾夕法尼亚大学研究促进委员会，《1954—1955 年年度报告》，UPA。

2 威廉斯（John Willems）少将 1960 年 3 月 3 日给哈恩韦尔的信，FF “United States Government (Army)—I,” Box 155, GA110, UPA4, UPA; 利文斯顿（Robert B. Livingston）给哈恩韦尔的信，1963 年 6 月 12 日，FF “Research, Sponsored—National Science Foundation, 1960–65,” Box 143, UPA 4, UPA。

3 这种通信的一个例子是卢克·奎因 1963 年 9 月 17 日给拉夫丁的信。

克塞尔理工学院（Drexel Institute of Technology）、费城药学与科学学院、费城骨科学院、长老会医院——的领导下，但从创建之日起它就是以宾大为主导的组织。西费城公司董事会主席是哈恩韦尔校长，负责具体运作的受聘主管是一位名叫利奥·莫利纳罗（Leo Molinaro）的城市规划师，这位主管几乎只向哈恩韦尔校长及其管理团队负责。由此可见，西费城公司无论从哪个角度来看都是宾大的一个分支机构，只是伪装成一个独立的非营利组织而已。[1]

160 西费城公司与其说是一个项目机构，不如说是城市更新和经济发展行动的支持者和协调者。它将以社区为基础的城市重建与更大的区域经济发展愿景相结合，认为费城的未来取决于先进工业的存在。无论是宾大的管理层还是西费城公司的领导者，都将联邦政府提供的城市重建基金和联邦研究补助金以及项目合同视作振兴西费城的工具，但正如一位政府官员在1959年指出的那样，他们也都“需要私人资本来实施大规模的城市重建”。因此，如何招揽研究型企业，就成为决定行动成败的关键。[2]

在一段时间里，虽然费城领导层不断强调区域经济发展的重要性，但他们所做的努力更多集中于恢复传统的支柱产业，这曾经是费城经济的引擎。西费城公司是宾大面向外界的传声筒，对

1 *University City News*, 14 September 1962, 9, FF “News Bureau Files, University City Project, Clippings Ⅲ,” UPF 8.5, UPA; 也可见各类行政文件，Box 152, UPA 4, UPA。

2 约翰·穆尔（John L. Moore，宾夕法尼亚大学商业事务副校长，后来担任WPC代理主任），引自“Private Capital Is Sought to Build ‘University City’ in West Phila.,” *Evening Bulletin*, 15 September 1959。

支持该校在地区经济发展中扮演核心角色起着关键作用。不仅如此，西费城公司在公共宣传方面采取的有力行动，对于费城其他地区经济的发展模式和城市更新项目的基调也起到了积极的促进作用。在其努力下，费城的产业发展从老工业转向新工业。西费城公司真切希望城市经济发展战略焦点向高科技产业转移，而且制定了精明的公关策略，转移了公众对于城市更新计划的其他动机的注意力。与斯坦福大学周边土地的情况不同，西费城并不是未开发的开放区域。只有当现有的社区结构消失后，新的知识之城才能拔地而起。大学管理者的目标是建立一个白人化和专业化的西费城，这意味着先要摧毁贫困黑人的家园和生计，但在西费城公司面向公众制作的宣传资料中只字不提贫困黑人的安置问题。西费城公司竭力引导公众憧憬西费城即将建成的光彩夺目的现代研究设施，却丝毫不关心那些为此目标而流离失所的人群和企业。

不过，宾大管理层并非感觉迟钝，他们显然已经意识到当地居民对他们的开发计划产生了抵抗情绪。20 世纪 50 年代末，就像同时期的其他大都市一样，费城的城市更新计划也在黑人群体中引发了大规模的抗议与怨恨。非裔美国人有充足的理由释放自己的怒火，歧视性的住房政策和普遍贫困的经济状况将他们抛向都市中最破败拥挤的社区，最后这些地方又成为治疗城市“枯萎病”和区域更新运动的主要目标。从一开始，费城改造计划中那些最引人注目的项目，譬如“中心城”与“社会山”，都是让生活富裕的白人家庭大受裨益，而本就贫困的黑人却要为此付出代价。城市重建局执行

董事弗朗西斯·拉默（Francis Lammer）曾在1951年推出了自己
161 的“重建哲学”。在他看来，“城市更新计划应当勇于冒险，而不是作为有限的计划来实施；这项活动应能影响各个收入阶层并惠及所有民众。在计划实施过程中，最难解决的问题就是如何为中等收入人群提供良好的居住环境，因此，若要全面推行该计划，并充分体现其社会意义，就必须敢于攻克和解决这个问题（着重强调）”。[1]

费城官员认为，城市更新有助于将城市视作一个有机整体，并通过城市改造计划加以重建，这种思想有助于费城官方为自己的行为提供合理性，从而将低收入阶层和少数族裔人群聚集的社区搬迁出去，并将其开发为白人中产社区，或者干脆变成非住宅区。为帮助重建地区吸引新的中产家庭，城市重建局采取了与西费城公司后来在西费城采用的基本一致的公关策略。在1953年的一份报告中，城市重建局描述了这样的场景：“某位商人之妻从一个成熟社区离开”，搬到了北费城重建区，并对外宣称“正在这里精心打造一个焕然一新的生活社区，而且很乐意将自己视为现代生活的探路者”[2]。

一开始，城市更新区域内的低收入阶层和黑人居民对费城当局的“改善”计划抱有谨慎的乐观态度，但没过多久他们就变得疑虑重重。旧建筑拆除与新家园重建有着数月甚至数年的间隔，原来

---

1 Francis J. Lammer, Introduction, *1951 Annual Report* (Philadelphia: January 1952), RG 161, PCA.

2 费城城市重建局，《1953年年度报告》(Philadelphia: January 1954), 21, RG 161, PCA。

的住户家家被匆忙赶出家园，建筑被夷为平地，但市政当局并没有为这些失去家园的人重新建设安置住房。有鉴于此，每当城市重建局宣布启动一个将影响现有住宅区的新项目时，相关社区的抵制浪潮便会立刻高涨。至 20 世纪 50 年代末，费城的城市更新计划实施策略遭到了广泛批评。该计划拆除了大量的城市社区，迁走了那里的民众，却没有为其提供充足的安置住房，而且也未能及时启动新居建设。

到 1959 年，费城城市更新计划引发了诸多争议，这表明，宾大对西费城公司的支持别有动机。西费城公司的成立为宾大及其附属机构提供了一个隔离带，使其得以远离社区民众的抗议前线。尽管大学管理层几乎拥有全部决策权，但费城城市更新计划的执行机构仍是西费城公司，而非宾大。毋庸置疑，宾大管理层显然意识到自己的房地产开发行动将会损害当地居民的利益并引发各种争端，因此才有必要创建西费城公司这样一个代理机构。大学管理层也明白自己将要实施的开发方案并不总是受人欢迎，亦无公正性可言，正因如此，才需要将西费城公司这样的“社区”组织，而不是像宾大这样的巨头机构作为西费城城市重建的公共代言人，这种做法也有助于缓解争议。

西费城公司运营不到一年，便向媒体和大众公布了西费城未来 162
发展的全面建设计划。该计划与埃德蒙·培根对中心城区建设的全面构想颇为相似，包括大学校园扩建、商用科研设施追加、零售商业中心以及住房修复和建设等项目。计划涵盖了西费城公司的 83 英亩土地，从斯古吉尔河岸一直延伸到第五十二街，横跨了西费城受大学影响最深的全部区域，不仅包括中产教职员工住宅区和学生公寓，而且还涉及部分种族结构变化最为剧烈的人口普查区。[1]

全面建设计划宣布时，西费城公司和费城城市重建局将该地区命名为“大学城”，以区别于西费城的其他区域，同时也是为了强调该项目与本地高等教育资源和医疗体系的关联。事实上，该计划名称的酝酿还包含一个秘而不宣的目的，那就是以这种方式将大学社区与周边的非裔穷人邻居区分开来。对当时的白人中产和白领
163 企业而言，“西费城”意味着一个经济贫困、黑人集中以及越来越缺乏吸引力的地方。将宾大和其他教育机构周边的社区命名为“大学城”，是重建该地区极为重要的第一步，意味着这个地方未来将会变成一个规划良好、教育良好的白人社区。这个名字流传至今，但很少有人意识到，与费城其他地区的名称不同，这是一个由城市规划者刻意构思出来的品牌名称（或者，正如哈恩韦尔与莫利纳罗常说的那样，是一个“概念”）。[2]

费城媒体大多是宾大的坚定支持者，它们对于西费城公司的大学城建设计划表示热烈支持，并称赞这个创意完美契合了这个被科学所陶醉的时代。《费城询问报》对此给出的评论是：“这是一个前所未有的创意，该项目的建设规模和涉及范围都令人惊叹。整

---

1 *University City News*, 14 Sept. 1962, 9, FF “University City Project Clippings Ⅲ,” UPF 8.5, UPA.

2 约翰·穆尔在“Private Capital Is Sought to Build ‘University City’ in West Phila”中最早提到这个词。宾夕法尼亚大学及其盟友并不是唯一将社区更名作为维持公共关系之工具的学校，其他城市大学也这么做。例如，华盛顿大学将其所在的圣路易斯地区更名为“大学城”。

个美国——事实上，是整个世界——都从未见过这样的事情……大学城是进步的最佳体现。这是一项大胆的计划，旨在帮助整个国家，特别是特拉华河谷地区，履行教育和医学领域的紧迫责任。这是一种全新的城市重建模式，通过这种方式，现有的高等教育机构会努力履行自己的重要职责，更好地实施市民教化和履行公民义务。”[1]《费城晚报》对此做出的回应较为温和，认为大学城建设计划将“在城中提供一个教育和研究之城，这是一个多年来一直在走下坡路的地区求之若渴的再开发项目”[2]。

宾大管理层和西费城公司同样以宏大的历史视角来描述他们开展的工作。哈恩韦尔写道：“大学城自有其理念基础，这个理念是建立在追求和创造知识的基础上的，并将知识应用于个人和社区生活的各个领域。显而易见，这一理念并非我们的原创。在西方文明史上，它出现于文艺复兴时期，在工业革命和美国革命中逐渐积聚力量，当前已经成为科技革命时代的核心要素。……大学城位于世界上最大的工业和教育联合体的中心，战略位置十分优越。这一基本现实意味着，它为教育界和工业界通过研究和开发找到共同的事业提供了一个不同寻常的机会。”[3]

由于宾大领导层有足够的影响力，从而为西费城公司赢得了媒体的青睐，并使其在整个费城地区的董事会和本地商业社团中拥有一席之地。西费城公司执行董事利奥·莫利纳罗很快成为与地方和

1 “University City: Dream to Reality,”《费城询问报》社论，1960 年 10 月 16 日。

2 “The New University City,”《费城晚报》社论，1960 年 10 月 13 日。

3 Harnwell, Introductory Message to 1964 WPC *Annual Report*, Box 152, UPA 4, UPA.

联邦两级城市更新机构打交道的人。莫利纳罗和西费城公司密切配合费城和联邦两级政府的城市更新计划，由此也相应地深度介入了区域经济发展。由此，宾大再次参与经济发展事业，重拾其在 19 世纪作为费城智慧中心的角色。正如哈恩韦尔在 1961 年所述："我们
164 已经认识到大学城在整个城市经济结构中必须扮演的角色……大学城必须成为特拉华河谷至关重要的中心区域，为工业界和政府、艺术界和科学界培养领导人才。"[1]

尽管西费城公司列举了诸多发展目标，但其在费城建设知识之城的行动措施基本上可以归入两大类。[2] 首先，在早期阶段，西费城公司主要致力于吸引那些拥有良好教育背景且子女年龄比较幼小的职业家庭迁入大学城。不同于其他那些位于田园小镇或城郊新区的研究型大学，宾大位于都市中心，有段时间甚至一度被迫向潜在的雇员"推销"自己所处的方位。在这个过程中，校方总结出一套颇为讨巧的发展策略，那就是尽力将宾大的都市化特征变废为宝，使之成为一种有利资本而非不利条件。西费城公司成立之后，便充分利用了这种策略。宾大和西费城公司管理层为大学城设计了一个颇为独特的发展愿景，旨在面向专业人员充分彰显其自由而包容的区域特征；与此同时，对整体环境进行巧妙包装，使之成为高学历白人家庭安居乐业的理想之所。

---

1 校长致辞 , West Philadelphia Corporation *Annual Report*, October 1961, Box 154, UPA 4, UPA。

2 哈恩韦尔校长在"University City: Rebirth of a Community"（*Challenge* [通用电气公司导弹与航天部杂志] 2:1 [Spring1963], 31-32）一文中向全国高科技企业界人士介绍了 WPC 的目标。

自大学城建设计划诞生之日起，其内在理念和对外宣传都明确传递出一个基本信息：在西费城创建的大学城不仅可以对抗城市“枯萎病”（搬走贫困不堪的少数族裔家庭，迁入光鲜亮丽的高学历教工家庭），而且不同于威廉·怀特和约翰·济慈（John Keats）等评论家的作品中曾嘲笑的那种过分干净、同质化倾向严重的郊区。正如西费城公司在1962年的年度报告所指出的，该公司背后的机构希望“在大都市建立一个真正意义上的学者社区……但它们不希望创建一个只有单一阶层的社区，这样做会消除文化、民族和种族差异，从而导致都市社会丧失活力”[1]。相较于普通市民，西费城公司着力引进的那些拥有良好教育背景的专业人士在身份上更国际化，对于本阶层之外的多元文化有着更强的包容性。这样的人倾向于居住在像大学一般宜人的“城市”中，而非随随便便地选择大学城或大学周边社区。此时西费城的更新计划正好能够满足这种需求。此前一年，简·雅各布斯（Jane Jacobs）出版了《美国大城市的死与生》（*The Death and Life of Great American Cities*），对现代主义霸权和城市规划师近乎神化的地位发起挑战。雅各布斯满怀激情的论点在城市自由主义者心中激起了强烈共鸣，而这些人正是大学着力引进的目标人群。[2]

在这一时期发生的另一场社会变革——民权运动，也促使教工

1 Box152,UPA 4, UPA.“学者社区”的口号很快就在富有同情心的当地媒体中流行起来，参见 Daniel F. O'Leary, "Community of Scholars Planned for West Phila," *Sunday Bulletin*, 5 March 1961。

2 Jacobs, *The Death and Life of Great American Cities* (New York: Random House, 1961).

家庭更倾向于搬到大学城居住。20 世纪 60 年代初，北方城市的自由主义者基本都是白人，他们积极参与并公开支持南方黑人的民权斗争。虽然费城这个地方还远远谈不上种族包容，但在受西费城公司吸引的专业家庭中，还是有一部分支持种族融合理念，愿意把他们的孩
165 子送到融合学校（前提是教学质量高），也愿意在融合社区安家（前提是洁净、安全）的。[1]有条件地推行种族融合，是西费城公司及其成员机构掩饰城市更新本质上不公的又一手段。为了满足高收入人群和高收益经济活动的需要，管理者精心规划社区布局和营造城市景观，但这是以牺牲低收入少数族裔群体的住所和营生为代价的。

在开始运行的最初数年里，西费城公司主要扮演一个精明强干的社区协会角色，专注于有关“环境保护和社会稳定”的社区项目。根据西费城公司提供的文件材料，这些项目包括“防止社区规格下降”，以及关于多建设城市公园、活动场所和高质量学校的宣传活动。[2]由于担心“西费城市场街的环境迅速恶化，（那里）已经变成一排排连续不断的垃圾场、二手家具店、自来水房和其他各种条件简陋的商业场所”，哈恩韦尔、莫利纳罗等人开始向费城城市重建局施压，要求其重新划定西费城的区域功能，并加快进行市场街沿线的拆除项目。[3]

---

1 阿诺德·赫希在《打造第二个贫民窟》（*Making the Second Ghetto*）一书中展示了这些冲动是如何影响芝加哥大学海德公园附近居民的居住模式的。

2 西费城公司 , *Annual Report*, October 1961, Box 154, UPA 4, UPA。

3 大费城运动联席会发言建议（未署名，为哈恩韦尔或莫利纳罗准备），22 May 1963, FF “Community Relations-West Philadelphia Corporation,” Box 154, UPA 4, UPA。

在大学城的其他地区，西费城公司出面筹集的大量私人资金为公共建设提供了有力支持，帮助宾夕法尼亚大学及其附属机构的教职员工新建起高标准住房。西费城公司密切关注在大学城购买和翻新老房子的教职工家庭和其他专业人士，并在每月的内部简讯中专门开辟一个公示栏目，不断列出新成员的姓名并对他们表示热烈欢迎。[1]与此同时，也有一些非专业人士和非白人家庭搬到该地区，但他们却无法享受此等待遇。在此期间，西费城公司不断投放装帧精美的宣传册，讲述那些居住在大学城并热爱这里的年轻的、充满艺术气息的学术家庭的故事。[2]

西费城公司还有一项贯穿始终的重要任务，即提高本地公立学校的办学质量，使其有能力与郊区学校一较高低。西费城公司在这方面所做的努力不仅与其吸引城市自由主义者的意愿相吻合，而且还与这个时代对科学和数学教育的无比重视相一致。如 1964 年西费城公司的一篇报告所示，“随着越来越多的学者、医生以及其他各领域专家被吸引到大学城，那些有孩子的家庭将会对本地中小学的教育质量提出越来越高的要求。这些家庭不仅能够将教育需求带到新的维度，同时也为公立学校教育的高质量发展提供了丰富资源”[3]。

西费城公司称本地的中小学校为“大学附属学校”，它们都重视科学与数学，并能充分利用宾大以及本地其他机构的教学资源

1 WPC newsletter files, Box 188, UPA 4, UPA.

2 西费城公司, *Elaborations on Living in University City*, FF “Community Relations—West Phila. Corp. 1960–65 V,” Box 152, UPA 4, UPA。

3 西费城公司, “A Progress Report on University City, Philadelphia,” September 1964, Box 152, UPA 4, UPA。

来加强课程建设。这些学校之所以值得称赞，不仅源自教学的卓越
166 性，而且还因为生源的多样化。譬如利亚小学，随着社群人口日趋多元，这里既有来自白人教职员工家庭的孩子，也不乏中产阶级和劳工阶层的子女，因此，在西费城公司的一份出版物中称其“学生名册好似联合国名录”。[1]大学相关学校的建设方案在20世纪60年代中期出现了重大契机，这一时期在距离宾大校园数个街区的城市重建区建立了一所新的高中——大学城高中。哈恩韦尔在1966年指出，“新学校的重点是科学与数学”，“这里不仅计划招收来自本地家庭的子女，而且向全费城有志于从事科学事业的学生敞开大门”。[2]基于以上策略，同时也因为部分城市自由主义者有意选择西费城而非郊区学校的自然倾向，20世纪60年代的西费城迎来了越来越多的教职员工和专业人员家庭。1959年，大学城地区只有六百个本地机构员工家庭在此居住，占比不到员工总数的10%。在采取上述措施的短短两年内，根据西费城公司的调查，这个数字就翻了一番，达到一千二百个家庭。至1966年，据估计，在此居住的本地机构员工家庭已不止两千个，占比超过30%。[3]

需要澄清的是，越来越多的学者家庭从其他地区搬迁到西费城并不意味着大学城已经真正成为其领导者心目中的“学者社区”。

---

1 西费城公司 , *Elaborations on Living in University City*。

2 哈恩韦尔于1966年9月19日在西费城公司午餐会上的讲话，FF “Community Relations—West Philadelphia Corporation,” Box 188, UPA 4, UPA。

3 西费城公司，《1962年年度报告》, Box 152，UPA 4, UPA。哈恩韦尔在午餐会上的发言；大费城运动联席会发言建议。

不仅如此，从外地前来费城的科学家和工程师人数也没有明显增长。1965 年，费城联邦储备银行报告称，尽管费城拥有诸多医院和医学研究机构，但该市获得博士学位的科学家比例却低于平均水平（即使算上医学博士）。[1] 这个长期以来一直存在的缺陷表明，若要实现大学城地区的重建工作，就有必要进一步促进本地的经济发展和振兴策略，以补充以社区为基础的再开发。为了创建“知识之城”，宾大和西费城公司不仅需要扩大和维护当前的学术社区，而且还必须采取更具前瞻性的措施，从而使大学、城市以及大都市区皆能挺立在新太空时代科学研究与工业发展的前沿。

科技产业落户西费城

宾大和西费城公司雄心勃勃的经济发展目标，在一定程度上可以说是铤而走险的无奈之举。从 20 世纪 40 年代起，费城地区的核心制造企业就开始离开这座城市，直到 20 世纪 60 年代上半叶外迁趋势才有所缓解，却无法阻止此处——尤其是费城市内——就业岗位的净损失。在美国十六个最大的都市区中，费城在 1959—
1964 年的非农就业岗位增长排名中名列第十四位（仅领先于匹兹 167
堡和水牛城）。1955—1964 年，费城市的私人企业雇用的岗位下降

1 “Scientific Talent in the Third Federal Reserve District,” Philadelphia Federal Reserve Bank *Business Review*, August 1965, 15, 引自 William H. Wilcox, “Research and Development and Local Universities and Colleges,” *Delaware Valley Announcer*, April 1966。

了 12%。[1]

20 世纪 50 年代初，费城规划者曾做出这样的预言——只要改善交通路况以及提高规划能力，就能扭转经济下滑的趋势，十年之后看，这种想法显然过于乐观。不过，费城领导者坚持认为他们在城市改造方面投入的巨资能够换来足够的经济回报。正如城市重建局在 1959 年所述："城市改造是一门好生意，这个结论随着时间的推移会变得越来越明显。"[2]不可否认，中心城区的新建高速公路和商业改造项目，以及这些措施在全国范围内引起的积极关注，可以说为费城带来了一定的经济效益。然而，上述行动也让城市付出了巨大代价，它们扰乱了市民生活，让成千上万的家庭流离失所。而且，城市改造并没有阻止低收入群体和少数族裔社区的生活境况恶化、改善家庭经济困境，也无法减缓人口和就业持续向郊区流动。[3]

费城经济需要强力支持，只有如此才能恢复其昔日的领导地位。为了达成这个目标，地方官员和公民领袖越来越倾向于采取西费城公司提出的大学城建设项目以及其他行动方案。从统计数据来看，无论国家层面还是区域层面都对西费城公司的方案给出了积极信号。一篇发表于 1966 年的期刊论文指出："部分观察者认为，若

---

1 Pennsylvania Economy League, "Philadelphia Labor Market Area Trends in Private Employment," *Citizens' Business*, 24 January 1966, 引自 Wilcox, "Research and Development at Local Universities and Colleges"。

2 *Annual Report* (October 1959), FF "Redevelopment Authority," A-448, RG 60–2.2, PCA.

3 1950—1970 年是费城城市重建的全盛时期，该市占区域人口的比例从 56.4% 下降到 40.4%，占区域就业的比例从 67.5% 下降到 51.2% (Adams et al., *Philadelphia*, 17)。

要摆脱当前的不利趋势，必须采取一个关键措施，那就是以大学和学院为中心引领科研型产业的发展。”这是因为，“高科技产业是城市经济持续增长的最佳利器，每新增一个研发岗位都会带来十二个其他行业的就业机会”[1]。

市政当局已经认识到高科技产业和先进医疗机构在区域经济发展中的关键作用，与此同时，宾大也开始更积极地探索如何充分利用自己作为著名科研机构和联邦政府重要的资助对象这一身份，与产业界建立更加紧密和互惠互利的合作关系。显然，宾大管理层没有忘记斯坦福大学的成功经验。“有充分的证据表明，经济发展与高等教育之间正在形成一种至关重要的新型合作关系，”西费城公司 1964 年的一份报告如是说，“产业界对专业化发展的知识渴求已引领各行各业的领导者径直走向教育机构的大门口”[2]。随着 20 世纪 60 年代基础研究和应用研究之间的区别日趋显著（顶级高校参与应用研究的意愿普遍越来越小），宾大与其他大学一样，也开始探索如何创建一个半独立的私立实体科研机构，一方面，能
够在不与学术部门发生冲突的情况下开展应用研究；另一方面，还 *168*
能为大学研究者和其他机构的科学家提供一条将研究成果转化为商业应用的出路。

1 Wilcox, “Research and Development at Local Universities and Colleges,” 转引自 Jack Alterman, “Interindustry Employment Requirements,” *Monthly Labor Review*, July 1965, 844。

2 西费城公司，“A Progress Report on University City, Philadelphia,” September 1964, Box 152, UPA 4, UPA。

费城渴求高科技产业，宾大希望通过商业合作来进一步提高学术声誉，同时也有利于吸引和挽留教职员工。两者的诉求通过一个项目同时得到了满足，这就是西费城公司为大学城倾力打造的经济引擎——大学城科学中心（UCSC）。该项目堪称费城版的斯坦福工业园，这是一个大胆的高科技产业发展计划，地址位于西费城核心地段，宾大校园以北。宾大及其附属医学机构的高科技公司和半独立研究部门都将在大学城科学中心安家落户，这里将成为一个科技创新与商业转化携手同行的地方。

大学与产业的合作模式可以追溯到斯坦福。但在宾大，科学中心的成立不仅有助于大学进一步加强与产业界的联系，而且还使大学与抗议声越来越大的军事科研项目保持距离。正如当时的一则评论所说，“私营公司可以通过研究所聘请大学教授从事应用研究，科学中心的创建为教授们提供了一个近在咫尺的分类研究基地，从而使宾大从窘境中脱身出来”[1]。从这个意义上讲，费城的大学城科学中心可以被视为斯坦福工业园与斯坦福研究所的混合体，其主要功能之一就是将具有政治敏感性的研究项目从大学实验室转移出去。

大学城科学中心被规划在了市场街的商业主动脉上，这里曾经被视作城市“枯萎病”的集中展示地。科学中心建成后，将同时承担城市重建和经济发展两大功能，一方面可以用熠熠生辉的现代化建筑取代破败不堪的房舍和商店，另一方面还能为科学家和工程

---

1 James Ridgeway, *The Closed Corporation: American Universities in Crisis* (New York: Ballentine Books, 1968), 41.

师提供工作岗位。尽管在相关文件中没有提及，但大学城科学中心的建立理所当然地需要沿着市场街拆除一片破房屋和旧门面，并在南部的宾大校园和北部的黑人居民社区之间建立一道颇具规模的物理屏障。科学中心的创建，再加上西费城公司为招募专业人员和学术家庭所做的工作，其目的就是要将该街区打造成某媒体所称的“美国智慧之城”[1]，如此一来，费城终于成为像旧金山半岛或波士顿那样吸引科学研发的磁石了。

在科学中心初创阶段，宾大用一系列浮华夸张的营销材料来宣传这个项目。譬如，其中一本宣传册这样讲道，科学中心将成为“一个新概念的核心和象征，一个巨大的建筑，在这个建筑中，通过与大学联合，工业、商业和政府获得了先进的科学、技术人才和高新设备，都能实现各自所需的专业化发展目标……思想碰撞和学科 169
交叉将充分激发每一位研究者。私营企业还可以从五所著名教育机构的实验室、教室和诊所中招聘年轻的科学家和工程师，他们将引领未来的突破”[2]。

不过，宾大和西费城公司负责科学中心建设项目的相关领导明确表示，他们没有足够的资源来单独完成这个项目。莫利纳罗在1961 年写道：“西费城公司将竭尽全力号召整个地区的人们都来支持这样一个极为重要的理想项目……但必须指出，该项目只有首先

1 Hugh Scott, “University City: Brainsville on the March,” *Philadelphia Inquirer Magazine*, 19 July 1964, 4.

2 关于大学城大厦的描述手册，1961 年，FF “Community Relations—West Philadelphia Corporation—UC Tower 1960–65,” Box 154, UPA 4, UPA。

获得费城城市重建局、城市规划委员会和费城工业发展公司的支持才能具体实施……通过各个方面的共同努力，我们将创造一个价值数百万美元的项目，安置一系列研发型纳税企业。”[1]不仅如此，科学中心还将为西费城带来大量优质的白领工作岗位。一家报纸报道称，该项目“将会吸引那些严重依赖大学社区中现有的科研人才的企业”，并雇用多达七千名这样的人才。[2]

哈恩韦尔和莫利纳罗都知道，科学中心建设项目能够为吸引公共投资创造绝佳契机，无论是在联邦层面还是在地方层面，政府机构都渴望与宾大展开合作。大学城科学中心的组织架构颇为巧妙，这种设计一方面可以让该中心有资格获得第 112 条规定下的联邦资金项目资助，另一方面也与母体机构保持了显著区别，从而使其商业运作可以独立于学术之外实现蓬勃发展。1961 年 8 月，费城市议会批准科学中心为城市重建项目，城市重建局于 1961 年 12 月通过审核，并将其命名为“3 号单元”。至 1962 年，科学中心项目已经获得了超过 550 万美元的联邦城市改造资金，并于 1963 年进行土地开发。不仅如此，美国商务部也定期向大学城科学中心及其租户发放经济发展补助金。后来，当科学中心大楼投入使用之后，美国国立卫生研究院（National Institutes of Health）和美国国家航空航天局（NASA）等联邦机构也纷纷慷慨解囊，为这里的研究人

1 莫利纳罗给沃利（Joseph P. Worley）的信，1961 年 9 月 28 日，FF “University City Science Tower,” Box 154, UPA 4, UPA。

2 Peter H. Binzen, “University City Tower Shifted,” *Evening Bulletin*, 31 August 1961.

员提供了巨大的资金支持。[1]

费城的大学城科学中心充分借鉴了斯坦福的发展经验，这不仅反映在大学与产业的合作方式上，而且还表现在物理外观上。宾大管理层及其盟友都很清楚，西费城的城市空间必须重新设计，只有这样才能引来各个地方都梦寐以求的以科学为基础的工业设施和研究实验室，而这些设施和实验室正被吸引到郊区的“智慧之城”，如斯坦福。一开始，科学中心的规划方案是一座单体大厦，在外形
上类似于费城中心城市改造项目中的现代主义时尚建筑。但这个提 *170*
案很快就被修订为一组规模庞大的低层建筑群，横跨西费城中心的几个街区，毗邻宾大校园北部。[2]尽管费城的科学中心比斯坦福工业园密度更高，但它同样高度注意建筑细节和绿地设计，并且也同样渴望吸引科研型企业入驻。

科学中心的设计方案之所以迅速变更，部分原因似乎是潜在租户的反馈意见。1963年，科学中心管理人员对五十二家企业展开意向调查，结果发现一半受访者都对入驻高层建筑感到担忧，并列

1 例如，1967年，美国国立卫生研究院拨款150万美元，首次用于在加州大学圣克鲁斯分校（UCSC）大楼内设立区域医疗项目，该项目的目的是“确定该地区的需求和资源，并规划如何最好地利用这些资源来降低心脏病、癌症和中风的发病率和死亡率”。NASA拨付了一笔未披露数目的资金给UCSC的租户，用以研究“如何最有效地利用有价值的生物医学信息，并提供关于长期空间暴露对身体行为和特性影响的最准确和可靠的预测”(WPC, *University City* 5:4 [June 1967], FF “WPC V, 1965—70,” Box 188, UPA 4, UPA)。

2 科学中心从高层建筑转变为低层建筑的同时，其位置也发生了变化，从宾夕法尼亚大学校园的东部到了北部。哈恩韦尔校长似乎是这一举动的发起人，他认为新位置将“更好地融入大学城的整体土地利用模式”(哈恩韦尔给格雷夫斯[Richard Graves，费城工业发展公司执行副总裁]的信，16 March 1961, FF “WPC,” Box 154, UPA 4, UPA)。

举了从安全隐患、通风问题到楼层承载能力等诸多潜在问题。然而，有意思的是，五十二家受访企业中有三十家当时正在传统的办公楼内，在所有企业中有十七家明确表示在多层建筑中办公不存在任何问题。[1]这些公司的态度反映了鼓励将高技术产业安置在低层建筑中的合理的后勤考虑，也表明了斯坦福模式（以及其他私人开发的科研园）的成功经验已经在企业界引发深度共鸣。科学中心设计方案从单体大厦向低层建筑群的转变，一方面满足了潜在客户对于适宜科研的场所的结构要求，另一方面也展示了规划者将该项目打造成类似于公园或校园环境的设计意愿。

在物理外观上，科学中心最终被设计成社区景观中一个占地面积更广、更靠近中心区域的部分，此举除了前面所讲到的原因之外，还体现了宾大管理层以此为手段来进一步阻止低收入非裔移民扩散之目的。尽管在官方公布的规划文件中不会提及，但事实上，项目设计者一直都在关注如何将大学城与西费城的黑人贫民社区隔离开来，科学中心的项目选址无疑也会受到影响。宾大校园北面的开发项目，就是在大学城和西费城最贫困、黑人化程度最高的人口聚集区之间设置屏障。[2]

---

1 Group for Planning and Research, *Preliminary Draft: Trends in Research and Development: Demand for Facilities in the University City Urban Renewal Area Unit III*, July 1963, 76–80, Pamphlet Collection 322-1, TUA.

2 到1960年，西费城市场街以北地区的总人口以黑人为主；在加州大学圣克鲁斯分校拟建地点以北的几个人口普查区，黑人的比例超过95%。参见U.S. Census Bureau, *U.S. Censuses of Population and Housing: 1960; Census Tracts, Philadelphia, Pa.-N.J. Standard Metropolitan Statistical Area* (Washington, D.C.: Government Printing Office, 1961)。

如果纯粹从租户需求的角度来考虑科学中心的设计方案，那么这里的很大一部分空间应当设计成高层建筑，因为30%的受访公司似乎都对此形式更加满意。不仅如此，这样的设计还能减少科学中心对城市空间的占用，并且可以降低此处现有居民和建筑物的动迁比例。但是，科学中心却被打造成一个广阔的多栋建筑景观空间，之所以如此，主要出于三个方面的因素：其一，科研园外观美学的 171
广泛影响；其二，将其打造成费城及其地区一个具有高知名度的项目；其三，祛除城市“枯萎病”和动迁低收入社区的政绩需要。

宾大管理层心知肚明，如此大规模的重建项目很可能会引发社区抗议，因此有意淡化科学中心在贫民窟清理过程中所扮演的角色。当本地记者兴高采烈地赞扬科学中心项目的实施将会“清除许多不符合标准的办公建筑和住宅小区”时，他们显而易见地有些尴尬不安。[1]莫利纳罗提醒哈恩韦尔，诸如此类的文章将“给我们带来严重的公关危机。我们必须保持谨慎，尽量不要公开讨论此事”[2]。

大学城科学中心建设项目是一个典型，充分展示了地方层面是如何通过创造一个特别项目来集中利用都市改造补助、联邦经济发展基金和联邦研发资金，并同时服务于社区层面的城市重建、区域层面的经济发展和国家层面的智力竞赛的。显而易见，科学中心的创造者深谋远虑，充分考虑了该项目的多重功能。1961年，哈恩韦尔在大学城科学中心开工典礼上发表了这样的演讲：

---

1 Editorial, *Evening Bulletin*, 31 August 1961.

2 备忘录, 30 August 1961, FF “UC Tower, 1960–1965,” Box 154, UPA 4, UPA。

> 毋庸置疑，美国的工业、教育和政府正在进入一个新时代，这个时代有两大典型特征。其一，科学、技术与科研在上述三个领域的重要性正在日益增长；其二，美国人的生活模式正在逐步走向城市化。科研和城市化，这两种蓬勃发展的动力能够为我们带来知识、技能、治理能力和产业革新，是我们领导美国社会走向未来以及代表这个国家应对外来挑战的主要能量来源。[1]

到了 20 世纪 60 年代中期，科学中心不仅是宾夕法尼亚大学城的核心机构，而且还成为费城努力提高经济地位并在太空时代占据一席之地的区域标志。这项工程被誉为“大费城在面对提升‘科技竞争力’的时代要求时，给出的最有想象力和最具进步意义的答案”[2]。宾大和西费城公司竭尽全力提升大学城社区对专业研究人员及其家庭的吸引力，这是科学中心充分发挥经济振兴功能的关键要素。

20 世纪 60 年代，随着美国社会的发展进步，研发工作对费城地区实现经济增长的重要程度日益凸显，从而使得这座城市的发展战略几乎与宾夕法尼亚大学如出一辙。1965 年，费城联邦储备银行发表了一个报告，其中有段话几乎是完全站在宾大的角度来说的：“脑力智能是促进科学研究和技术发展的唯一源头，也是研究机构的活
172 力之源。智力越杰出，地区就越富有。一个地区对顶尖人才的发展和

1 哈恩韦尔 1961 年 1 月 9 日在 UCSC 奠基仪式上的讲话全文，FF “Community Relations—West Philadelphia Corporation—UC Tower 1960–65,” Box 154, UPA 4, UPA。

2 Wilcox, “Research and Development and Local Universities and Colleges.”

培养进行投资，就是对地方经济增长和国家经济发展进行投资。”[1]

时间来到20世纪60年代末，宾大已成为费城地区打造知识之城的关键依托。多年来，费城一直在后工业时代徒劳无功地试图恢复其曾经创造辉煌的传统工业，却没有采取新的战略来引进增长型产业。不过，来自其他途径的支持将帮助宾大和费城当局将西费城改造成另一个帕洛阿尔托。

争端与抗议

20世纪60年代，无论是大学城科学中心项目还是西费城公司开展的其他工作，都伴随着热情洋溢的媒体报道和光鲜亮丽的宣传材料，却没人愿意承认经济发展背后隐藏的问题——社区对这些项目的争议和不满日益加剧。这些问题既源于大学，也来自西费城居民区。[2]

在西费城公司的描述下，大学城的人民安居乐业，而且外地购房者还在源源不断地赶来。但事实上，大部分教职员工仍然在大学城外部居住，有些人甚至不在费城。将西费城变成白领阶层的理想居所存在一些既有的困难，这个问题在1963年的一系列信件中可以窥见一斑。在此期间，为了满足教职员工家庭的住房需要，一位教员的妻子——名叫贝蒂·雅各布（Betty Jacob）——站出来组

1 Elizabeth P. Deutermann, “The Innovation Industry,” *Business Review of the Federal Reserve Bank of Philadelphia*, August 1965, 转载于 *Mainsprings of Growth* (Federal Reserve Bank of Philadelphia, March 1967), Pamphlet Collection 298- 2, TUA, 73。

2 Klarfeld, “Private Taking, Public Good?” 该文章全面描述了宾大周围的重建引发的流离失所和由此产生的社区冲突。

织了一项高层住宅开发计划，但她对西费城公司制定的规划大失所望。“我不知道西费城的土地开发政策到底依据何种理念，但肯定与宾大对教职员工做出的承诺——要为大家建立一个足以与城郊小区‘一较高下’的和谐社区——不一致。”贝蒂·雅各布向大学发出预警，告知校方她将和另一位大学教师“于下周前往哥伦比亚大学，去看看在那里能否找到合适的机会”。与此同时，她还不怀好意地发出警告：“如果宾大在其‘综合发展计划’中没有更多关于人的因素的考量，他们会发现其他地方在争夺教职员工方面比他们更有优势。”[1]

在西费城黑人群体越来越高涨的抗议声面前，贝蒂·雅各布的些许抱怨甚至显得无关紧要。大学城一方面被当作一个种族融合的进步典型向学术研究者和专业人士家庭进行推销；另一方面，借此实施的城市重建项目却在引发令人痛苦且带有阶级意识的种族冲突。[2]大学城可能是 20 世纪 60 年代种族融合进步程度较高的社区

1 贝蒂·雅各布给格迪斯（Robert Geddes）的信，1963 年 3 月 21 日，Box 154, UPA 4, UPA。

2 西费城的阶级性种族冲突发生在非裔美国人争取民权和经济权利的关键时期，与此同时，种族意识也在不断升级。有关这些全国性运动的讨论，请参阅 Manning Marable, *Race, Reform, and Rebellion: The Second Reconstruction in Black America, 1945–1990* (Jackson: University Press of Mississippi, 1991 [revised 2nd ed.]); Todd Gitlin, *The Sixties: Years of Hope, Days of Rage* (New York: Bantam Books, 1987)。对其他城市的政治考察，见 Ronald Formosiano, *Boston Against Busing: Race, Class, and Ethnicity in the 1960s and 1970s* (Chapel Hill: University of North Carolina Press, 1991); William Chafe, *Civilities and Civil Rights: Greensboro, North Carolina and the Struggle for Black Freedom* (New York: Oxford University Press, 1980)。

之一，但此地的城市改造项目仍然引起如此强烈的内部抗议，这反映出宾夕法尼亚大学和西费城公司对当地黑人群体缺乏妥当的安 173
置方式，也反映出大学城白人中产在考虑与黑人邻居融合时的阶级分化。对于同阶层和同背景的少数族裔群体，白人职业家庭似乎完全不介意他们的到来，但对黑人劳工的文化特征与群体价值却感到难以忍受。西费城的知识之城建造者也坚持实施阶层区隔，他们只欢迎同一阶层的种族融合，不允许大多数贫困阶层的黑人家庭出现在此处，因为这些人与以科学生产为主旨的“新”社区格格不入。大学城的许多非裔美国居民认为这种态度是两面派做法，如此做派是对刚刚成长起来的西非城区的不尊重，而且现在这个社区正面临被分散和被摧毁的命运。

关于西费城的定位和发展，不同群体的意见大相径庭，从而导致大学城项目在60年代的城市改造过程中引发了一系列激烈冲突。大部分冲突都源于3号单元，也就是科学中心建设计划以及为培养科研人才而设计的大学城高中建设计划。宾大领导层和费城市政府打算通过科学中心建设来消除大学周边的“环状枯萎带”，但这里正是非裔美国人的商业中心和居住场所。根据城市重建局的估算，3号单元所在的地段共有574户家庭，其中467户是有色人种。[1]

随着市民对城市更新计划的质疑越来越强烈，西费城公司不得不煞费苦心地强调，本公司正准备将市民参与纳入大学城的重建计划。1962年，西费城公司在报告中用无可奈何的笔调留下了这样的信息：“截至本文撰写之时，在过去的十二个月里，大学城召开了

1 关于“居民搬迁”的未署名备忘录，1968年9月，Box 188, UPA 4, UPA。

一百多次市民会议，反复讨论边界、成本、搬迁、清理和再利用等问题。未来预计还会举行更多诸如此类的会议。事实上，关于这些事情的公共讨论从未中断，而且正在变得越来越激烈。”[1]

一开始，宾大和西费城公司都认为社区参与对自己的建设行动颇有裨益，但前提是将参与者限定在某些群体。白人居民和中产阶级被视为推进城市重建的有益助力。正如一位来自科学中心项目的管理人员所说，西费城很幸运地“拥有一些组织强大、触觉敏锐且能言善辩的社区协会，他们因此有能力在提升社区质量建设上取得较大成果”[2]。

随着时间的推移，西费城民众对 3 号单元项目涉及范围的认知不断加深，新的公民社团开始涌现。此类社团的成员构成不再是志同道合的房东，而是一群因为担心失去家园和生计而感到恐惧和
174 愤怒的非裔美国人。此类现象出现的原因较为复杂，而且也引发了诸多争议。黑人居民迁到西费城生活和工作的时间都较为短暂，而且大多数人都是租房居住而非购买住宅。西费城居民种族结构的快速变化肇始于 1940 年，直到 20 世纪 60 年代初，费城绝大多数非裔美国人都是来到此地的第一代移民，甚至搬入所住房舍的时间都不超过五年。由于初来乍到立足未稳，西费城黑人移民的住房状况和就业机会更加缺乏保障。再加上新移民还来不及建立自己的经济基础，因此，一旦在城市更新计划下被赶出家门，这群人很可能立

1 西费城公司，《1962 年年度报告》, Box 154, UPA 4, UPA。

2 哈罗德 · 怀斯给佩因特（Robert J. Painter）的信，1961 年 8 月 9 日，Box 154, UPA 4, UPA。

即陷入深度贫困。

项目实施仅仅几年，因为市民群体的抵抗情绪和官僚体系的繁文缛节，3 号单元的征地行动和建设计划被严重拖延。其他地区也反复出现市民抗议活动，随后，指控城市改造已经引发种族冲突的声音也开始出现，费城官员的政治声誉因此受到损害，并导致对城市改造行动至关重要的联邦资金申请工作也被拖了后腿。在此情形下，宾大管理层迫切希望继续推动大学城建设计划，并试图将此事与市政府当局促进经济发展的诉求联系在一起。哈恩韦尔恳请费城城市重建局负责人古斯塔夫·阿姆斯特丹（Gustave Amsterdam）对当前挑战做出响应，“出了费城，出了宾夕法尼亚州，全美各大城市都在迎来日新月异的发展契机，这个现象对我们的地位造成了严重威胁，让我们无法在工业科研、投资开发和人才竞争中保持自己的优势。面对持续而来的压力，必须制定一个项目实施日程表，从而为我们与科学中心未来租户的谈判打好基础”[1]。

1966 年，针对 3 号单元项目展开的抗议活动逐渐高涨，已经来到哈恩韦尔所说的“高潮阶段”，这让大学领导层和科学中心项目负责人压力倍增。抗议活动逐渐从社区会议蔓延到当地媒体，报社记者孜孜不倦地对这场已经到了摊牌阶段的斗争进行报道。对战双方一方是公民权利正在遭受剥夺的黑人群体，另一方则是具有强大影响力的宾大及其附属医院。媒体对民众抗议的关注推迟了联邦政

1 哈恩韦尔给阿默施托费尔（Gustave G. Amersterdam）的信，1964 年 3 月 2 日，FF “Community Relations—West Philadelphia Corporation,” Box 154, UPA 4, UPA。

府对科学中心建设资金的批准，导致该项目无法按计划推进。对此情形，尽管哈恩韦尔表面上彬彬有礼地指出科学中心项目应当“重视民众参与”，但事实上，宾大和费城市政当局已经对非裔群体此起彼伏的抗议声越来越不耐烦了。[1]

在“山丘之战”期间，斯坦福大学管理者表达了抗议，在他们看来，工业园所在区域根本就没有任何山丘。与之类似，西费城公司负责人利奥·莫利纳罗也抱怨道：“这个地区从未被贴上‘居民社区’的标识，也从未有过民众组织。从一开始，这里的使用率和占有率就极为低下。”[2]莫利纳罗的表述与许多黑人居民的观点大相径庭，后者坚持认为项目将要开发的地方是一个历史悠久、内部团结的成熟社区。大学官员试图反驳这种不切实际的舆论宣传，并指
175 出“项目设计的土地总共106英亩，只有7英亩存在争议，居住在此并提出抗议的只有三十一位房主，正是这些人让整个项目被迫延期”。大学管理层将科学中心开发项目引发的争议归咎于“少数好战分子”，“这些人都不住在项目即将开发的争议土地附近，但他们却极力游说这里的房主在征地开始前的最后一刻发起激烈抗议”。[3]在一份内部备忘录中，出离愤怒的莫利纳罗几乎无法抑制对抗议者的轻蔑。他指责这些居住在项目开发区之外的抗议人士是“自

1　1966年9月19日，哈恩韦尔在WPC的一次午餐会上发言时曾经提到当地媒体对项目争议和拖延的关注。1966年11月22日，哈恩韦尔在西费城公司年会上的讲话再次提及此事（Box 188, UPA 4, UPA）。

2　致WPC董事会的备忘录，1963年5月20日，Box 154, UPA 4, UPA。

3　1966年9月19日，哈恩韦尔在西费城公司午餐会上的讲话，FF “Community Relations—West Philadelphia Corporation,” Box 188, UPA 4, UPA。

封的民意领袖”，并怀疑这群人的行为动机完全是出于一己私利，认为他们“根本不是关心移民利益的抗议者，而是伺机取利的投机者”。[1]

莫利纳罗所述的由“少数房主”和“投机者”搞出来的问题，并非无法解决。宾大是一个拥有足够影响力的机构，而且还拥有市政当局乃至联邦政府的支持。但令人头疼的是，在 20 世纪 60 年代末，宾夕法尼亚大学的本科生也加入了科学中心项目的抗议者队伍，从而令抗议活动进一步升级。卷入此事的本科生人数并不多，基本上都来自温和改良派或保守派。他们参加抗议的主要原因，是反对宾大承担国防部和其他联邦机构的某些科研项目，因为这些项 176
目牵涉一些更加肮脏的交易。[2]

宾大学生抵制本校开展军事研究的抗议始于 1965 年，当时有一群思想活跃的本科生发现学校和联合研究所正偷偷摸摸地合作开展化学和生物武器研究。自 20 世纪 50 年代末以来，宾大一直从事代号为“顶峰”和“香料架”（“Summit” and “Spicerack”）的研究项目，这两个项目在抗议运动中被学生专门提出，因为它们与越南战争中的橙剂开发和部署直接相关。1967 年，哈恩韦尔将以上

1 莫利纳罗给 WPC 董事会的备忘录，1963 年 5 月 20 日。

2 多数大学生似乎对抗议者持宽容态度，或许也同意他们的观点，但并没有踊跃加入他们的行动。保守派学生也做出了一些小小的努力，以表达一种不同于其他本科生的观点。例如，1969 年，“反对校园胁迫委员会”在校园内散发了一份请愿书，反对示威者及其对学生“权利”的要求 (FF “Quadripartite Committee on University/Community Development [Community Relations], 1965–70,” Box 188, UPA 4, UPA)。

两个项目转移到科学中心这个相对独立的研究机构，希望以此来化解冲突。然而，此举只能证明那个已经广为人知的事实——大学城科学中心不过是宾大的衍生品。正因如此，学生抗议者以及支持他们的教师都不认为这一举措可以让大学远离生化武器研究。面对持续不断的内部抵制，哈恩韦尔最终在年末终止了上述两项研究合同。[1]

宾大军事科研项目的终止，让学生抗议者变得更加热情高涨，他们接下来盯上了正不断遭受非裔美国人抵制的大学城 3 号单元项目，并与他们一起阻挠科学中心的建设进程。在学生看来，宾大在科学中心建设项目中扮演的角色进一步展示了其管理制度的蛮横无理。不仅如此，他们还发现学校设计的 3 号单元开发方案就像美国政府的越战行动一样，既不公平也不人道。于是，学生们不仅主动参加社区会议，而且在学刊上发表措辞严厉的抨击文章，甚至前往哈恩韦尔办公室静坐。如此一来，抗议活动终于达到高潮。

为了应对来自各方面的抗议，宾大成立了一个“大学 / 社区开发四方委员会”，为本校学生、社区居民、城市官员和大学行政部门四个方面提供交流平台，努力就继续实施科学中心项目达成一致意见。以上举措足以平复联邦住房与城市发展部（HUD）的焦虑，从而让联邦城市改造资金再次流向 3 号单元项目。根据西费城公司提供的数据，截至 1967 年 3 月，3 号单元项目所在区域 43% 的业

1 Goldstein, “Vietnam Research on Campus: The Summit/Spicerack Controversy at the University of Pennsylvania, 1965–67.”

主已接受城市重建局的报价，愿意出售他们的建筑并接受所有关于搬迁等附加费用的补偿。[1]

不过，上述行动几乎都没有对科学中心的设计方案和建设范围产生显著影响；尽管进程有所放缓，而且也放弃了一部分有可能引发更多争议的研究课题，但科学中心项目一直在按计划进行。持续数年的抗议活动从长期来看并未影响科学中心的建设进程，主要原因是宾大的学生们在60年代末不再关注此项目。学生的参与已经迫使大学权力机构充分考虑科学中心建设所要付出的成本，内部压力一旦去除，宾大和市政当局立刻不再关注居民之忧。事实上， 177
至20世纪70年代初，3号单元开发区的居民已经所剩无几；数年来的旧居拆除和新房建设已经让大多数人被迫迁走，科学中心的建设基本上水到渠成，项目的最终竣工已成定局。

3号单元引发的争端，以及宾大和西费城公司对此做出的回应，是费城知识之城建设史上的里程碑事件。对于宾大管理层及其盟友而言，拆除一个在不到二十年的时间里就已经堕落成廉价出租房和低级商店扎堆的丑陋社区，竟然会遭到如此强烈的反对，他们的沮丧之情完全可以理解。除此之外，大学领导层还将科学中心项目当作一种工具，可以将联邦拨款计划中具有争议的部分移出大学核心业务。

在3号单元项目中，哈恩韦尔、莫利纳罗和大学城项目的其他负责人都认为，没有任何证据表明“这块地方存在一个组织良

1 "Urban Renewal Land Acquisition Begins in Redevelopment Units 3 and 4," *University City* newsletter 5:3 (March 1967), Box 154, UPA 4, UPA.

178 好、独立运行的社区组织，从而能够保证该区域应当继续留作居民住宅”。与之相似，宾大校园西部的教工社区也是如此。莫利纳罗认为，地方政府和联邦机构都赞同他们的观点，因为卫生设施协调评估部门（HHFA）刚刚下达一个决议，“不再要求城市重建局必须保留开发项目范围内的部分区域作为居民住宅”。具体到西费城，大学城科学中心的开发目的是“振兴费城经济”，而不是为低收入阶层提供更好的住房，“显而易见，该地区最合适的用途是建设新的科研产业机构”。[1]

在某种程度上，宾大和西费城公司对科学中心项目所在社区的形态评估是正确的。3号单元项目所在地并不是一个严格意义上的“居民社区”，与费城其他的黑人社群（以及西费城的黑人区）不可相提并论。但必须指出的是，项目负责人全盘否定此地的居住价值并试图进行全面遣散，这种做法不仅目光短浅，而且凸显了整个大学城项目进程中根深蒂固的种族主义色彩。大学管理层对社区抗议的回应表明，在西费城的知识之城，3号单元项目根本没打算为那些原先住在此地的贫穷的非裔美国人预留居所。尽管西费城公司一再使用自由主义论调来招揽专业技术人士，但事实上，宾夕法尼亚大学城与其他美国城市的改造项目没有什么不同，都是以联邦项目为政策工具，阻止贫困黑人群体在市内某些地域进一步蔓延。[2]

---

1 莫利纳罗给弗朗西斯·拉默的信，1964年8月25日，FF “Community Relations—West Philadelphia Corporation,” Box 154, UPA 4, UPA。

2 例如，芝加哥官员利用城市更新在市中心环路和黑人占多数的南区之间制造了一个大型私人项目作为屏障 (Hirsch, *Making the Second Ghetto*, 特别是第四章)。

费城和宾大的自由派管理者并未公开表达过有关种族歧视的言论，但他们的所作所为似乎都遵循一个未经验证的基本假设：种族多元化和社会经济不均一会对一个地方的经济发展，尤其是对科研型经济的发展造成破坏。领导层的目标是促进机构扩张和经济发展，但他们用来实现目标的手段却蕴藏着种族歧视。20 世纪中叶，费城那些举止优雅的改革派精英们被反对者贴上了种族主义的标签，对此他们感到十分震惊，因为他们自认为内心有着非常清醒的认知，自己的所作所为都不是因为对黑人心存厌恶。但费城及其他美国城市在实施城市改造过程中展露出的丑陋现实充分证明，改革者心目中最需要促进经济发展的地段，往往就是那些有色人种集中居住的社区。由于种族歧视和缺乏机会，费城的非裔美国人被迫分流到境况最差的区域。因此，黑人居民的到来被视作一个清晰有力的信号，显示该社区的经济状况已经在走下坡路了。

发生在西费城的故事充分暴露了一个问题，那就是在创建知识之城的过程中交织着阶级偏见与种族偏见。在政府与高校倾力打造的新兴社区中，没有为穷人（这里指的是非裔美国人）留下一席之地。科学研究大概是崇尚精英主义的，但在《民权法案》出台之前，在美 179
国采取平权行动之前，有色人种几乎从未获得成为精英的机会。宾夕法尼亚大学城招揽的是拥有较高收入水平和受过良好教育的中产阶级，这个群体几乎全是白人。反观因为大学城改造项目而流离失所的市民，则几乎都是穷人和黑人。科学中心及其衍生项目创造了数千个工作岗位，受益者绝大部分都是科学家、工程师和其他白领专业人员。相较之下，少数族裔蓝领工人不得不迁往其他区域寻找机会，而整个费城都市圈为其提供的就业岗位正变得日渐稀少。[1]

1967 年，大学城科学中心负责人让·保罗·马瑟（Jean Paul Mather）主动请辞。马瑟曾在普渡大学带领团队成功完成了一项科研园建设项目，然后被招募到费城。此次他带着巨大的失落离开了科学中心，原因是在城市环境中建立科研园这项工作让其感到非常沮丧。《费城晚报》的社论认为，马瑟“曾经在玉米地里顺风顺水地造出一个科研园……然而，当他试图在都市圈的旧建筑上重建一个前景更加远大的科学中心时，却出人意料地连连受挫”。马瑟的失败不仅因为这与科研园惯于建在未开发的开阔地带的选址原则相违背，而且还因为他“发现自己深深陷入城市改造行动错综复杂的人际关系和此起彼伏的市民抗议中”。不过，尽管马瑟对大学城科学中心项目的进展感到失望，但《费城晚报》的观点仍然颇为乐观，该刊认为马瑟“已经撑过了可能是最为艰难的几年”[2]。

不幸的是，就大学城科学中心和费城地区的经济状况而言，马

1 就业机会的分散加剧了去工业化后报酬丰厚的非技术性工作全面减少所造成的短缺。1950 年，费城拥有该地区 67.5% 的就业机会；到 1970 年，这一比例仅为 51.2% (Adams et al., *Philadelphia*, 17)。工作的郊区化对这一时期的黑人劳工尤其不利，由于歧视性的住房政策和有限的经济能力，他们很难搬离城市。1968 年，经济学家约翰·凯因（John Kain）将低收入少数族裔居住模式和蓝领工作之间的地理脱节理论化为“空间错配”(Kain, “Housing Segregation, Negro Employment, and Metropolitan Decentralization,” *Quarterly Journal of Economics* 82 [May 1968] : 175–97)。

2 “Dr. Mather’s summing up,”《费城晚报》社论，26 June 1969, Subject File “UCSC Editorials,” *Evening Bulletin* Collection, TUA。

瑟的预测没有变成现实。在接下来的三十年中，科学中心迎来了诸多就业机会和捐赠资金，但大学城并没有成为像帕洛阿尔托或128号公路一般规模的科研产业中心。当然，这并不是说科学中心和大学城建设项目完全失败了。到1976年，科学中心已经成长为一个由六十家公司组成的价值3000万美元的综合体，提供了四千个工作岗位。[1]然而，在斯坦福和硅谷面前，宾夕法尼亚大学城科学中心仍然相形见绌。宾大自己也承认没有实现既定目标，未能将西费城变成一个充满活力的城中大学城，也无法吸引一批年轻的专业人员及其家人从郊区回归城市。至20世纪90年代末，西费城虽然已经成为众多教师和学生的家园，但仍在与犯罪和贫困做斗争。西费城公司出资赞助的学府高中（University High School）和利亚小学最初作为费城的教育实验学校备受瞩目，然而，时至今日却成为两所陷入困境的公立学校。尽管宾大仍在采取积极措施继续支持这两所学校，但住在西费城的教职员工和白领专业人士却 180
更愿意将他们的孩子送到质量更好的示范学校和其他地区的私立学校。[2]

20世纪70、80和90年代，费城创建知识之城的各种不利因

1 “Science Center Pathway,”《费城晚报》社论，22 November 1976, Subject File “UCSC Editorials,” *Evening Bulletin* Collection, TUA。

2 有关正在进行的推广工作的分析，参见 Lee Benson & Ira Harkavy, “The Role of Community-Higher Education-School Partnerships in Educational and Societal Development and Democratization,” *Universities and Community Schools Journal* (a publication of the University of Pennsylvania Center for Community Partnerships), Fall-Winter 2002。

素开始进一步显现。高科技经济的发展主要依赖个人创业精神和新兴创业公司，然而费城的税收指标和监管环境却对新创公司很不友好。一方面，不断增加的工资税让市内雇员的生活成本远远高于郊区员工；另一方面，市政当局还对企业的总收入而非净收入进行征税。以总收入为基准进行收税，会对初创企业的发展造成巨大阻碍，导致它们几乎无法在城市范围内开展业务，因为这些企业一开始往往付出了大量的初始资本，但利润却非常微薄。[1]不仅如此，费城金融界还习惯于将资金投给大型机构和成熟企业，对小型机构和前景不明的新公司则视若无睹。到1986年，费城大都会区仅有14%的风险投资流向新兴企业，而当时全国的平均水平是24%。[2]

小　结

因为一些显而易见的原因，宾大未能成为另一个斯坦福。由于制造业的衰落，再加上大量人口和岗位向新兴郊区和阳光地带转

1 在本章所涵盖的时间段内，高税收对地点选择的影响比20世纪70年代及以后要小。相关官员的通信表明，他们很少关心城市税率，而更关心城市的便利设施和建成环境。关于地方税收的经济效应的分析，见 Andrew Haughwout, Robert Inman, Steven Craig, Thomas Luce，*Local Revenue Hills: A General Equilibrium Specification with Evidence from Four U.S. Cities*, National Bureau of Economic Research Working Paper no. W7603 (March 2000)。关于费城工资税的历史，见 "The Sterling Act: A Brief History" (Philadelphia: Pennsylvania Economy League, 1999)。

2 戴维·伯奇（David Birch）的分析引自 Pennsylvania Economy League, "An Assessment of Early-Stage Venture Capital in Greater Philadelphia: 1986 to 1996," January 1998。

移，让宾大以及费城都市圈的科研型经济的发展举步维艰。费城不仅在大量流失工作岗位和常住人口，而且缺少一个至关重要的国防项目产业链，而这正是斯坦福大学成为湾区地区经济发展引擎的关键要素。鉴于以上原因，斯坦福大学坐拥战后经济转型带来的各种区位优势，宾夕法尼亚大学在这方面却无所依仗。

虽然客观条件至关重要，但宾大和费城在创建知识之城的过程
中所做的选择也在很大程度上影响了最终结果。纵观宾大发展史，
虽然也与产业界保持着密切联系，却不像斯坦福大学那样在战后初
期立刻热情拥抱创业机会。埃尼亚克的失败就是一个典型案例，充
分证明宾大在科技成果商业转化上反应迟缓，最终导致其错过了在
科学和工程领域取得领导地位的机会，也错过了与产业界建立利益
合作伙伴关系的机会。当然，这并不完全是坏事，因为大学与产业
结盟很可能对学术自由造成损害，但这必然会让宾大无法像斯坦福
一样成为区域经济发展的催化剂。斯坦福大学鼓励本校工程师和科 181
学家通过科技创新获取经济回报，并积极将科研成果转化的技术产
品推向市场；而宾大管理层在这方面的认知却存在较大局限，他们
甚至不允许本校师生通过科研成果来获取报酬。这种保守型的管理
模式大概能够解释一个貌似矛盾的现象：宾大在医学界享有世界
级声誉，并在申报联邦医学研究基金方面取得了巨大成功，却没有
沿着斯坦福大学与本地电子企业共同创造的科研综合体模式与费
城的制药、医疗保健行业建立积极稳定的产学合作关系。

在城市更新和重建方面，费城的处理方式虽然在全国范围内获得不少赞扬，却在一定程度上阻碍了高科技经济发展战略的推行。

费城重建项目的主要目标是让这座城市更适合白人中产居民，更有能力吸引技术型企业；至于低收入家庭和少数族裔，管理层的态度是驱赶和遣散，而且在项目实施过程中对当地居民的社区凝聚力也缺乏最基本的尊重。尽管上述现象几乎会发生在每一个实施更新重建的城市，但费城的情况显然比其他城市更严重。这座城市的管理者一直以一种理想化的愿景来指导未来的发展，迫切希望恢复作为知识和工业中心的旧日荣光，改变人员混杂、令人不安的当前模样。根据市政当局的思路，费城要做的事情是招揽具有良好教育背景的"理想型"专业人员，遣散"不受欢迎的"新来少数族裔居民。这种思路在西费城的重建过程中体现得淋漓尽致，因此遭到激烈的社区抵抗，从而大大拖延了区域经济的发展进程。

尽管遭遇些许失利，但总体来看，20 世纪 50、60 年代的大学城建设工程总体上还是对改造区的经济水平和文化生活有所裨益，同时也在尽力减少专业人员和高科技工作者向郊区流动。宾大和费城希望将专业人员和科研产业集中起来，并试图抵抗科研机构郊区化的流行趋势。在此后的数十年中，宾大努力构建更加公平的大学—社区伙伴关系，并试图弥合城市与大学、种族与阶级之间的差距。[1]而在此期间，除费城之外，其他那些同样努力建造知识之城的大城市都没有如此倾尽全力地"拯救"都市核心区。下一章我们将聚焦亚特兰大，同样也是大都市区，同样也选择了以大学为中心

1 成立于 1992 年的社区合作中心为许多工作提供了便利，见 www.upenn.edu/ccp (2003 年 8 月 25 日访问)。

的经济发展模式，但其目的不是为了拯救城市，而是特意建立一个多中心的都市经济圈。这种举措最终让亚特兰大在吸引新兴产业方面比费城获得了更大的成功，但也造成了工业版图的无序扩张，进一步加深了居民群体的种族隔离。

第五章 182

兜售新南方：佐治亚理工学院与亚特兰大

冷战开启后的前二十年，美国大学迎来了联邦政府发起的科研项目资助浪潮，斯坦福和宾夕法尼亚都是这波浪潮中的弄潮儿，而佐治亚理工学院只能算是一个小角色。佐治亚理工学院成立于19世纪末，是一所由州政府支持的大学，建校宗旨是促进南方地区的工业化发展。至20世纪50年代，佐治亚理工学院仍是一所普通大学，虽然科学与工程两个学科在本地名列前茅，但与斯坦福和宾大这样的全国性科研中心相比还存在很大差距。同样地，70年代之前的亚特兰大都市区虽然也日渐繁荣且发展迅速，但根本无法与费城这种长期以来在全国乃至在国际上具有影响力的大都市相提并论，也比不上正在跻身大都市之列的旧金山。

尽管在表面上存在诸多差异，但在20世纪50、60年代，尤其是70年代，佐治亚理工学院与亚特兰大的发展模式与斯坦福和宾夕法尼亚的知识之城创建运动，具有共同的文化动力和政策选择。冷战开启后，佐治亚州和亚特兰大市的政治家和商界领袖迅速意识到，在这一时期打造科技联合体可能是促进经济发展的强力手段，由此开始着重开发佐治亚理工学院的资源，同时努力提升亚特兰大地区的吸引力，以招揽流动性极强的科技产业与科学工作者。亚特兰大并非只有佐治亚理工一所高校，私立的埃默里大学和公立的佐治亚州立大学也在此地，但当地领导人只对佐治亚理工学院充满兴趣，因为这所大学拥有实力强大的科学与工程学科，可以为亚特兰大引进高科技产业。[1]佐治亚理工学院的管理层非常羡慕特曼治下的斯坦福大学，并有意模仿其"卓越尖塔"的发展战略。为了实现从地方知名院校到全国公认的科学创新中心的华丽转型，佐治亚理工直接聘请了特曼的门徒约瑟夫·佩蒂特（Joseph Pettit）担任校长。与此同时，亚特兰大地区的公民领袖（其中大多数都是房地

---

1 埃默里大学和佐治亚州立大学并没有被这种地方经济发展运动所忽视，但它们并没有像佐治亚理工学院那样被当作经济发展伙伴和高科技经济资产。在这一时期，医学研究重镇埃默里大学在建立大都市地区的医疗保健和医学研究结构方面发挥了关键作用，美国疾病控制中心（CDC）的日益壮大也极大地促进了这一发展。然而，本章的目的是追溯佐治亚理工学院与当地领导人之间的关系，并探索高科技和国防相关发展的过程——这一过程与亚特兰大医学研究的发展有着不同的制度动力，后者的发展在很大程度上是由疾病预防控制中心（在冷战之前）推动的。有关埃默里大学在亚特兰大医学科学发展中的作用的更多信息，请参见 Thomas H. English, *Emory University, 1915–1965: A Semicentennial History* (Atlanta, Ga.: Emory University, 1966); 有关疾病预防控制中心历史的更多信息，请参阅 Elizabeth W. Etheridge, *Sentinel for Health: A History of the Centers for Disease Control* (Berkeley and Los Angeles: University of California Press, 1992)。

产开发商）建造了风景优美的郊区科研园，并面向科技从业人员开展公关活动，大力宣传亚特兰大中心城区令人心旷神怡的住宅小区，以吸引科技人才。亚特兰大各界付出的努力没有白费，这里虽然未能发展为北卡罗来纳三角科研园和得克萨斯州奥斯汀市那样高度集 183
中的高科技产业区，却迎来了众多大型高科技企业。更广泛地看，亚特兰大逐渐成为一个汇集全美乃至全球白领工人的大型就业中心。

从某个层面来看，佐治亚理工学院和亚特兰大市也是斯坦福模式的模仿者，同样也遭遇了在人口密集的都市区复制郊区发展模式所带来的挑战。与费城一样，在创建知识之城的行动中，亚特兰大也充分借助了本地大学的科学创造力，而且这所大学同样位于传统的城市中心。以联邦政府提供的城市重建资金为依托，亚特兰大市政当局改造并扩大了佐治亚理工学院位于城市中心的老校园，并在周边设置物理屏障，用来区隔刚刚创建的科研场所与附近的劳工社区和非裔美国人社区。发生在亚特兰大市区和佐治亚理工学院的故事，淋漓尽致地展示了科学研究何以成为促进本市乃至本州经济发展的关键要素，同时也充分表明那个时代的城市和地区如何竭尽所能地通过城市和区域发展策略来吸引科技产业与科研人才。不仅如此，这段故事还向大家展示了在高科技产业区发展过程中公共与私人、政治与市场的复杂互动。通过审视发生在亚特兰大的故事，我们可以聚焦一个并未获得冷战科学综合体多少慷慨资助的公立高校，能够发现一些斯坦福和宾夕法尼亚无法提供的信息。譬如，公立高等教育机构如何依托州立法者的奇思妙想来扩大资金来源，并因此与国有经济综合体的发展规划紧密相连。掌握以上信息，有助于我们深入理解冷战时期高等教育机构与州政府错综复杂且十分微妙的互动关系。

必须指出的是，这座知识之城的意义绝不止于成为硅谷的另一个仿本。通过亚特兰大的故事可以得知，科研活动的郊区化与南方化具有关联性。正如前几章讨论的内容所示，冷战期间的国防拨款有着非常明显的地域倾向，出于现实需要和政治考量，绝大多数国防合同都被南方各州和西部地区瓜分了。尤其是南方各州，来自这里的民主党人在冷战时期的国会和参议院占据优势，从而轻而易举地赢得了众多有关国防战略和太空计划的资助项目。为了深入理解联邦经费的地域倾斜如何转化为郊区偏好，我们需要从州政府和地方层面这两重视角来调查核心城市和都市圈的经济发展，并以此为基础审视国会层面的政治权术。

从亚特兰大的案例还可以得知，冷战时期南方城市的生长方式以及南方各州和地方领导人所采取的经济发展模式，使得高科
184 技活动在郊区更便于开展，也更符合经济发展的规律。和许多南方城市一样，亚特兰大在这一时期增长最快的产业也是汽车制造、高速公路及其派生业务。与城市规划专业人士主导地方政治的费城不同，亚特兰大（及其南方的姊妹城市）的城市规划并未形成强势传统，而且这里的地方治理结构高度分散，因此更有利于经济发展的郊区化和去中心化。费城领导层试图实施以科学为基础的城市改造战略，并以此形成城市化和种族多元化的生活和工作环境；而在亚特兰大的精英阶层心目中，科研经济与城市改造是几乎毫无关联的两件事。亚特兰大的城市改造侧重交通基建、娱乐和零售设施，科

研经济被视作实现区域发展战略的一种手段，目的是吸引白领工人及其相关企业。冷战时期的亚特兰大领导层并不十分在意如何将科技企业招揽到城市内部，而是希望引导该产业和该领域的从业者前往北部郊区，因为那里的居民比较富裕，而且全都是白人。

亚特兰大的例子也生动展示了种族结构和阶级冲突如何影响知识之城的创建。在那个人造卫星上天和高校科研当道的年代，那个民权运动风起云涌并取得伟大胜利的年代，亚特兰大等南部城市的政治环境基本上取决于黑人族群发起的民权斗争以及白人群体对此做出的回应。这些反应中既有最恶劣的隔离主义言论，也不乏温和的、支持融合主义的观点。亚特兰大市的白人领导者在种族观念上颇为开明，在他们心目中，科技产业和专业人员组成的科研社群的存在是亚特兰大对外展示良好形象的重要方式，证明其与其他正被种族问题所困的南方城市完全不同。然而，围绕种族问题展开的宣传话术和政治博弈可能会掩盖阶级分化的严重性，而对这个问题的认知将在很大程度上决定区域经济发展战略。譬如，白人精英是亚特兰大的管理者，但他们手中的政治权柄并不是来自白人劳工阶层的支持。白人劳工阶层受到经济局势和种族秩序的威胁，对于领导层的科研经济发展愿景没什么兴趣。与此同时，决策者对高科技产业的地理位置的选择，也能够反映阶级分化的现实情境。

在冷战时期的立法权术操纵下，大量的国防经费流向种族和阶级都存在严重分化的南方各州，而这里的大部分领导人都是产业结构调整和郊区化发展模式的坚定拥护者。为了追求经济发展，南方领导人喜欢把自己定位为种族进步主义者（还有什么能比太空

185 时代的科学成就更加进步的呢），但事实上，其对根深蒂固的种族制度视若无睹。在亚特兰大，领导者积极行动，他们试图将这座大都市定位为社会进步的展示平台，以及高新科技产业的理想家园。黑人比例不断上升的中心城区显然不适合担此重任，白人劳动者所在的社区也不符合要求，因此城市领导者选择了位于城市边缘的富裕郊区。

工业化的新南方

若要了解亚特兰大是否具备成长为知识之城的潜质，首先需要认识亚特兰大市的独特禀赋，探究一个多世纪以来白人中产出身的政客和商人如何创建这座城市，以及佐治亚理工学院在此过程中扮演的角色。在冷战时期，亚特兰大市不遗余力地招揽先进科技产业，这种做法与其长期以来促进城市振兴和引进外部工业企业的传统一脉相承。从 1837 年建市以来，亚特兰大市的历代领导者发起了一轮又一轮的改革行动，力图将这个位于南部农业区的铁路小镇发展成举世闻名的工业化大都市。[1]

无论采取何种行动，亚特兰大的城市规划始终围绕一个主线，

1 这些努力通常围绕一些规模宏大、雄心勃勃的事件，旨在吸引国内和国际对这座城市的关注，这一趋势始于 1895 年的棉花州和国际博览会，一直持续到 1996 年的亚特兰大奥运会。参见 Dana F. White and Timothy J. Crimmins, "How Atlanta Grew: Cool Heads, Hot Air, and Hard Work," 载于 *Urban Atlanta: Redefining the Role of the City*, ed. Andrew Marshall Hamer (Atlanta: College of Business Administration, Georgia State University, 1980), 25–44。

那就是着重强调自己是一个充满独特活力的现代化工业城市，在本质上有别于沉睡不醒的前现代南方农村。与此同时，亚特兰大还不断强调本市始终以经济建设为中心，根本无暇关注那些一度导致其他南方地区陷入瘫痪的种族对抗运动。1864年，亚特兰大曾被威廉·T. 谢尔曼（William T. Sherman）将军纵火焚烧，但此后迅速在灰烬和瓦砾上建起一座新的城市。该市领导人一次又一次地援引这个故事，以此强调亚特兰大放下过往、拥抱新生的坚定决心。1886年，亚特兰大报社编辑、演说家亨利·格雷迪（Henry Grady）在纽约的一次集会上发表讲话时，谢尔曼将军也在场："我们现在又建立起一座勇敢而美丽的城市，无论过去如何，我们都会放下可耻的偏见和仇恨，在家园建设的一砖一瓦中追寻生活的阳光。"[1]

尽管格雷迪以及其他白人精英向外界描绘了一幅亚特兰大市民精诚团结的美好图景，但这里的种族歧视就像整个南方的真实情况一样，从来都没有真正消失过。在这里，黑人和白人有着严格的生存界线，不同种族的居民分别居住在不同的社区。不仅如此，不同阶级的居民也相聚而居。19世纪末20世纪初，亚特兰大白人精英提出不同种族的人民可以和谐共处，但工薪阶层的白人对此并不认同。他们将非裔美国人视为在就业机会和居住空间方面的直接竞

1 参见在新英格兰俱乐部宴会上的演说，纽约，1886年12月21日，见 *Life of Henry W. Grady Including His Writings and Speeches*, ed. Joel Chandler Harris (New York: Cassell Company, 1890), 83–93。谢尔曼的存在在 Gary M. Pomerantz, *Where Peachtree Meets Sweet Auburn* (New York: Scribner, 1996), 59 中得以体现。有关亚特兰大神话创造的分析和批评，参见 Charles Rutheiser, *Imagineering Atlanta: The Politics of Place in the City of Dreams* (New York: Verso, 1996)。

争者，为了表达对提升经济待遇的强烈诉求，他们甚至不惜诉诸暴
186 力。1906 年，亚特兰大爆发了一场持续四天的种族骚乱。这场可怕的暴动造成多人伤亡，其中大部分是黑人，此事对黑人群体造成了严重伤害。在狂暴不安的南方城市工业化进程中，亚特兰大也不是种族宽容的绿洲，在貌似平静的城市生活之下，种族冲突和阶级矛盾一直悄无声息地在酝酿。[1]

在世纪之交，亚特兰大努力将自己打造为“新南方”[2]的最佳代表，“新南方”是格雷迪提出的一个著名口号，以工业化、大都市和进步为象征。为了实现产业升级，佐治亚州成立了一个新的高等教育机构，其主要使命就是应用研究和技术培训。1885 年，佐治亚州根据《莫里尔法案》出售了联邦土地，并用售地收入创建了佐治亚理工学院，这也是南方第一所应用技术类高等教育机构。自建

1 Ronald H. Bayor, “Atlanta: The Historical Paradox,” 载于 *The Atlanta Paradox*, ed. David L. Sjoquist (New York: Russell Sage Foundation, 2000), 43。阶级分化并不只存在于白人社区，受过教育的中产阶级黑人和穷人之间也存在着巨大的政治和文化鸿沟。这对黑人社区的政治动员能力产生了重要影响，见 Ronald H. Bayor, *Race and the Shaping of Twentieth-Century Atlanta* (Chapel Hill: University of North Carolina Press, 1996)；Clarence N. Stone, *Regime Politics: Governing Atlanta, 1946–1988* (Lawrence: University Press of Kansas, 1989)。种族暴力也有性别和阶级划分的潜在含义，参见南希·麦克莱恩（Nancy Maclean）对这一时期亚特兰大另一场工业冲突的研究，“Gender, Sexuality and the Politics of Lynching: The Leo Frank Case Revisited,” 载于 *Under Sentence of Death: Lynching the South*, ed. W. Fitzhugh Brundage (Chapel Hill: University of North Carolina Press, 1997)。

2 关于“新南方”政治意识形态和亚特兰大作为这种意识形态的假定缩影的讨论，请参阅 Harold E. Davis, *Henry Grady's New South: Atlanta, a Brave and Beautiful City* (Tuscaloosa: University of Alabama Press, 1990)。

校之日起，佐治亚理工学院就致力于开发工业化新技术以及更先进的农业发展模式。在建校之初，佐治亚理工只开设面向实践的应用技术课程，学生们一边在实习工厂做工，一边学习数学和自然科学。实习工厂的设备也完全遵循市场模式，将南方特有的原材料加工成产品对外出售。[1]

相较于宾夕法尼亚大学，佐治亚理工学院的城市烙印没有那么显著。虽然坐落在亚特兰大这个佐治亚州府城市，并且学校的地产完全来自城市捐赠，但佐治亚理工学院本质上是一所州立大学，受命于佐治亚州立法机构，并不需要承担促进城市经济发展之义务。[2]不过，佐治亚州和亚特兰大市的经济发展目标常常相互交织，尤其是在佐治亚理工学院初创时期，州市双方都希望扩大高等教育机会，也都需要培养更多的专业工程师和技术人员。在佐治亚理工学院领导层心目中，学校位于亚特兰大市繁华地段是一件值得自豪的事情，正如建校典礼上学校发言人所说的那样："（亚特兰大人）快步向前创造财富、走向繁荣的形象，让这座城市看起来更像西部或北部的大都市，而不是大家印象中的南方城市。"[3]尽管如此，佐治亚理工学院与亚特兰大市的关系并不怎么密切。这所学院的资金

1 Robert C. McMath Jr., Ronald H. Bayor, James E. Brittain, Lawrence Foster, August W. Giebelhaus, and Germaine M. Reed, *Engineering the New South: Georgia Tech, 1885–1985* (Athens: University of Georgia Press, 1985).

2 直到 1948 年，该学院才更名为"佐治亚理工学院"。为了尽量避免混淆，本章将把它称为"佐治亚理工学院"。

3 哈里斯（N. E. Harris）引自"Formal Opening," *Atlanta Constitution*, 6 October 1888, 引自 McMath et al., *Engineering the New South*, 49。

总是短缺，在年度报告中，经常出现为履行各种学术研究职能和行政职能而请求追加拨款的记录。[1]为了保证经费来源，佐治亚理工学院不敢轻易偏离为本州公共利益服务的原初使命，因此难以从事目标更加宏大但短期效益不佳的学术研究。从地理位置来看，佐治亚理工学院是一个城市机构，但从定位来看它是一个州立机构，这种情况在一定程度上造成了该校政治身份的模糊不清。

尽管渴望成为伟大的南方工业培训基地，但一直到 20 世纪的前几十年，佐治亚理工学院仍然是一个举步维艰的小型高等教育机构。佐治亚理工学院的校办工厂在世纪之交之前就因经营不善而
187 被迫关闭，校内的科学研究主要集中于农业、林业和采矿等领域的低端技术研发，服务对象是佐治亚的本土企业，但不包括亚特兰大市。这一时期，佐治亚理工学院曾一度尝试扩大研究范围，但皆因缺乏资金而屡屡受挫。1919 年，佐治亚理工学院得到州议会授权，得以在校内创建工程实验所（Engineering Experiment Station，EES），以开展更先进的科学研究工作。但是直到 1934 年，政府才对这个实验所的日常运营给予经费支持，而且还是勉为其难地拨付了区区 5000 美元，“用于研究佐治亚以及南部各州有关商业、经济和社会福利等方面的工程问题”[2]。

尽管与培养新一代南方专业技术人员的原初目标存在一定差

1 例如，参见 Georgia Institute of Technology, Annual Report Files, Boxes 18–19, Series 86–05–01, GTA。

2 Georgia Institute of Technology Board of Regents, 1 July 1934, 引自 McMath et al., *Engineering the New South*, 186。

距，但佐治亚理工学院逐渐成为亚特兰大白人商业阶层最青睐的高等学府。招生趋势对学校未来的发展产生了至关重要的影响。随着佐治亚理工学院校友逐渐在亚特兰大市政府和当地企业担任重要职务，该校的角色定位也发生了重大变化。因为校友圈的交际需要，佐治亚理工学院美式足球赛逐渐成为亚特兰大白人精英日常生活的一大盛事，尤其是在赢得 1929 年的玫瑰碗冠军奖杯之后。而且，令人欣慰的是，这支球队的表现一直可圈可点。[1]

至 20 世纪初，虽然佐治亚理工仍然规模不大，科研能力也乏善可陈，但亚特兰大市却保持了较长时间的快速发展。到了 20 世纪 20 年代，亚特兰大已经成为全美棉纺织中心，市中心工厂林立，各地工人蜂拥而来，城市人口持续上升。随着城市日益繁荣，亚特兰大逐渐形成颇为独特的市政组织模式。或许这座城市的创建者在宣称种族宽容时相当虚伪，但他们的商业头脑却是毋庸置疑的。根据城市领导者的理性分析，扶持私人企业对城市发展有利，因此商界人士理应积极参与城市管理，成为民选官员最可靠的合作伙伴。以追求商业利益为主导，再加上南方政府偏好相对自由放任的治理结构，导致亚特兰大难以形成一个强大而独立的政治权力基础架构。有鉴于此，亚特兰大在公共政策上长期坚持以增长为核心的管理模式，并且将“增长”等同于“扩大”——产业规模、人口规模

1 McMath et al., *Engineering the New South*, 172. Seymour Freegood, "Life in Buckhead," *Fortune* 64 (September 1961), 108–10 et seq. 我们可以在相关讨论中发现，佐治亚理工学院的足球赛事业已成为战后亚特兰大白人社会生活的主要论题。

以及占地面积的全面扩大。[1]

1925—1929 年，亚特兰大商会发起了一项名为“前进亚特兰大”的经济运动，正是这种以增长为核心的发展模式的一个例证，同时也为区域经济战略定下了基调。这项耗资 100 万美元的计划旨在向州外企业宣传本市的营商环境，该运动开启了亚特兰大产业营销战略之先河，此后几年此类计划将会遍地开花。20 世纪初，亚特兰大最重要的制造商可口可乐公司曾通过广告和促销打造出一个
188 全国知名品牌。以可口可乐为模板，该市领导人努力打造城市品牌，向全国各地的人们不断强调这里完全不同于大家对南方城市的刻板印象。“前进亚特兰大”运动刻意凸显该地区的两大有利要素，一个是“无比丰富的劳动力”（且不断暗示这里有大量尚未加入工会组织的白人劳动力），另一个则是低税收。[2]“前进亚特兰大”宣称共吸引了七百六十二家外地企业前来亚特兰大；根据后期的一项统计，这场运动共为当地带来了 1.7 万个就业机会和超过 2900 万美元的资金投入。[3]1928 年，亚特兰大商会宣称这座城市已经成为“名副其实的‘南方门户’，一座交易能力、基础建筑和产业规

1 Truman A. Hartshorn and Keith R. Ihlandfeldt, “Growth and Change in Metropolitan Atlanta” 载于 Sjoquist, *The Atlanta Paradox*, ed。

2 Bayor, “Atlanta: The Historical Paradox,” 48.

3 *Report of the Forward Atlanta Commission: Being a Detailed Statements of the Administration of the Forward Atlanta Fund for the year 1926, 1927, 1928, 1929* (Atlanta: Forward Atlanta Commission, 1929); “Industry Spreads in Atlanta,” *BusinessWeek*, 10 September 1949.

模都在不断扩张，从而引发全国关注的商贸门户城市”。[1]

正如“前进亚特兰大”运动用吸引外来企业的数量来衡量其成功程度一样，这一时期的亚特兰大城市建设也基本遵循“越大越好”的规划理念，城市范围不断扩大，大片绿树成荫的郊区地带都被纳入城市当中。亚特兰大领导者一方面希望这座城市“长”得更高，因此在市中心建造现代化的摩天大楼；另一方面也努力“走”得更远，因此用现代公路系统和林荫大道将高楼耸立的城市中心与中上阶层聚集的郊区地带连接起来。这一发展过程并不是通过大规模的城市规划和基础项目建设来完成的，而是在那些早就成为城市权力结构重要成员的企业家的领导下，通过私人企业来实现的。应一位名叫乔尔·赫特（Joel Hurt）的开发商的要求，拥有广泛影响力的城市规划专家弗雷德里克·劳·奥姆斯特德于1890年造访亚特兰大，并为这座城市重新制定了一项环形道路和城市公园分区建设计划，该计划的实施造就了德鲁伊山社区（Druid Hills）。[2]这是一个标志性事件，意味着私营企业完全可以凭借一己之力在亚特兰大城市规划工作中发挥核心作用，后来即便在城市发展规划和基础设施建设能够得到公共资助的情况下，私营部门依然可以继续发挥自己的影响力。

亚特兰大自建城以来就是南方的交通枢纽，优越的历史地位对精英群体的城市发展理念产生了巨大影响。亚特兰大既不是海港城市也不靠近重要河道，其与众不同的繁荣景象源于作为铁路终点站和中转站的交通地位。在“前进亚特兰大”时代，铁路是这

1 Industrial Bureau, Atlanta Chamber of Commerce, *Key to Atlanta* (Atlanta, 1928), 1.

2 White and Crimmins, “How Atlanta Grew,” 30.

座城市最主要的商业运输方式，卡车运输虽然已经开始发展，但所占的份额依然有限。1929 年，亚特兰大市在市中心以南的区域建设了一个机场，虽然在当时能够发挥的作用极为有限，却是该市走向未来的一个重大举措。作为美国最重要的交通枢纽之一，亚特兰大长期被定位成人员和货物集散中心。这种定位让亚特兰大人充分意识到与南方其他地区的依存关系，也在一定程度上让当地的白人领导者生出一种与众不同的心态，使其更喜欢从区域视角来衡量经济成就而非单纯关注本地发展。

189 虽然亚特兰大市通过“前进亚特兰大”等运动一再对外宣传本市在经济增长方面取得的成就，但与生俱来的种族歧视和种族隔离在很大程度上决定了该市的发展路径。在城市规划领域，领导层最积极的行为就是进行分区建设，这是一种新型城市治理模式，在这一时期被美国各大城市广泛应用，其基本理念是规范商业贸易和工业活动并将其与住宅区分而治之。但在亚特兰大，不同区域不仅根据功能区分，更通过种族界定。随着亚特兰大城市人口规模的增大和居住密度的增加，尤其是非裔美国人的大量涌入，领导层开始制定限制黑人群体居住区域的城市法令。1913—1931 年，市政府陆续出台了一系列限制黑人居住区域的地方条例，首先按照种族划分住宅区，进而划分整个社区。1922 年颁布的一项法令将亚特兰大居民区划分为白人独栋住宅区和黑人多单元住宅区两大类。[1] 这些隔离政策永远不会出现在“前进亚特兰大”等城市运动的宣传材料中，

1 Bayor, “Atlanta: The Historical Paradox,” 44.

但实质上却对该市非裔美国人的社会经济命运产生了决定性影响。

20 世纪 40 年代，在亚特兰大已经出现了科研型经济产业的诸多关键要素，从而为该市在冷战时期打造以科学为基础的发展模式建立了前提。以商界领袖为主导的城市精英已经充分证明自己是积极且成功的工业发展推动者，并且他们还具有一种特殊心态，那就是将城市发展与大都市区乃至整个“新南方”联系在一起。在亚特兰大的经济发展战略中，有关佐治亚理工学院的部分虽然着墨不多，却至关重要。私人房地产开发商不仅在城中央建造新的商业中心，同时也为中产白人设计城郊住宅，而且还在两者之间铺设畅通无阻的公路。在此情形下，行政规划往往侧重于区分商业用地和住宅用地，以及将黑人社区与白人社区隔离开来。

到此为止，亚特兰大发展科研型经济产业还缺少两个关键要素，需要冷战推动下的战后经济扩张来补齐。第一个要素是城市规模。直到 1940 年，亚特兰大还是一个小城市，人口约 50 万，城市规模和经济结构都与阿拉巴马州的伯明翰类似。[1] “二战”结束后，亚特兰大的人口总数和产业规模迅速迎来爆炸式增长，由此导致的都市空间扩张几乎没有受到正式规划的限制。冷战带来的第二个重大变化是联邦开支和国会政治，这对各州政治和地方经济的影响日益增大。作为一个正在迅速发展的城市，亚特兰大不仅地处冷战军事产业综合体创造的经济繁荣区，而且居于中心，这为其创建南方知识之城提供了极为理想的区位优势。

---

1 Arthur C. Nelson, *Deciding Factors for Regional Decision-Making in Metro Atlanta* (Atlanta: Research Atlanta, June 1999), x.

190 **表 5.1　亚特兰大都市圈部分领域就业岗位增长情况，1939—1953**

	1939	1953（估算）	增长幅度（1939—1953）
制造业岗位	27692	79400	187%
制造业岗位占比（全国总比）	15.2%（16.5%）	26.2%（26.2%）	
企业数量	845	1650	95%
批发／零售业岗位	40067	82700	107%
批发／零售岗占比	45.5%	36.7%	
岗位总数	182759	303300	74%

图片来源：亚特兰大商会工业办事处，“亚特兰大都市区就业统计（Cobb, Fulton, Dekalb Countries）”，1954-02-10，FF8，Box1，亚特兰大规划局档案，City Range A-7, AHC

战后发展与权力格局

第二次世界大战的爆发使亚特兰大进入快速增长模式。与湾区的情况类似，亚特兰大在战时和战后的国家政治和经济发展趋势中处于有利地位。大量的劳动人口和就业岗位从东北部与中西部地区迁出，流入南部各州。这种流动对费城造成重创，却成就了亚特兰大的转型。亚特兰大有着更低的税收、便宜的土地和廉价劳动力，这让其在“二战”结束后的三十年内吸引了数百家制造企业前来落户。虽然这一时期的经济增长大部分是因为本地企业规模不断扩张，但同时也因为诸多外地企业在战争结束时搬迁过来（如表 5.2 所示），从而带来了一大批来自亚特兰大市外的管理人员和劳动工人，其中一部分甚至来自南方之外的地区。1936—1961 年，威廉 · B.

哈茨菲尔德（William B. Hartsfield）担任亚特兰大市长（其间短暂中断）。1947 年，他自豪地宣称：“亚特兰大已经成为一座大型城市。在未来的日子里，亚特兰大具备一切发展优势。全国各地的人们都关注这里，将其视作最有可能扩张的南方城市。”[1]

表 5.2　亚特兰大外地企业和新企业迁入表（1946—1953）

时间	新企业数目	外地迁入企业数目	新岗位总数	预估年度薪资（美元）
1946	170	193	4603	11968000
1947	131	160	3531	7100000
1948	101	127	2533	6350000
1949	82	151	2895	7884000
1950	91	153	3802	11000000
1951	39	160	2810	8500000
1952	78	130	2130	7200000
1953	78	130	2775	8500000
合计	770	1204	25079	68502000

图片来源：亚特兰大商会工业办事处，“1946—1953 佐治亚州亚特兰大的新企业和外地迁入企业”，1954 年 2 月 10 日，FF8, Box 1, 亚特兰大规划局档案，City Range A-7, AHC

1 Hartsfield, *Annual Message of the Mayor to the City Council*, 6 January 1947, FF 1, Box 34, Series Ⅳ, William Berry Hartsfield Papers, Emory University Special Collections (hereafter WBHP, EUSC). 他任期的唯一中断是在 1940 年，以八十三票之差输给了勒克劳（Roy LeCraw）。勒克劳是当地商会的前会长，他竞选时承诺将降低亚特兰大警方对超速罚单的警惕性。幸运的是，1942 年，勒克劳休了军假，哈茨菲尔德在一次特别选举中再次当选，重操旧业（Harold H. Martin, *William Berry Hartsfield: Mayor of Atlanta* [Athens: University of Georgia Press, 1978], 32-36)。

战后数十年的发展历程中，亚特兰大的种族结构也在发生变化。在这一时期，美国企业正向阳光地带迁移，同时南方农场也逐渐实现机械化。农场工作岗位的减少，再加上民权运动前夕南方社会种族不公平现象极其严重，从而导致成千上万的南方黑人农民向北方城市迁移，由此，导致费城等北方城市的人口结构在短时期内剧烈变化。[1]由此，亚特兰大也迎来了数以千计的佐治亚黑人农民，他们聚集在城中心破旧拥挤的小区内，从而引发了与西费城
191 类似的住房危机。亚特兰大的移民潮与北方城市颇为不同，诸多北方城市早就存在一定规模的黑人工人阶级，而亚特兰大的黑人移民大部分都是从周边地区搬来的。在 1960 年之前，亚特兰大市有色人口的增长趋势（这几年是南方黑人向北迁移人数最多的年份）反映了一个事实，这里的变化源于“非白人的人口结构重组，而不是外来迁移人口的大量涌入”。亚特兰大的黑人移民是从城外农村直接搬迁到市区的，但由于战后郊区化运动的推进，这些地区同时也被重新归为大都会统计区。在此情形下，亚特兰大市内的非裔美国人越来越多，而新郊区（以前的农村地区）的白人也越来越多。[2]

---

1 早在 1949 年，佐治亚州的制造业就业人数就超过了农业就业人数 (Engineering Experiment Station, Georgia Institute of Technology, “Little Known Facts about Georgia’s Economy,” *IDeas* 2:1［March– April 1960］, EES-Industrial Development Division, Subject Files, GTA)。

2 参见亚特兰大社区改善计划，*Economic Report No.1*, February 1966, 21, FF 2, Box 6, City Range T-6, AHC。当时的观察人士担心，这种转变正在引发“城市危机”——不是在像亚特兰大这样的大城市，而是在农业地区的小城市。这些城市几乎变成了空城，因为他们的健全居民都搬到城市工作去了 (Gene Britton, “Tech and State Experts Study Scared Counties,” *Atlanta Journal-Constitution*, 12 July 1959)。

联邦财政和国会政治为南方带来了大笔军事拨款，这对亚特兰大在战后的全面扩张起到了至关重要的推动作用。南方大都市在战后迎来了人口迁移，它在经济发展上本就具备先天优势，军事拨款的增加更是为其带来无可比拟的优势地位。1951 年，南方各州获得联邦军事合同的比例为 7.6%，1970 年上升到 25.4%。这一现象在很大程度上源于南方议员在国会领导层的强大影响力，作为立法者，他们一直努力为家乡争取联邦经费。[1]冷战爆发后，美国的国防拨款增长速度在一段时间内达到顶峰，而在此期间，两位佐治亚州议员一直担任参议院和众议院两院军事委员会主席，一位是参议员理查德 · 拉塞尔(Richard B. Russell),另一位是众议员卡尔 · 文森(Carl Vinson)。[2]拉塞尔为佐治亚州赢得国防经费做出了重大贡献。不仅如此，他的努力还充分证明，就连最保守的右派人士也抵挡不住冷 192
战国防体系带来的经济诱惑。[3]到 1960 年，因为拉塞尔和文森的政治影响力，佐治亚州新增了十五个大型军事设施。[4]

1 Schulman, *From Cotton Belt to Sunbelt*, 140. 记住舒尔曼的观点尤为重要，即国防资金本身并不是重塑南方经济的因素，而是他所说的“国防相关的项目群”、与军事开支相伴的工业提高了工业能力，改变了人口结构，使南方在经济和社会方面更像美国的其他地方。

2 拉塞尔在 1951—1967 年担任参议院军事委员会主席，但 1953—1955 年共和党占多数时期除外，那时他是少数派领袖。文森在 1947—1965 年担任众议院军事委员会主席。

3 关于拉塞尔的政治生涯和他领导南方反对民权立法的讨论，见 Fite, *Richard B. Russell*。

4 Richard S. Combes and William J. Todd, “From Henry Grady to the Georgia Research Alliance: A Case Study of Science-Based Development in Georgia,” 载于 *Science-Based Economic Development: Case Studies Around the World*, ed. Susan U. Raymond, *Annals of the New York Academy of Sciences* 798 (1996), 63。在此期间，佐

新增军事设施反过来又让佐治亚州获得了源源不断的国防合同，这与加州的情况十分类似。在第二次世界大战期间，国防生产的急速增长极大地提升了亚特兰大的工业基础，并为该地区带来诸多新的大型设施。其中最重要的一个，就是坐落在亚特兰大都市区西北部马里埃塔地区的贝尔轰炸机制造厂。“二战”结束后，洛克希德公司接管了该工厂，并在50年代末将其发展为佐治亚州用工规模最大的企业。[1]贝尔轰炸机制造厂雇用的主要是蓝领工人，但该企业对于亚特兰大市的经济格局具有突出贡献，因为它的存在，马里埃塔所在的科布县的制造企业的平均工资高于全国平均水平。[2]不仅如此，该公司还为所在地区及其支持者带来了精神鼓励，因为这一时期全美各大城市的经济出版物无一不在反复提及洛克希德
193 公司及其产品。亚特兰大本地报刊也热情洋溢地报道了洛克希德公

（接上页）治亚州的另一个联邦机构是美国公共卫生服务疾病控制与预防中心，该机构对“老”南方而不是新南方的问题做出了回应。该机构于1946年作为“传染病中心”在亚特兰大成立，其“使命是与州和地方官员一起抗击疟疾……斑疹伤寒和其他传染病”，因为这些热带疾病在该区域仍有周期性流行（www.cdc.gov/od/media/timeline.htm, 2001年1月11日访问）。尽管CDC现在是一个雇用了数千名科学专业人员的组织，但本章并没有讨论它，因为在1970年之前，与其说它是一个研究组织，不如说是一个公共卫生实体。CDC与佐治亚理工学院正在进行的研究活动也没有什么关系，也没有在区域领导的经济发展战略中占据重要地位。

1 “Atlanta: Aviation Center of the South,” *Atlanta Magazine* 1:2 (June 1961), 16–19; “Brief Resume of Facts and Figures on the Population and Economy of Greater Atlanta,” 27 August 1959, 4, FF 6, Box 1, 亚特兰大规划局档案，City Range A-7, AHC。

2 Kenneth C. Wagner and M. Dale Henson, *Industrial Development in Georgia Since 1947: Progress, Problems, and Goals* (Atlanta: Industrial Development Branch, Engineering Experiment Station, Georgia Institute of Technology, 1961).

司的工作，并提醒读者国防产业与地方和国家经济的内在联系。[1]

在“二战”期间，以及此后一段时间内，几乎所有南方城市都在市场发展形势和联邦经费投入的刺激下实现了区域增长。亚特兰大的与众不同之处在于其白人精英的超常才干与旺盛精力，以及领导层抓住机遇向外部投资者积极宣传家乡的方式。亚特兰大市领导层全都是白人，而且主要由活跃在市中心的企业主和行政官员构成。他们充分利用私人企业的内在需求，大力建设更加高效的交通网络，吸引更廉价的劳动力，同时积极引进高速公路建设基金和城市重建基金等联邦公共资源，从而让亚特兰大像磁铁一样吸附越来越多的就业岗位和外来移民。

促成亚特兰大飞速增长并向全世界兜售这座城市的核心人物，当属前市长哈茨菲尔德。虽然是政治家而非商界人士，但哈茨菲尔德是一位非常善于处理商业事务的官员，甚至堪称 20 世纪中期亚特兰大努力发展经济的化身。“我们要为每一位带着两只有力的手外加一些钱来到这里的北方佬铺上红毯，”哈茨菲尔德如是说，“为了亚特兰大的经济繁荣，我们必须全力以赴。”[2]哈茨菲尔德在经济

---

1 “C141 Herald Cargo Profits, Colonel Says,” *Atlanta Journal*, 22 April 1963. 关于洛克希德的其他讯息可以参见 Atlanta Bureau of Planning, “Brief Resume of Facts and Figures on the Population and Economy of Greater Atlanta,” 27 August 1959, FF 6, Box 1, 亚特兰大规划局档案 , City Range A-7, AHC; “Lockheed Looks to the Future,” *Atlanta Magazine* 1:2 (June 1961) 34–38; Gerald T. Horton, “Atlanta and the World Market,” *Atlanta Magazine* 1:10 (February 1962), 25–28, 51–57。

2 William A. Emerson, Jr., “Where the Paper Clips Jump... and ‘M’ Stands for Men, Money, Millions,” *Newsweek*, 19 October 1959, 94–96.

上拥有与生俱来的敏锐嗅觉，善于捕捉未来的发展动向，因此他从一开始就坚定支持亚特兰大修建机场。当新机场还只是一条脏兮兮的简易跑道时，哈茨菲尔德就预言了美国航空业的光辉前景，坚信未来的时代将会属于“空中海洋”。[1]哈茨菲尔德出身于历史悠久的亚特兰大白人家族，与该市最具影响力的商业领袖终身保持良好关系。他一方面致力于提升本地企业的实力，另一方面也乐此不疲地引进新企业。哈茨菲尔德与可口可乐公司总裁罗伯特·伍德拉夫（Robert Woodruff）从孩提时代起便是挚友，因此，他一生都在锲而不舍地支持这个亚特兰大第一制造商的发展。50 年代，法国曾发出威胁，要抵制进口可口可乐，并指责该饮品“对健康有害”。听闻此消息之后，正在英格兰度假的哈茨菲尔德立刻致电伍德拉夫：“建议你带几箱可口可乐飞往巴黎，并在所有公共场合当众饮用这些产品。让法国人亲眼看看，你喝了一辈子可乐，身体还这么棒。”[2]

事实上，亚特兰大权力阶层的诸多精英人物都像哈茨菲尔德和伍德拉夫一样，自小就在一起长大，就读于同一所学校（包括佐治亚理工学院），甚至拥有血缘或姻亲关系。在这方面，这座城市一直保持了曾经的小镇模样，不像一个呼之欲出的全国性大都市。凝聚意识贯穿于公共部门和私人领域，从而使得亚特兰大市更有能力通过联邦公路建设和城市更新计划等大型项目对整个城

1 哈茨菲尔德在未注明日期的笔记中提到了这个短语，FF 6, Box 19，Series Ⅲ，Subseries 4, WBHP, EUSC。

2 Martin, *William Berry Hartsfield*, 80.

市的样貌进行全面重塑。一旦商界领袖和民选官员形成紧密的联 194
盟，其他的反对力量，譬如白人劳工、黑人中产以及黑人劳工，由于阶级和种族差异而四分五裂，根本无法对这个强大的权力联盟形成挑战。[1]

亚特兰大的城市发展模式不仅有赖于公共部门和私营企业的联合，还取决于各界领袖从事的业务类型。一直以来，尽管亚特兰大是以辖区内工厂林立而自豪，但其权力结构的核心成员实质上并不是来自制造业，而是零售行业和房地产开发业。在20世纪中叶，亚特兰大的决策者普遍对土地和不动产的价值提升颇感兴趣，唯有罗伯特·伍德拉夫是一个重要的例外。对于零售商来说，消费者云集的地方就是他们最理想的商场选址所在地；对于房地产开发商来说，寻找商业价值最大、利润潜力最高的地段也是他们孜孜以求的目标。1954年，《新闻周刊》刊发了一篇热情洋溢地赞美亚特兰大的文章，文中认为工业房地产开发商才是亚特兰大商界人士的典型代表，亦即所谓的“头面人物”（the ID man）。“头面人物”精通有关区域分析和商业选址的诸种信息，包括市场类型、劳动力成本和可用性、原材料、交通、立法、融资、水资源（水流和化学分析）、能源等相关信息的整理，同时还掌握抗袭能力、社区特征、管理层反应力，乃至25—30岁女性电焊工人数量等当地详细资料的归纳分析能力。亚特兰大“头面人物”的杰出典型大概是这样

1 有关这一时期亚特兰大权力动态的进一步讨论，请参见 Clarence Stone, *Economic Growth and Neighborhood Discontent: System Bias in the Urban Renewal Program of Atlanta* (Chapel Hill: University of North Carolina Press, 1976)。

的形象：一个活跃于工业房地产经营领域的独立经纪人，身材高大，强健有力，在他自己的桃树工业大道上设立了三十三家企业。[1]总而言之，“头面人物”和房地产开发商在亚特兰大权力结构中的突出地位，对该地区的战后经济发展模式和城市规划路向都产生了重大影响。

从20世纪40年代起，亚特兰大决策层的城市发展策略大概可以用一个词来概括，即“分类助推”。一方面，亚特兰大的公民领袖密切关注如何保持亚特兰大中心城区的经济活力，此事成功的关键就是保持白人居民占人口多数；另一方面，“分类助推”策略一定程度上还源于“头面人物”在亚特兰大政治圈的统治力，与此同时，也取决于该市根深蒂固的种族隔离与阶层分裂。亚特兰大市的领导者真真切切地将经济发展当作都市振兴的主要事业，这一事业成功与否，其衡量标准不仅体现为城市内部的人口增长和商业发展，同时还应包括城郊地区所能吸引的人员和企业。为此，亚特兰大的领导层积极作为，实施了一个由办公园区、高速公路和居民住宅组成的综合性郊区建设工程。

195 亚特兰大领导层采取的这种双向并进的发展模式，在一个成立于战后早期的促进组织那里体现得淋漓尽致，这个组织就是中央亚特兰大进步协会（Central Atlanta Improvement Association，CAIA）。该协会成立于1941年，是一个由大型房地产商组成的私

1 William A. Emerson Jr., “Surge in the South: The Long Reach of Atlanta,” *Newsweek*, 8 March 1954.

人组织，组织成员均在市中心拥有大量产业，因此都对提升该地区的地产投资价值很感兴趣，即便亚特兰大的去中心化已经初见端倪。该团体十分关注交通建设和贫民窟清理等市政问题，在这方面发挥的带头作用甚至比当地政府更胜一筹。最值得关注的是，该协会于 1946 年获得了美国公共道路局和佐治亚州交通部的资助，并以此为契机委托芝加哥洛克纳公司（Lochner Company）设计一项综合交通建设计划。亚特兰大 19 世纪曾是南方地区的铁路枢纽，洛克纳公司的计划就是要“将亚特兰大建成 20 世纪连接东南部各大城市的州际公路交会中心”[1]。该计划还包括贫民窟清理和公共住房建设方案，由此也可以看出，中央亚特兰大进步协会非常担忧破败不堪的黑人社区进一步侵扰城市中心。与此同时，亚特兰大市政府也有自己的打算，市政当局不仅希望建立区隔，而且还想通过修建公路干线来作为物理屏障和控制手段，以此让少数族裔聚集的贫民社区远离城市中心。虽然部分道路的修建计划要等到十年之后才会提上日程，但“洛克纳计划”从出台之日起就通过交通网络清晰划定了白人社区与黑人社区、富裕居民与贫困居民之间的边界，并对中央商务区附近治安失序的地段进行了定点清理。[2]

亚特兰大重建初期之所以如此重视交通设计，除了保护中心城区不受侵扰之外还有一个重要原因，那就是交通运输在地区经济中发挥的核心作用。相较于引进新的汽车制造工厂，虽然交通运输

1 Rutheiser, *Imagineering Atlanta*, 147.

2 洛克纳报告及相关资料，规划局档案，City Range A-8, Box 6, AHC。

业的自我进化对振兴地区经济所做的贡献看上去并不那么耀眼，但事实上，该产业一直都是亚特兰大的经济支柱。“二战”结束后，随着卡车运输在全美货物运输业占据越来越重要的位置，再加上越来越多的美国制造商将触手伸向全国各地，亚特兰大的民选领袖开始展开游说行动，努力说服联邦政府和州政府提供专项拨款，对本市道路系统进行升级。由于经济相对贫困，佐治亚州一直急切渴望改善本州的基础交通设施。在州际公路时代到来之前，佐治亚州就获得了大笔联邦道路拨款。1951 年，联邦拨款占佐治亚州高速公路总支出的 11.7%。相比之下，像宾夕法尼亚这样人口更多、经济更发达的州，却只从联邦政府获得了 5% 的高速公路资金支持。[1]也正因如此，亚特兰大领导层积极响应联邦政府的高速公路计划，在
196 1956 年的《州际公路法》通过前，该地区就已经开始疯狂建设高速公路。[2]亚特兰大领导层充分利用联邦政府的资助政策大力发展交通运输事业，并积极推动都市圈内部的高速公路建造计划，从而

1 *Funds Available for Highway Purposes, 1951, a Study Committee Report on Federal Aid to Highways*, 提交给政府间关系委员会 (Washington, D.C.: GPO, June 1955), 表 1。

2 哈茨菲尔德在 1952 年作为美国市政协会主席的就职演说中“敦促联邦立法鼓励公路建设”(Martin, *William Berry Hartsfield*,1997)。到 20 世纪 90 年代，亚特兰大市中心成为三条州际公路的枢纽，整个大都市区在其边界内拥有 261 英里的州际公路 (Atlanta Regional Commission, *Atlanta Regional Transportation Planning Fact Book* [December 1998], 9)。到 20 世纪末，亚特兰大地区巨大的道路建设使其成为美国最拥挤和污染最严重的大都市区之一。参见 *Moving Beyond Sprawl: The State of Metropolitan Atlanta* (Washington, D.C.: Brookings Institution Center on Urban and Metropolitan Policy, 1999)。

让连接亚特兰大中心城区、城郊制造产业园区以及东南部其他地区的交通路况变得极为通畅。[1]

1947年，为了应对都市区的持续膨胀，佐治亚州议会成立了亚特兰大都市规划委员会（Metropolitan Planning Commission, MPC），其成员包括来自亚特兰大市、富尔顿县（Fulton County，亚特兰大及其主要郊区所在地）以及迪卡尔布县（DeKalb County）派出的代表。该委员会自诩“应是美国首个从一开始就完全由公共资金支持，并专门负责大都市区长期发展规划的机构”。[2]与费城城市规划委员会类似，亚特兰大都市规划委员会也 197
招募了“一位曾在哈佛大学接受教育的杰出年轻专家”——菲利普·哈默（Philip Hammer），聘请其担任该地区的首席规划师。亚特兰大都市规划委员会共有十四位委员，虽然只有四位来自亚特兰大，但现代观察家认为，该组织同中央亚特兰大进步协会一样，也是被那些具有公民精神的城市精英主导的。[3]1952年，菲利普·哈默代表亚特兰大都市规划委员会发布了一份广为流传的规划报告，标题为《向前看》（*Up Ahead*）。报告指出，亚特兰大所处的理想位置，预示其未来必然成为一个伟大的城市。报告宣称，“拥挤、堵塞的城市环境将成为历史”，“在原来的地址上，我们将面向未来，规

1 正如巴约尔（Ron Bayor）所证明的那样，这些道路也便于阻止黑人住宅向白人社区扩张 (*Race and the Shaping of Twentieth-Century Atlanta*, 74 et seq.)。

2 Metropolitan Planning Commission, *Up Ahead: A Regional Land Use Plan for Metropolitan Atlanta* (February 1952), 9.

3 Douglass Carter, “Atlanta: Smart Politics and Good Race Relations,” *The Reporter* 17:1 (16 July 1957).

划一个广阔、绿色、开放、设计巧妙的新型城市。居住在这里的人们将乘坐汽车和飞机日常通行，畅通自如地在中心城区和附近郊区之间往来。造就这种新型城市的推动力量已经清晰可见。今日的城市正向侧翼不断发展”[1]。

菲利普·哈默提交的报告指出，亚特兰大与其他规模更大的美国大都市具有显著区别，这里没有被陈旧过时的基础设施包围。“很少有城市能像1952年的亚特兰大都市区那样，拥有如此优越的‘规划背景’。这座城市不存在阻碍其向外扩张的物理屏障（海洋、湖泊、山脉或河流）。铁路和高速公路四通八达，土地虽然略有起伏，但总体来看比较平缓。它的山脊既可以建设成理想的居住地，也可以当作土地规划的天然分界线。”联邦政府的产业分散计划是“新型城市”建设运动得以实现的关键要素之一。《向前看》的作者在描述这方面的问题时，使用的语言几乎与联邦政府的产业分散计划宣传册如出一辙：“我们对于潜在敌人的目标价值，以及我们果真遭遇核打击后的生存概率，基本上取决于企业工厂和基础设施的分散程度。”该报告还明确指出，产业分散是亚特兰大领导层的一致决定，这不仅是对联邦分散战略的含蓄认可，也是本地发展规划的方向，无论国防订单与联邦激励提供何种程度的资助。根据《向前看》提出的产业发展倡议，亚特兰大的新兴工业设施将分布在八个正在规划中的大型园区。八个园区中有七个不在亚特兰大市的辖区之内，不仅如此，它们距离城区有10—15英里之遥，分布在一条正在设

1 Metropolitan Planning Commission, *Up Ahead*, 5.

计中的环城高速公路沿线。唯一建在亚特兰大的工业园位于该市西北部。正如亚特兰大都市规划委员会所指出的，"时至今日，当我们谈及'城市'时，通常想起的是'大都市地区'。就我们自身而言，真正的亚特兰大是大家从空中俯瞰到的亚特兰大，其跨越城市和乡村，几乎不存在行政上的地域边界"[1]。

正如我们在前几章所看到的那样，各地领导层广泛采取的去中心化模式反映了当时被广为接受的发展智慧。然而，亚特兰大领导层在这方面仍然有自己的独到之处。该市一方面坚持维护中心城区的商业地位，另一方面也为郊区配套了四通八达的高速公路系统和基础工业设施，展示了一种不同于旧工业时代的现代大都 198
市发展理念。这里的领导层将"亚特兰大"定义为城区与郊区的组合，而非单指中心城区。广义的"亚特兰大"在经济发展方面取得的成就，意味着这个大都市区的任何地方都能实现就业、人口以及其他积极因素的增长，而不仅仅是传统的城市区域。亚特兰大领导层在产业选址方面表现出来的开放态度，让该地区成为许多"自由流动"的企业之首选，而这些企业正是当时美国各州以及各地市场大力引进的招募对象。正如亚特兰大都市规划委员会的一份报告所指出的，"之所以有那么多企业愿意搬迁到亚特兰大，其中最重要的一个理由就是它们在这里不用严重依赖某些选址要素，譬如矿藏或其他自然资源。只要是在亚特兰大高速交通网络范围内，各企业几乎都可以在大都市区的任何区域自由选择建厂位

1 Metropolitan Planning Commission, *Up Ahead*, 5, 7, 73.

置”[1]。1949 年，《商业周刊》上一篇关于亚特兰大的文章，向读者传递了这样的信息：“为新企业选择建厂地址对于亚特兰大而言从来都不是什么大问题。若有潜在客户提出咨询，本城商会可以给出这样的回答：‘不管您需要什么样的建筑，如果目前还不具备，那么我们就会尽快为您建造。要知道，我们还有 2000 多英亩的工业用地尚待开发。’”[2]

然而，当涉及种族和阶级问题时，白人领导者的思维模式却显得复杂而矛盾，这对亚特兰大都市区的发展模式产生了不易察觉却极为强大的影响。《向前看》最初公开发行的版本暴露了一个基本观念，那就是亚特兰大都市区在未来的发展过程中应当继续保持既有的居民分布模式。该报告明确指出，在未来的总体规划中有些地块是“黑人扩张区”，而毗邻城市南部和西部那些优质开放地段的黑人社区，则会随着城市的扩张而被迁走。亚特兰大都市规划委员会的这个方案首次公布后在该市黑人社区引发了政治骚动，旋即便被放弃。但是，第一个版本的文章既没有撤回，也没有重印，而是在原先印好的报告封面之前插入了一封更正信。[3]

亚特兰大都市规划委员会将种族区隔当作地区发展的一种基本策略，这在政治上是可以接受的，几乎无可指责，因为此时的亚特兰大刚刚用了十年的时间来努力扩大城市边界，以保持市内的白

1 Metropolitan Planning Commission, *Metropolitan Growth Problems: A Followup of the Comprehensive Plan for the Metropolitan Area*, October 1957, 6–7, Box “City of Atlanta Planning Publications,” City Range T-4, AHC.

2 “Industry Spreads in Atlanta,” *Business Week*, 10 September 1949.

3 Metropolitan Planning Commission, *Metropolitan Growth Problems*, 52.

人居民能够占据多数。从 1941 年起，哈茨菲尔德市长就开始筹划
如何将一大片白人聚集的城郊地区并入亚特兰大，其中就包括巴克
黑德（Buckhead），一个富裕的白人聚居区，也是该市诸多商界领
袖的家园。1946 年，联邦法院以违宪为由推翻了佐治亚州的全白人
初选权提案，大量黑人选民由此进入亚特兰大的选民名册。[1]黑人
选民带来的政治影响力迫使像哈茨菲尔德这样的政客首次争取他
们的选票；与此同时，他加强了对白人的宣传，通过兼并来维持种
族多数。尽管这位市长越来越频繁地宣称自己是一位坚定的种族进 199
步主义者，但在与白人精英的私下聚会中，他也会毫不避讳地向自
己的盟友解释扩大城市版图的真实理由：

> 由于联邦政府坚持承认黑人群体拥有参与地方事务的政治地位，再加上我们的白人公民不断搬到市外，把城里的地盘留给了黑人，用不了多久，黑人群体就将成为一股强大的政治势力。这样讲并不是煽动种族偏见，我们所有人都愿意公平公正地对待黑人，但你们真的愿意把亚特兰大的政治统治权交给他们吗，无论他们是作为多数派选民还是势力强大的少数派？[2]

---

1 这是由黑人社区领袖带头发起的大规模选民登记运动的结果 (Bayor, *Race and the Shaping of Twentieth-Century Atlanta*, chap. 2)。

2 参见哈茨菲尔德写给未指明身份的“绅士们”的信，1943 年 1 月 7 日，FF 1, Box 29, Series Ⅲ, Subseries 7, WBHP, EUSC。也可参见哈茨菲尔德在巴克黑德公民俱乐部前的讲话，1941 年 3 月 24 日，FF 1, Box 29, Series Ⅲ, Subseries 7, WBHP, EUSC。关于哈茨菲尔德以务实、商业为导向的种族进步主义的讨论，可参见“Life in Buckhead”。

在上面这段对话里，还隐藏着一个哈茨菲尔德秘而不宣的事实，即兼并巴克黑德不仅是为了让白人群体获得种族上的票选优势，而且还是一种将周边白人富户纳入城市选民的政治策略，因为这些新增的白人家庭基本上都是哈茨菲尔德的支持者。与亚特兰大城毗邻的白人社区不止一个，但那些蓝领工人给予哈茨菲尔德的支持并不牢靠，每当后者公开表示拥护种族融合或民权时，他们原本就不温不热的支持力度会进一步减少。在这一时期，哈茨菲尔德撰写了一系列内部笔记，从中可以观察到他的思路："我们应该向北部和东北部地区发展，那里才是亚特兰大市民的所在地。"[1]1952年，哈茨菲尔德的兼并方案最终通过，巴克黑德和附近其他富裕郊区被并入亚特兰大市，从而使该市又增加了17.1万纳税人口，其中大部分都是白人。

一方面，亚特兰大市政当局和地方领袖倾力限制黑人居民的政治影响力，并强制实施隔离居住策略；另一方面，这帮人还竭尽全力说服城市北部的白人居民，这并非种族主义或社会倒退。事实上，自亨利·格雷迪时代以来，亚特兰大的主要领导者就一直在宣扬这一古老说法，目前的新变化是公开承认本城过去曾经受困于种族问题，但目前已经有了极大的改观，这是亚特兰大城市发展史上的转折点。1955年，哈茨菲尔德创造了一个极为精彩的金句来描述"新"亚特兰大的生活状态：这座城市的人们"太过忙碌，以至于没时间

---

1 哈茨菲尔德未标明日期的便条，FF 2, Box 29, Series Ⅲ, Subseries 7, WBHP, EUSC。

彼此仇恨”[1]。

整个20世纪50年代，亚特兰大都在努力提高城市声誉，让自己远离炎热、懒惰和落后的南方城市形象。这座城市的人们希望向外界传递的信息是：亚特兰大是一座繁忙的工业城市，不存在令人厌恶的种族主义思想。发表于《新闻周刊》的一篇文章提醒读者，“亚特兰大从来都不属于南方种植园。亚特兰大人不从事种植业，他们的职业与其他南方人的大相径庭，这里多的是铁路建筑工人、木匠、店主、来自佐治亚州东北部的吃苦耐劳的山民，以及少数新英格兰人”[2]。从20世纪50年代亚特兰大地区的营销策略中读者还是可以感受到一个不加掩饰的信息：在这里，生意人不仅可以从事现代社会中的商业运作，而且还能享受南北战争之前的贵族生活。正如一位亚特兰大市民在《新闻周刊》上发表的评论：“北方人来 200
此几年，就会学着种下一棵木兰树，坐在下面品尝薄荷酒，然后时不时地打一条黑色细领带去办公室上班。”[3]无论是早期的亚特兰大城市创始人，还是今日的都市新移民，都不愿意被视作种族主义者，但同样地，他们也不愿意看到亚特兰大的迅速变化搅乱原先的社会秩序，尤其是种族隔离和阶级区分。这种保持既有隔离状态的愿望，加快了亚特兰大都市圈的去中心化和低密度化。到1957年，亚特

1 哈茨菲尔德经常重复这句话，威廉·埃默森（William Emerson）1959年在《新闻周刊》的文章中也不断提及，这可能是引起全国关注的原因（“回形针跳往哪里……”）。

2 Emerson, “Surge in the South.”

3 同上，引自一位不愿透露姓名的“当地人”。

兰大的人口密度已经下降为每平方英里4.4人，远低于1930年的每平方英里6.7人和1900年的每平方英里9.3人。[1]

战后时期，尽管亚特兰大领导者在促进区域经济发展上显示出超乎寻常的积极性和创造性，但从诸多方面来看，这个地区的发展仍然没有脱离南方大城市的典型模式。作为国家经济、政治环境和人口趋势的受益者，南方大都市在整体上高速发展的同时也在极短的时间内实现了去中心化，被各种各样的小型农业小镇包围的小城市变成了单一的大型城市群。上述转变并非源于多个市、县政府的重大整合，而是周边郊区自然而然地跨越边界向中心城市靠拢，由此也导致郊区政府为了经济发展的蛋糕份额而展开激烈竞争。这些变化常常以迅雷不及掩耳之势到来，即便城市领导层希望制定细致的区域发展规划方案并认真实施，也基本不可能阻止中心城市向外扩张，从而将周边小型城镇变成大都市的郊区。[2]事实上，南方城市的领导者在政治优先事项上往往都是与亚特兰大一致的：首先是欣然迎接各种形式的经济发展，其次是尽其所能地改变南方地区的落后形象，但与此同时，也在地区发展战略中保留根深蒂固的种族隔离和阶级区分。这种做法造就了一个特殊的政治环境，极为适合产业分散，尤其适合严重依赖高学历白领劳动者的高科技产业。

有趣的是，尽管亚特兰大在20世纪40、50年代全方位地致力于地区工业增长，但这里的精英阶层却基本上没有将科学研发作

---

1 Metropolitan Planning Commission, *Metropolitan Growth Problems*, 1.

2 Hartshorn and Ihlandfeldt, “Growth and Change in Metropolitan Atlanta.”

为其经济发展努力的目标，这种情形着实让人觉得有些奇怪。鉴于佐治亚国会代表在国防拨款工程中的强大影响力，亚特兰大地区在国防项目申报上一直处于有利地位。但令人费解的是，在国防经济开启后的最初几年里，亚特兰大似乎只将目光放在修建大型制造设施上，譬如洛克希德公司的马里埃塔工厂，几乎没有人在乎如何创建举国关注的科研园和引进身着白色实验服的科学工作者。在人造卫星上天之前，基础科学和大学科研所能得到的资助非常有限，从
而导致科学研究与经济发展之间的联系并不明显。然而，亚特兰大 201
的市政官员专心致志于招揽有专业背景的白人员工，同时自豪于自己在高效创建现代化区域基础建设上所取得的成就，而且，他们还在中心城区拥有一个前途远大的公立科研机构。在战后增长和发展的头十五年里，亚特兰大的官员们并没有将科学作为经济发展的战略。若想探明这种情况为何出现，就需要对佐治亚理工学院在这一时期的发展进行追溯。

佐治亚理工学院的规模扩张与创业精神

随着亚特兰大大都会区在 20 世纪 40、50 年代的规模扩张和多样化发展，佐治亚理工学院也发生了相应的变化，只是规模略小。与斯坦福大学和宾大这两所日益壮大的科研强校不同，佐治亚理工学院属于另一个联盟，但这所大学正在逐步建立一套能够使其参与联邦研发合同竞争的基础设施。1946 年，佐治亚理工学院推出了第一个博士培养计划，并于 1950 年授予第一个博士学位。佐治亚理工

工学院的科研实力无法与巨型研究型大学相比，只能从战争科研拨款上分取一小块蛋糕，但即便如此，战时联邦科研项目还是足以拯救该校奄奄一息的科学与工程项目，尤其是工程实验所。到 1943—1944 学年，工程实验所 58% 的预算都来自联邦政府的科研经费和工业合同。尽管工程实验所不到 24 万美元的总预算只在数百万的全国年度科研经费中占据很小一部分，却为这所高校的未来发展指明了道路。[1]

随着科研能力的不断提升，佐治亚理工学院逐步深入参与亚特兰大市的经济工作。不过，作为一个公立高等教育机构，佐治亚理工学院在地方经济发展事务上的参与范围依旧颇受限制。这所学校的资助者主要来自州政府，这些人在政治层面对亚特兰大市引进工商企业、铺设高速公路以及修建郊区基础设施给予了重要支持。不过，他们对于中心城区的发展一直不感兴趣。时任亚特兰大市长的伊万 · 艾伦（Ivan Allen，佐治亚理工学院毕业生，亚特兰大商会前会长，哈茨菲尔德的继任者）曾经指出："在大多数州内政客的心目中，去偏远乡村修路似乎都比为亚特兰大改善住房和交通问题

---

1 McMath et al., *Engineering the New South*, 214–15. 联邦研发并没有改变一切。直到 20 世纪 40 年代后期，EES 的主要工作仍然是工业调查，并对佐治亚州和东南部工业（如木材、造纸、农业和采矿业）问题进行研究。1943 年的《亚特兰大日报》写道："实验所将从事影响本州人民的经济、管理、工程或技术研究领域的任何工业或商业问题的研究。"(John Mebane, "Tech Winds Up Economic Survey in 26 Counties," *Atlanta Journal*, 17 September 1943.) 1947 年，亚特兰大联邦储备银行指出，EES 是"高校直接帮助南方工业改善经济状况的一种方式"(查尔斯 · 泰勒 [Charles T. Taylor] 引用梅班 [John Mebane], "Tech Research Cited As Aid to Industry," *Atlanta Journal*, 4 March 1947)。

更重要。”[1]发表于 50 年代末的一篇杂志文章也指出，尽管此时佐治亚州 21.5% 的税基都在亚特兰大，但只有 4.6% 的税收从州政府回流到亚特兰大都市区。正如作者所阐述的那样，“本州权益人并不完全来自城市”[2]。

争取到联邦拨款后，佐治亚理工与各级政府之间的关系变得更加复杂。联邦研发经费的涌入加强了佐治亚理工学院的科研使命，提升了该校的国家声誉和区域影响力，同时也缓解了其对州政府资金的严重依赖。在第二次世界大战结束前，佐治亚理工学院就深 202
感本校亟须提升学校层次和扩大校园规模。1944 年 10 月，学校董事会通过了一项校园重建计划，并着手购买学校附近的土地用于校园建设。[3]同年，佐治亚理工学院任命布莱克 · 范莱尔（Blake Van Leer）为新一任校长。新领导人为自己定下的目标，就是将本校发展为具有全国竞争力的研究型大学。范莱尔意识到，阻碍佐治亚理工学院向前发展的最重要的一个因素就是佐治亚州对新校区建设投入的资金相对较少，因此他甫一上任就锲而不舍地游说州立法机

1 Ivan Allen Jr., *Mayor: Notes on the Sixties* (New York: Simon and Schuster, 1971), 150. 该州在支出优先顺序上对农村的偏袒源于全州范围内的县级单位投票制度，这种制度使人口稀少的农村县几乎与人口稠密的地方（如亚特兰大的富尔顿县）拥有相同的政治权重。在这种被《时代》周刊称为“美国州政治中最奇怪的手段之一”的制度下，每个县获得两张到六张“单位票”，这些“单位票”将投给在该县获得多数民众投票的候选人。所有单位选票的总和决定全州选举的获胜者。在被最高法院裁定违宪后，县单位投票于 1961 年被取缔。见 “Georgia: There'll Be Some Changes Made,” *Time*, 11 May 1962。

2 Carter, “Atlanta: Smart Politics and Good Race Relations.”

3 “1944 年批准的佐治亚理工学院发展计划”, Box 6, 85-11-01, GTA。

构，为佐治亚理工学院的发展争取更多经费。

范莱尔声称，州政府的经费投入严重不足，导致佐治亚理工学院的教学楼年久失修，让这所大学处于危机边缘。他写道："为什么佐治亚州每年能为米里奇维尔（Milledgeville）的每个女孩资助330美元教育经费，为雅典的每位律师资助197美元政府津贴，为瓦利堡的黑人投入307美元的人均教育拨款，却只为亚特兰大的工程学学生提供112美元的人均教育经费。尤其是在明知工程教育成本已经变得日渐高昂的情况下，仍然不愿意追加投资，这着实令人感到费解。"[1]随着战后大学生数量的激增，这个问题变得更加严重。1948年，范莱尔又发表了一篇文章，指出佐治亚理工学院越来越难以承受不断涌入的学生："现在的情况非常糟糕，从1947年7月1日到1948年6月30日，佐治亚理工共招收10274名学生。校园里的全日制学生最多时曾达到5402人，但现有的学校建筑只能为2600名学生提供住宿服务。"[2]20世纪50年代初，抱怨州政府拨款不足一直是佐治亚理工学院年度报告的普遍主题。[3]

---

1 *Annual Report 1945–46*, 14, FF 7, Box 18, 86–05–01, GTA.

2 *Annual Report 1947–48*, 1, FF 9, Box 18, 86–05–01, GTA. 在此期间，佐治亚州立大学系统长期的资金短缺源于该州禁止出现赤字支出。正如麦克马思等人所观察到的，这意味着高等教育的公共资金"对短期经济波动极其敏感，通常无法跟上通货膨胀的螺旋式上升"(*Engineering the New South*, 416)。

3 虽然该机构的财务问题有时很严重，但这些报告的负面基调可能在一定程度上源于范莱尔的悲观态度。当哈里森（Edwin D. Harrison）接替他担任校长时，报告变得乐观多了。哈里森乐观而老练，在他的第一份1957—1958年年度报告中，他写道："已经采取了一些积极的步骤……我们都怀着深深的感激之情，感谢国家的慷慨解囊，使我们的工资状况得以改善。"(*Annual Report 1957–58*, 1, FF 19, Box 18, 86–05–01,GTA.)

联邦政府（主要是来自国防部）不断增加的财政拨款成为佐治亚理工学院解决捉襟见肘的财务问题的新方案。为了将新增加的科研活动的利润与复杂多变的政府财政支出相分离，佐治亚理工学院在工程实验所名下创建了一个半独立的实体科研机构，即佐治亚理工研究所（GTRI）。“作为一个独立的非营利组织，佐治亚理工研究所将成为本校所有实践部门的签约机构，并以管理费（间接成本）的形式处理来自此类机构的所有‘利润’。作为校外合同的管理方，佐治亚理工研究所全权处理和重新分配学校的研发资金，并且具有跨年管理在研项目经费的权力。”[1]佐治亚理工研究所是一家非营利机构，其所有收入最终都归佐治亚理工学院所有。朝鲜战争爆发后，佐治亚理工学院的军事科研经费突飞猛进，这种资金管理模式发挥了显而易见的积极作用。到1951—1952财政年度，工程实验所的科研预算已飙升到130多万美元，其中80%来自联邦政府的军事研究经费。[2]由于工程实验所的所有外部合同都由佐治亚 203
理工研究所经手，因此，整个50年代佐治亚理工研究所的收入也在稳步增长。至1958年，其收入已超过200万美元。[3]

加入军方研发体系之后，佐治亚理工学院与私立机构以及公共部门的合作方式都产生了显著变化。20世纪50年代中期，工程实验所推出了一个“工业助理计划”，该计划看上去与特曼在斯坦

1 “$1,000,000 Research, Tech Total,” *Atlanta Constitution*, 19 September 1947.

2 McMath et al., *Engineering the New South*, 214–15, 263.

3 Georgia Tech Research Institute, *Annual Reports* FY 1968 and FY 1970; *Treasurer's Report* FY 1971, FF 37, Box 11, 86-05-01, GTA.

福大学施行的科研型经济开发模式极为相似。企业需要在三年内支付1.5万美元来支持工程实验所的科学研究；作为回报，这些企业将对科研经费的使用拥有一定的话语权，同时还可以获得工程实验所研究者的专业建议和咨询。[1]

1957年，新校长埃德温·哈里森上任，从而进一步促进了佐治亚理工学院的发展。与斯坦福大学的华莱士·斯特林和宾夕法尼亚大学的盖洛德·哈恩韦尔如出一辙，哈里森就任校长后也采取了富有创业精神和充满活力的治理策略。他尤其鼓励工程实验所不断扩大研究活动，到1959年，佐治亚理工学院工程实验所聘用了大约三百五十名全职研究人员，此外还有大约同等数量的兼职员工（其中大部分是研究生）。[2]哈里森还制定了更严格的招生标准，并根据入学成绩设立奖学金。如此一来，“不仅能够提高佐治亚理工学院新生班的水平，而且还能激励学院提高标准”。不仅如此，佐治亚理工学院还拓宽了核心必修课程的范围，增加了英文等博雅教育课程的分量。在哈里森领导下，佐治亚理工学院通过一系列改革措施，促进了办学的多样化，提高了学生的整体素质，并进一步提升了学校的社会声誉，使其不再仅仅只是一所基础扎实的技术学院。[3]

随着佐治亚理工学院科研实力的持续提升，其校园规模也在不

---

1 “Industrial Associate Program,” FF 11, Box 12, 86-05-01, GTA.

2 George W. Morris Jr., *Calculators and Computers: A Manufacturing Opportunity in Atlanta*, 佐治亚理工学院 EES 工业发展部为亚特兰大商会“前进亚特兰大”编写，1962年8月，10。

3 McMath et al., *Engineering the New South*, 311, 319-36.

断扩大。在此过程中，管理者充分利用刚刚收获的联邦拨款，同时也与亚特兰大政府官员建立起新的合作关系。1950 年，亚特兰大市政当局将毗邻佐治亚理工学院的亨菲尔大道地段定为城市重建首期项目选址。[1]在 50 年代余下的时间里，佐治亚理工学院一直都在零零碎碎、循序渐进地购买土地。亚特兰大的种族结构和阶级分布与西费城地区颇为不同，这里近四分之三的居民都是白人，而且主要是工薪阶层。[2]佐治亚理工学院与宾夕法尼亚大学的扩张模式存在较大差异，后者是在未曾征求居民意见的情况下直接制定大规模的城市更新计划，前者则是大学管理层主动前往居民家中拜访，并尽可能热情礼貌地一栋一栋收购大家的房产。[3]当然，也有居民提出反对意见。如一位白人房主在 1951 年的一次社区听证会上所言："我们只想独立拥有自己的小房子，房子虽小，是我们大多数人一生的心血。我们不介意充当科技产业的缓冲区。校方应当慎重考虑项目开支，但请不要摧毁我们的家园。"[4]佐治亚理工学院在扩张过程中的谨慎态度，充分反映了那个时代错综复杂的政治环境。白人精英一方面希望白色人种在城市当中占主导地位（因此也就意味着大家 204

1 Stone, *Regime Politics* 39. 虽然 1944 年的校园扩建计划进展缓慢，但在接下来的七年里，佐治亚理工学院购买了价值近 1300 万美元的土地用于校园扩建 (*Report of Construction*, August 7, 1951, FF 8, Box 5, 85-11-01, GTA)。

2 McMath et al., *Engineering the New South*, 337-38; Bayor, *Race and the Shaping of Twentieth-Century Atlanta*, 80.

3 每一次访问和交易都被如实地记在行政记录中。这些例子见佐治亚理工学院城市更新和土地分析文件，ca. 1941—74, 92-02-04, GTA。

4 "Hemphill Project Praised, Scored at Open Hearing," *Atlanta Constitution*, 14 November 1951.

不愿意让白人社区迁走），另一方面又非常清楚自己提倡的种族进步主义思想难以获得白人工薪阶层的支持。亚特兰大城钩心斗角的政治权术，在佐治亚理工学院周边社区的事务处理上体现得淋漓尽致，因为这里是餐馆老板、佐治亚州白人劳工阶层的政治偶像以及未来州长莱斯特·马多克斯（Lester Maddox）的家，而且他还是一位极其顽固的种族隔离主义者。马多克斯所开的餐馆，正好位于佐治亚理工学院的扩张计划路线上。[1]

纵观整个20世纪50年代，随着城市更新和高速公路建设项目的持续推行，许多黑人被驱离中心城区，由此让佐治亚理工学院周边未曾搬迁的社区，尤其是校园南部和西部，显得越来越“黑”。在1952年亚特兰大都市规划委员会公布的《向前看》报告中，佐治亚理工学院所在地被定义为像孤岛一样的“优质”社区，其他则被归类为“正在枯萎”或“基本合格”的社区。[2]周边社区的种族结构的显著变化，无疑会让佐治亚理工学院和亚特兰大市政当局更加坚定地对这片地区进行全面改造。至50年代末，一份仅在内部传阅的备忘录得出结论说，佐治亚理工学院周边社区具有复杂的种族构成和大量“未达标准”的住房，因此成为城市改造运动的必选之地。[3]

佐治亚理工学院周边地区敏感的种族政治生态，是亚特兰大

1 McMath et al., *Engineering the New South*, 381-82. 有关进一步讨论，请参见 Stone, *Community Power Structure*; Bayor, *Race and the Shaping of Twentieth Century Atlanta*。

2 Metropolitan Planning Commission, *Up Ahead*, 34.

3 参见“关于研究领域的粗略评论草案”的机密备忘录，1959年2月3日，FF 1, Box 1，亚特兰大规划档案局，AHC。

市政当局将该校重建计划列入城市改造基金资助名单的原因之一；除此之外，还有一个重要因素，那就是校园空间愈发局促的佐治亚理工学院很有可能整体搬迁到面积宽广的郊区地段。1962 年，哈里森校长致信艾伦市长，其中写道："相信你最近听到了一些议论，有人建议将佐治亚理工学院迁离亚特兰大市中心，将整座校园搬到一个不那么拥挤和局促的地方。您应该了解，这意味着巨大的经费支出，而且在我看来，此举在很大程度上会切断佐治亚理工学院和亚特兰大市长期存在的紧密联系。"[1]

虽然在 20 世纪 50 年代后期学校周边社区的改造计划就已成为亚特兰大的官方城市更新项目，但直到第 112 号条款正式生效，亚特兰大才同意将发展佐治亚理工学院作为城市改造的首要任务。[2]1962 年 6 月，佐治亚理工学院发布了一份新的校园规划公告，比之前的规划都更为全面和广泛。根据此次规划，佐治亚理工学院将重新创造一个占地面积约为 42 英亩的校园，并在此新建一系列现代建筑，以充当教室、宿舍和科研实验室，为此需要关闭多条市内街道和一条城际公路。[3]1964 年，哈里森团队向市

1 哈里森写给小伊万·艾伦（Ivan Allen Jr.）的信，1962 年 12 月 4 日，FF 7, Box 3, 86-05-01, GTA。

2 在 1961 年与地区商业领袖的谈话中，亚特兰大城市更新计划负责人表示，"如果提出一个学校扩建项目，其中学校部分通常占城市提供资金的三分之一，那么这样一个有限的项目可以在城市资金尚未到位的情况下进行"（亚特兰大西北部商人协会的会议记录，1961 年 4 月 20 日，FF 7, Box 3, 86-05-01, GTA)。

3 与 1962 年报告（名为凯克报告）有关的各种文件，FF 17, Box 2, 92-04-02, GTA。

政当局提交了一份在1962年报告基础上继续完善的佐治亚理工学院全面重建计划。在报告中，哈里森特别强调用现代建筑取代失修房屋的积极影响。“佐治亚理工学院的改造和发展将会消除城市中心的枯萎地段，并对周边地区乃至整座城市产生积极稳定
205 的正面影响。”最重要的是，诚如哈里森校长为会议准备的便条所提醒的那样，鉴于第112号条款带来的联邦资金，亚特兰大完全可以在“不花费本城资金”的情况下完成佐治亚理工学院的重建项目。[1]

佐治亚理工学院的改造计划引发了质疑，人们怀疑其是否意在拖延周边地区的种族结构变化。扩建最密集的区域位于校园西侧，恰好朝着正在出现种族过渡现象的地区，这恐怕不是简单的巧合。市校双方都有充分的理由做出这样的选择，一方面，重建区居住着许多被剥夺相对较多公民权利的居民，从而使得该计划的政治敏感性大大降低；另一方面，新的校园建筑将会把这片地区的居民住宅变成公共机构，从而为黑人社区的进一步扩张制造物理障碍。不过，虽然从佐治亚理工学院的改造审议和决策中可以窥见已经浮出水面的种族政策，但在此过程中最具影响力的因素还是如何促进经济发展，这种观念已经渗透到这一时期亚特兰大的所有区域规划中。事实上，佐治亚理工学院及其周边地区的改造方案可以被视作亚特兰大市“双向推动”策略的集中表现，政府一方面在此地加强中心

1 哈里森向亚特兰大市长和市议员委员会提交的报告，1964年12月4日，FF 7, Box 3, 86-05-01, GTA。

城区的基础建设和城市改造，另一方面还通过其他方式来吸引全国性公司和白领移民的到来。

将佐治亚理工学院与宾夕法尼亚大学做对比，就可以明显看出两者在发展模式上的异同。佐治亚理工学院向周边扩张的过程与宾大类似，两者都有一个循循善诱的领导层，都将扩张地点定在种族结构正在发生变化的社区，也都充分利用了第112号条款提供的充足的联邦资金。不过，亚特兰大市的行政官员和佐治亚理工学院的管理人员的重建目标与大学城的宏伟愿景相去甚远。亚特兰大市20世纪50、60年代的城市改造项目并不打算劝导佐治亚理工学院的教职员工住在学校附近。不仅如此，市政当局也不怎么努力招揽高科技产业在本城落户。就宾大而言，虽然学校管理层和市政当局都公开承认大学城建造项目的主要目的在于阻止当地的种族结构变化，但成立大学城科学中心却是不折不扣的创新之举，为濒临崩溃的费城经济注入了新的生机。反观佐治亚理工学院，虽然促进区域经济发展一直都是这所高校从事科学研究的核心使命，但其在鼓励周边地区进行高科技投资方面几乎毫无作为。

鉴于这一时期诸多“专业人士”的建议和支持，哈里森校长和其他管理者放弃高科技产业的举措着实让人感到不可思议。1963年，佐治亚理工学院校友会委托理特管理顾问公司撰写了一份题为《佐治亚理工学院：经济增长动力所在》(“Georgia Tech: Impetus to Economic Growth”)的报告。该报告考察了佐治亚理工学院在促进高科技经济发展上的潜力，并建议该校效仿斯坦福大学，创建

科研园。报告指出："创建科研园是佐治亚理工学院促进社区发展
206 和本州工商业扩张的最实实在在的证明。"报告还指出，有关在郊区建立一个研究机构的讨论正在进行中，并着重强调这个机构应该设在校园附近，而非偏远郊区。报告是这样说的："我们认为，如果将研究机构建立在郊区地带……将是一种对资源的浪费，因为工程实验所本来就可以提供相关的服务和资源"，"因此，我们敦促学校管理层无须继续考虑如何在校外设立所谓的工业发展研究中心"。[1] 然而，佐治亚理工学院领导层似乎并未认真听取理特管理顾问公司的报告所给出的建议。该校在次年公布的全面开发计划中，完全没有提及在校园附近建设科研园的事情，所谓的"全面"开发不过只是各个部门的硬件配套而已。

1965 年，城市规划师菲利普 · 哈默提交了一份规划报告，再次指出应在佐治亚理工学院附近建立产业研究中心，并再次建议创建城市科研园。哈里森对此有些不屑一顾。在他看来，"佐治亚理工学院不可能直接参与研发中心的建设，但我们完全可以与那些对研发活动感兴趣的机构展开合作"。他很乐意看到"佐治亚理工有人能与潜在客户谈谈佐治亚理工学院提供的服务，以及大家可能从中收获的利益"。[2]

事实上，当理特管理顾问公司和哈默在报告中敦促佐治亚理工

1 理特管理顾问公司，*Georgia Tech: Impetus to Economic Growth, Report to Georgia Tech National Alumni Association*, November 1963。

2 哈里森给梅茨格（亚特兰大住房管理局重建主任）的信，1965 年 3 月 10 日，FF 7, 86-05-01, GTA。

工学院通过社区改造在校园附近建设高科技研发中心的时候，该校已经开始着手在郊区开展这项工作了。工程实验所已经将陶瓷研究分所迁至亚特兰大市东北部的查伯利（Chamblee），其工业发展研究分所则迁到了桃树西路（West Peachtree Road）。上述科研机构的选址一方面是因为州政府选定的可用土地，另一方面也体现了佐治亚理工学院面对周围邻居时的矛盾心理。[1]未能付出实际行动将校园周边地区开发成高科技产业中心，这并不是佐治亚理工学院单方面的过错。事实上，虽然亚特兰大市政当局一直非常清楚佐治亚理工学院对本市经济发展的重要贡献，但无论是市政官员还是大学领导层都不觉得一定要让该校附属企业和教职员工位于或住在校园附近。

在亚特兰大知识之城的建设愿景中，高科技产业和高学历专业人员并不一定要紧挨着核心科研机构——佐治亚理工学院——
生活和工作。回顾20世纪60、70年代亚特兰大地区的经济增长历 207
程，能够非常清晰地察觉这种与众不同的发展理念。随着联邦研发开支的持续增加，国会议员愈发重视以科技为根基的区域经济发展战略，亚特兰大市政当局也越来越关注科技研发工作，将其作为区域经济发展战略的重要组成。虽然促进科技进步只是本地经济发展战略的方向之一，但市政当局坚信亚特兰大都市区有能力成为“学者社区”和“智慧之城”。不过，通过具体行动可以看出，他们也觉得这种模式最应该发生在富裕白人集中居住的城郊地区。

---

1 Dr. J. E. Boyd, “The 27th Year,” 向不明听众做的展示或演讲，1961年7月，FF 42, Box 11, 86-05-01, GTA。

在太空时代推销亚特兰大

到 1960 年，亚特兰大地区已经发展为全国性的货运集散地和工业生产中心，从一个边界清晰、规模不大的南方城市，转变成一个由中心城区、附属郊区和大型工业设施构成的庞然大物。通过四通八达的高速公路网络，各个地区被连接在一起。虽然大部分创办于 20 世纪 50 年代的企业都位于市内，但亚特兰大都市区仍然比其他大都市更早、更快地实现了工业企业和零售基地的郊区化。[1]亚特兰大领导层颇为自豪地指出，工商业去中心化正是区域经济走向成功的标志。1959 年，亚特兰大都市规划委员会在报告中满怀热情地记述道："越来越多的人群、家庭、商店和工厂正在流向农村"，并充满自豪地宣称"亚特兰大都市区下辖的行政区域数量已经达到五十一个"[2]。1950—1960 年，该地区的人口增长了近 40%；到

1 1946—1956 年，迁往亚特兰大的所有企业中将近一半都在城外选址（211 家中的 96 家）。毫不意外，这些郊区企业的总工业面积，比城市企业的总和多出近 300 万平方英尺。见内部备注，"copy of data given to Mr. Rowland (with Dr. Benchler) 8/29/56," 附于"Comparison of manufacturing and population trends of United States with those for Atlanta, Georgia, Standard Metropolitan Area," MPC 对斯克里普斯基金会调查问卷的回应，1954，FF 8, Box 1, 亚特兰大规划档案局，City Range A-7, AHC。

2 Metropolitan Planning Commission, *We're Feeling Like a Million: 1959 Population-Housing Report, Atlanta Standard Metropolitan Area* (Atlanta: MPC, 1959), 2. 到 20 世纪 90 年代，亚特兰大地区的司法辖区碎片化将成为一种负担，而不是一种资产，因为它损害了亚特兰大围绕土地使用和交通规划制定区域战略的能力。参见 *Moving Beyond Sprawl*。

1959 年，该地区人口总数超过了 100 万。[1]哈茨菲尔德和亚特兰大市的其他领导层又一次将大都市的“大”等同于成功，他们将亚特兰大市区和郊区人口有望突破 100 万的时刻——1959 年 10 月 10 日上午 9 点过后——定为“百万日”（“M Day”）[2]。哈茨菲尔德、亚特兰大商会和当地媒体一起将这一天变成了一个庆祝日。市长向他们预测的第 100 万名市民赠送了一把城市之钥。巧合的是，这位幸运市民正好是名“扬基人”，一位来自美国东北部地区的大型机构的分区经理，这无疑更能让亚特兰大领导层感到兴奋。[3]

尽管亚特兰大都会区汇集了诸多有利于经济发展的积极因素，却没有为此地增加太多期待中的就业机会。与战后早期的加利福尼亚北部地区不同，亚特兰大及其郊区地带并没有吸引到可以雇用大
量白领工程师和科研工作者的公司。根据工程实验所主管 J. E. 博 208
伊德在 1961 年的观察，“到目前为止，佐治亚州……没有像马萨诸塞州和加州那样的‘电子产业中心’，这里无法为高收入人群提供成千上万的生产岗位……佐治亚理工学院电气工程和物理科学专业的毕业生，以及技术熟练的青年科研人员，大部分只能在其他城市寻找就业机会”。[4]部分企业之所以来亚特兰大落户，主要是因

1 Atlanta Chamber of Commerce, *Atlanta: A National City* (Atlanta, ca.1972), 3.

2 “Brief Resume of Facts and Figures on the Population and Economy of Greater Atlanta,” 27 August 1959, FF 6, Box 1, 亚特兰大规划局档案, City Range A-7, AHC。

3 William A. Emerson Jr., “Where the Paper Clips Jump...”

4 Boyd, “The 27th Year.”

为这里拥有四通八达的交通设施以及廉价劳动力，而不是因为佐治亚理工学院能够提供训练有素的科技工作者。

无论是亚特兰大市还是佐治亚州，自“二战”以来新增加的就业岗位绝大部分都是低薪蓝领工人。战争结束后，通用汽车公司和福特汽车公司都在亚特兰大建造了规模巨大的生产车间。洛克希德公司将战争期间的贝尔轰炸机制造厂改造成一个大型航空航天综合生产中心，从而也为该地区带来了数千个就业机会。不过，这些工厂能够提供的大部分就业机会都是流水线上的蓝领岗位。到了60年代中期，上述企业能够为佐治亚州的制造业员工提供最高水平的薪酬待遇，然而，即便如此，仍旧低于全国交通运输业的平均水平。[1]就全州的制造业岗位结构来看，大多数就业机会都不在重工业，而是在传统纺织业，该行业所雇的工人占整个佐治亚州就业人口的30%以上。[2]1965年，佐治亚州的人均收入为2159美元，比全美平均水平低了将近600美元。[3]在这个时期，尽管亚特兰大的工业发展势头强劲且日趋多元，但新增加的工作岗位大部分都是

1 到1965年，佐治亚州运输业工人的平均周薪为131.46美元；美国运输业的平均工资为137.71美元，但美国所有行业的平均周薪为107.53美元（美国劳工部，劳工统计局，引自Amy Collins, *Industrial Development in Georgia, 1958–1965* [Atlanta: Industrial Development Division, Engineering Experiment Station, Georgia Institute of Technology, 1967], chart 10）。

2 "Plant Location: Where the People Are," *Duns Review and Modern Industry* 83: 2 (March 1964), 106–7.

3 Amy Collins, *Industrial Development in Georgia, 1958–1965* (Atlanta: Industrial Development Division, Engineering Experiment Station, Georgia Institute of Technology, 1967), iii.

适合蓝领工人而非白领人士。这种现象代表了南方各州的普遍状况，那里的工会组织（尤其是纺织业）非常不健全，工人的生活成本和薪资标准也远低于东北部和中西部地区。[1]

到了 20 世纪 50 年代末，亚特兰大的领导层终于开始觉得有必要加大投入，以吸引更多的白领专业人士和高科技产业迁来本地。显而易见，亚特兰大的未来不能仅仅依靠制造工厂，佐治亚州的制造业在 1956 年已达到顶峰，在此之后的十年内开始下降。[2]人造卫星上天后，联邦研发项目和太空计划的日渐兴盛让当地领导人变得愈发焦虑。毋庸置疑，整个南方地区都是联邦基础设施和国防合同资助计划的最大受益者，但亚特兰大地区（以及整个佐治亚州）在这方面的表现逊色于佛罗里达、阿拉巴马和得克萨斯等地。佐治亚理工学院 1961 年发布的一份报告显示，整个佐治亚州只有"一家一百人以上的电子企业，而东南部其他各州至少都有一家一千人以上规模的同类企业"[3]。随后发布的另一份报告指出："由于学习能力方面的巨大差异，非技术性或半技术性技术工种总是需要有人来做；因此，低薪行业是佐治亚州经济机构的重要构成部分。该州需要考虑的是如何平衡低薪岗位与高薪资、高技能专业岗位的比

1 关于民权运动之前南方劳工运动的讨论和分析，见 F. Ray Marshall, *Labor in the South* (Cambridge, Mass.: Harvard University Press, 1967); 讨论和分析战后民权时代的南方劳工运动，见 Alan Draper, *Conflict of Interests: Organized Labor and the Civil Rights Movement in the South, 1954–1968* (Ithaca, N.Y.: ILR Press, 1994)。

2 EES, "Little Known Facts about Georgia's Economy," *IDeas* 2: 1 (March– April 1960), EES-Industrial Development Division, Subject Files, GTA.

3 Wagner and Henson, *Industrial Development in Georgia Since 1947*, 32.

例，努力让后者变得越来越多。”[1]

209 亚特兰大的发展脚步已经落后于邻近地区，这一事实深深地挫伤了当地精英阶层的自豪感。一位观察者指出，“当亚特兰大回头望去，发现一群‘姐妹’城市正在不断缩小差距，甚至已经听得到后来者快速追赶的脚步声，自己的东南霸主地位已经岌岌可危”[2]。根据大家的分析，此问题若不能及时解决，可能会产生难以估量的影响。精英阶层越来越在乎亚特兰大在美国经济版图中的重要程度，这种心态在一篇文章中有着淋漓尽致的展现。该文发表在亚特兰大商会主办的新杂志《亚特兰大》（*Atlanta*）上，作者在文中警告说，如果亚特兰大不能取得进一步的发展，美国的国家安全甚至都有可能受到威胁。“亚特兰大地区蕴含着巨大的潜力，也承载着伟大的承诺，如果其发展目标无法实现，将会在很大程度上导致美国作为世界大国的地位走向衰落。”[3]

进一步扩大白领阶层的就业机会的需要，再加上高科技产业的重要性在南方经济结构中持续提升，让亚特兰大的经济发展模式和市场营销策略向新的方向转变。20 世纪 60 年代初，亚特兰大领导层开始不满足于吸引各种形式的制造企业，转而着力支持知识型产业的发展。这种做法并未完全偏离早期的发展策略，亚特兰大仍

---

1 Collins, *Industrial Development in Georgia, 1958–1965*, iii.

2 Curtis Driskell, “The Force of ‘Forward Atlanta,” *Atlanta* 4:3 (August 1964), 37–41.

3 Gerald T. Horton, “Atlanta and the World Market,” *Atlanta* 1:10 (February 1962), 25–28, 51–57.

在游说各种制造工厂前来本地落户，但现在人们已认识到，只有高科技产业才能带来白人精英领导阶层最为心仪的就业机会和居民。根据市政当局的分析，正如亚特兰大曾经充分发挥自己在公路运输和航空贸易上的发展优势，这座城市也理应充分利用当前蓬勃兴盛的太空工业和国防事业浪潮来促进高科技产业的发展。1962 年，亚特兰大都市规划委员会发布了一份报告，其中指出："除了诸多物理条件和服务资源上的优势，亚特兰大都市区在科学研发上也具备与生俱来的区位优势，因为它正好坐落在所谓的'太空新月'地带。"[1]事实上，《商业周刊》在这一年更早的时候就有过这样的观察："随着火箭助推器的体积变得越来越大，运输也越来越难，执行太空任务的周期变得越来越长、越来越复杂，大规模的产业设施势必都要搬迁到新月地带。这将为该地区的企业和居民带来更多的就业岗位，包括辅助行业、公共事业、零售行业以及个人服务业。"[2]

为了充分利用新兴科技产业繁荣昌盛的发展势头，同时也为了超越南方其他地区进而成为高科技产业的中心城市，亚特兰大的领导者开始致力于改善这种经济发展模式的两个要素：首先，是打造一个声名卓著的科研机构，以此为科学家和工程师提供创新的温床；其次，创建设施完善的品质社区，为专业科技人员及其家人提供有吸引力的居所。前一方面的工作以佐治亚理工学院为中心，该

1 Atlanta Region Metropolitan Planning Commission, *Economic Potentials: R&D, The Outlook for Research and Development in Metropolitan Atlanta*, December 1962, 49.

2 "Space Crescent Transforms Gulf Area," *Business Week*, 24 March 1962, 亦引自 *Economic Potentials: R&D*。

210 学院与亚特兰大政治部门和经济机构建立了更加紧密的合作关系，并主动发挥作用，将亚特兰大作为下一个高科技之都广为宣传。

佐治亚州政府同样也认识到这个问题，只有充分发挥佐治亚理工学院的核心作用，才能在联邦科研项目竞争中获得更大的份额，这不仅在于高等教育机构日常开展的科研活动，而且还因为其有能力对全州的产业发展趋势进行调研和分析。1960 年，佐治亚州立法机构通过了一项决议，以政府名义加强工程实验所的经济发展使命，扩大其工作范围，并要求“工程实验所进一步为佐治亚州的科学研究、技术进步和发展愿景提供助力”[1]。自此以后，工程实验所就开始为联邦项目的本地私立分拆企业提供服务，主要扮演人才培训基地和企业孵化器的角色。其中成立最早的一家派生企业叫作“科学合伙人”（Scientific Associates），这家企业后来发展为价值数百万美元的私立研究机构，并更名为“科学亚特兰大”（Scientific Atlanta）。[2]除此之外，科研拨款和研究合同本身也具有经济价值。正如佐治亚理工学院某位高层管理者于 1961 年所说：“科研资助应被视作对佐治亚州经济发展的强大刺激，就拿上一财政年度我们从外界获得的总计 300 多万美元的拨款来说，每一笔资金到位之后都会在州内产生数倍的叠加消费效应。”[3]佐治亚理工学院的科研人员

---

1 附录一，*Procedures Manual*，佐治亚理工学院工程实验所，1960,FF 44, Box 11, 86-05-01, GTA。

2 有关科学亚特兰大及其对区域经济影响的全面探索，请参见 Richard S. Combes, “Technology, Southern Style: Case Studies of High-Tech Firms in Atlanta, 1836–1984,” Ph.D. diss., Georgia Institute of Technology, May 2002, 75–123。

3 Dr. J. E. Boyd, “The 27th Year.”

也开始为经济不景气的小镇提供技术支持和营销策略，并以此作为他们参与地方产业发展的方式之一。有些小镇正好位于亚特兰大外围地带，数年后这里将发展成城市近郊。这反映了亚特兰大都市规划委员会在报告中阐述的大都市思维，而佐治亚理工学院支持下的市场策略也对此做出了回应，将外围小镇宣传为理想的产业发展基地，因为这些地方离城市很近，但又不是太近。正如20世纪60年代道格拉斯县电力会员公司的宣传册所说的那样："这里位于亚特兰大城市边缘……距离上足够便利，但又足以保证私密性。"[1]

随着亚特兰大领导层开始重新调整本地的经济发展方向，与此同时进一步加强引进高科技产业，亚特兰大商会委托佐治亚理工学院的产业发展专家撰写了系列报告，首次将亚特兰大同佐治亚州的其他地区相分离并展开独立考察，调查范围不仅覆盖棉花、木材、纺织等传统产业，而且开始着眼电子设备、计算机等新兴产业。为了突出新经济形态的宣传效果，商会重新激活了"前进亚特兰大"这个曾活跃在20年代的主题，并通过新创办的《亚特兰大》杂志以及其他出版物率先对外界进行营销。[2]出自佐治亚理工学院专家之手的商会报告语气十分严肃，数据也较为翔实，但其结论却充满了积极向上的乐观态度，而且基本上表达了亚特兰大商界希望对外

1 "Opportunities on the Fringe..." 未注明时间（可能是20世纪60年代），EES-Industrial Development Division, Subject Files, GTA。

2 Driskell, "The Force of 'Forward Atlanta.'" 虽然《亚特兰大》杂志的创立只是一个宣传噱头，但它很快就转向了更实质性也更少偏颇的新闻；到20世纪60年代后期，它已成为一份独立刊物（"City Magazines Are the Talk of the Town," *Business Week*, 18 February, 1967, 184 et seq.）。

界传达的区域繁荣之愿景与经济发展之潜力。上述报告对佐治亚理
211 工学院同样产生了异常积极的营销效应，因为发布者始终强调该校将在本地高新技术经济布局中扮演的关键角色。

在上述报告中，还提出了一些后人耳熟能详的观点。研究人员指出，佐治亚理工学院的存在意味着本地拥有大量训练有素的专业人员，其中相当一部分常常不得不离开亚特兰大找工作。据当地媒体报道，“美国最大的电子设备制造商近期在亚特兰大设立了一个大型工厂，这充分证明本地拥有数量充足的高素质专业技能人才”；“据该公司的一位副总裁透露，亚特兰大工厂收到的求职申请远远超出需要或预期”。除此之外，低廉的生产成本和优越的运输网络，也让亚特兰大成为投资者的理想选择。[1]来自航空航天工业的一份调查报告显示，训练有素的专业人员是该行业投资考量的核心要素，完善便利的基础设施对科研人才也极为重要。“因为人才总是稀缺的，航空航天企业发现自己处于如下处境：一方面要想方设法吸引技术型人才，另一方面又要最大限度地用好现有人才……因此，那些坐落在人们愿意居住的地段的企业往往最具竞争优势。”[2]

亚特兰大区域发展战略的又一手段，就是市校双方共同努力吸引各大媒体关注佐治亚理工学院正在进行的科研活动。苏联成功

1 George W. Morris Jr., *Calculators and Computers: A Manufacturing Opportunity in Atlanta*.

2 *Atlanta's Potential in the Aerospace Age*, EES 工业发展部为亚特兰大商会“前进亚特兰大”编写，1963 年 7 月，第 4 页。《亚特兰大日报》写道：该出版物“与商会小册子的陈旧观念截然不同”，而且“它的出版时机再好不过了”(William McClure, “Tech's Aerospace Report Makes Area a Contender,” 22 July 1963)。

发射第一颗人造卫星后，虽说美国新闻媒体急切希望报道有关科学进步和科技人员的事情，但佐治亚理工学院工程实验所的曝光度仍显得超乎寻常，这也反映了该机构正在想方设法向更广大的人群展示其能力。[1]在报道者笔下，佐治亚理工学院被描绘成佐治亚州在产业发展竞赛中超越群伦的秘密武器。1962年，一位来自当地报纸的记者写道："佐治亚理工学院所做的研究往往能够决定一个行业是在新的领域取得重大突破，还是继续沿着传统路线——通常是边缘领域或者边缘的边缘——踽踽独行。"一位来自佐治亚理工学院的管理者提醒这家报纸："从大学购买科研成果的人实质上是在购买智力。"[2]当地媒体吹捧佐治亚理工学院的一个典型案例，是发表于1965年的一篇文章，该文以谄媚的语调刊登了工程实验所为太空计划制造导弹大气层折返耐热锥的专题报道。这篇文章对"佐治亚理工人"的品德给予盛赞，并着重强调他们的工作带给本地经济的积极影响。[3]

以上报道提升了佐治亚理工学院的声誉，并让亚特兰大市民和南方人都关注到了这所高校在本地乃至全美日益增长的盛名。与此同时，亚特兰大都市规划委员会和商会也在锲而不舍地对外

1 当地的主要报纸《亚特兰大日报》和《亚特兰大宪法》(*Atlanta Constitution*)(很快合并为一份出版物)的出版商和编辑都是公民精英中的中坚分子，他们很可能非常愿意协助，提升佐治亚理工的研究能力。

2 Robert Joiner, "Industry Sends Tough Problems to Tech," *Atlanta Journal and Constitution*, 11 March 1962.

3 Frank Wells, "Tech Lab Turns Out Missile Nose Cones," *Atlanta Journal and Constitution*, 24 January 1965, C1.

宣传亚特兰大适宜发展高科技产业的信息。[1]不过，无论具备多少吸引外来投资的有利条件，亚特兰大领导层都深知自己存在一个
212 难以克服的障碍，那就是种族隔离。虽然在20世纪50年代成为一座“太过忙碌而没时间相互仇恨”的城市，但事实上，亚特兰大仍然存在诸多奉行种族隔离的公共机构和公立学校。各大企业的中层领导或许能够忍受在一个公开支持种族隔离的地方生活，但那些拥有高等教育学历和社会进步思想的科学家与工程师无法接受这种境遇。

公立学校和教育质量是引进高科技产业的关键要素。1961年，工程实验所发布的一份经济发展报告明确点评了佐治亚州在引进高科技企业上落后于其他各州的原因：“州内学校办学状况的不确定性，是阻碍本州电子产业向前发展的一个确切原因。与其他行业不同，电子产业极为重视学校办学的开放性，甚至将其视为首要因素。在科学家和工程师眼中，高质量的学校教育才是最吸引他们前来的关键所在。”[2]为了吸引高学历专业人才前来亚特兰大，城市领导者必须证明本市风起云涌的种族融合进程不会扰乱孩子们的学业。

20世纪50年代末和60年代初，各州立法机构强制取消种族

1 由EES研究人员为商会准备的其他报告包括：W. C. Eisenhauer, *Electronic Testing and Measuring Instruments: A Manufacturing Opportunity in Atlanta*, September 1962; George W. Morris Jr., *Antibiotics: A Manufacturing Opportunity in Atlanta*, June 1962。都市规划委员会于1962年12月出版了 *Economic Potentials: R&D, The Outlook for Research and Development in Metropolitan Atlanta*。

2 Wagner and Henson, *Industrial Development in Georgia Since 1947*, 32.

隔离，这遭到了信奉种族隔离主义的政客以及部分城市公民的抵制，从而导致种族之间的暴力冲突在南方各地全面爆发。1957 年发生在阿肯色州小石城的中央高中种族冲突事件，以及阿拉巴马州针对和平民权抗议者的多次暴力事件，让南方各州作为一个落后和充满仇恨的地区而臭名昭著。哈茨菲尔德仔细审视了被暴力吞噬的南方城市，并对闹事者进行谴责。在哈茨菲尔德看来，这些人应当遭受谴责的原因是他们蓄意突破了事态的底线，而非反对种族融合。取消种族隔离的政策不可能出尔反尔，恶意抵制只会破坏营商环境。就此问题，亚特兰大商会主席伊万·艾伦接受了《瞭望》杂志的采访，“向采访者展示了有关 1957 年以来小石城商业发展停滞状况的研究，并表示绝不允许这种情况在亚特兰大发生”[1]。

到了 1961 年，即哈茨菲尔德在市长任上的最后一年，他开始直言不讳地向公众传递自己对种族隔离的反感。当年 9 月，《财富》杂志刊登了一篇文章，其中记述道：“不久前，一群白人商业领袖询问预计何时才能开通国际化的喷气式飞机航空港，对此哈茨菲尔德市长给出了直率的回答：‘除非亚特兰大成为一座具有国际意识的城市。如果一个来自巴西的百万富翁携带大笔财富飞到亚特兰大投资，然而碰巧他是个黑人，你们打算怎么处理这个事，是把他送到黑人基督教青年会吗？想想看吧，朋友们。’”[2]为了避免重蹈小石城和伯明翰的覆辙，哈茨菲尔德付出了持续不懈的努力，最终他决定将 1961 年秋季亚特兰大公立学校开始打破种族隔离宣传为全国

1 George B. Leonard Jr., “The Second Battle of Atlanta,” *Look*, 25 April 1961.

2 Freegood, “Life in Buckhead,” 190.

性的新闻事件。在开放日前夕，无数记者蜂拥而至，他们无一不被亚特兰大人表现出来的欢迎态度所震撼："从小石城到新奥尔良，这群经验丰富的记者已经看惯了取消种族隔离过程中政府官员的拙劣表现，然而，在亚特兰大，他们看到的却是人们急不可待地向
213 媒体展示此地在种族融合上取得的成就，这实在是令人感叹。"[1]不过，哈茨菲尔德的开学日活动之所以进展如此顺利，很大一部分原因是仅仅安排了少数几位黑人学生融入白人学校。在种族融合的具体操作上，哈茨菲尔德采取的是一种极为稳健的渐进方式，1961年的秋天事实上只有十一年级和十二年级的学生涉及融合活动。全市有一百三十三名黑人学生申请转学，但最终只有九名黑人学生真正前往白人学校就读。[2]

卸任之际，哈茨菲尔德市长在告别演讲中似乎松了一口气，因为在他任内亚特兰大总算没有像其他南方城市那样陷入种族冲突的泥淖。"我们南方有许多地区都曾试图阻止不可抗拒的历史脚步，但没有一个地方得偿所愿。不仅如此，所有的尝试者都付出了惨痛的代价。在取消种族隔离这个持续前行的事情上，亚特兰大解决问题的成熟手段和友好姿态赢得了整个国家的尊重。"[3]除此之外，哈茨菲尔德在致辞中还态度鲜明地指出亚特兰大成功废除种族隔离

1 "Glad to See You: Reporters in Atlanta," *Newsweek* 58 (11 September 1961), 93–94.

2 Bayor, *Race and the Shaping of Twentieth-Century Atlanta*, 226. 巴约尔指出，"亚特兰大废除种族隔离的过程与同一时期北方学校采用的种族隔离政策非常相似——例如，基于种族的学校选址，针对黑人而非白人的转学阻止政策，以及白人学校的资源空置现象"（227）。

3 哈茨菲尔德致市政委员会的年度和最后致辞，1962年1月2日，FF 1, Box 34, Series IV, WBHP, EUSC。

的重大意义，认为这一举措关系到美国与苏联的智力博弈和意识形态竞争。“如果不能有效解决种族问题进而促进社会和谐发展，美国将面临内外失调的双重困境，这将会对我们的国家和政府造成沉重打击，从而再也无法阻止共产主义在全世界蔓延。”[1]

即便亚特兰大在废除校内种族隔离问题上进行了精心策划和广泛宣传，还是被一部分全国性媒体的记者看穿了本质。《费城晚报》警示大家：“这座南方城市在处理种族冲突问题上获得的盛名并不完全可信。”[2]不过，质疑者和声寥寥且远在千里，全国各地的新闻媒体和报纸杂志不断发出热情洋溢的赞美，报道者将亚特兰大描述为“一片播撒宽容的绿洲”，“完全不再是一个‘南方城市’”，终于“挑出了昨日‘睡眼惺忪的眼中藏着的沙子’”。[3]尽管亚特兰大领导层努力在公众面前营造本地学校已经取消种族隔离的特别形象，但事实上，没过多久他们就又摆出了顺其自然、一切照旧的态度。1962年，艾伦市长在《时代》周刊上发表评论：“见鬼，法律已经成文，它就在这里，我们已经做了该做的事情，就这样吧。”[4]艾伦看似实事

1 哈茨菲尔德致市政委员会的年度和最后致辞，1962 年 1 月 2 日。哈茨菲尔德将亚特兰大废除种族隔离与冷战意识形态之争联系起来，其影响并不像看上去那么深远。见 Mary Dudziak, *Cold War Civil Rights: Race and the Image of American Democracy* (Princeton, N.J.: Princeton University Press, 2000)。

2 Joseph R. Daughen, “There's More Fancy than Fact in Atlanta's Racial Reputation,” *Philadelphia Evening Bulletin*, 19 May 1965.

3 James L. Townsend, “The Miracle in Atlanta,” *Town and Country*, February 1963; Judd Arnett, “Atlanta's Mayor Points Way to Sane Integration,” *Detroit Free Press*, 31 May 1961.

4 “Boom Town,” *Time* 80 (17 August 1962), 20.

求是的演说掩盖了一个基本事实，即取消种族隔离在操作层面仍旧存在诸多障碍，以至于一百三十三名申请转学的黑人学生只有九人真正达成心愿。一家由黑人主办的报纸指出这种做法无异于“滴管作业”（eyedropper），亚特兰大不得不在联邦法院以及全国有色人种协进会（National Association for the Advancement of Colored People，简称 NAACP））的敦促下，加快废除种族隔离的政策脚步。[1]

毋庸置疑，继续推行种族隔离将会对亚特兰大都市区的经济发展和政治地位造成巨大伤害，哈茨菲尔德以及其他本地精英在这方面的评估是正确的。然而，让公立学校取消种族隔离也要付出一定的代价，哪怕这个过程再怎么徐徐图之。在领导层的努力下，亚特兰大通过合并周边地区如愿以偿地留住了一部分富裕白人家庭，但与此同时，前往郊区居住的低收入白人群体数量更多，这些人大多
214 强烈反对在社区和学校取消种族隔离。1960—1963 年，即种族融合政策刚刚生效的那几年，亚特兰大都市区的新建住宅增速排名从全国第二十一位上升到第六位，仅次于洛杉矶、纽约、旧金山、华盛顿、芝加哥这样的超大规模的都市区。[2]

越来越多的城市居民涌入郊区，此现象引发了城市管理者的警觉。针对这种情况，1966 年，亚特兰大领导层发起了一场新的兼并运动，力图将富裕的新兴郊区沙泉（Sandy Springs）纳入亚特兰大市辖区之内。在一个自称“明日之队”的新型商会组织支持下，

---

1 Bayor, *Race and the Shaping of Twentieth-Century Atlanta*, 229.

2 U.S. Dept of Commerce, 引自 “Danger Flags of Success,” *Atlanta* 4:3 (August 1964), 53。

市长艾伦与荣誉市长哈茨菲尔德在1966年春天展开了如火如荼的公投宣传活动。[1]此次运动与兼并巴克黑德地区时的种族诉求具有相似性，都是为了尽力保持白人居民在亚特兰大城的多数地位。除此之外，此次运动还在阶级问题上有着新的考量。60年代的美国民权运动不仅释放了非裔美国人的政治力量，同时也释放了南方白人工薪阶层的反动怒火。通过兼并沙泉区，亚特兰大可以将“温和良善”且身家丰厚的进步派白人留在票选区内，并且在最大程度上削弱种族隔离主义“破坏分子”白人群体的影响力。

1966年春，沙泉区的兼并提案因为2∶1的票选结果未获通过，从而将亚特兰大市区与郊区日益扩大的裂痕清晰地呈现在老派领导者面前。但是，哈茨菲尔德绝不放弃继续扩大城市边界的尝试。因此，即便已经从市长任上荣休，哈茨菲尔德依然在为了将城市边际线扩展到白人聚集的郊区地带而奔波劳碌。正如他在1969年的一封信中所说的那样：“郊区有着最优质、最均一的白人群体，这正是亚特兰大最渴求的城市公民。”[2]从哈茨菲尔德的话语中不难看出，尽管此时的亚特兰大在数年后将迎来自己的黑人市长，但这座城市的权力架构中依然残存着自以为是的阶层优越感和根深蒂固的种族主义意识。与此同时，哈茨菲尔德的信件还反映了人们对那些坐享城市发展便利却缺乏支付能力的人的愤恨情绪越来越强烈。“他们尽情观看大联盟的体育赛事，但我们却要承担修建体育场的

1 Raleigh Bryans, “Sandy Springs Annexing Fails,” *Atlanta Journal*, 12 May 1966.

2 给巴顿（Earl Patton）的信，1969年12月19日，FF 4, Box 29, Series Ⅲ, Subseries 7, WBHP, EUSC。

费用；他们在市民中心流连忘返，在动物园享受亲子时光，但所有这些支出都需要我们买单。”[1]

与 20 世纪 60 年代诸多美国大城市一样，白人居民的持续逃离和不断恶化的城市危机（越来越严重的贫困、暴力和物质环境恶化）促使亚特兰大开展一系列城市中心重建措施。与 20 世纪初的情况相似，这一时期的城市重建计划仍旧是由白人企业主领衔。但此次运动也与 20 年代的“前进亚特兰大”运动以及 40 年代中央亚特兰大进步协会发起的建设计划有所区别，相关工程主要是用公共经费进行支付的。这一阶段，亚特兰大中心城区改造计划的主要
215 目标是公众娱乐场所和会议场馆建设，旨在吸引郊区企业和居民回流。在建设过程中，一直活跃于亚特兰大政界的“头面人物”和私人房地产开发商仍旧发挥了核心作用。70 年代，亚特兰大经济振兴的领军人物变成了佐治亚理工学院的毕业生亨利·波特曼（Henry Portman），这是一位建筑师兼开发商，率先在市中心开发了新型零售写字楼，并修建了亚特兰大商品市场和桃树中心（Peachtree Center）这样的展示中心。亨利·波特曼还在高耸入云的亚特兰大凯悦酒店设计了第一个多层酒店中庭，这种设计风格在 20 世纪 80、90 年代无数次被世界各地的大酒店竞相模仿。波特曼的设计反映了一种构思，即市中心的环境要与城市街景分离，从而制造出一种足够吸引白人郊区居民的“安全”环境。1974 年，《星期六晚

1 “Wooing White-Collar Workers to Suburbia: Office Parks,” *Business Week*, 8 July 1967, 96–98.

间邮报》关于波特曼的专题文章写道："他喜欢按街区建造高耸林立的大厦群，并用空中廊桥将这些摩天大楼连接在一起，用喷泉和树木点缀大型商场，从而将人们的生活、工作、购物、就餐、欣赏戏剧和参观博物馆都融合在一个大型多元空间内，走路便可抵达，不需要乘坐汽车、公交或地铁。"[1]

尽管中心城区再次受到关注，甚至有大量数据表明不受约束的郊区化进程正在损害城市中心的重建效果，但亚特兰大领导层依然义无反顾地向外界推销郊区地段，大力宣传这里的环境不仅能让居民享受新修建的基础设施，而且还有着郊区特有的安全保障。事实上，1966 年的合并失败似乎进一步激发了城市管理者的斗志，他们致力于促进城市的扩张，并有意忽视地区边界，将亚特兰大宣传为一个城区与郊区混合交融的多区大都市综合体。1967 年，艾伦市长在接受《商业周刊》采访时表示："鉴于中心城区迅疾如风的增长速度和强劲有力的发展势头，乡村时代立法者多年前划定的城市界限早已被跨越。不管是城区还是大都市区，亚特兰大都将着力促进其经济发展。"[2]1972 年，亚特兰大商会在报告中指出，亚特兰大"形成了一种极为罕见的城市生态，这里不仅拥有大城市的利益、态度和经济机会，而且还兼具小城镇的生活乐趣"[3]。除此之外，亚特兰大领导层还一如既往地对外宣扬郊区工作环境的理想性。只要

---

1 Celestine Sibley, "Atlanta: Manageable, Many-Sided, Magnificent," *Saturday Evening Post*, November 1974, 101.

2 "Wooing White-Collar Workers to Suburbia: Office Parks."

3 Atlanta Chamber of Commerce, *Atlanta: A National City*, 2.

没在行政意义上真正吞并这些地区，就可以继续以“亚特兰大”都市圈的名义进行宣传。

亚特兰大城市领导层还发现，佐治亚理工学院是连接城市与郊区，并促进两者经济交流和社会互动的纽带。至20世纪60年代末，这所高校已经变成一个持续发展的研究中心，不仅在中心城区拥有大气时尚的现代化校园，而且在郊区创建了一系列分支部门和附属机构。通过科学调研，佐治亚理工学院能够促进本地和本州的经济发展；通过技术支持，更是为地方企业提供了实际助力。60年代末，
216 虽然佐治亚理工学院依旧是一个规模不大、经费有限的州立学院，
但国内外重大事件引发的政治变动已经促使这所高校成长为联邦科学综合体中不可忽视的存在。然而，在这个以科学为基础的经济发展时代，未来的发展方向究竟在何处，州政府和地方政府、公共部门和私人机构、高校管理层和其他相关者的意见似乎难以统一。高科技产业应当前往郊区，这在其他地方是一个基本共识，但在亚特兰大遇到了挑战。首先，是州政府官员提出异议，他们认为学术界应该与工业界保持物理上的密切联系；其次，是一个新兴的城市黑人权力组织，他们迫切需要税收支持和经济动力来维持自己的城市生活。

科研园、办公区和另一个斯坦福？

1965年，佐治亚高等教育系统迎来了新掌门人乔治·L. 辛普森（George L. Simpson）。在来到亚特兰大之前，辛普森的职业生

涯几乎完全是在北卡罗来纳大学度过的，离开这所大学之后他还担任过三角科研基金会（Research Triangle Foundation）的首任负责人。20 世纪 50 年代末，北卡罗来纳州州长路德·霍奇斯（Luther Hodges）发起了一场经济振兴运动，其主旨就是充分发挥该州三所研究型大学的科研资产的作用进而培育高科技产业。三角科研基金会就是这场运动的衍生物，不过是以私人机构的形式出现的。虽然在最初愿景里并没有具体涉及科研园建设，但霍奇斯发起的这场运动最终却是以创建三角科研园（Research Triangle Park, RTP）为结果。时至 60 年代中期，三角科研园已经成为硅谷和 128 号公路在南方的主要竞争者，这里不仅有 IBM 公司的主体机构，而且还坐落着国家环境健康科学研究所（National Institute of Environmental Health Sciences）。任命一个被媒体称为“项目大脑”的人表明佐治亚州政府有意复制这样一个项目，贯彻实施的路径有两条，一是利用佐治亚理工学院的科研能力，二是依托旗舰大学——位于雅典市的佐治亚大学——的学术资源。[1]辛普森非常清楚研究型大学对于创造科研产业经济的重要性，来到佐治亚之后他继续推行这个理念，大力发展高水平的研究生的科研和教育，以提升本地高校的机构声誉，同时致力于创建有所作为的派生企业。[2]

1 “Research Park Thrives in Academic Neighborhood,” *Business Week*, 10 December 1966.

2 McMath et al., *Engineering the New South*, 364–65; Michael I. Luger and Harvey A. Goldstein, *Technology in the Garden: Research Parks and Regional Economic Development* (Chapel Hill: University of North Carolina Press, 1991), 76–99.

20世纪60年代末，亚特兰大都市区已经星罗棋布着众多研究型企业，这表明科研经济产业已在此地开花结果。作为区域商业中心，亚特兰大的区位优势也有助于吸引研究型企业。1969年的一项调查发现，“全美十八家重要计算机企业及其硬件生产商都
217 在亚特兰大设有大区分部、分支公司或者驻地办事处”[1]。不过，大部分机构的进驻似乎都与佐治亚理工学院的派生企业有关。1969年，工程实验所的一份报告显示，佐治亚理工学院共有二十九家派生企业，年销售额超2300万美元，员工总数近一千四百人。但这一记录在其他高校的映衬下显得有些黯然失色——“据估计，密歇根大学安娜堡分校的教职员工创建了大约三十五家公司，波士顿地区大约一百六十六家企业都可以追溯到麻省理工学院”，但考虑到佐治亚理工学院相对较小的学校规模，这个数字已经足以令人印象深刻。[2]

佐治亚理工学院在这个过程中似乎从特曼那里获得了不少启示，尤其是曾为特曼同事的约瑟夫·佩蒂特来到亚特兰大后，佐治亚理工学院的特曼印记变得更加清晰。佩蒂特曾经担任斯坦福大学工程院院长，来到佐治亚理工学院之后，他决定复刻特曼曾在斯

1 James A. Donovan, *Atlanta Data Processing*, 1969, 佐治亚理工学院EES工业发展部为亚特兰大商会编写，1969年6月。

2 Frederick C. Apple, “Industrial Spinoff from Georgia Tech: A Study of the Impact of a Technological Center on Its Surroundings,” 第12号讨论文件，地区工业发展方案，Georgia Institute of Technology, May 1969, FF 43, Box 11, 86-05-01, GTA。

坦福大学采取的措施，来创建佐治亚理工的研究生培养项目。[1]能从顶级研究型大学挖来如此优秀的人才，的确是佐治亚理工学院的运气。不过，除了运气之外，更重要的还是波澜壮阔的时代背景。当时美国科学界风起云涌，工程实验所只是敏锐地抓住了这个机遇。60 年代末，日趋激烈的反战抗议也在大学校园频繁出现，受雇于军方的科研项目首当其冲。宾大的学生激烈抗议本校承担的“顶峰”与“香料架”两个化学武器研究项目，与此同时，斯坦福的校园抗议活动也达到高潮，义愤填膺的学生们不断冲击斯坦福研究院承接自军方的各种秘密研究。在此期间，像南方这种观念更保守且更支持国家军事行动的地区，却并未出现类似的校园抗议活动。事实上，南方的学校与大学与军方一直保持着密切联系。就佐治亚理工学院而言，义务预备役军官训练团一直到 1965 年都还存在，而且其最终被废除的原因也不是学生的反战情绪，而是行政改革。佩蒂特前往亚特兰大的理由也十分明确，就是想远离斯坦福的军事科研争端。如他所言：“佐治亚理工学院，是我心之所向。”[2]

随着越来越多的高校不得不放弃带有政治敏感性的研究项目，佐治亚理工学院从军方获得的经费拨款和研究合同进一步增加。不过，反战情绪还带来了另外一个后果，那就是联邦科研资助

1 Schulman, *Race and the Shaping of Twentieth-Century Atlanta*, 170–71; McMath et al., *Engineering the New South*, 411. 1976 年，在约瑟夫 · 佩蒂特聘请斯坦福大学副校长唐纳德 · 格雷斯（Donald Grace）担任 EES 主任后，佐治亚理工学院又与斯坦福大学建立了联系。

2 McMath et al., *Engineering the New South*, 347, 412.

的不断下降，20世纪60年代日益紧缩的联邦预算让这一局面雪上加霜。以佐治亚理工研究所为例，根据该部门的报告，1967—1968学年至1969—1970学年，其研发总收入下降了3.5%。[1]不过，随后几年佐治亚理工研究所的收益开始增加，到1971年接近400万美元，其中大约75%来自联邦拨款。[2]与国家研发的总体趋势相一致，这一时期佐治亚理工学院的科研实力也没有实现大幅提升，但与其他许多研究机构不同，这所学校的表现基本保持稳定，
218 由此也就相对提升了该校在全美科研支出总盘子中所占的份额。随着佐治亚理工学院越来越多地承担了其他大学避之不及的秘密军事研究，该校的科研结构逐渐与同时代的美国高校有了明显差异。

在乔治·辛普森和约瑟夫·佩蒂特的特别关注与大力支持下，佐治亚理工学院的科研实力与日俱增，培育派生企业的能力也不断提升。不过，绝大部分派生企业都至少在佐治亚理工学院10英里开外，其中大部分沿着亚特兰大城东北部方向的白领产业走廊向外延伸。这些企业之所以如此分布，可能是因为工程实验所的高温材料分所就坐落在查伯利，不过也有可能只是依照亚特兰大的产业布局顺势而为。尽管佐治亚理工的诸多毕业生都创立了或服务于作为亚特兰大新经济主流的高科技企业，但在房地产开发的事情上并不积极，这与斯坦福大学和宾夕法尼亚大学形成了鲜明对比。私人房

---

1 *GTRI Annual Report FY 1970*, 1 July 1969 to 30 June 1970, FF 37, Box 11, 86-05-01, GTA.

2 *GTRI Treasurer's Report FY 1971*, FF 37, Box 11, 86-05-01, GTA.

地产商承担了这个任务，他们是亚特兰大大都会区最高效、最具影响力的城市规划者，也是郊区科研园的创建者。

鉴于亚特兰大都市区的种族结构和经济模式，郊区科研园被安置在城市的北部和东北部，沿着一条由富裕白人居民构成的社区走廊，从巴克黑德到沙泉再继续向外延伸。[1]桃树工业大道沿线也聚集着大量的白领产业和办公园区，这条路是亚特兰大的主干道，从市中心向北一路串联起亚特兰大主城最富裕的社区。作为亚特兰大精英阶层的一员，私人房地产商开发了桃树工业大道沿线的诸多社区，并将其当作白领企业的理想位置积极进行营销。因为这些企业需要的是绿树成荫的办公环境和不受打扰的私密空间，企业高管还希望把家安在公司附近，但不能受困于大城市的常见问题。1966年，《财富》杂志刊登的文章介绍了桃树工业大道上的一个典型项目，即“令人目眩神迷的140英亩工程”：

> 行政公园由一系列漂亮崭新的建筑构成，里面几乎全部都是国家级大企业，周围佳木葱茏，景致如画。这个项目与亚特兰大市中心的新建高层办公大厦形成了直接竞争关系，目前非常成功。显而易见，行政公园能够满足特

1 这种高度不平衡的增长也意味着重型制造业和卡车运输业等“污染更严重”的行业被留在该地区的南部和西部（黑人人口较多）。参见 Hammer and Company Associates, “Preliminary Survey of Trucking Industry, Atlanta Metropolitan Area,” 为洛克希德航空公司撰写，Burbank, California, September 1962, FF 1, Box 19, Series Ⅲ, Subseries 4, WBHP, EUSC。有关不平衡增长的讨论，请参见 *Moving Beyond Sprawl*。

> 定企业的需要。众多全国性大型企业在亚特兰大设立了地区总部，具体位置并不需要一定在中心城区。这些企业事实上是面向整个美国东南部市场的，因此只要地址设在任何靠近亚特兰大的地方就行了。[1]

尽管行政公园并非完全意义上的科研园，但年轻有为的开发商迈克尔·吉伦（Michael Gearon）显然是对弗雷德里克·特曼的发展模式心仪不已。正如《商业周刊》所言："为了确保承包商不
219 破坏行政公园的景观，每推倒一棵树，吉伦就会对他们罚款1000美元。"[2]

一部分开发商参与了位于城市外围的科研园的建设，他们曾试图让佐治亚理工学院深度参与这个项目，但最终未能如愿。开发商的铩羽而归，反映了佐治亚理工学院在城市发展价值观念上的转变。1969年，在佩蒂特到来之前，亚特兰大开发商兼佐治亚理工学院校友保罗·杜克（Paul Duke）为当时的校长阿瑟·汉森（Arthur G. Hansen）献上了"一份至少有200英亩土地的礼物，捐给了佐治亚理工基金会，专门用于产业发展和科研开发"。虽然保罗·杜克的捐赠意愿源于六年前佐治亚理工校友会资助的理特管理顾问公

1 "Atlanta, the Hopeful City," *Fortune* 74 (August 1966), 156. 有关亚特兰大工业园区的地理分布的进一步讨论，可以参见 Truman A. Hartshorn, Sanford Bederman, Sid Davis, G. E. Alan Dever, Richard Pillsbury, *Metropolis in Georgia: Atlanta's Rise As a Major Transaction Center* (Cambridge, Mass.: Ballinger Publishing Co., 1976), 33。

2 "Wooing White-Collar Workers to Suburbia: Office Parks."

司的报告，但他并不认同该报告关于科研园在市内如何选址的建议。杜克捐赠的土地位于亚特兰大新办公园区的核心地带，距离佐治亚理工学院17英里。“这片土地靠近诺克罗斯（Norcross），将位于桃树工业大道沿线。”[1]杜克建议佐治亚理工学院在此创建一个堪称“佐治亚州工业与研究中心”的科研园，如果佐治亚理工不接受这个提议，他就会将土地捐给另一家研究机构。[2]

杜克的提议似乎激发了汉森校长的兴趣，他即刻安排下属研究三角科研园的创建历程，并试图从中获取可供借鉴的成功经验。汉森档案中一份未注明日期的备忘录显示，佐治亚理工学院和亚特兰大市都对此事件的滞后性感到遗憾："非常不幸，我们没有提前十年、二十年做出这样的努力，如果那时候我们开始创建科研园，就可以赶得上人造卫星首次发射后激起的科技进步大潮。”即便如此，双方仍然对此事件表示支持。[3]但令人遗憾的是，要想做出如此重大的举措，佐治亚理工学院管理层必须首先获得学校行政系统和州立法机构的一致批准，这在很大程度上拖延了杜克想要的答复。1970年，杜克致信汉森，再次重申自己的承诺：“科研园是我一生最大的追求。我所有的物力财力都将投入这个伟大的事业中，无论这件事情将会持续多少个年头。”[4]

1 保罗·杜克给阿瑟·汉森博士的信，1969年8月1日，FF1, Box3, 86-05-01, GTA。

2 杜克寄给汉森的剪报封面说明（不再存档），1969年9月6日，FF1, Box 3, 86-05-01, GTA。

3 关于“科研园设施”的备忘录，日期不详，FF1, Box3, 86-05-01, GTA。

4 保罗·杜克给汉森的备忘录，1970年5月22日，FF1, Box 3, 86-05-01, GTA。

事实上，保罗·杜克的提议让汉森校长陷入进退两难的困境中，因为乔治·辛普森不赞同在遥远的郊区创建科研园。此时的辛普森似乎正在牵头设计一个典型意义上的低层景观科研园，保罗·杜克的提议并不符合他的要求。亚特兰大过去十年的衰败景象，再加上市政当局对城市更新项目的一揽子承诺，让辛普森更倾向于在中心城区开发高科技产业项目。在呈递给汉森的一份无人签
220 字的备忘录中，助手提醒他荣誉校长更希望在实施城市更新计划的区域创建科研园，而不是在诺克罗斯。[1]在此情况下，杜克坚持开发郊区地段，但已经无法获得佐治亚理工学院的直接支持了。最终这个被命名为“科技公园”（Technology Park）的项目在位置上做出了些微调整，不过仍然距离佐治亚理工学院 12 英里之遥，位于城市北郊的弧形地带。到 1982 年，该园区“进驻了大约四十家公司，雇用了大约两千五百名员工”[2]。众多佐治亚理工学院的校友在此工作，但与斯坦福工业园不同，这个科技公园独立运行，与佐治亚理工的学术事务和科学研究皆无关联。

几年后，州立大学系统内部的行政动态发生了变化，地方政治生态也随之发生了巨大改变。1973 年，梅纳德·杰克逊（Maynard Jackson）当选亚特兰大市第一任黑人市长，结束了白人精英主导的旧时代权力格局。一个新的统治阶层出现了，这个新崛起的团体同样具有敏锐的商业头脑，不同的是，其成员既包括传统意义上的

1 给汉森的备忘录，日期不详，FF1, Box 3, 86-05-01, GTA。

2 McMath et al., 445.

白人精英，也不乏杰出的黑人政治家与商业领袖。刚刚入驻亚特兰大政坛的黑人领导不像传统白人精英那样具有大都市的思维定式，他们更关注城市中心的社区问题和少数族裔居民的生活状态，并将经济发展的重心放在亚特兰大中心城区的深化改革上。杰克逊市长并未放弃亚特兰大的传统政治联盟，正如他在1974年所言，“如果没有市政厅和工商界的精诚合作，就没有亚特兰大的繁荣昌盛”[1]。但杰克逊真正关注的事情是提升整个城市的零售业水平以及改善中心城区的娱乐设施，而非培育佐治亚理工学院附近的高科技产业。

从南部各州的视角来看，如果非要找出亚特兰大高科技发展方面可堪学习的经验，那么大家会发现，在70年代是州政府而非地方政府应当付出更多的努力。在州政府的积极支持下，不仅北卡罗来纳的三角科研园继续蓬勃发展，而且得克萨斯的旗舰大学和医学院校也获得了大笔投资，由此在奥斯汀附近崛起了一个新的高科技产业区。正是因为上述努力，20世纪80年代初，半导体制造技术联盟（Sematech）、微电子与计算机技术公司（MCC）等巨头经过全国范围内的筛选最后决定落户在奥斯汀，从而为该地区乃至全州都带来了巨大的经济收益。半导体制造技术联盟以及微电子与计算机技术公司的到来在奥斯汀掀起了一场技术革新的浪潮，但与硅谷不同，这里的科技研发并不着重依赖国防经费。至80年代末，奥斯汀已经成长为一个堪与加利福尼亚的硅谷和

1 Bayor, *Race and the Shaping of Twentieth-Century Atlanta*, 51.

马萨诸塞的波士顿一争高下的科技城，城市规划师和经济学家也开始进行分析，将其视作以大学为中心发展科研型经济的又一典型模式。[1]

221 小 结

为何亚特兰大没有发展为三角科研园或奥斯汀科研园那样的南方科技之城？这里的条件与湾区相似，都是战后经济、人口和政治发展趋势的受益者。身处一个举国上下都在经历快速发展的年代，位于一个国会领袖拨付最多国防经费之州，而且还坐落在一个去中心化战略几乎不存在任何物理阻碍和政治障碍的地区，亚特兰大的条件不可谓不优越。鉴于政策选择和市场力量的影响，基于功用和利润的考量，科研产业倾向于选择低密度景观以及中上层人士聚集的优质社区，亚特兰大都市圈很多地区都能提供类似的环境。事实上，亚特兰大正在日益变得分散，极度依赖汽车通勤，且被种族结构和阶级分化切割得支离破碎，这种发展模式恰好与知识之城的创建路径不谋而合。不可否认，从区域隔离到高速公路设计，从积极全面的城市中心重建到零敲碎打的去除种族隔离，亚特兰大市的诸多经济发展战略背后都隐含着根深蒂固的种族和阶级偏见。但

1 参见 Raymond W. Smilor, George Kozmetsky, and David V. Gibson, "The Austin/San Antonio Corridor: The Dynamics of a Developing Technopolis," 载于 *Creating the Technopolis: Linking Technology Commercialization and Economic Development* (Cambridge, Mass.: Ballinger Publishing Company, 1988), 145–84。

是，种族隔离和阶级分层并未对亚特兰大引进科研产业产生任何明显的影响，这一事实足以说明亚特兰大及其他地区的知识之城的创建理念存在诸多先入为主的假设和偏见。

费城创建知识之城的种种努力之所以未能如愿，是因为其无法在一个人口密集、秩序混乱的战后工业城市专门为白人中产阶级打造一个遗世独立的科技乌托邦。但亚特兰大的失利却无法单独归因于佐治亚理工学院所处的位置，尽管其同样也处于一个正在挣扎求存的中心城区。在硅谷之所以能够成功崛起一座知识之城，不仅因为斯坦福大学位于郊区（虽然这个因素带来了巨大利好），同样还取决于这所大学及其管理者有实力——此实力部分源于斯坦福家族价值巨大的土地馈赠——将打造科学共同体的愿景变为现实。斯坦福大学手中的权力使其有能力主导当地的政治事务，并能与湾区其他当权者形成亲密合作的伙伴关系。由此可见，要想成功打造知识之城，不仅需要建设科研园，同时还要在中心拥有一个在政治上具有强大影响力的科研机构。

通过奥斯汀和三角科研园的案例可以得知，州立科研机构虽然有机会在政治博弈中占据优势地位，但必须具备一些基本前提：州政府要尽量采取积极措施，致力于创建以大学为中心的高科技产
业综合体；其次，要尽早采取措施。正如我们在整个故事中所看到 222
的那样，政府意志并不是取得成功的绝对保障，却是不可或缺的关键因素。作为佐治亚理工学院办学经费的管理者，佐治亚州的行政长官对科技产业颇有兴趣，但在很长一段时间内他们更希望在全州范围内促成此事，而非一心支持亚特兰大都市区。在这个社会发展

与政治变革风云激荡的年代，佐治亚州政府与亚特兰大市政当局之间存在错综复杂的政治博弈。譬如，艾伦和哈茨菲尔德的反种族隔离主张与当时佐治亚州立法机构中的多数派成员、大部分执法者以及州长和州议员的观点都背道而驰，这导致双方几乎没机会推出经济发展合作战略。

冷战时期不断增加的联邦科研经费为佐治亚理工学院领导层带来了更大的自主权，让他们得以与亚特兰大市政当局共同协商制定城市改造计划，同时也能为本城商界领袖提供广泛的科研支持以促进经济发展。但在地方事务决策上，佐治亚理工却无从置喙。校长无法敦促城市领导层围绕佐治亚理工学院制定更加全面的以科技为重点的发展战略，只能任由私人开发商在桃树工业大道修建彼此隔离的科研园。不仅如此，当佐治亚理工开始派生高科技企业并努力留住本校校友时，州政府和市政当局又对在市内还是郊区选址这个问题产生了异议，以至于所有创立综合性科研园的尝试都难建寸功。甚至，即使佐治亚理工学院努力招揽约瑟夫·佩蒂特并进一步扩大科研基地，也无法让自己变得更像斯坦福大学。由于规模、实力和领导力等方面的缺憾，这里终究未能成为另一个硅谷。

不过，亚特兰大发生的故事也切实表明，美国南方地区的高校形态和人口状况在很大程度上决定了为何冷战时期的高科技产业倾向于建在郊区而非市内。因为本地议员在国会的强大影响力，大量国防合同源源不断地流向南方各州，高科技产业也接踵而至。创业者发现，这里的市政建设较为粗糙，却刚好因为汽车工业的发展大大拓展了城市边界，因此在郊区创立工业园既资源充足又价格低廉。以亚特兰大为代表，管理者只对贫困人口和黑人社区的蔓延采取限制措施。公共资金大量涌入远郊地带的公路沿线和新兴社区。科研资源正向南方转移，由此也对南方经济的丰富性和多样性产生了不可估量的促进作用，这种区域变化也影响了郊区的发展。

第三部分

传承

结语 225

下一个硅谷

知识之城的存续时间比冷战科学综合体以及莱维敦镇式的郊区住宅区都要更加持久，它们一直是高科技创新和生产的策源地，也是专业人员的大本营，背后有实力强大的研究型大学作为智力支持。20 世纪后期，这些最成功的案例被贴上“高科技区域”的标签，但事实上，无论是人员、企业、科研机构还是空间设计，这些地区与冷战早期的高科技综合体都如出一辙。高科技区域的出现对人们的工作和生活方式都产生了极为重要的影响，其在经济领域的影响范围不仅包括所在地区，而且扩及全国乃至全球。时至今日，住在郊区的白领阶层从自家住宅驱车数英里前往工作的企业，这样的现象大家已经司空见惯。不仅如此，白领人员已习惯在大学城的低层建筑里工作，而非市中心的摩天大楼。作为高科技企业和从业人员的聚集地，知识之城引领了社会生产的飞速发展，尤其在其繁荣时期，更是市场关注的焦点。基于知识之城的创建方式，高科技产业的郊区化发展模式成为共识，而非偶然为之。[1]

正如本书所论述的那样，高科技产业的分布形势并非偶然。其发展历程亦非一蹴而就，而是经济形式的彻底转型、地缘政治的持续变化、人口结构的不断变更，以及个体与机构等各种因素的复杂互动最终形成的一个结果。20 世纪下半叶，美国诸多曾居经济实力

1 关于如何定义城市和郊区的广泛争论始于 20 世纪 70 年代初，当时观察家们意识到工业郊区化的程度，并将这种变化视为一种全新的城市形式："随后的一系列文章和书籍引入了新词，以'外城''外延卫星城''新型城市''郊区''城市边缘'和'新城'等来描述这种现象。"(William Sharpe and Leonard Wallock, "Bold New City or Built-Up Burb? " *American Quarterly* 46:1 [March 1994], 1-30.) 其中一些批评者是 20 世纪 50 年代反郊区运动这一思想观念的继承者，他们嘲笑郊区缺乏城市的文化活力和能量。但也有人承认，美国人的生活和工作方式已经发生了根本性变化，而新的分散型低层城市正是这种变化的结果。约翰逊政府在试图首先重新定义城市的同时，也通过"新城镇"计划重新规划郊区的形状和人口构成，参见 Nicholas Dagen Bloom, *Suburban Alchemy: 1960s New Towns and the Transformation of the American Dream* (Columbus: Ohio State University Press. 2001)。在 20 世纪 90 年代，在重新定义城市和郊区的流行辩论中占据主导地位的一部作品是乔尔·加罗（Joel Garreau）所著的 *Edge City: Life on the New Frontier* (New York: Doubleday, 1991)。在该书中，作者认为工作的郊区化在一定程度上是对妇女和母亲进入职场的回应。为了回应加罗的观点和对"边缘城市"进行更细致的探索，以突出各地的功能差异，请参阅 Richard D. Bingham, William M. Bowen, Yosra A. Amara, Lynn W. Bachelor, Jane Dockery, Jack Dustin, Deborah Kimble, Thomas Maraffa, David L. McKee, Kent P. Schwirian, Gail Gordon Summers, Howard A. Stafford, *Beyond Edge Cities* (New York: Garland Publishing, 1997)。菲什曼(Robert Fishman）明确将城市地理的变化与高科技、后工业经济的兴起联系起来，称这种卫星社区为"技术郊区"(Fishman, *Bourgeois Utopias*, 184)。

榜首的城市和地区（以及机构与行业）都被后来者取代，无论是财富还是影响力，都在往新的区域、群体和行业转移。费城从曾经的“世界工厂”退化成泥潭深陷的传统城市；亚特兰大从一个小州府发展为巨型都市，变成跨国企业总部所在地以及奥运会举办地，但仍常被认为是郊区“无计划扩展”的典型代表。斯坦福大学源于一位富豪的“愚蠢之举”，但在战后郊区化和冷战军费开支大幅增加的时代背景下，却恰好由于绝佳的地理位置成为最大受益者。

那些实现地位飞跃的城市与产业，并不只是因为在正确的时间
位于合适的地点，同时还因为它们善于利用有利条件，将冷战项目 226
提供的经费资源积极用于促进地方经济发展。一言以蔽之，知识之城的出现是联邦政府再次运用说服式政治手段引导私立部门决策的结果，而非通过统一规划来主导科研社区的创建。关于知识之城的故事表明，模仿策略可以在区域经济发展中发挥功用，各州、各地和各大高校争相创建知识之城，在人口结构、建筑、规划、研究园的整体经济潜力上都大致相似，尤其是土地开发方面，基本上都遵循的是斯坦福模式。知识之城的发展历史还表明，国防综合体的区域化促进了产业分布的郊区化。由于大部分联邦科研经费都流向城郊地区，州政府和地方政府也制定了相应的土地法案和规划设计以促进高度分散的产业发展。最后，知识之城的创建历程还充分证明执行力才是政策成败的根本要素，无论联邦政府出台什么样的政策机制，只有地方执行者，尤其是非政府层面的执行者，能够根据既有的社会条件和经济需求进行适应性调整进而采取恰当的行动，这些政策才能发挥功用。

知识之城是经济发展的强力引擎，即使在高科技产业深度衰退的时期，人们也从未停止创建知识之城的努力。在本书创作期间亦是如此。关于知识之城的故事或许无法解释为何高科技产业极易受经济兴衰周期影响，但它确实有助于理解另一个现象：即无论处于何种经济气候，高科技产业始终吸引着工业发展部门当权者的目光。知识之城的发展史还可以作为经验和教训，为那些试图在冷战结束后的后互联网时代建设"下一个硅谷"之人提供参考。这些经验和教训不仅能够解释高科技产业迅猛发展的方式和原因，而且也有助于理解城市发展与区域规划。

经验一：创建知识之城需要投入巨额资金。冷战的爆发促使联邦政府投入大量资金，从而对美国的经济发展模式和城市空间形态产生了决定性影响。知识之城之所以得以诞生，主要就是因为冷战头二十年联邦政府投入的大规模国防经费。这些经费帮助精英研究型大学重焕新生，使其得以大幅扩张研究范围和占地面积，并促进了工业科研和高科技生产的爆发式增长。

在 20 世纪的最后三十年，虽然科研资金来源的渠道发生了变化，但区域性投资的偏好仍然还在延续。从 1965 年开始，联邦科研资金就开始逐步减少，但高科技产品的消费市场却在持续增长。[1]在此之前，许多尖端技术只应用在军事领域，从 20 世纪 70

1 越南战争不断增加的费用和约翰逊总统新的扶贫计划都导致了这种下降。一位观察家当时写道："为科学提供的资金具有可自由支配的特点；你不必非花这些钱，最坏的结果就是收到几封令人头痛的信。" (D. S. Greenberg, "Money for Science: Budget Faces Pressure from Vietnam Conflict, *Science* 150 [31 December 1965] ,

年代开始才逐渐推广；到 80 年代，用户数量不断增多，到了 90 年代更是指数级增长，硅芯片、互联网和个人电脑将高新技术转化为大众消费品，高科技产品进入千百万平民百姓家庭。事实上，随着生 227
产效率的提高和功能的完善，尖端技术才能变得更加平价，这提升了其市场流通性和消费吸引力。在科学技术走向商业化的新时代，曾经的国防合同被新的私人融资方式——风险投资——所取代，后者在高科技产业的成长过程中开始扮演越来越重要的角色。[1] 由于风险投资基本上都瞄准科技创新带来的利好，而其焦点与军方经费曾经大力支持的地区和领域正好契合。因此，20 世纪末的高科技活动分布图，与 1960 年获得联邦经费投入的顶尖大学名单具有惊人的一致性。如果想在这些地区之外建设知识之城，并非全无可能，但显而易见，必须以更灵活的方式投入更庞大的公共或私人资金，只有如此，才能迅速提升当地高等教育机构和高新技术产业的实力。

经验二：创建知识之城需要一所实力超群的大学。那些成绩斐然的知识之城都是围绕研究型大学而建的，作为城市中心的大学一般拥有以下特点：1. 有学术资源也有合作意愿，与企业结为伙伴关系；

［接上页］1790.) 亦可参见霍尼格（Donald F. Hornig）所引的内容：Greenberg, "LBJ's Budget: Lean Fare Set Forth for Research and Development," *Science* 155 (27 January 1967), 435。

1 Martin Kenney and Richard Florida, "Venture Capital in Silicon Valley Fueling New Firm Formation," 载于 *Understanding Silicon Valley*, 98-123; Thomas F. Hellman, "Venture Capitalists: The Coaches of Silicon Valley," 载于 *The Silicon Valley Edge*, 276-94。

2. 有政治地位也有治理能力，引领区域经济发展。斯坦福大学之所以能够大获成功，就是因为以特曼为首的管理层充分理解大学与产业紧密合作的重大意义，并能认识到大学科研成果以及实验技术人员的商业价值。与此同时，斯坦福大学还拥有广阔的土地，以及在地方政治中至关重要的特殊地位。除此之外，较为平和的市校关系和相对较弱的反对声音——“山丘之战”除外——也进一步巩固了斯坦福大学的优势。相比之下，宾大虽然与本土实力派关系密切，在地方政治中也能发挥重要作用，却未能制定充分吸引研究者和创业者的科研政策，也无法解决在人口稠密、经济贫困的都市区创建知识之城必然产生的种族矛盾和阶层冲突。反观佐治亚理工学院，不仅缺乏足够的政治影响力，而且也不具备创建知识之城的可用地段，这就可以解释为何其处在阳光地带，但在吸引高科技产业上却成就有限。

随着联邦资助的削减，大学与产业联合发展的重要意义愈发突出。自 1970 年起，美国企业开始在大学校园扮演重要角色，它们为大学提供巨额经费以获取科学家和科研成果的支持，而大学则以此为契机更新科研设备、设立奖学金以及设立科研项目。如前文所述，冷战初期军方与大学的密切合作曾让很多学者感到不安。1970 年
228 后，大学与产业建立起来的亲密关系更是让一些观察家忧心忡忡，他们认为这将进一步破坏自由探究的学术原则。[1] 20 世纪末期，美国社会掀起了一场“企业大学”优劣何在的论战，并因此突显了一个内在问题：高等教育机构在知识之城中究竟扮演何种角色。一方

1 参见 Katz, *Reconstructing American Education;* Hollinger, “Money and Academic Freedom a Half-Century after McCarthyism”。

面，大学是创建知识之城的智力支撑；另一方面，它们又是创造商业利润的催化因素。但无论如何，与企业合作让少数大学在高科技产业竞赛中提前建立起领先优势；与此同时，顶尖大学参与区域经济发展也一直都是知识之城蓬勃发展的关键。

自 1970 年以降，美国大学进一步响应亨利·康马杰的号召，发展出一套以社会参与为主旨的新“哲学”。从费城西区到曼哈顿上城，再到芝加哥南区，各高校各显其能，努力弥合 20 世纪 50、60 年代因校园扩建和城市革新造成的市校裂隙。许多大学推出社区合作计划，广泛参与当地的社会活动，包括深入指导学校发展、大规模投资零售产业和地产项目等。学术、政治与商业三大领域的领导者继续展开合作，制定一系列涉及范围更加广泛的深化投资战略，三方的行动意图与 20 世纪 50、60 年代如出一辙，都是希望充分利用大学资源来扩大城市专业阶层的规模，以及打造知识密集型的就业基地。地方领导层相信，上述行动“依旧是美国各大城市走向振兴的重要契机”[1]。

如本书列举的案例所示，以大学资源为杠杆撬动地方经济的快速发展，行动远比计划更复杂。无论是创建知识之城还是参与城市重建，大学作为强力机构的底气主要源自其资产状况和管理风格。此问题可能与这所大学是公立还是私立也有很大关系。独立运行的

1 Initiative for a Competitive Inner City and CEOs for Cities, “Leveraging Colleges and Universities for Urban Economic Revitalization,” *Metropolitan Philadelphia Regional Review*, Spring 2003, 5. 本文摘自一篇较长的文章，*Leveraging Colleges and Universities for Urban Economic Revitalization: An Action Agenda*, 这是一个关于有竞争力的内城倡议和城市 CEO 的联合研究（Boston, 2003）。

私立大学不太容易卷入州一级层面的政治权力斗争，其财政收入与机构使命也不取决于本州行政部门和立法机构的政治决策。而公立大学能否成为区域高科技产业的支柱，基本上取决于州政府是否愿意积极参与并给予财政支持。

经验三：创建知识之城还需要拥有优质地产的控制权。凡是成功孵化高科技产业综合体的地方利益集团和高等教育机构，手中都控制着大片最受中产阶级专业人士青睐的土地。斯坦福大学坐拥数千英亩地产，而且位于美国经济发展最快、富裕程度最高的地段。
229 波士顿开发商“卡博特、卡博特与福布斯”沿着 128 号公路这条郊区新环线一路囤积大量土地，这些地产不仅毗邻哈佛大学和麻省理工学院，而且靠近中上层人士聚集的城郊地区。土地固然重要，但更关键的因素是地理位置。譬如宾夕法尼亚大学，虽然其通过城市更新计划获得了附近大片土地的控制权，但这片土地所在的费城西区却是“不受欢迎”的城市地段。

就创建知识之城而言，大致存在以下几个必要的“有利条件”：高度的同质性、相对活跃的文化氛围，以及与周边城市景观形成物理区隔的建筑类型和设计风格。在 20 世纪后期的大部分时间里，大概只有郊区才能完全具备上述条件。郊区环境完美契合知识之城之所需，而且一直以来郊区居民基本上都是白人，由此导致阶层与种族的同质化交织融合、无法分割。除此之外，发生在费城和亚特兰大的故事还表明，知识之城的发展往往伴随着对非裔美国人的驱离与重置。20 世纪 60 年代，美国的种族政治愈演愈烈，尤其是在南方各州。此事件对行政人员以及大学管理者产生了极其重要的影响，改变了他们的思想观念和行为举止，虽然管理者并不愿意承认这一事实。不过，从长远来看，将阶级而非种族视作知识之城的界定标准或许更准确。事实上，在本书提及的案例中，阶级差异也意味着受教育水平的高低。

知识之城招揽的是颇具精英化特质的专业人员，主要包括教授、科学家和工程师。自 1970 年以来，人口结构的变化进一步强调了知识之城的阶级差异，由此也淡化了种族问题，至少在高科技产业集中的地方基本如此。20 世纪 70、80、90 年代，移民政策的改革以及国内专业人员的匮乏使得来自印度和中国的工程师在美国高科技地区逐渐占据重要地位，硅谷的情况尤为明显。至 20 世纪末，美国的高科技领域仍旧延续了万尼瓦尔·布什树立的精英主义特质，但此时的精英群体已经变得更加多元，包含了更多女性、少数族裔以及外来移民。通往知识之城的入场券是受教育程度和技术水平，而非性别和肤色。不过，人口结构的多元化并不能掩盖巨大的收入差距，知识之城依然只在最富裕、最昂贵的地段或其附近出现。虽然蓝领工人和技能水平较低的专业人员也参与高科技生产，却缺乏存在感和关注度。自 1970 年以来，基础制造业提供的岗位逐渐从美国转向亚洲和拉丁美洲，因为那里的劳动力和其他成本要低得多。随着白领移民不断涌入美国知识之城，越来越多与之相关 230
的蓝领工作反而在流失。[1]

1 有关硅谷新移民的讨论，请参见 Anna Lee Saxenian. "Networks of Immigrant Entrepreneurs"，见 *The Silicon Valley Edge*, 248-68。虽然硅谷的亚裔专业人士人数在增加，但拉丁裔蓝领工人是最边缘化的群体之一。参见 Pitti, *The Devil in Silicon Valley*。

知识之城之所以能够持续运转，归根结底在于它创造了一个独特的环境。关于这个问题的真相可能令人不快，但美国高科技产业的发展过程从来都不遵循民主平等原则。这种体制之所以行之有效，关键就在于将金钱、势力和特权集中用于某些群体、机构和地区。当城市规划者和政策制定者着眼于创建“下一个硅谷”时，他们必须考虑到一个现实问题，即要想获得成功就必须创造一个独特的环境。根据以往的成功经验，知识之城的创建离不开一个根本要素，那就是高等教育机构或科研组织能够在那些经济富裕且人口同质的地区获得土地控制权，这类地区正是高科技企业青睐的选址，专业人员也乐于在此生活和工作。

经验四：创建知识之城，要将发展高科技产业当作目的，而不是手段。所有获得成功的知识之城，无不倾尽所有来提升本地大学的科研能力进而促进高科技研究与生产；与此同时，大力引进科学家、工程师等白领专业人员。而那些将发展以科学为基础的经济当作“拯救城市”之手段的地方，或者将其当作彰显公众形象之工具，以此标榜自身成功解决种族问题的地方，都难以获得真正的成功。在此需要澄清的是，一个地方能否将发展高科技产业视为终极目标，在很大程度上取决于其所处的环境。譬如斯坦福大学，在组织制度和地理位置上都拥有突出优势，以至于管理者可以轻而易举地集中资源创建科学共同体，这种情况堪称奢侈。相比之下，宾大和佐治亚理工同样希望专心促成此事，却因为所处的地理位置而不得不分心应付政治内耗和经济掣肘。上述两所大学以及其他情况类似的高校，除了要面对政治环境和经济条件的限制，还不得不将发展科研型经济视作城市贫困和种族冲突的解决办法，这进一步加剧了实施难度。在费城，“智慧之城”计划是围绕地方需求出台的城市经济发展战略，但由于加剧了种族冲突和阶级分化，该计划在政治层面上只能以失败告终。在亚特兰大，建设知识之城是区域宏观发展战略的部分内容，其目的是通过妥善处理种族问题，从而对美国乃至全球企业更有吸引力。

与“有利条件”一样，创建知识之城的经验之四对于那些关心城市福利和民生问题的人来说，也不是一个令人愉快的话题。不过，只要弄清楚这个问题，就能够解释为何知识之城的成功与失败的界线往往与城区和郊区的地理位置相对应。除此之外，这个经验还能解释清楚一些特例。譬如，波士顿和128号公路沿线就充分展示了为何高科技产业“是目的而非手段”。哈佛与麻省理工两所大学都位于城市之内，它们并未将全部精力投入剑桥的振兴事业中，而是将科研园 231
区放到郊区发展。再将视野转向宾大。如果这所高校集中精力发展位于远郊的科学中心而不是执着于费城西区的重建计划，费城会不会成为东海岸的高科技之都？虽然无法假设，但从各个案例中可以清楚地看到，在城市内，根深蒂固的种族矛盾和阶级分化必然会给知识之城的建设者带来干扰。上述分析并不意味着大学应该放弃建设和服务周边社区的义务，而是澄清一个基本事实，那就是大学必须明晰并权衡高等教育机构的经济目标与社会功能。

知识之城将会走向何处，这是摆在商业领袖和政策制定者面前的一个难题。过去的事实已经证明，有计划的科学生产共同体建设创意能够前所未有地促进技术创新和经济发展。[1]事实证明，那些将斯坦福工业园视作促进地方经济腾飞之密钥的政府官员选对了路子，以大学为中心，通过科技发展促进经济增长，这种模式深刻影响了现代工业社会的运行。经过大众传媒的炒作，尽管所谓的技术革命有夸大之嫌，但毫无疑问，硅谷及其跟随者的发明创新确实改变了人们的工作与生活。

在 20 世纪的最后几十年，知识之城及其相关机构为美国培育了成就非凡的高科技产业，应当获得高度赞赏。知识之城精心孵化出以科技为中心的生产生活共同体理念，并借此在冷战结束后的信息时代创造了一个堪称完美的“创新和创业基地”。[2]在那些成功创建的知识之城，科学家、科技产业和科研机构被集中在一个令人身心愉悦且具有安全保障的整体环境中，这里闪耀着大学校园的光彩，自由自在、不拘形式的思想交流随处可见，……新思想层出不穷，生活方式和工作模式不断推陈出新。这里的企业摒弃了传统的科层制度，取而代之的是形式自由、表面民主的工作方式。高科技公司可能仍会聘用西装革履的“机关人士”，但同时这里也囊括了60 年代的反主流文化斗士、70 年代的计算机发烧友和 90 年代不
232 修边幅的技术人员。而且，随着时间的推移，衣冠楚楚的传统管理者越来越少，甚至逐渐消失，许许多多前一年还在低头写代码的技

1 例如，2000 年，旧金山湾区以科技为主导的经济，其人均产出比全国平均水平高出 84% (San Francisco Bay Area Council, *After the Bubble: Sustaining Economic Prosperity* [San Francisco: Bay Area Council, January 2002])。

2 这是 *The Silicon Valley Edge,* ed. Lee et al. 的副标题。

术员，下一年华丽变身为上市公司首席执行官。[1]

知识之城的发展模式虽然对提高生产力颇为有利，却对社会、环境和经济产生了负面影响。此种模式下的科研园和住宅区对空间要求极为奢侈，这意味着知识之城根本没有足够的地方来容纳在此工作和生活的人们。高科技产业在经济结构上的排他性，也对都市周边产生了连锁反应。在迅速提升的土地成本面前，附近的居民和企业不得不向其他地区转移。高科技产业园本就位于都市边缘，新增住宅小区和就业岗位又倾向于向外拓展而非向内集中，因此原先的居民和企业不得不迁往距市中心更加遥远的地方。如此一来，大城市的通勤时间变得极为漫长，交通拥堵的情况也越发严重。虽然上述现象同样发生在不曾创建知识之城的地方，但不容辩驳的事实是，20 世纪末美国交通最为拥堵的大都市恰好都是高科技中心所在地。1997 年，旧金山湾区持证驾驶员平均每年延误在通勤路上的时间为五十九小时，西雅图为六十九小时，华盛顿特区则是七十六小时。[2] 城市管理层和区域领导者突然发现，分散发展和交通拥堵已经造成新的危机，城市周边的农田被新开发项目占用，生态环境也难免受到破坏。[3] 换言之，50 年代曾经困扰美国城市的诸多病症——

1 有关惠普的“惠普之道”和硅谷企业文化的其他发展的讨论，参见 Kaplan, *The Silicon Boys and their Valley of Dreams*; Malone, *The Big Score*。

2 Texas Transportation Institute, *Urban Mobility Study 1999*, Table 4: Annual Delay Per Driver, 1982 to 1997, http://mobility.tamu.edu, 24 January 2002.

3 亚特兰大大都会区对分散布局的渴望，导致它成为美国最依赖汽车，也是最无序扩张的大都市区之一。1999 年，亚特兰大被发现违反了《清洁空气法》，联邦交通基金被暂停拨付。尽管旧金山湾区有着严格的环境政策，但在 2002 年初也被过度拥挤的城市交通、严重污染的生态环境、持续恶化的基础设施以及超负荷运转的公共服务——已经蔓延到郊区地带，当年正是因为这些问题，部分城市规划者才成为产业分散和去中心化理念的忠实拥趸。

21 世纪初，无论是知识之城还是其他美国城市，都面临一系列的共同问题，这促使人们重新思考高科技中心的规划设计。以往的经验和教训提供了一些线索，后来者应当以此为鉴，尽力兼顾高科技产业的创新性与经济发展的可持续性。首先需要明确一个事实，高科技综合体之所以向郊区转移，并不是因为郊区自身具有多大价值，而是因为这里具备一系列“有利因素”，弄清这个问题至关重要。50 年代和 60 年代的美国郊区有着令人愉悦的自然环境，而且还能享受政府提供的经济补贴，因此才让专业人士和高科技产业趋之若鹜。半个世纪以后，美国大都市早已不是冷战科学繁荣昌盛时期的样貌，“有利因素”的定义也变得更加多元。随着郊区人口结构的变化，美国高科技之都开始走向多种族精英统治模式。越来越多的
233 非裔、亚裔和拉丁裔美国人前往郊区，与此同时，越来越多的中产白人迁回城市。除此之外，人们的住宅风格和住宿偏好也发生了巨大变化。建筑师和开发商开始设计和建造高密度社区，使居民不必开车去任何地方。毋庸置疑，生活质量仍然是那些天生“散漫”的高

（接上页）发现违反了空气质量法 (Jane Kay, “ U.S. Blocks $716 Million in Transit Work; Bay Area Funds Put on Hold, Clean Air Program Called Inadequate,” *San Francisco Chronicle*, 23 January 2002)。住房成本是衡量家庭财富的一个很好的指标，参见 National Association of Home Builders, *Housing Affordability Index, First Quarter, 2000* (Washington, D.C.: NAHB, 2000)。

科技从业者最关注的要素，但今日计算机工程师所追求的生活方式与 50 年代科技工作者想要的环境设施早已不可同日而语。[1]

这是否意味着科技产业是时候回归城市了呢？答案并不明确。随着地域景观和人口结构的变化，想要对"城市"与"郊区"的内涵做出准确界定，已经变得非常困难。关于城郊经济一体化和社会依存性的学术讨论已经连续开展多年，州政府和地方领导终于学会将都市区视作一个整体，并着手实施有利于区域合作的土地开发与税收政策。[2]而且，时至今日，是时候将知识之城视为一个超越城市与郊区的独立实体了，因此也是时候展望未来，充分利用不断发展变化的城市政治与社会环境，让下一个硅谷在形式上更有包容性、在环境上更具持续性。

回顾历史，我们还能得到第二个提示。作为土地开发商、企业孵化所和政治参与者，研究型大学在知识之城发展过程中扮演了核

1 参见示例：Richard Florida and Gary Gates, *Technology and Tolerance: The Importance of Diversity to High-Technology Growth* (Washington, D.C.: Brookings Center on Urban and Metropolitan Policy, 2001) 以及 Edward L. Glaeser, Jed Kolko, and Albert Saiz, "The Consumer City," National Bureau of Economic Research Working Paper no. W7790 (July 2000)。这两种观点都认为，受过教育的工人希望寻求能为活跃的国际化生活方式提供文化和环境设施的社区，也愿意接受包括性取向少数群体和少数族裔在内的多样化人口。

2 新措施往往是对 20 世纪 90 年代"新区域主义者"提出的政策建议的回应。一些重点作品见下：David Rusk, *Inside Game, Outside Game* (Washington, D.C.: Brookings Institution Press, 1999); Orfield, *Metropolitics;* Rusk, *Cities Without Suburbs* (Washington, D.C.: Woodrow Wilson Institute Press,1993); Neil Pierce, *Citistates: How Urban America Can Prosper in a Competitive World* (Washington, D.C: Seven Locks Press,1993)。

心角色。20世纪90年代末，高科技产业蓬勃兴旺，与此同时，诸多大型中心城市却仍在经济困境中苦苦挣扎，这促使人们重新关注以大学为中心的经济发展战略。许多位于城市中心的大学曾在冷战初期采取观望态度，如今也在主动参与地区振兴计划。但是，重走一条并不高效的老路，持续模仿一种与自身现实不符且存在内在局限性的高科技经济增长模式，这种做法存在着各种难以预测的危机。知识之城的发展历程已经表明，这条路根本没有保证成功的神奇公式。一个地方能否成为高科技产业中心，与诸多因素有关，其中相当一部分来自地方层面。根据过去的经验，创建知识之城从没有一个放之四海而皆准的套路，未来同样如此。

正因如此，本书不会在结尾处开一副实现高科技发展的处方，而是要呼吁政策制定者和商业领导者记住历史给予的深刻教训，知晓地域与空间的重要意义。过去的经验告诉我们，高科技产业之所以一直和楼层较低、精心设计的科研园和办公楼相契合，并非纯粹
234 出于经济考量，而是公共政策与个人选择共同作用的结果。关于高科技中心的建筑设计和地址选择，虽然生活设施的便利性仍是重要因素，但其整体风格主要取决于公共意见和刻意模仿，在这方面人们已经形成思维惯性。

在冷战初期，众多学者、行政人员、政治人物和商业领袖都在参与知识之城的创建和相关策略的实施，对于他们而言，大学是高学历科技从业者生活、工作、开拓创新的智慧渊薮，绝不只是一个封闭社区的中心机构。上述人士通过自己的言谈举止，也向外界传达了他们对知识之城的附加意义的理解。作为学者共同体，知识之

城应当运用科学知识来改造整个社会，尤其是要改善城市生活。这是知识之城的第二重使命，似乎看起来与其第一重使命稍有出入。换言之，知识之城不仅旨在为科学家提供理想的工作生活环境，而且还要树立一个城市生活与郊区环境相交融的榜样，成为城市其他社群效仿之典范。或许在不远的将来，知识之城就会充分展示城市与郊区相融合的生活理念，并以更好地反映技术民主化的方式重塑高科技生产社区。

不过，大学无法一力承担知识之城背负的双重使命。正如本书所示，在美国，公共部门和私立机构都有决定经济发展走向的能力。毋庸置疑，高科技行业与高科技从业者都乐于前往设施完备的地方，但当前高科技产业的全面郊区化并非单纯的消费者选择，而是五十年来各级政府实施的公共政策。若想让高科技产业——或者更广泛地看，所有后工业经济形态下的白领从业者和郊区机构——心甘情愿地迁往更集中、更开放的工作环境，政府部门就必须拿出与当初鼓励郊区化相类似的强有力措施。在当前这个郊区都市化、都市郊区化的年代，新的集中化并不意味着旧日中心城市模式的回归。当初导致科技生产郊区化的主导力量基本已经消散，21 世纪的美国都市已经变得更有活力也更加多元，是时候确立新的知识之城发展模式了。

索引

A

B

C

D

E

F

G

H

I

J

K

L

M

N

O

P

Q

R

S

T

U

V

W

Y

延伸阅读

20 世纪美国的政治与社会

Civil Defense Begins at Home: *Militarization Meets Everyday Life in the Fifties*
BY LAURA MCENANEY

Cold War Civil Rights: *Race and the Image of American Democracy*
BY MARY L. DUDZIAK

Divided We Stand: *American Workers and the Struggle for Black Equality*
BY BRUCE NELSON

Poverty Knowledge: *Social Science, Social Policy, and the Poor in Twentieth-Century U.S. History*
BY ALICE O'CONNOR

Suburban Warriors: *The Origins of the New American Right*
BY LISA MCGIRR

The Politics of Whiteness: *Race, Workers and Culture in the Modern South*
BY MICHELLE BRATTAIN

State of the Union: *A Century of American Labor*
BY NELSON LICHTENSTEIN

Changing the World: *American Progressives in War and Revolution*
BY ALAN DAWLEY

Dead on Arrival: *The Politics of Health Care in Twentieth-Century America*
BY COLIN GORDON

For All These Rights: *Business, Labor, and the Shaping of America's Public-Private Welfare State*
BY JENNIFER KLEIN

The Radical Middle Class: *Populist Democracy and the Question of Capitalism in Progressive Era Portland, Oregon*
BY ROBERT D. JOHNSTON

American Babylon: *Race and the Struggle for Postwar Oakland*
BY ROBERT O. SELF

The Other Women's Movement: *Workplace Justice and Social Rights in Modern America*
BY DOROTHY SUE COBBLE

Impossible Subjects: *Illegal Aliens and the Making of Modern America*
BY MAE M. NGAI

More Equal Than Others: *America from Nixon to the New Century*
BY GODFREY HODGSON

Cities of Knowledge: *Cold War Science and the Search for the Next Silicon Valley*
BY MARGARET PUGH O'MARA

图书在版编目(CIP)数据

寻找下一个硅谷:美国的知识之城/(美)玛格丽特·奥马拉著;邓磊译.—北京:商务印书馆,2025
(大学、思想与社会)
ISBN 978-7-100-23924-0

Ⅰ.①寻… Ⅱ.①玛… ②邓… Ⅲ.①高技术发展—发展战略—研究—美国 Ⅳ.①F062.4

中国国家版本馆CIP数据核字(2024)第087060号

大学、思想与社会
寻找下一个硅谷
美国的知识之城
〔美〕玛格丽特·奥马拉 著
邓磊 译

商务印书馆出版
(北京王府井大街36号 邮政编码100710)
商务印书馆发行
北京启航东方印刷有限公司印刷
ISBN 978-7-100-23924-0

2025年3月第1版 开本880×1230 1/32
2025年3月北京第1次印刷 印张14⅝
定价:88.00元